KB134028

해방
일기

해방일기 10

해방을 끝장낸 분단건국

2015년 2월 23일 제1판 1쇄 인쇄
2015년 3월 02일 제1판 1쇄 발행

지은이 김기협
펴낸이 이재민, 김상미

편집 이상희
디자인기획 민진기디자인

종이 다올페이퍼
인쇄 천일문화사
제본 광신제책

펴낸곳 너머북스
주소 서울시 종로구 자하문로 100-1(청운동) 청운빌딩 201호
전화 02)335-3366, 336-5131 팩스 02)335-5848
등록번호 제313-2007-232호

ISBN 978-89-94606-34-7 04900
ISBN 978-89-94606-05-7(세트)

너머북스와 너머학교는 좋은 서가와 학교를 꿈꾸는 출판사입니다.

1948.5.1~1948.8.14

10

해방을 끝장낸 분단 건국

김기협 지음

너머북스

대한민국을 '권력의 시장'으로 만든 이승만

유엔조선임시위원단이 결국 굴복하기까지

1948년 5월 10일 총선거로 대한민국 건국과정이 본궤도에 들어섰다. 1947년 11월 14일 유엔총회 의결은 남북 총선거를 규정했는데, 이북 지역에는 시행할 수 없다는 사실이 확인되자 1948년 2월 26일 유엔소총회에서 "남조선에만 선거를 실시하고 남조선에 조선 전체를 위한 정부를 수립할" 것을 결의했다. 상급기구인 총회의 결정 일부를 바꾸는 이 결의에는 재석 3분의 2 찬성이 필요했다. 뒤이어 유엔임시조선위원단이 소총회 결의에 따를 것을 결정한 후 5월 10일 총선거가 계획, 추진되었다.

이 선거로 뽑힌 의원들로 구성된 '국회'가 헌법과 정부조직법 등 기본 법령을 제정하고 대통령과 부통령을 선출함으로써 건국과정이 진행되도록 되어 있었다. 총선거 다음의 수순은 국회 개원이었다. 미군정 기구인 국회선거위원회가 "5월 10일에 선거된 국회의원의 최초의 집회를 단기 4281년 5월 31일 상오 10시에 국회의사당에서" 행할 것을 5월 25일에 공고했다.

미군정은 군정기간이 3년을 넘지 않도록 하기 위해, 그리고 가을의 유엔총회에서 새 정부의 인준을 받기 위해 8월 15일까지 정권 이양을 끝낼 목표를 세웠다. 그래서 국회 개원도 서두르지 않을 수 없었는데, 여기에 유엔위원단과 관련된 문제가 있었다. 위원단은 선거 직후 상하이로 가서 총선거에 대한 평가를 한 다음 6월 6일에 돌아올 예정이었다.

미국은 소련이 동의하지 않는 건국과정을 정당화하기 위해 유엔의 권위를 빌리고 있었다. 유엔위원단은 선거가 제대로 시행되었는지 여부에 대한 의견을 총회에 제출할 책임을 갖고 있었다. 그런데 위원단이 보고서를 아직 작성하지 않은 시점에서 서둘러 국회를 개원한 데는 국회의 존재를 기정사실로 만들어 위원단의 부정적 평가를 어렵게 만들려는 의도가 있었던 것으로 보인다.

위원단이 6월 7일 서울에 돌아온 뒤에도 오랫동안 선거 평가에 관해 침묵을 지키고 있다가 6월 25일에야 선거의 정당성을 인정한다는 발표를 했다. 보름 넘게 침묵을 지키고 있다는 것은 부정적 의견이 우세하다는 추측을 불러일으켰다. 이승만이 6월 21일 미국인 심복 올리버에게 보낸 편지에서도 위원단의 부정적 분위기를 걱정하고 있었다.

중국, 필리핀과 엘살바도르에 대한 신뢰는 이 편지에서도 확고했다. 미국 말이라면 팥으로 메주를 쑨다 해도 따를 나라들이었다. 시리아, 오스트레일리아, 캐나다, 프랑스의 네 나라는 미국의 대 조선 정책에 대해 회의적이거나 비판적인 태도를 보인 일이 있었다. 이승만이 가장 걱정한 것은 인도였다. 분단건국 방침을 지지해주던 인도가 태도를 바꿨다는 것이었다. 로비 약발이 다했던 것일까, 아니면 5·10선거 분위기가 정말 너무 심했던 것일까?

위원단 대표들은 자기네가 서울에 없는 동안 미군정이 일방적으로 국회를 개원한 것이 불쾌했을 것이다. 선거 분위기에 대한 부정적 의견도 많았다. 그러나 막상 부결 판결을 내리는 데는 큰 부담이 따랐다. 5·10선거의 정당성을 부결하고 나면 그 뒤에 어떤 조치를 위원단이 취할 수 있는가? 상황을 바꿀 만한 뾰족한 대책 없이 이미 치른 선거를 무효로 돌린다면, 만족할 만한 재선거를 치를 방도가 무엇이 있는가?

5·10선거에 불만을 가진 대표들에게 대안으로 생각할 만한 길은 남북협상뿐이었다. 협상을 통해 남북총선거를 시행할 수 있다면 훨씬 더 만족스러운 결과를 바라볼 수 있었다. 5·10선거에 대한 판결을 몇 주일 동안 늦춘 것은 남북협상의 가능성을 검토하기 위해서였다고 생각된다. 그리고 그 가능성을 포기하자 주어진 현실조건 위에서는 5·10선거에 만족할 수밖에 없다는 결론을 내린 것이었다. 이남 단독선거에 완강하게 반대해 온 오스트레일리아대표 잭슨은 공식발표 며칠 전 기자에게 이렇게 심경을 밝혔다.

> "본인이 조선에 와서 제2분과위원회 위원장으로서 각계의 조선인과 협의한 결과 소총회에서의 제1대안 즉 가능한 지역에서의 선거가 조선인을 위하여 현명한 것이라고는 인정할 수 없었으므로 오스트레일리아는 제2대안 즉 협의체를 위한 대안을 제출하여 이 제1대안에 반대하였으며 캐나다 역시 반대하였고 시리아는 기권하였던 것이다. 그러나 이 제1대안이 소총회에서 채택이 되고 또한 이것을 위원단도 채택하였던 것이다.
> 본인도 그간 선거준비의 경위를 관찰한 결과 선거를 감시하기로 하였던 것이다. 그전의 상태를 고려치 않고 단지 5·10선거 그것만을 볼 때 그 선거는 비교적 잘되었다고 볼 수 있다."

유엔위원단의 승인이 떨어지자 국회의 건국 작업은 일사천리로 진행되었다. 헌법 제정이 우선 가장 큰일이었다. 의원 30명으로 헌법 및 정부조직법 기초위원회가 구성된 것이 6월 3일의 일이었는데 보름 남짓 짧은 기간에 초안을 작성할 수 있었던 것은 준비작업이 많이 되어 있기 때문이었다. 전문위원으로 위촉된 유진오를 중심으로 준비되어 있던 헌법안에 약간의 수정을 가한 초안이 기초위원회에서 채택되었다.

한민당을 야당으로 만든 이승만의 권력독점욕

기초위원회의 초안 심의과정에서 세력 간 역학관계가 드러나기 시작했다. 당시 국회에는 세 개의 큰 세력이 있었다. 하나는 이승만에 대한 충성을 앞세우는 독촉 계열. 충성경쟁에 나선 인물들의 느슨한 집합체였다. 또 하나는 한민당. 이 두 세력이 남한 단독건국 내지 분단건국 추진에 힘을 합쳐왔다.

또 하나의 세력이 무소속구락부를 이룬다. 200명 의원 중 80여 명이 '무소속' 출마자였고 그중 60명가량이 무소속구락부에 참여하게 된다. 한독당과 중도우익 정당들이 5 · 10선거를 보이콧했기 때문에 이승만 반대 세력이 국회에 많이 진출하지 못했는데, 무소속구락부 의원들은 이승만에게 동조하지 않는 경향을 보였다.

이승만과 한민당의 협력이 계속되는 한 국회 내에서는 아무런 장애도 없게 되었다. 그런데 '공동의 적'을 따돌리고 나자 두 세력 사이에 '지분' 싸움이 시작되었다. 헌법초안 심의과정에서 이승만의 대통령책임제 고집으로 인해 본격적인 첫 갈등이 드러났다.

내각책임제로 되어 있던 유진오의 초안에 대해 기초위원회에서도 이론이 없었다. 그런데 심의가 끝나가는 6월 15일 이승만이 참가 자격 없는 기초위원회에 임석해서 대통령책임제를 역설했다. 그런데도 기초위원회가 초안 수정을 거부한 것은 한민당의 당론 때문이었다. 이승만과의 권력 '분점'을 제도적으로 분명히 하고 싶었던 한민당이 권력을 '독점'하려는 이승만과 충돌한 것이니, 이것이 대한민국 제1야당의 출발점이라고 할 수 있다.

기초위원회는 본회의에 제출할 헌법초안을 6월 19일에 완성했다. 21일 본회의에 제출할 예정이었으나 이승만이 의장 직권을 이용해 제출을 이틀 늦췄다. 23일 제출된 헌법초안은 대통령책임제로 수정되어 있었다. 며칠 사이에 이승만이 한민당을 회유하기 위해 어떤 수단을 썼는지는 확인하지 못했다.

이북에서도 헌법 제정과정이 진행되고 있었다. 이남에 비해 훨씬 차분한 진행이었다. 1947년 11월 유엔총회의 조선 결의안 채택 직후 인민회의 제3차 회의에서 헌법 제정 방침을 정하고 31인의 헌법제정위원회를 설치했다. 제정위원회가 준비한 초안이 1948년 2월 인민회의 제4차 회의에 제출되자 초안 형태로 공표되고, '전 인민 토의'를 통해 수정한 헌법안이 4월 29일 인민회의 특별회의에서 만장일치로 채택되었다. 7월 10일 인민회의 제5차 회의에서 헌법을 공포하고 8월 25일 이 헌법에 의거한 총선거를 치른 다음 이 선거로 구성된 최고인민회의가 9월 8일에 '조선민주주의인민공화국 사회주의헌법'을 다시 공포하기에 이른다.

이남의 헌법 제정과정에서 아쉬운 대목의 하나가 6월 26일 국회 본회의에서 33인 의원이 헌법 채택에 3분의 2 찬성을 요건으로 하도록 내놓은 동의안이 부결된 일이다. 대통령-부통령 선출은 3분의 2 찬성을 요건으로 하면서 헌법 채택을 단순과반수로 한 것은 헌법의 권위를 스스로 부정한 셈이다. 더구나 정원 3백 석의 국회에 2백 명만 채워놓고 단순과반수로 통과시켰다는 데는 법리적으로도 의문이 남는다. 이북의 경우 4월 29일 인민회의에서 헌법안이 만장일치로 통과된 것은 준비과정이 충실했기 때문이다. 아직 훗날과 같은 공포분위기가 자리 잡기 전이었다. 아무도 감히 반대하지 못한 것은 두 달간의 '전 인민 토의'를 통해 수렴된 인민의 총의를 거스를 수 없기 때문이었다.

이승만은 헌법안의 빠른 통과를 위해 의장 직권을 마구 휘둘렀다. 대통령책임제 하나를 확보해놓은 이상 다른 조항은 아무래도 좋다는 식이었다. 치밀한 심의를 주장하는 의원들을 건국 작업을 방해하는 비애국자로 비난하기도 했다. 이북에 비해 이남의 헌법이 잦은 개정을 보게 되는 일차적 원인은 정치의 불안정에 있는 것이거니와, 제정과정의 졸속성에도 얼마간의 이유가 있는 것으로 생각된다.

부결될 국무총리 후보를 이승만이 내놓은 까닭

7월 17일 헌법이 공포된 후 정부 조직에 들어가 첫 번째 일은 7월 20일 대통령과 부통령의 선출이었다. 이승만이 대통령 되는 것은 이미 정해진 일이었다. 독촉은 물론이고 한민당도 이승만 대통령을 원했으니 국회의 3분의 2를 확보한 이승만에게 경쟁자가 있을 수 없었다. 얼마 전 서재필을 추대하려는 움직임이 있었으나 찻잔 속의 태풍에 그쳤다.

헌법과 함께 준비된 정부조직법에는 부통령의 권한이 아주 작게 되어 있었다. 이승만은 부통령으로 임시정부 원로 이시영을 밀었다. 대한제국 고관을 지내고 형제들과 함께 망명해 신흥무관학교를 키워낸 이시영은 누구도 부정할 수 없는 독립운동의 큰 공로자였다. 그런 인물의 참여는 새 정부의 위신에 큰 보탬이 되는데, 담백한 성품과 고령(80세) 때문에 이승만의 권력에 도전할 위험이 없는 사람이었다.

부통령 선거는 1차 투표에서 3분의 2 득표에 미달했기 때문에 2차 투표까지 갔다. 정부 불참여의 뜻을 밝힌 김구가 1차에서 65표, 2차에서 62표를 받았다. 무소속 의원들이 김구에게 투표한 것은 이시영을 반대해서가 아니라 이승만을 견제할 필요 때문이었을 것이다.

한민당은 대통령-부통령까지는 이승만의 구상에 따랐다. 그 대신 한민당이 바란 것은 국무총리 자리였다. 막강한 자금력을 가진 한민당은 국회를 자기네 권력의 거점으로 삼으려 했다. 헌법 심의과정에서 대통령의 국무총리 임명에 국회의 동의가 필요하도록 초안을 수정하는 데 한민당이 힘을 쏟은 것은 국무총리 자리를 통해 자기네 입지를 확보하려는 뜻이었다.

이승만과 한민당 사이의 갈등은 대통령중심제로의 초안 수정과정에서 드러난 바 있다. 그때는 한민당이 물러섰는데, 국무총리 자리를 놓고는 갈등이 고착되고 한민당이 야당의 길로 들어서게 된다.

국무총리 임명 동의안을 처리하기로 예정된 7월 27일까지 이승만은 후보를 밝히지 않았다. 세간에서는 국회의 3개 정파가 미는 3명의 인물이 유력 후보로 거론되고 있었다. 그중 독촉의 신익희는 이승만이 비운 국회의장 자리를 물려받을 참이었으므로 무소속이 미는 조소앙과 한민당이 미는 김성수 사이의 선택으로 보였다. 어느 쪽을 지명하든 3개 정파 중 2개의 지지를 받을 것이므로 국회 동의가 무난할 것이었다. 김성수를 택한다면 한민당과 이승만의 합작이 계속되고 조소앙을 택한다면 새 정부가 민족주의 성격을 분명히 하는 갈림길이었다.

그런데 이승만은 엉뚱한 인물을 지명했고, 화가 난 의원들은 토론도 생략하고 바로 표결에 부쳐 간단히 부결시켜버렸다. 이승만이 지명한 이윤영은 평안도에서 월남한 기독교 목사로 조선민주당 부당수라는 타이틀을 가졌을 뿐, 정치적 기반이 전혀 없는 인물이었다. 5·10선거에서 김성수가 월남민에 대한 상징적 배려로 지역구를 양보하고 한민당의 힘으로 지원해서 당선시켜준 사람인데, 이제 김성수를 앉히기를 한민당이 바라는 국무총리 자리에 그를 지명한다니 완전히 한민당을 약 올리는 선택이었다.

이승만의 두 번째 지명은 이범석이었고, 그가 대한민국 초대 국무총리가 된다. 만약 이범석이 첫째 지명자였다면 국회 동의가 쉽지 않았을 것이다. 광복군 간부였던 이범석은 귀국 후 미군정의 지원을 받아 조선민족청년단을 키워왔다. 정치권 밖에서 독자세력을 만들어온 그에 대해 한민당도, 무소속 의원들도 경계심을 품고 있었다. 두 번째 지명까지 부결시킨다는 것이 부담스러웠기 때문에 한민당이 적극적 반대에 나서지 못했고, 초대 국무총리가 된 이범석의 '족청' 세력은 이승만의 초기 독재체제 구축을 도와주게 된다.

이승만은 이윤영을 지명할 때 독촉 계열에도 미리 알리지 않았다. 일부러 부결을 유도한 것으로 보인다. 왜 그런 무리수를 뒀을까? 그 뒤의 일을 보면 국무총리직 자체를 왜소하게 만들려는 뜻으로 해석된다. 대통령과 협력하는 국무총리가 아니라 대통령을 받드는 국무총리를 그는 원한 것이다. 이승만 독재체제를 완성한 1954년 11월의 '4사5입 개헌'에서 이승만은 국무총리 자리를 없애버린다.

경찰국가의 내무부장관 자리를 향한 각축전

대통령, 부통령, 국무총리가 결정된 이제 남은 것은 내각 구성을 위한 장관 임명이었다. 여기서 초점이 된 문제는 누가 경찰을 장악하느냐 하는 것이었다. 미군정 3년 동안 권력의 근거로서 경찰의 역할이 엄청나게 커졌다. "권력은 총구에서 나온다"고 하는데, 남조선에서 총을 휘두른 가장 큰 조직이 경찰이었고, 이승만의 정권도 경찰에 의지할 것이 분명했다.

정부조직법 제정 과정에서 경찰을 독립된 정부 부서로 만들자는 주장도 있었지만 결국 내무부 밑의 치안국이 경찰을 관장하게 되었다. 따라서 내무부장관 자리가 주목을 끌게 되었다.

미군정하의 경찰 총수는 조병옥이었는데, 그에 버금가는 장악력을 확보한 인물로 수도경찰청장 장택상이 있었다. 미군정을 위해 물불 가리지 않는 충성을 보인 두 사람 중 하나를 이승만이 확보할 수 있다면 경찰력 활용에 좋은 조건이 될 수 있었다.

단독건국 작업이 궤도에 오르면서 조병옥과 장택상 사이에 암투가 시작된다. 6월 중순 장택상의 고위 심복 두 사람이 비리 혐의로 조병옥 휘하 경무부 수사국의 조사를 받으면서 갈등이 겉으로 드러나기 시작했다. 장택상은 기자회견에서 조병옥에 대한 인신공격성 비판을 포함한 격앙된 반응을 보였고, 수사국 부국장이 장택상의 회견 내용을 정면으로 반박했다.

조병옥의 장택상에 대한 진짜 공격은 한 달 후에 터져나왔다. 장택상의 핵심 심복들이 반년 전 피의자를 고문살해하고 시체를 유기한 일을 7월 26일에 수사국에서 공표한 것이다.

사건 당시에는 일 저지른 수도청 간부들이 경무부 간부들에게까지 이 일을 감추려 하지 않고 오히려 자랑했을 것 같다. 같은 편이라고 생각했으니까. 그런데 조-장 두 사람이 경쟁관계에 놓이게 되면서 조병옥이 장택상에게 타격을 가하기 위해 터뜨린 것으로 생각된다. 이 폭로의 시점이 조각 인선이 진행되고 있던 시점이라는 사실이 의미심장하다.

8월 2일 이범석이 국회에서 총리 인준을 받은 직후 조각 내용이 발표되었다. 내무부장관에는 윤치영이 기용되었고 장택상은 외무부장관으로 낙점받았다. 이승만의 개인비서로 지목받던 윤치영이 원래 바란 자리는 외무부였는데, 고문치사 사건 때문에 장택상을 도저히 내무부에 앉힐 수가 없어서 맞바꾼 것으로 보인다. 조병옥보다 장택상을 선택한 이승만의 뜻은 분명히 나타났다. 한민당을 배경으로 가진 조병옥보다 자신에게 전적으로 의지할 장택상이 이승만에게는 편리했던 것이다.

8월 4일자 『경향신문』에 "만약 이 대통령이 부통령의 의사를 무시하고 기어코 장모 씨로 내무장관을 임명하게 될 때는 이 부통령은 사임이라도 할 강경한 태도로 나아갈 것으로 관측"된다는 기사가 나왔다. 이 관측은 바로 그날 저녁에 현실로 나타났다. 저녁 무렵 이승만이 이시영 저택으로 찾아갔으나 만나지 못한 것이다. 이시영은 그때 수원에 가 있었다.

이시영은 8월 9일 서울로 돌아와 기자들에게 휴식을 위해 시골에 갔을 뿐, "내 언동으로 돕지는 못하나마 파괴 같은 것은 하여서는 안 될 것"이라고 했다. 그러나 그가 사임을 심각하게 고려했다는 사실은 너무나 분명했다. 그가 수원에 있는 동안 대법원장 김병로, 체신부장관 윤석구, 국회의장 신익희가 그를 찾아갔고 국무총리 이범석도 비서를 보내 이시영 곁에서 자고 오게 했다.

정부조직법에 장관 선임은 대통령이 국무총리와 의논하게 되어 있다. 부통령의 역할은 명시되어 있지 않다. 그러나 정부를 함께 이끄는 부통령이 "이 사람은 도저히 안 된다"고 하는 경우는 대통령이 존중해줘야 할 것 아닌가. 8월 4일 이승만의 이시영 저택 방문 시도는 함께 당선된 후 처음이었다. 이시영의 결의가 굳은 것을 알고야 황급히 쫓아간 것이다.

내무부장관에 임명된 윤치영이 경찰 지휘권 이양을 둘러싸고 조병옥과 갈등을 빚고 국무회의에서 "민족반역자"로 지탄해 소동을 일으키기까지 한 데는 조병옥에 대한 이승만의 적대적 태도가 투영된 것으로 보인다. 그러나 두 사람은 타협했다. 8월 12일 신문에 조병옥이 구미 방면 대통령 특사로 임명된 사실과 경무부 수사국 국장과 부국장의 사표를 수리한 사실이 나란히 보도된 것이다.

지휘권 이양이 진행되는 상황에서 최고위 간부들의 사표를 받고 "새 정부의 위신을 손상"케 한 데 대해 이승만 대통령에게 '진사(陳謝)'까지 했다니 '특사' 자리가 얼마나 큰 떡이었기에? 미군정을 지내는 동안 조병옥은 미국의 힘을 누구보다 깊이 실감했을 것이다. 그 시점에서의 특사 자격 미국 방문이 큰 정치적 자산이 될 것이라고 그는 내다보았을 것이고, 그 전망은 적중한 것이라고 생각된다.

당시 여론도 대한민국 첫 조각 내용을 놓고 '비서내각'이니 '비서정치'

니 조롱이 들끓었다. 조선이 망국에 이르는 과정에서 가장 두드러진 문제였던 '권력의 사유화.' 대한민국은 이승만의 권력 사유화 의지에 떠밀리면서 세상에 나서고 있었다.

2015년 1월

김기협

차례

일러두기

1. 이 책에서 인용한 1차 사료(신문기사, 포고문, 법령 등)는 국사편찬위원회 한국사데이터베이스(http://db.history.go.kr)의 자료를 원본으로 하였으며, 일일이 출처를 명시하지 않는 대신 흐린 글씨로 표시하였다. 또한 지금은 별로 쓰지 않는 한자어를 우리말로 풀어쓰는 등 한글세대도 쉽게 읽을 수 있도록 일부 수정하였다.
2. 이 책에서 인용한 글의 서지사항은 처음 나올 때 표기하고, 이후에는 제목과 쪽수만 표기하였다.
3. 인명이 처음 나올 때 한자 또는 원어, 생몰연도를 함께 표기하였다(확인되지 않는 일부 인명의 경우 제외).
4. 단체명은 처음 나올 때 원래 명칭과 줄임말을 함께 표기하고 이후에는 줄임말을 사용하는 것을 원칙으로 하였다.
5. 각 장에 실은 '안재홍 선생에게 묻는다'는 해당 시점(예를 들어 1장의 대담은 1948년 5월, 2장 말미는 1948년 6월 말)에 저자가 안재홍 선생과 나누는 것으로 가상하는 대담이다.

1

해방 조선의 비극을 대표한 제주 '폭동'

1948년 5월 1 ~ 29일

제59군정중대는 1945년 11월 9일 제주도에 상륙했다. 이로써 제주도에 대한 미군정의 본격적인 점령정책이 시작되었다. 4 · 3사태가 확대되고 있던 1948년 5월 1일 제주농업학교에 설치된 군정중대에 성조기가 펄럭이고 있는 모습.

안재홍 선생에게 묻는다

"미군정, 진짜 이상해요"

김기협 | 5월 5일 제주에서 열린 '최고수뇌회의'에서 선생님이 방성통곡을 터뜨렸다는 얘기를 김익렬 연대장에게서 들었습니다. 회의 경위를 김 중령에게 듣고 그 통곡의 의미를 대충 짐작합니다만, 65년 후의 독자들을 위해 심경을 말씀해주시지요.

안재홍 | 일본 패망이 우리에게 진정한 '해방'을 가져다준 것이 아니구나 하는 생각을 미군 점령하에서 거듭거듭 해왔습니다. 미군의 압제가 일본인의 압제보다 덜하지 않다는 사실을 중요한 대목마다 느껴왔고, 친일파가 일본의 압제를 거들어준 것처럼 미군의 압제를 거들어주는 친미파가 활개를 치는 세상이라면, 그것을 누가 '해방'이라고 하겠습니까?

작년 초 민정장관에 취임할 때 백범께서 말씀하셨죠. 그대는 이루는 것 없이 나쁜 말만 듣게 될 것이라고. 저도 그렇게 될 것을 모르지 않았습니다. 이 과도정부란 것이 조선인의 정부가 아니고 미군정의 간판에 불과한 것이라는 사실을 어찌 내가 모르겠습니까. 그런 정부에서 조선인을 위해 마음껏 일할 수 있기를 기대하지 않았습니다. 그래도 양심 없는 친미파가 그 자리를 맡는 경우보다 나쁜 짓을 덜할 수 있게 되기를 바랐을 뿐입니다.

어제(5일) 다시 처절한 무력감을 느끼지 않을 수 없었습니다. 양심없는 친미파가 멀쩡한 사람들을 친공-친소로 몰아붙이면서 자기네만이 미군에게 충성하는 것처럼 아양 떠는 짓은 늘 있어온 겁니다. 통상 그렇게 몰아붙이는 대상은 그래도 자기주장을 나서서 하는 사람들이죠. 그런데 이제 조용히 살아가는 순박한 농민들까지 공산폭도로 몰아붙이다니, 민족이 처한 참혹한 상황을 새삼 깨닫지 않을 수 없었습니다. 재작년 10월 사태 때보다도 더합니다.

김기협 | 그동안 민정장관으로서 도지사의 보고를 통해 상황을 어느 정도 파악하고 계셨나요? 어제 회의에서 접한 상황이 뜻밖의 것이었는가요?

안재홍 | 유해진 지사로부터 이틀이 멀다 하고 보고를 받고 있었는데도 막상 와보고 새로 깨우친 것이 많습니다. 폭도 수가 이리도 엄청나게 늘어나고 있을 것은 상상도 못했습니다. 물론 엄밀한 의미에서 '폭도'가 아니라 불안한 마음에 마을을 떠난 주민들이 대다수겠지요.

일제 말기에 제주도에는 약 100명의 경찰관이 주재하고 있었습니다. 그동안 300여 명까지 증원이 되어 있었는데도 이번 사태가 일어난 것을 보면 경찰이 약해서 일어난 일이 절대 아닙니다. 사태 발발 후 1,000여 명 응원경찰을 들여오고도 사태 확산을 막지 못해 경비대까지 끌어들이고 있지 않습니까? 힘으로 억누를 수 있는 일이 아닙니다.

김기협 | 경찰이 약해서 일어난 일이 아니라면, 경찰이 너무 강해서 일

어난 일일까요?

안재홍 | 바로 그래요. 일제강점기 경찰이 포악했다고 하지만, 최소한의 숫자만 배치해놓으면 저희들도 주민들 눈치를 안 볼 수 없었어요. 그런데 너무 많이 깔아놓으면, "소인이 한가로이 있으면 착하지 못한 짓을 한다(小人閑居爲不善)."란 옛말이 있지 않습니까? 문제를 일으키게 되어 있어요.

주민이 자발적으로 따라오는 정치라야 성공할 수 있습니다. 경찰이 자기네 힘만 믿고 주민을 억압해서 마음을 불안하게 만들고 어떻게 '치안(治安)'이 이뤄질 수 있습니까? 경찰은 모든 치안 문제를 적색분자의 획책으로 몰아붙이는데, 그렇게 치안의 껍데기만 쳐다봐서는 백성의 마음을 편안히 하는 진짜 치안이란 연목구어(緣木求魚)일 뿐입니다.

제주도만이 아닙니다. 남조선의 경찰 인원은 일제강점기의 두 배를 넘어 세 배를 바라보고 있는데 치안 상태가 더 못한 근본 원인을 생각해야 합니다. 나는 미국인의 의도가 일본인의 의도보다는 덜 나쁜 것으로 믿지만 행정력은 일본인보다 못하고, 그 때문에 조선인에게 더 큰 고통을 끼칠 수 있지 않을까 걱정합니다.

김기협 | 유해진 지사는 선생님과 가까운 인물이고 선생님이 추천해서 제주도에 가게 된 것으로 압니다. 공식 보고 외에 제주 사정에 관한 그의 속마음을 털어놓은 것은 없는가요?

안재홍 | 속마음 털어놓은 게 있다면 내가 발설해서 안 되겠죠. (웃음) 없습니다. 어제 딘 장군이 먼저 돌아오고 송호성 장군과 나는

하룻밤 묵으면서 사정을 더 알아보려 했는데 딘 장군이 같이 돌아오자고 서두르는 바람에 유 지사와 조용히 얘기할 틈도 없었어요. 딘 장군은 제주도에 관한 정책, 더 생각할 필요도 없다는 거죠.

유 지사와 일본 시절부터 알던 사이고 국민당 이래 정당도 함께 해온 사람이기는 하지만, 내가 추천했다고 하는 데는 어폐가 있어요. 그 사람은 중앙정부 직책은 몰라도 목민관 스타일은 아니죠. 보낼 만한 사람이 따로 없어서 부득이 보낸 거예요.

김기협 | 보낼 만한 사람이 따로 없다는 게 무슨 뜻인가요?

안재홍 | 제주도가 막 도(道)로 승격해서 관직은 높지만 근무조건이 안 좋아서 가려는 사람이 없어요. 나 같은 사람은 절대 못 가요. 봉급은 얼마 안 되고 비용 들 일은 많은데 딴 재주 피울 생각 없는 사람은 갈 수가 없죠. 유 지사는 집이 부자인데다가 염치는 아는 사람인지라 그런 의미에서는 적임자라고 생각했습니다.

김기협 | 김익렬 연대장은 어제(5일) 회의에서 조병옥 부장이 너무나 말도 안 되는 소리를 하는 바람에 자기가 분노를 참지 못했다고 하는데 두 사람 태도를 선생님은 어떻게 보셨습니까?

안재홍 | 내가 영어를 잘 알아듣지 못해서 그렇게 눈이 뒤집어질 소리가 있었는지 잘 모르겠지만, 조병옥 씨 태도는 원래 온 조선에 다 알려져 있는 것 아닙니까? 김 중령이 아무리 옳은 말을 했다 하더라도 회의 진행을 불가능하게 만든 책임은 분명히 그에게 있었습니다.

김기협 | 얘기를 돌려서…… 어제 김구, 김규식 두 분 선생이 평양에서 돌아왔습니다. 만나보셨는가요?

안재홍 | 우사 선생은 어제 찾아가 만났고, 백범 선생은 오후에 가 뵈려 합니다.

김기협 | 이번 평양행의 성과를 김규식 선생은 어떻게 생각하던가요?

안재홍 | 생각보다 좋은 성과를 거두었다고 말씀하면서도, 그리 만족한 기색은 아니더군요. 그분이 원래 비관적인 분이잖아요? (웃음) 보름 전 떠날 때 우울한 말씀만 하던 것과 비교하면 그래도 희망적인 생각을 좀 하게 된 것 같습니다.

김기협 | 제일 큰 성과로 어떤 것을 말씀하던가요?

안재홍 | 무엇보다 북쪽에서 전쟁 일으킬 염려를 덮을 수 있게 되었다고 합니다. 북쪽에 인민군 만들어놓은 것이 소련의 조기 철군 주장을 미국이 거부하는 이유 아닙니까? 4자회담 때 그 문제를 제일 많이 제기했는데, 민족상잔을 피해야 한다는 김두봉 위원장과 김일성 장군의 의지를 분명히 확인했다고 합니다.

김기협 | 그런 일이 의지만으로 확인할 수 있는 일일까요? 군대를 만들어놓은 이상 군대가 동원될 가능성은 언제나 있는 것 아닙니까? 설령 그쪽에서 도발하지 않는다 하더라도 남쪽에서 도발할 수도 있는 일이고…….

안재홍 | 저쪽의 평화적 통일노선에 충분히 실현성이 있다고 봤기 때문에 전쟁 걱정을 면할 수 있게 되었다고 하더군요. 공산주의 노선을 고집하지 않고 대다수 인민이 환영할 만한 민족주의 노선을 앞세우려는 자세를 확인했다고 합니다.

며칠 전 평양 최고인민회의에서 조선민주주의인민공화국 헌법안을 통과시켰다고 합니다. 그런데 마지막 토론에서 수정이 있었다고 해요. 수도를 평양으로 하기로 했던 것을 서울로 바꿨다고 합니다. 그리고 낫과 망치가 들어가는 국기 대신 태극기를 그대로 쓰기로 하고요. 이 헌법안이 북조선에 세울 나라를 위한 것이 아니라 통일국가의 헌법을 위한 북측의 제안이라는 거죠. 마찬가지로 인민군도 통일국가 군대를 만들기 위한 북측의 준비라는 겁니다.

김기협 | 두 분 선생만이 아니라 이남의 중간파 모두가 걱정하던 것이 북측에서도 단독건국을 추진하는 게 아니냐는 문제였죠. 이번 방문으로 그 의심을 없앴군요. 그 밖에도 생각을 바꾸신 것이 있던가요?

안재홍 | 이북 인민의 생활상이 이남에 알려져 있는 것보다 괜찮은 편인 것을 보고 마음이 많이 놓였다는 말씀을 하더군요. 이북 사정을 나쁘게만 선전하는 사람들이 있는 거야 우리 모두 아는 사실이지만, 월남민이 많은 것을 보면 사실 걱정이 많이 되었죠. 그런데 이번에 가 보니 고급품 시장은 서울에 비해 아주 빈약해도 식량과 생필품 사정은 괜찮아 보이더라고 합니다.

그리고 무엇보다 공장을 방문해보니 장래가 밝게 보였다고 합니다. 일본 기술자를 보호하고 우대하며 기술을 순조롭게 넘겨받고 소련 기술자들 도움도 많이 받았다는데, 가동이 잘되는 공장이 많다고 합니다. 경제원조는 이남이 미국에서 받은 것보다 훨씬 적었는데도 그만큼 상황을 개선해온 것을 보며 경제독립의 희망을 키울 수 있었다고 합니다.

김기협 | 이번에 전력대금 문제에도 성과가 있었다고 들었습니다. 며칠 전 『서울신문』에도(5월 4일자) 북측의 송전 단절 가능성을 제기하는 기사가 나왔는데, 작년 5월까지의 전력 대금을 아직까지 20퍼센트밖에 지불하지 않고 있다는군요.

미군정 하는 일에 이해 안 가는 게 한두 가지가 아니지만, 전력 문제는 진짜 이상해요. 발전시설 확충하는 데는 예산을 쓰면서 전기요금을 안 내다니. 게다가 북조선인민위원회에서 오는 청구서는 본 척도 안 해요. 자기네는 소련군사령부만 상대한다면서. 과도정부에선 미군에게 미루고, 미군은 소련군에게 미루고, 소련군은 북조선인민위원회랑 얘기하라고 하고. 전기 끊어지면 고생하는 건 남조선 인민이고 망가지는 건 남조선 산업인데, 미군은 뭐 하러 조선에 와 있다는 거예요?

작년 봄과 가을 전력대금 미납 문제가 심각할 때 오정수 상무부장이 평양 가서 협정을 맺어온 덕분에 송전이 지금까지 계속되어온 것 아닙니까. 전력처럼 민생과 산업에 두루 중요한 문제는 미군들 눈치 볼 것 없이 과도정부라도 나서야 할 것 아닙니까?

안재홍 | 오늘 딘 군정장관 기자회견에서 이런 문답이 있었습니다.

(문) 북조선 전력대금 지불이 원만하게 진행되지 않는 원인은?

(답) 지난번 80차량의 물자를 지불하였다. 그러나 북조선 대표들이

요구하는 물자를 만족하게 공급할 수 없다. 더구나 쌀 같은 것을 요구하여오는 데는 머리가 아플 지경이다. 그러므로 달러로 지불하고자 교섭하였으나 듣지 않는다. 현재 받고 있는 전기에 대하여 일정한 장소와 시일을 정하여 새로운 협정을 체결하고자 수차에 걸쳐 공문을 보내었으나 아직 아무런 회답도 없다. 그리고 인천과 부산에 발전함이 설치되었으나 남조선의 전력소비는 자율적으로 유효적절하게 배전 공급을 하는 동시 일반의 절전을 보다 더 철저히 할 것을 요청하고 있다.

(「북조선 전력대 요구대로는 응할 수 없다」,『동아일보』 1948년 5월 7일)

전력대금을 현물로 준다는 것은 협정이 되어 있는 일인데, 현물을 마련하려는 노력이 충분한 것 같지 않습니다. 그런데 과도정부에는 현물 마련을 위해 예산을 쓸 권한도 없고, 군정장관이 승인하지 않는 조그만 조치 하나도 취할 길이 없어요. 우리는 구경꾼입니다.

전력대금 미납에 따른 송전 중단 가능성을 없앴다면 이번 남북협상의 매우 중요한 성과입니다. 인민이 체감하는 문제고, 미군정의 무성의와 과도정부의 무능으로 늘 불안해하던 문제니까요. 송전 계속의 보장은 다른 사안에 대해서도 평양 측의 선의와 진정성이 이남 인민의 큰 신뢰를 받게 해줄 것입니다.

1948. 5. 1.

"4 · 3은 경찰이 만들어낸 참극이었다!" (1)

1948년 5월 1일 한낮에 제주 읍내에서 남쪽으로 약 2킬로미터 떨어진 오라리 연미마을로 30명가량의 청년이 들어와 10여 채 민가를 불태우는 사건이 일어났다. 피해만으로는 4·3사태 중 일어난 수많은 참혹한 사건 가운데 두드러질 것 없는 하나의 사건이었다. 그런데 제민일보 4·3취재반은 이 사건을 매우 중시하고 상세히 취재해서 『4·3은 말한다 2』, 전예원 1994, 제5장 「오라리사건의 진상」, 147~176쪽에 세밀히 서술했다. 경찰 측 소행인 이 사건을 '산사람'들 짓으로 선전함으로써 무차별 진압작전의 출발점을 만들었다는 것이다.

사건의 배경부터 살펴본다. 주민 3,000여 명이 사는 큰 마을인 오라리에는 운동가들도 여럿 있어서 해방 후 건국준비 운동이 활발했으나 마을 분위기를 크게 바꾼 것은 1947년 3·1사건이었다. 발포사건 희생자 6명 중 2명이 이 마을 사람이었는데, 하나는 초등학생이었고 하나는 신체장애자(곱사등이)였다. 시위대도 아닌데 희생되었기 때문에 주변의 항의가 거셌고, 그 결과 많은 마을 청년이 검거되면서 미군정과 경찰에 대한 반감이 짙어졌다.

4·3사건 발발 후 이 마을에서 처음으로 일어난 인명피해사건은 제주에서 첫 경찰관 가족 살해사건이기도 했다. 4월 11일 새벽에 산사람

들이 쳐들어와 경찰관 부친(58세)을 죽이고 집을 불 지른 사건이다.

두 번째 인명피해는 그 열흘 후 있었다. 30대 마을 청년 두 사람이 들판에 나갔다가 경찰대에 붙잡혔는데, 경찰은 이들을 '폭도 연락병'으로 간주하고 이튿날까지 끌고 다니다가 어느 굴속에 들어가게 해서 쏘아죽인 다음 돌아갔다. 확인사살이 없었던 덕분에 한 사람이 살아서 마을에 돌아와 이 사실을 알렸다.

이틀 후인 4월 23일에는 좌익 활동을 하던 28세 청년 김태중이 집에서 경찰에 붙잡혀 연행되었는데, 사흘 후 인근 들판에서 시체로 발견되었다.

4월 29, 30일의 다음 사건은 김태중의 피살에 촉발된 것으로 보인다. 29일에는 마을 대한청년단(이하 '대청'으로 줄임) 단장과 부단장이 산으로 납치당했고 30일에는 대청단원 두 사람의 아내들이 납치당했다. 김태중이 체포된 후 대청단원의 밀고설이 나돌았다고 한다.

아낙네 두 사람이 납치되어가는 중 경찰이 출동했는데 산사람들의 혼란을 틈타 한 사람이 탈출했고, 남은 한 사람은 살해된 채로 발견되었다. 죽은 강 여인의 장례가 이튿날 아침 행해졌고 장례가 끝난 후 오라리 방화사건이 시작되었다.

> 이 사건이 일어나기 직전인 이날 오전 9시께 오라리마을 근처인 '동산물'에서는 조촐한 장례식이 치러지고 있었다. 그 전날 '민오름'에서 살해된 대청단원 부인인 강공부 여인의 장례식이었다. 그 시신은 경찰트럭에 실린 채 하룻밤을 보낸 뒤 장례 현장에 도착하였다. 그 경찰트럭 편으로 경비차 나온 경찰관 3~4명 이외에도 서청 · 대청단원 30명가량이 함께 올라왔다. 마을 사람들은 이 장례 현장을 외면, 얼씬거리지 않았다. 다만 평소 고인 가족과 친분이 있었던 한 집안에

서 4명의 식구가 나와 매장 일을 도왔을 뿐이다.

매장은 두 시간여 만에 끝났다. 장례가 끝나자 올라올 때와는 달리 트럭은 경찰관들만 태운 채 현장을 떠났고 30명가량의 서청 · 대청단원들은 그대로 남겨졌다. 어느새 그 청년들은 손에 몽둥이 등을 쥐고 있었다. 이들 청년단이 오라리마을에 진입하면서 민가들이 하나둘 불타기 시작했다. 처음 불 질러진 민가는 유격대에 가담한 연미마을 '서동네' 허두경(당시 40세)의 집이었다. (…)

당시 방화사건이 서청 … 대청 등 우익청년단원에 의해 저질러졌다는 주장은 비단 '반도'들에 의해서만 나온 것이 아니었다. 이 사건을 중시한 9연대에서는 협상당사자였던 김익렬 연대장과 이윤락 정보주임 등이 직접 현장조사, 그 방화가 서청 · 대청 단원에 의해 자행됐다는 결론을 내리고 미군정에 보고했지만 미군정은 이를 묵살하고 "폭도들이 했다"는 경찰 측의 보고를 수용하였다. 그 후의 흐름을 보면 미군정은 이 사건을 계기로 김 연대장이 추구해온 '화평'정책을 불신하고 '토벌'정책으로 선회하는 한 단서로 삼았음을 알 수 있다.

(제민일보4 · 3취재반, 『4 · 3은 말한다 2』, 전예원 1994, 155~156쪽)

4 · 3사건은 기본적으로 제주인과 외부세력의 충돌이었다. 김익렬(金益烈, 1921~1988)은 제주 주둔 제9연대장으로서 외부세력을 대표하는 위치에 있었기 때문에 외부세력의 문제점을 지적한 그의 증언이 특히 큰 가치를 가지는 것이다. 그의 경력부터 살펴본다.

1921년생인 김익렬은 일본 육군예비사관학교에서 일본군 소위로 임관했다가 해방 후 군사영어학교를 마치고 1946년 1월 조선경비대 소위로 임관했다. 1947년 9월 소령으로 9연대 부연대장에 부임했다가 1948년 2월 중령으로 승진, 연대장을 맡았다. 4 · 3 발생 후 무력진압

제9연대장 김익렬 중령. 해방 당시의 일본군 소위가 3년 후 연대장이 되어 있는 것은 당시의 군대에서 예사스러운 일이었다.

에 반대하고 선무작전을 주장하다가 5월 6일 해임되었다. 그 후 군인 경력을 계속해서 국방대학원장을 끝으로 1969년 중장 예편했다. 4·3 사건 회고록 "4·3의 진실"을 써놓고 사망(1988년) 후 공개하게 하여 1994년 출간된 『4·3은 말한다 2』에 수록되었다.

4·3사건이나 반년 후의 여순사건의 실상을 이해하기 위해서는 당시 군대(경비대)의 위상을 이해할 필요가 있다. 경찰보다 압도적인 힘을 가진 존재로서 군대의 통념이 당시에는 적용되지 않는다. 안진은 「미군정기 국가기구의 형성과 성격」에서 군정기의 경찰과 경비대를 이렇게 비교했다.

> 경비대의 무장상태와 교육 및 훈련은 군정경찰과 비교해보면 알 수 있듯이 낮은 수준이었다. 경비대는 구 일본군이 사용하던 99식, 38식 소총을 기본 장비로 하였으며 훈련도 총검술과 폭동진압법 정도에 그쳤다. 군정시기의 경비대는 군정경찰에 비해 병력규모가 현저

히 작았으며 장비수준 또한 빈약하였는데 그것은 미군정이 진주 직후부터 남한의 핵심적인 억압기구로서 군정경찰을 육성한 데 기인한다고 볼 수 있을 것이다. (박현채, 『해방전후사의 인식 3』, 한길사 2006, 194~195쪽)

김득중은 경찰과 경비대의 관계를 이렇게 설명했다.

군경 충돌이 빈번하게 발생했던 것은 여러 가지 이유가 있었다. 경비대는 무기지급, 계급장, 복장, 급식 문제 등 거의 모든 면에서 경찰에 비해 열악한 처지에 있었고, 무엇보다도 경찰예비대라는 위상 때문에 열등감을 느끼고 있었다. 하지만 경비대 간부 대부분은 일본군이나 관동군 출신이어서 군 우위라는 의식을 강하게 가지고 있었고 오히려 경찰을 무시하는 경향이 있었다.

이런 이유가 겹쳐져 장교와 사병들은 경찰을 좋지 않게 생각했다. 반면에 경찰 측에서는 경비대를 경찰 조직의 하부기관쯤으로 보아 무시했고, 사상적으로는 불순하고 향토적 색채를 띠는 오합지졸로 인식했다. 한편 조선경비대 사병들은 과거 '일제의 주구'로서 활동했던 경찰들이 자신들보다 높은 대우를 받으며 자신들을 멸시하는 데 분노를 느끼고 있었다.

(…) 경찰은 수뇌부나 말단이나 거의 대부분이 친일 경력자로 구성되었기 때문에 일제시기 경험을 공유하고 있었고, 친일잔재 청산에 저항해야만 하는 공동의 이해관계를 갖고 있었다. 이 같은 공동의 기반하에 경찰은 미군정의 정책을 충실히 수행하면서 조직의 내적인 동질성과 응집력을 더욱 높여갈 수 있었던 것이다.

이에 비해 조선경비대는 좌익 인물들이 쉽게 입대할 수 있었다. 입대한 뒤에도 일사불란한 조직을 만들기 위한 사상적 교육은 이루어지지 않았다. 조선경비대 장교들 많은 수는 친일 경력자나 반공주의적 사상을 가지고 있는 사람들이었지만, 남로당의 좌익세포로 활동하는 인물도 상당히 포진되어 있었다.

조선경비대 일부 '장교'들은 군이 경찰에 압도적 지위를 갖고 있어야 한다는 군국주의적 생각을 가지고 있었기 때문에 경찰과 갈등을 빚었다면, 좌익 장교들과 하층 농촌 출신인 사병들은 경찰의 친일적 행각과 미군정 정책의 하수인과 반공전선의 선봉으로 활동하는 것에 대해 불만을 갖고 있었다. (김득중, 『'빨갱이'의 탄생』, 선인 2009, 113~115쪽)

김익렬이 회고하는 제9연대의 상황도 이런 틀 안에 있었다. 경비대는 각 도에 1개 연대 편성을 목표로 하고 있어서 제주도의 도(道) 승격에 따라 만들어진 제9연대가 막내였다.

연대 군사고문관은 군정장관 맨스필드 중령이 겸하고 있었다. 그러나 그도 민정에 바쁘다보니, 1~2개월에 1회씩 소위 혹은 중위를 연대에 보내어 연대장과 상의할 정도였으므로 제9연대는 미군정 고문관도 없는 형편이었다.

연대 장비는 총기는 구 일본군의 99소총과 대검뿐, 그나마 탄환은 1발도 보유하지 못했다. 물론 기관총이나 미군무기인 M-1이나 카빈총은 1정도 소유하고 있지 않았다. 반면 당시 경찰은 경비대보다 월등하게 우월한 무장을 하고 있었다. 전원이 카빈소총과 구 일본군의 92식 중기관총, 미군 수송 장비에다 각종 미군 신식 무전기와 기타 통신장비 등 상당한 기동력과 화력을 가지고 있었다.

그 당시 미군정은 국내 치안을 전적으로 경찰에 맡겼으며 일체의 전투장비 보급도 경찰에 우선하였고 미군정에 대한 충성심에서도 경비대보다 경찰을 신인(信認)하였다. 경비대는 비상시에 경찰의 보조역할을 하다가 장차 독립되면 국군의 모체가 될, 그러니까 평시에는 놀고먹는, 말하자면 미군정의 천덕꾸러기며 객원 노릇을 하였다. 그러고 보니 자연 경비대의 미군정하의 존재 위치는 빛을 못 보았으며 따라서 보급지원도 소홀할 수밖에 없었다.

제9연대의 기타 장비를 보더라도 99식 소총과 대검 이외에 수송 장비는 1과 1/2톤 차량 1대, 3/4톤 1대, 지프 1대가 전 부대의 보급과 연락용 전부였다. 무전기는 물론 없었고 대내(隊內) 행정용으로 몇 대의 구식 전화기가 있을 뿐이었다. 연대와 상부와의 연락은 전근대적인 장교전령과 일반전령이 맡아 비밀명령과 문서를 전달하였고, 일반 행정문서는 민간우편과 전화 전보로 연락되었다. 긴급을 요하는 연락은 연대의 1과 1/2톤, 3/4톤 차량, 지프 등 3대가 보급 전령 일체를 행하는데, 이 3대의 차량마저 노후와 부속품 부족으로 1주일간 수리해서 가동하면 2~3일 쓰고 고장이었다. 부속품도 부산, 서울 등지에 가서 구입하는 형편이었다.

그렇다고 부대가 별다른 고통을 느끼는 일도 없었다. 그 이유는 수개월이 가도 급한 연락사항이나 중요한 문제도 없었고, 하등의 긴급을 요하는 일이 없으므로 순조롭고 평온하기만 하였다. (『4 · 3은 말한다 2』, 276~277쪽)

이런 상황에서 터진 4·3사건 초기에 경비대는 무풍지대로 남아 있었다. 무력을 갖추지 못한 경비대 자체도 나설 엄두를 못 냈고, 군정당국도 경찰에만 의존했으며, 제주 주민들은 경비대를 불필요하게 자극하려 하지 않았다. 연대에서 긴급전령을 경비대 총사령부로 보냈는데, 총사령부에서도 이 사건은 경찰 책임의 치안상황이니 경비대가 명령 없이 나서지 말라는 지시를 보냈다고 한다. 연대에서는 제주 출신 사병들을 휴가 형식으로 내보내 정보를 수집하며 상황 판단에 주력했다고 한다. (같은 책, 297~300쪽)

그러나 시간이 지남에 따라 상황이 진정되기는커녕 오히려 확대·악화를 거듭하자 군정 당국은 극한적 진압방법인 '초토작전'으로 기울어지며 경비대를 작전의 주체로 끌어들인다. 김익렬은 그동안의 관찰로 사태 악화 이유가 경찰의 잔인한 진압방법에 있다고 판단하고 있었으므로 적대적 진압작전보다 적극적 선무(宣撫)작전을 주장했다. 김익렬은 새로 부임한 연대 군사고문관 드루스(Clarence Dog De Reus) 대위와 민정장관 맨스필드(John S. Mansfield) 중령의 승인을 받아 화평공작을 펼 기회를 얻었다.

김익렬은 제주 유지들의 도움을 받아 문안을 작성, 전단을 만들어 경비행기로 각지의 중산간마을에 뿌렸다. 경비대는 제주민과 적대할 뜻이 없으며, 귀순하면 안전을 보장하겠다는 내용을 담은 것이었다. 유격대 지도자와 회담을 갖고 싶다는 뜻도 담았는데, 이에 대한 응답이 부대 근처의 벽보로 나타났다. 연대장이 직접 나와야 하고, 수행인이 2인 이상이면 안 되며, 장소는 유격대 지역이어야 한다는 것이었다.

이 벽보를 실마리로 하여 경비대 가까운 중산간마을의 구억국민학교에서 4월 28일에 회담이 열렸다. 27세의 연대장이 마주한 상대는 25세의 김달삼(金達三, 1923~1950)이었다. 본명이 이승진인 김달삼은 도쿄 주오대학을 다니다가 학병으로 육군예비사관학교를 나왔고, 대정중학 교사로 있다가 남조선노동당(이하 '남로당'으로 줄임) 제주도당책과 군사부 책임자를 맡고 있던 인물이었다.

김익렬은 김달삼의 요구가 무리하지 않다고 생각했다고 한다.

'폭도 수괴' 김달삼. 25세의 김달삼과 27세의 김익렬 사이에는 대화에 어려움이 별로 없었던 것 같다. 두 사람의 만남은 벽보를 통해 이뤄졌다고 하지만, 직접 연결해준 누군가가 있었을 수도 있다.

연설 내용은 공산주의 사상에 대한 언급이나 표현은 거의 없고 제주도에서 민족반역자와 일제경찰, 서북청년단을 축출하고 제주도민으로 구성된 선량한 관리와 경찰관으로 행정을 하여주면 순종하겠다는 것이 골자였다. 나는 폭도들의 요구조건이 대단히 단순하고 까다로운 조건이 없다는 것을 직감하였다. 십중팔구 폭도들이 내놓으리라고 예측하였던, 경찰이나 서북청년들 중 살인 · 고문 · 강간 · 약탈한 자를 인도하거나 처형하라는 요구조건은 한마디도 없었다. 나는 이 요구조건이 상당히 정당하고, 폭동을 신속하게 진압하기 위한 대가치고는 과히 비싸지 않은 요구라고 생각하였다. (같은 책, 324쪽)

김익렬의 평화 노력을 깎아내리려는 입장에서 김달삼의 온건한 요구가 진압세력을 혼란시키기 위한 전술적 의도에서 나온 것이고 진심을 담은 것이 아니라는 의심이 있다. 사람 뱃속을 들어가보지 않고 어찌 알겠는가.

하지만 김달삼 등 유격대 지도부가 투쟁 확대를 위해 인민의 희생을 더 키워야 한다는 생각에 사로잡혀 있지는 않았을 것이라고 나는 생각한다. 제주도의 좌익 활동이 비교적 활발했던 것은 사상이 투철해서가 아니라 우익 조직이 약했기 때문이다. 다른 지방과 달리 제주에서는 현지인과 외지인의 차이가 크게 인식되었다. 제주의 좌익 인사들은 투쟁 확대를 위해 현지인을 희생시키는 전술·전략에는 동의하기가 힘들었을 것이다.

김익렬은 김달삼의 요구조건을 대체로 받아들이고, 폭도의 면책 요구만 거부했다. 그 대신 일본 등지로의 피신에 최대한 협력한다는 약속으로 상대방을 만족시켜 합의를 이뤘다. 연락과 토론을 위해 전투 완전 중지까지 72시간의 유예기간을 두고, 5일 후의 전투는 배신행위로 간주한다는 조건의 휴전협정이었다.

김익렬의 협상은 맨스필드 군정장관의 승인을 받아 실시에 들어갔다. 전 경찰은 지서만 지키고 외부에서의 행동을 일절 중지하라는 명령이 내려졌고, 유격대 활동도 차츰 잦아들었으며, 귀순자 캠프가 설치되어 귀순도 갈수록 활발해지고 있었다. 그런 상황에서 오라리 방화사건이 일어났다. 김익렬은 당시 상황을 이렇게 회고했다.

> 귀순이 시작되자 여러 가지 유언비어가 유포되고 있었다. 군정장관 맨스필드에게 들어간 악선전 중의 하나는 연대장이 폭도들에게 기만당하고 있다는 것이었다. 경찰은 폭도들이 귀순을 가장하고 시간적 여유를 얻어서 전열을 재정비한 후 대대적인 기습을 할 준비를 하고 있다는 정보를 정식보고서로 작성해 군정청에 제출했다. 반면에 제주읍과 각 부락에는 "연대장이 폭도를 기만하여 폭도 전원을 귀순시켜놓고 일시에 몰살하려 한다."는 낭설이 돌고 있었다.

맨스필드 대령은 이 모든 것들을 경찰들에 의한 귀순 방해공작으로 판단하고 나에게 "경찰의 방해공작이 시작되었으니 주의하라."고 지시하고 특히 나의 신변안전에 유념하라는 주의를 주었다. 나는 깜짝 놀라 경찰의 방해공작이라니 도대체 무슨 의미이며 이유는 무엇이냐고 물었다. 맨스필드 대령은 자기도 확실히 모른다며 대략 다음과 같은 말을 하였다.

내용의 요점은 수일 내에 귀순작업이 종료되어 폭도진압이 끝나게 되면 경찰과 경무부장 조병옥 씨와 그 추종자들의 위신이 땅에 떨어진다는 것이었다. 약 1개월 전 호언장담하고 제주도 폭동 토벌사령부를 설치하고 공안국장 김정호 씨가 진두지휘하여 토벌을 시작하였는데도 불구하고 폭도진압은 고사하고 경찰은 막대한 피해만 입었다.

(…) 사정은 어떻게 되었든지 간에 수삼 일에 전도에 걸쳐 전투가 종식되고 평온을 되찾았으니 폭동은 사실상 진압된 것이나 다름없었다. 이제 자잘한 뒤처리만 남았으니 조병옥 씨는 당황하지 않을 수 없었을 것이다.

그는 제주도 현지 경찰의 허위보고만 듣다가 대세의 판단을 그르쳤고 그 진상을 정확히 파악하였을 적엔 때는 이미 늦어버렸던 것이다. 폭동이 신속하게 진압되어 뒤처리 문제로 들어가 폭동발생의 원인이 밝혀지고 초토작전의 진상이 탄로되면 그 자신이 죄인의 입장에 처하여지는 것을 몰랐을 리 없다. 조병옥 씨 일파는 자기들의 죄상을 은폐하기 위하여서는 화평-귀순공작을 방해하고 폭동을 재연시켜 자기들이 주장해온 공산폭동으로 조작하는 이외의 다른 방도가 없었을 것이다. 그리하여 방해공작을 극비리에 제주도 현지 경찰에 내렸던 것이 아닌가 한다. (같은 책, 333~334쪽)

당사자 한 사람의 진술에 집중해서 의존하는 것은 조심스러운 일이다. 그러나 김익렬의 증언은 상식적으로 추정되는 당시 제주도 상황과 부합한다. 그리고 그가 20년 후 중장으로 예편할 때까지의 군 경력이나, 다시 20년 후 죽은 뒤 자기 증언이 공개되도록 한 조치를 보면 신뢰도가 높은 자료임이 틀림없다. 5월 1일의 오라리 방화사건 후 사태의 전환 과정을 다음 일기에서 살펴보겠다.

1948. 5. 3.

"4·3은 경찰이 만들어낸 참극이었다!" (2)

5월 1일의 오라리 방화사건이 경찰의 소행이라는 김익렬 9연대장의 증언을 넘어 4·3취재반이 큰 의혹을 느낀 사실은 이 사건 현장을 미군이 촬영한 '작품'이 있다는 것이다.

> 기이한 일은 이 예민한 오라리 방화사건 현장이 미군 촬영반에 의해 입체적으로 촬영됐다는 점이다. 그것도 미군 헬기에 의해 불타는 오라리가 공중에서 찍혔는가 하면 지상에서는 오라리 마을로 진입하는 경찰기동대의 출동 모습이 동시에 촬영되었다. 이 무성기록영화 필름은 미 국립문서보관소에 보관되어 있는데 4·3의 초기 상황을 촬영한 유일한 영화기록으로 알려지고 있다. 이 영화에 대해서는 존 메릴의 논문 "제주도 반란"에도 언급되어 있는데, 존 메릴의 글을 보면 이 영화의 제목이 놀랍게도 "제주도의 메이데이"(May Day on Cheju-do)로 명명되어 있음을 알 수 있다. 곧 불타는 오라리 현장이 4·3 기록영화의 주무대가 되고 있다는 뜻이다. 더욱 놀라운 사실은 이 영화에서도 오라리 방화가 '폭도에 의해 자행된 것'처럼 조작되고 있다는 점이다. (『4·3은 말한다 2』, 156쪽)

이 사건이 폭도 측에서 불시에 일으킨 일이라면 그처럼 치밀한 촬영 준비가 불가능했을 것이라는 '합리적 의심'이 들지 않을 수 없는 일이다. 4·3취재반은 4월 28일 김익렬-김달삼 회동 직후 경찰의 협상 방해공작이 몹시 극렬해지는 점을 중시하고, 그 변화가 현지 경찰의 자체 결정으로 이뤄질 수 있는 수준을 벗어나는 것이라고 본다. 그래서 4월 29일에 딘(William Frishe Dean, 1899~1981) 군정장관이 비밀리에 제주에 왔었던 것이 아닌가 하는 추측까지 한다.

이 추측의 근거는 위에 얘기한 기록영화에 딘 소장의 모습이 보인 사실과 5월 6일 정례기자회견에서 "지난 목요일과 이번 수요일에 다녀왔다."고 한 말이 5월 7일자 『서울신문』에 보도된 사실이다. 5월 6일이 목요일이었으므로 "이번 수요일"이라 한 것은 5월 5일 안재홍 민정장관, 조병옥(趙炳玉, 1894~1960) 경무부장, 송호성(宋虎聲, 1889~1959) 경비대사령관과 함께 다녀온 일을 말하는 것인데, "지난 목요일"이라 한 것은 4월 29일을 가리키는 것으로 4·3취재반은 해석한 것이다.

이 추측의 사실 여부는 더 엄밀하게 따져보지 못했으나 정황에 맞는 추측임은 분명하다. 4월 28일 유격대와의 회담에서 김익렬은 군정장관의 위임을 받은 것으로 대표 자격을 주장했다. 이 회담으로 사태의 전격적 해결 전망이 떠올랐을 때, 보고를 받은 딘 군정장관이 상황 확인을 위해 비밀리에 제주를 방문했을 가능성이 있는 것이다.

사태 발생 직후 응원경찰과 함께 경찰토벌대장으로 파견되었던 김정호(金正浩, 1909~?) 경무부 공안국장이 김익렬-김달삼 회담 직후 서울로 돌아왔는데, 그가 이틀날 기자들에게 한 말에는 분명히 음미할 점이 있다.

무지몽매한 도민을 폭력으로 선동하여 경찰을 습격케 하고 살인 · 방화 · 약탈 등 갖은 잔악한 행동을 하고 있는 반민족적 도배들을 소탕하기 위하여 지난 5일 제주도로 파견되었던 경찰방위사령 김정호 공안국장은 28일 공로로 귀임하였는데 29일 왕방한 기자에게 다음과 같이 말하였다.

"해방 전 일본군의 병참기지로 20만의 군인이 주둔하고 있던 제주도의 작전시설은 해방 이후에도 그대로 남아 있어 한라산을 중심으로 약 2천 명으로 추정되는 반도들이 그 시설을 이용하고 있는 듯하다. 그리고 그들에게는 약 3개월을 지탱할 식량과 우수한 군비를 가지고 용의주도한 전략과 전법을 지도하고 있는 것으로 보아 그 지도자는 상당히 병법의 훈련을 받고 실전의 경험이 있는 것으로 추측된다.

그리고 반도를 체포해 문초하여보면 대개 백정들로, 좌익 계열에서는 일부러 잔악한 살인을 감행하기 위하여 남조선 각지로부터 백정을 모집해 제1선에서 경찰관과 그 가족, 선거위원 등을 살해하는 도구로 쓰고 있는 형편이며 또 라디오나 신문으로서 세계의 움직임과 국내 사정을 알 수 없는 지역이므로 더구나 주민들이 순박 우매하여 좌익의 모략과 선전과 위협에 협력 않을 수 없는 형편이다.

사실 반도들 자체를 소탕하고자 하면 강력한 무장을 하고 1주일 동안이면 전면적으로 결말을 지을 수 있을 것이지만 그중에는 순박한 양민들이 섞여 있으므로 될 수 있는 대로 양민의 살상을 덜기 위하여 선무공작도 진행하고 있다."

(「일병(日兵)이 남긴 작전시설 2천 반도가 이용–김 공안국장 제주도 시찰담」, 『동아일보』 1948년 4월 30일)

"백정을 모집"했다는 황당한 이야기는 '반도(叛徒)'에 대한 혐오감

제주경찰감찰청 정문, 자동소총을 거치해놓은 경계 태세가 삼엄하다. "민중의 지팡이" 같은 것은 상상도 할 수 없는 광경이다(1948년 5월).

을 불러일으키기 위한 유치한 언사로 이해되는데, 1주일이면 "결말을 지을 수 있"다는 마지막 문단에 '경찰의 진심'이 들어 있는 것으로 보인다. 경찰에게 맡겨주면 간단히 해결할 수 있다는 주장이다.

사태는 몇 주일 동안 경찰에게 맡겨져 있었다. 그런데 경찰이 주민을 지나치게 적대시함으로써 사태를 악화시키기만 했기 때문에 경비대가 나서게 된 것이고, 경비대는 대화를 통한 해결을 시도하고 있었던 것이다. 4월 3일 새벽에 움직인 '반도' 수는 300명 전후로 추정된다. 몇 주일 동안 입산자 수가 몇천 명으로 늘어난 것이 누구 때문인가? 오라리 상황에서 단적으로 나타난 것처럼, 경찰과 우익청년단의 위협 때문에 많은 주민들이 '항쟁'을 위해서가 아니라 '피신'을 위해 집을 떠나야 했던 것이다.

엊그제 소개한 김익렬의 회고 중 맨스필드 제주도 군정장관의 말을 인용한 "경찰의 방해공작" 운운은 사태를 대결 국면으로 몰고 가야만 하는 경찰 입장을 가리킨 것이다. 1946년 10월의 소요사태에서도 그랬다. 미군정 경찰이 식민지 경찰보다 더 큰 권력을 키우게 된 것은 미군정의 행정력이 총독부보다 못해서 치안유지 책임을 행정력보다 경찰력에 의존하게 되었기 때문이다. 소요사태가 커지는 것이 경찰집단의 이익에 부합했다. 하나의 조직이 만들어지면 조직의 원래 목적보다 조직 자체의 이익을 추구하는 경향이 생긴다는 경영학 이론도 있다.

미군정 수뇌부로서도 경찰과 겹치는 측면이 있었다. 2년 반 동안 남조선에 군정을 실시하면서 민심의 지지를 얻지 못한 것이 미군정의 최대 약점이었다. 미군정 수뇌부의 '반공주의'는 그 책임을 '공산주의자의 책동'으로 돌리기 위한 것이었다. 희생자를 줄이면서 사태의 진정한 원인이 드러나게 하기보다 희생을 늘리더라도 '공산주의자의 책동' 주장을 계속할 수 있을 것을 경찰도, 미군정 수뇌부도 바라고 있었다.

그래도 1946년 10월 사태에서는 미군정과 경찰의 입장에 차이가 있었다. 경찰이 사태 악화를 위해 적극적으로 달려든 데 비해 미군정 수뇌부는 상황을 소극적으로 이용하는 태도에 그쳤다. 그래도 명색이 '정부' 아닌가? 경찰이 저지른 짓을 덮어주는 '종범(從犯)'의 역할은 맡아도 함께 저지르는 '공범(共犯)' 입장에까지 나아가지는 않았다.

그런데 1948년 5월 초 제주도에서 벌어진 상황을 보면 미군정이 경찰의 공범으로 나서는 정도가 아니라 주범의 위치에 선 것이 아닌가 하는 의심까지 든다. 5월 3일 미군과 경비대가 호송하던 '귀순 폭도' 대열에 대한 경찰대의 습격이 단적인 예다. 이 사건에 대한 김익렬의 증언을 살펴본다.

> 이렇게 긴장을 하고 있던 차에 예기하던 불길한 사태가 드디어 5월 3일 발생하고야 만 것이다. 그날 오후 3시경 귀순 폭도 200~300명이 오라리 부락 부근을 거쳐 제주비행장에 설치된 수용소로 귀순한다는

연락이 왔다. 연대고문 드루스 대위와 미군병사 2명, 9연대 병사 7명이 하산하는 귀순 폭도들을 호송하고 있었다. 그런데 난데없이 완전무장한 경찰 약 50명이 92식 일본군 중기관총과 카빈총으로 귀순 폭도들과 미군들을 기습 난사하기 시작한 것이다. 순식간에 폭도들은 총에 맞아 죽고 생존한 나머지는 산으로 도주하고 말았다.

경찰은 계속 미군과 9연대 병사들을 향하여 집중사격하였다. 그들은 중기관총 엄호하에 드루스 대위 일행에게 공격을 가해왔다. 경찰은 숫자가 훨씬 많았으나 드루스 대위는 2차대전의 역전의 용사였다. 2명의 미군병사를 시켜 M-1총으로 중기관총 사수를 사살하고 일제히 경찰지휘관을 집중사격하여 그를 쓰러뜨렸다. 경찰은 5명의 시체를 버리고 제주읍 방면으로 도주했다. 쓰러진 자는 제주경찰서에 근무하는 경위였으며 양다리에 부상을 입었다. 중상은 아니었다.

구사일생한 드루스 대위 일행은 격분했다. 부상한 경위를 미군정 본부로 데리고 가서 치료를 하여주고 나서 드루스 대위 일행을 기습한 이유를 심문하였다. 그자는 "상부의 지시에 의해 폭도와 미군과 경비대 장병을 사살하여 폭도들의 귀순공작 진행을 방해하는 임무를 띤 특공대"라고 자백하였다.

(…) 다음 날 미 군정장관은 김정호 경찰토벌대장을 소환하여 어제 발생하였던 사건의 경과를 따졌다. 김정호 씨는 뻔뻔스럽게도 눈 하나 깜짝 않고 이 사건은 공산주의 폭도들이 경찰을 중상하기 위해 저지른 짓이라고 잡아떼었다. 경찰을 미군정과 군대와 이간시키려고 폭도들이 경찰로 위장해 기습한 사건이라는 것이다. 또 드루스 대위에게 총격을 가한 경찰들도 사실은 공산주의 사상을 가진 제주도 출신 경찰이며, 이자들은 폭동사건이 발생하자 경찰의 중기관총 등 무기를 가지고 공산폭도들에 가담하여 현재까지도 경찰복장과 무기를

> 가지고 민가를 습격하고 선량한 양민을 학살하고 있다고 주장하였다. 드루스 대위를 습격했다가 부상을 당하고 생포된 경위도 사건 발생 전에는 제주도 경찰서 본부에 근무하던 자였으나 공산주의 사상을 가진 자로서 폭동사건이 발생하자 부하들을 데리고 산으로 도망간 사람이라고 하였다. 더욱 가공스러운 것은 그자가 어젯밤 경찰에서 조사를 받던 중 감시 소홀을 틈타서 자살하였으므로 사체를 검증하여보라는 것이었다. (『4·3은 말한다 2』, 335~336쪽)

김익렬은 무엇 때문에 4·3 회고문을 남겼는가? 두 가지 동기가 분명히 드러나 있다. 그 하나는 반공주의에 억눌려 있던 사태의 진상을 밝히려는 책임감이고, 또 하나는 조병옥 등 당시 경찰 지도부에 대한 분노다. 분노는 정의감에 입각한 것이지만 역시 사적인 감정이다. 그 감정이 증언의 진실성을 손상했을 가능성도 생각할 필요가 있다.

위의 증언 중 밑줄 친 부분은 과연 사실 그대로일지 의혹을 느낀다. 경찰대가 "폭도와 미군과 경비대 장병을 사살"하라는 명령을 받고 나온 것이었을까? 폭도와 경비대 장병의 사살은 몰라도, 미군 장교 죽이는 것은 보통 일이 아니다. 딘 군정장관도 책임지기 힘든 일이다. 미군 장병 사살하라는 명령은 당시 경찰 계통 어디서도 절대 나올 수 없었다. 미군 장병이 제주도에서 사살당한다면 온 미국이 발칵 뒤집힐 일이었다. 공산 폭도의 소행인 것처럼 얼버무릴 수 없는 상황이 벌어지게 되어 있었다.

정말 죽이러 나왔다면 중기관총까지 갖춘 약 50명의 경찰대가 개인 화기만을 가진 미군과 경비대원 열 명을 섬멸하지 못할 리가 없다. 경찰은 월등한 화력과 인원으로 미군을 놀라게 하고 귀순 사업을 방해하려고 나왔을 것이다. 미군을 바보 만들고 '귀순 폭도'를 쫓아버리는 데

성공한다면 뒷수습은 걱정할 필요 없다는 보장을 받고 나왔을 것이다. 단, 미군을 절대 다치게 해서는 안 된다는 명령이 있었을 것이다. 그런데 드루스 대위가 뜻밖에 강경하게 대응하자 대책이 없어서 쩔쩔 매다가 몇 명이 죽고 지휘자가 생포당하는 지경에 이르렀을 것이다. 생포된 지휘자의 자백을 김익렬이 좀 과장해서 전한 것 같다.

그러나 이런 부분적 과장 외에 날조된 내용은 없는 것으로 보인다. 미군이 공격을 받아 응전한 상황이라면 기록에 정확히 남아 있을 것이 분명한데, 김익렬이 진술의 신뢰도를 쉽게 훼손당할 날조를 행했을 리가 없기 때문이다. 위에 제기한 정도의 '합리적 의심' 외에는 그의 증언을 그대로 받아들이기로 한다.

'귀순 폭도'들이 오라리 방면에서 내려오고 있었다는 것을 보면 이틀 전 방화사건으로 도망했던 그 지역 주민이 아니었을까 생각된다. 많은 주민이 경찰이 무서워 앞뒤 안 가리고 산속으로 도망하고 있었다. 그 많은 인원이 산속에서 머무르는 것은 유격대에게도 도움보다 짐이 되었다. 김달삼-김익렬 회담에서 합의한 '귀순'은 일차적으로 비전투인원을 정상적 생활조건으로 돌려보내기 위한 것으로 이해할 수 있다. 피난민을 모두 폭도로 보는 경찰 측 주장과의 정면충돌을 피해 '귀순'이란 말을 썼지만, 당시 '귀순 폭도'란 실제로 '귀환 피난민'을 가리킨 것으로 이해된다. 피난민 귀환이 순조롭게 진행되는 것을 본 연후에 전투인원의 진짜 '귀순'도 고려될 수 있는 상황에서 경찰이 귀순을 가로막으러 나선 것이다.

5월 1일의 오라리 방화사건에 미군 측의 치밀한 촬영이 있었다는 점에서 제민일보 4·3취재반은 그 사건 기획에 미군정이 관여했을 개연성을 지적했다. 5월 3일 경찰대의 귀순 대열 습격사건에는 미군정이 끼어들지 않았을까? 상당한 개연성이 있다고 나는 본다. 미군 장병

1948년 5월 5일 제주공항에 도착한 딘 장군 일행. 최고수뇌회의 참석자 모두가 한 컷에 들어 있다. 왼쪽 두 번째부터 딘 장군, 통역관, 유해진 도지사, 맨스필드 중령, 안재홍 민정장관, 송호성 경비대 총사령관, 조병옥 경무부장, 김익렬 중령.

을 겁줘서 바보 만드는 '작전'이라면 아무리 조병옥이라도 감히 벌이지 못했을 것으로 보이기 때문이다. 미군정 측이 양해 정도가 아니라 주도했던 일이었을 것 같다.

5월 5일 딘 군정장관이 안재홍 민정장관, 조병옥 경무부장, 송호성 경비대사령관과 함께 제주로 날아와 유해진(柳海辰) 제주지사, 맨스필드 제주도 군정장관, 최천 제주도 경찰감찰청장, 김익렬 제9연대장과 함께 가진 최고수뇌회의 경위를 보면 경찰과 미군정의 자세를 알아볼 수 있다. 이 회의에 대한 김익렬의 회고가 볼 만한 것인데, 며칠 후에 따로 올리겠다.

5월 5일 이후의 일을 잠깐 살펴본다. 김익렬은 5월 6일에 해임되고 박진경(朴珍景) 중령이 후임 연대장으로 부임했다. 박진경이 취임식에서 "우리나라 독립을 방해하려는 제주도 폭동사건을 진압하기 위해서는 제주도민 30만을 희생시키더라도 무방하다."는 발언을 한 것으로 김익렬은 회고하며 박진경이 초토작전 비밀명령을 딘 군정장관에게서 받은 것으로 짐작했다.

박진경은 9연대를 무자비한 진압작전으로 내몰았고, 그 공로로 곧 대령으로 진급했다. 이에 대한 경비대원의 반발이 두 차례 사건으로 터져나왔다. 5월 20일 밤 11명의 하사관을 포함한 41명의 제주 출신 사병이 탈영, 대정지서를 습격한 뒤 입산했다. 그 후 제9연대는 제11연대로 재편되어 본부를 제주읍내로 옮겼는데, 6월 18일 새벽에 연대장 박진경이 부대 내 숙소에서 취침 중 부하에게 사살당했다. 제주에 부임한 지 44일 만이었다.

장교 1명과 하사관 3명이 체포되어 8월 14일 군법회의에서 사형을 선고받았다가 9월 23일 문상길(文常吉) 중위와 신상우 일등중사가 처형되고 두 명은 특사로 감형을 받았다(『경향신문』 1948년 9월 25일). 문상길의 진술 내용은 이렇게 보도되었다.

> 4월 3일 제주도 소요가 봉기한 이후 전 연대장 김 중령 재임 시에는 경찰의 폭도와 도민에 대한 무자비한 탄압에 대하여 경비대는 도민을 선무하기에 노력하여 그들의 신뢰를 받았으나 박 중령 부임 후로는 경찰과 협력하여 소요부대에 무조건 공격명령을 내렸으며, 도민도 탄압하기 시작했으므로 도민들의 신뢰를 잃게 되고 경비대 내부 공기도 동요하였다. 나는 김 중령의 동족상잔을 피하는 해결방침에 찬동하였으며 처음으로 김달삼과 만난 이유는 김 중령과 회견시키기 위해서였다. 두 번째 만났을 때는 박 대령 부임 후였는데 그때 김은

30만 도민을 위하여 박 대령을 살해했으면 좋겠다고 말하였을 뿐 아무런 지령도 받지 않았고 김과 두 번이나 만난 것은 30만 도민을 동족상잔으로부터 건지기 위하여 경비대의 근본이념, 국가지상 민족지상의 정신으로 원만해결책을 얻기 위한 것이었다. (제민일보4·3취재반, 『4·3은 말한다 3』, 전예원 1995, 212쪽에서 재인용)

박진경 암살사건에 김익렬도 휘말려들었는데 이것이 그야말로 새옹지마(塞翁之馬)의 결과를 가져왔다. 그는 제9연대장에서 해임된 후 여수 주둔 제14연대장으로 부임해 있다가 서울로 연행되어 한 달간 조사를 받고 나서 온양 주둔 제13연대장으로 나갔다. 그로부터 두 달 후 여순사건이 일어났고, 김익렬의 후임 제14연대장 오동기(吳東起) 중령은 사건 발생을 막지 못했다는 죄로 군법회의에서 15년형을 선고받고 복역 중 사망했다.

1948. 5. 5.

"4·3은 경찰이 만들어낸 참극이었다!" (3)

1948년 5월 5일 제주에서 열린 '최고수뇌회의' 경위에 대한 김익렬 제9연대장의 진술을 그의 유고 "4·3의 진실"(『4·3은 말한다 2』, 338~344쪽)에서 옮겨놓는다.

> 귀순공작의 성공으로 제주도 전역에 전투가 종식되고 완전 진압이 눈앞에 보이던 중 경찰의 방해공작과 귀순 폭도들의 잇단 피살로 폭동이 재연되는 상황으로 급변하고 만다. 당황한 미 군정청장관 딘 장군은 직접 제주도로 내려와 현지에서 대책을 세우기 위하여 제주읍에 비래(飛來)하겠다고 연락해왔다. 맨스필드 대령과 드루스 대위는 사전에 나에게 자기들의 난처한 입장을 설명하고(딘 장군이 자기들의 건의를 들어주지 않고 강압한다는 것이다.) 나에게 상황을 상세히 보고하고 차후 대책과 작전을 건의하라는 것이었다. 우리 3인은 회의에 내놓을 일체의 증거물과 사진첩을 준비하였다. (당시 9연대는 사진자료와 그런 자료를 만들 시설이 없었으나 미군정에서 수집 작성한 앨범이 있었다.)
>
> 회의는 5월 5일 12시에 개최되었다. 장소는 제주중학교의 미 군정청 회의실이었다. 참가자는 미 군정장관 딘 장군, 민정장관 안재홍, 경비대 총사령관 송호성 준장, 경무부장 조병옥, 제주도 군정장관 맨스

필드 대령, 제주도지사 유해진, 경비대 제9연대장 김익렬 중령, 제주도 경찰감찰청장 최천, 딘 장군 전용통역관 김 씨(목사 출신) 등이었다. 이상 9명이 참가한 회의는 극비에 부쳐졌다. 회의는 맨스필드 대령 사회로 개최되었다. 회의의 첫머리에 맨스필드 대령은 이 회의는 딘 장군의 명에 의하여 참석자 누구든지 자유로이 의견을 말할 수 있으며, 이 회의의 내용은 극비이며 누설자는 군정재판에 회부한다고 선언하고 먼저 경찰에서 설명하라고 하였다.

경찰을 대표하여 제주도 경찰감찰청장 최천 씨가 상황 설명과 건의를 하였다. 그 내용은 대략 이 폭동은 국제공산주의자에 의한 사전에 조직 훈련 계획된 폭동이며 군·경 대병(大兵)을 투입하여 합동작전으로 철저하게 토벌하는 수밖에 없다는 것이었다.

그다음 송호성 장군에게 의견을 말하라고 하였다. 그러나 송 장군은 제주도 실정은 연대장이 자기보다 잘 아니 연대장이 설명하라고 지시했다. 나는 송 장군의 지시에 따라 군의 작전계획을 설명했다. 그 내용과 건의는 대략 다음과 같은 것이었다.

이 사건은 제주도민의 전통적인 배타성을 이용해 공산주의자-불평분자-밀무역자 등 각종 성분의 무리가 일으킨 도민폭동으로 본다. 직접적인 도화선은 밀무역자와 경찰 간의 마찰이다. 폭동자 수가 수만으로 증가된 것은 경찰이 초동의 대책과 작전에 실패한 데서 기인된 것이다. 실제 무장한 인원은 300명 이내로 보며 나머지는 여러 가지 불가항력으로 인한 동조자이다.

이에 대한 대책으로는 (1) 적의를 가진 폭도와 일반 민중동조자를 분리시켜, 폭도를 제주도민으로부터 고립시켜야 된다. (2) 그러기 위해서는 무력위압과 선무귀순 공작을 병용하는 작전을 전개하여야 된다. 일방으로 회유와 선무를 하여 응하지 않는 자는 토벌하는 것이다. (3) 이 작전의 방해요소는 경찰의 기강문란이며 이것이 폭도 증가의 원인이 되고 있다. 그러므로 전 제주도경찰을 나의 지휘하에 달라. 작전의 통일성을 기하기 위해서도 이것이 꼭 필요하다.

그리고 나는 나의 보고와 건의가 정확하다는 것을 입증할 증거물을 제시하겠다 하면서 준비하였던 물적 자료와 사진첩을 제시하였다. 사진첩을 보자(사진첩에는 맨스필드 대령이 영문으로 상세한 설명을 기입해놓았다.) 딘 장군은 흥분하여 안색이 붉어지며 즉석에서 나의 건의를 채택하는 동시에 경찰을 나에게 배속시키겠다고 대답했다. 그리고 사진첩을 조병옥 씨에게 던져주면서 불쾌한 어조로 "닥터 조, 이것 어떻게 된 일이오. 당신의 보고 내용과 전연 다르지 않소." 하고 그를 노려보았다. 장내는 술렁거리기 시작했다.

조병옥 씨는 사진첩을 두루 살피면서 당황한 기색이더니 갑자기 단상으로 뛰어올라갔다. 그는 우리말로 자기가 설명하겠노라고 인사를 하고는 그다음은 유창한 영어로 열변을 토하기 시작하였다. 조병옥 씨는 처음에는 영어로 한 말을 자신이 통역하는 식으로 설명하다가 열을 띠자 우리말을 치워버리고 영어로만 떠들었다. 영어를 모르는 안재홍 씨, 송호성 장군, 유해진 도지사는 무슨 말을 하는지 알아듣지 못하고 멍하니 쳐다만 보았다.

조 씨는 연대장의 설명과 사진첩 등 증거물이 전부 허위조작된 것이며(사실은 내가 만든 것이 아니고 맨스필드 대령과 드루스 대위가 작성한 것인데) 경찰에 대한 중상모략이라고 극구 부인했다. 그러다가 난데없이 나에게 손가락질하면서 "저기 공산주의 청년이 한 사람 앉아 있소. 나는 오늘 처음으로 국제공산주의가 무서운 조직력을 가지고 있는 것을 알았소. 헝가리-루마니아-체코슬로바키아 등지에서 그랬듯이 처음에는 민족주의를 앞세워 각지에서 폭동으로 정부를 전복하고 나중에는 본색을 드러내는 것이 국제공산주의자들의 상투수단이오." 하는 것이 아닌가.

나는 "닥쳐라!" 하고 고함을 질렀다. 딘 장군은 나를 제지하며 연설방해를 하지 말라고 명령하였다. 조병옥 씨는 계속해서 나를 가리키며 "민족주의의 가면을 쓴 청년들이 먼 외국에서만 있는 줄 알았더니 현재 우리나라에도 있소. 바로 저 연대장이 그런 청년이요. 우리 경찰의 조사에 의하면 저 청년의 아버지는 국제공산주의자이며 소련에서 교육을 받고 현재 이북에서 공산당 간부로 열렬히 활약하고 있소. 저자는 자기 부친의 교화를 받고 공산주의자가 되었으며 자기 부친의 지령에 의하여 행동하고 있는 것이오." 하면서 나를 공산주의자로 만들어놓는 것이었다. (더구나 나의 부친은 내가 다섯 살 때 이미 작고한 분이었다.)

딘 장군은 조병옥 씨가 나의 부친이 공산주의자라고 그럴싸하게 설명하자 깜짝 놀라며 의심에 찬 눈초리로 나를 바라보았다. 상황이 급변한 것이다. 그냥 두었다가는 내가 공산주의자라고 낙인을 찍힐 판이었다. 나는 격분한 나머지 이성을 잃고 자리에서 벌떡 일어나 단상에 뛰어올라 조병옥 씨에게 달려들었다.

나는 흥분한 나머지 주먹으로 조병옥의 복부를 친 후 멱살을 잡고 내동댕이치려고 하였다(나는 유도 3단이었다). 그러나 조 박사는 의외로 힘이 장사였다. 당시 50세가 넘었는데도 쉽게 넘어지지 않아 단상에서 격투가 벌어졌다. 내가 손에 잡히는 대로 조 박사의 넥타이를 당기니까 그는 목을 졸리게 되었다. 조 박사는 숨을 못 쉬고 비명을 지른다. 최천 씨가 말리러 올라왔으나 나의 발길질에 급소를 차여서 그도 비명을 지르며 나뒹군다. 딘 장군이 송호성 장군에게 싸움을 말리라고 고함을 질렀다. 나도 고함을 지르며 조병옥 씨에게 욕설을 퍼부었다.

"당신이 일제시대에 독립운동을 하였다기에 애국자인 줄 알았더니 자기의 죄상이 드러나니까 무고한 나를 하필이면 공산주의자로 모느냐. 취소하지 않으면 죽여버리겠다." 하며 필사적으로 덤벼들었다.

송 장군은 일어서지도 않고 앉은 채로 "이놈 연대장! 누구에게 폭행을 하느냐. 네놈이 죽으려고 환장했느냐. 손을 놓고 말로 하라." 하며 고함을 친다. 그러나 말릴 뜻은 없는 듯 입으로만 호령호령했다. 돌아가는 내용의 대강을 눈치 챈 안재홍 민정장관은 "연대장! 손을 놓으시오. 폭행을 멈추시오. 외국 사람들이 우리를 야만인이라고 흉을 보니 어서 손을 놓고 말로 하시오." 하고 소리를 질렀다. 그러나 그 역시 소리만 지를 뿐 단상에 올라와 말릴 뜻은 없었다. 유해진 지사가 단상에 올라와 나의 손을 떼어놓으려고 하였으나 노령이라 역부족이었다.

나는 미친 듯이 덤볐다. 순식간에 회의장은 난장판이 되고 말았다. 딘 장군은 싸움은 말리지 않고 떠들고만 있는 안재홍 씨와 송호성 장군이 지금 무어라 말하고 있냐고 통역관 김 씨를 옆으로 불러 물었다. 그런데 이자의 통역이 또 괴변이다. 그 경황 중에도 내가 단상에서 듣자니 이자는 딘 장군에게 안재홍 씨와 송 장군이 연대장에게 "너는 공산주의자이며 나쁜 놈"이라고 욕을 하고 있다고 터무니없는 통역을 하고 있는 게 아닌가.

나는 화가 치밀 대로 치밀어서 두 손으로 조 박사의 넥타이를 붙잡은 채 단하로 끌어내리면서, 김 통역관에게 발길질을 했다. 입을 걷어찬다는 것이 빗나가서 그만 그자의 음부 급소를 걷어찼다. 김 통역관은 비명을 지르면서 마루 위에 나뒹군다. 놀란 딘 장군은 급히 회의장의 문을 열고 밖으로 뛰어가더니 대기 경호 중이던 미군헌병을 불러들여 장내 질서를 정리하라고 명령했다. 수 명의 MP가 달려들더니 그 중 2명의 MP가 양쪽에서 나의 팔을 붙잡아 조 박사에게서 떼어놓고는 나를 어린아이처럼 번쩍 들어 의자에 앉혔다. 그리고 두 팔을 잡고 꼼짝 못하게 했다. 이렇게 해서 장내의 소란은 끝났다.

모두가 대단히 흥분하고 있었으므로 딘 장군은 "콰이엇, 콰이엇!" 하면서 진정하라고 명령하였다. 2~3분간의 침묵이 있은 후 딘 장군은 조병옥 씨에게 단상에 올라가 설명을 계속하라고 하였다. 조 박사는 이번에도 내가 공산주의자라고 몰아붙였다. 나도 고함을 지르며 욕설로 맞섰다. 딘 장군은 다시 "콰이엇!"을 연발한다. 안재홍 씨도 "연대장! 조용히 하시오." 하고 말렸다. 송호성 장군도 고함 고함을 지르며 "이놈! 이놈!" 호령했는데 그 대상이 연대장인지 조병옥 씨인지 분명치 않았다. 나는 그것이 조병옥 씨를 향한 욕이라는 느낌을 받았다.

그런데 이상한 일이 벌어졌다. 난데없이 안재홍 씨가 탁자를 두드리며 "아이고 분하다, 분해! 연대장 참으시오! 이것이 다 우리 민족 스스로의 힘으로 해방이 된 것이 아니고 남의 힘을 빌려서 해방이 된 때문에 이런 억울한 일을 당하는 것이오. 연대장! 참으시오!" 하면서 방성통곡을 하기 시작한 것이다. 그는 울음을 한참 동안 그칠 줄을 몰랐다.

장내는 순식간에 숙연해지고 안재홍 씨의 통곡소리만 들렸다. 조병옥 씨도 연설을 중지하고 나도 욕설을 멈췄다. 딘 장군은 안재홍 씨와 조병옥 씨의 안색을 번갈아 보면서 어떤 영문인지를 살핀다. 그러다가 벌떡 일어서서 "오늘 회의는 이것으로 해산이오." 하고 고함을 지르듯 선언하고는 문을 열고 총총히 회의장을 나가 버렸다. 한참 있다가 조병옥 씨가 그 뒤를 쫓아나갔다. 회의장에는 안재홍 씨와 송호성 장군 그리고 나 3인만 남게 되었다.

나는 두 사람에게 자초지종을 설명했다. 안재홍 씨는 눈물을 흘리며

"민족의 비극이오." 하는 말만 되풀이할 뿐 다른 말이 없었다. 비행장으로 직행한 딘 장군이 두 사람에게 속히 오라는 전갈을 보내왔다. 일행은 제주에서 1박할 당초의 예정을 바꿔 딘 장군을 따라서 상경하고 말았다. 회의는 결국 아무런 결론도 못 내린 채 난장판으로 막을 내린 것이다.

미군정 최고수뇌회의가 아무런 결론 없이 유회된 다음 날 오전 11시경 제주읍 소재 연대임시본부 겸 연락소에 난데없이 경비대 총사령부 고급부관인 박진경 중령이 도착하였다. 나는 최고참모의 방문인 줄 알았다. 그런데 나의 후임 연대장으로 오늘 아침에 명령을 받고 왔다는 것이었다. 나는 순간적으로 그가 어떤 밀명, 그것도 내가 염려하고 그토록 싫어했던 그런 밀명을 받고 왔구나 하는 섬뜩한 예감을 느꼈다. 그러나 나 개인적으로는 차라리 잘된 일이었는지 모른다. 출세와 보신을 위해 양심에 가책되는 일을 하지 않아도 되었으니까.

딘이 자신의 주장에 거의 설복되었다가 조병옥 한 사람의 말도 안 되는 주장에 넘어간 것처럼 진술한 것은 잘 납득이 되지 않는다. 한 사람의 억지 주장과 또 한 사람의 지나친 흥분 때문에 중요한 회의를 포기하고 일정을 앞당겨 서울로 돌아갔다? 미군정 아닌 조병옥에게만 책임을 돌려야 한다는 강박이 작용한 것 같다. 딘은 강경 진압책을 심중에 정해놓고 왔던 것이 틀림없다. 김익렬이 내놓은 자료를 보고 그가 조병옥에게 화를 냈다면 이런 뜻이었을 것 같다. "일을 어떻게 처리하기에 이렇게 들통 나게 만든 거요!"

20년 전, 4·3에 관해 아무것도 모를 때 김익렬의 회고문을 보면서 그 회고의 정확성에 대한 아무런 의문도 떠올릴 수 없었다. 1948년 조선의 상황을 폭넓게 살펴본 이제는 그의 기록에도 나름대로 편향된 점이 있을 수 있겠다는 생각이 든다.

4월 28일 김달삼과의 회담이 사태의 확실한 해결책을 마련한 것이었다고 김익렬은 적었다. 최소한의 조건을 마련해주면 유격대가 투항할 것으로 믿었다는 것이다. 합리적 근거를 가진 믿음이라고 볼 수 있을까?

유격대 입장에서 가장 절실한 문제는 피난민 귀환이었다. 전투력도 없는 농민들이 도망해왔으니 당장은 보호해주고 있지만 모두 다 산에 들어와 있으면 식량은 어디서 나나? 농민이 마을에서 농사짓고 있으면 유격대에게도 의지가 되지만 산에 들어와 있으면 짐이 될 뿐이었다. 물론 마을로 돌아가면 경찰의 닦달을 받겠지만, 그 닦달을 최소화하기 위해 '귀순 폭도'란 이름으로 돌아갈 길을 마련하려는 것이었다.

그 단계에서 유격대 자체의 귀순은 진지하게 생각하지 않고 있었을 것이다. 유격대의 본체는 4월 3일 새벽에 조직적으로 움직인 약 300명이었다. 한 달 동안 합류가 더 있었어도 아직 수백 명 선이었을 것이다. 활동력을 가진 수백 명 유격대 중 남로당원은 일부에 불과했고 대다수는 경찰과 우익단체의 횡포에 맞서려는 일반 주민들이었다.

'귀순 폭도'의 귀환이 순조로웠다면, 그래서 경찰과 우익단체의 횡포가 억제될 수 있다는 믿음을 얻을 수 있었다면, 남로당원 외의 일반 주민들은 하산을 원했을 것이다. 그런 상황이 된다면 골수분자들만이 유격대로 남든지 섬 밖으로 탈출하든지 하게 되었을 것이다. 그러나 4월 28일 구억국교 회담 때 그런 전망이 확실히 세워져 있지는 않았을 것이다.

그렇다면 김익렬은 유격대에게 속은 것인가? 그렇지는 않을 것 같다. 어린애도 아닌 그가 사태를 한 방에 해결할 수 있다는 환상을 품지는 않았을 것이다. 구억국교 회담을 '신뢰 프로세스'의 출발점으로 생각했을 것이다. 전투 중지와 귀순 접수가 순조롭게 진행되면 평화 정착의 다음 단계로 나아갈 수 있다고 그는 희망했을 것이다. 활동력 있는 진짜 유격대의 귀순을 위해 일층 더 관용적인 정책을 관 쪽에서 끌어내려 했을 것이다.

회고록에 그가 구억국교 회담을 완전한 해결책이었던 것처럼 적은 것은 자신의 희망을 과장해서 내세운 것으로 보인다. 평화를 바라보는 자기 입장과 대결을 바라보는 조병옥의 입장을 대비하고 그 사이에서 흔들리는 딘의 입장을 곁들이는 것은 바로 "The Good, the Bad, and the Ugly"의 산뜻한 구도다. 김익렬의 회고는 표현에서 치우친 점이 더러 있지만 기본적인 문제 제기는 신뢰할 만한 것이라고 본다. 세부사항에서 더러 사실의 전달이 정확하지 못한 점도 의도적 조작이 아니라 극심한 분노로 인해 오래된 기억이 약간의 굴절을 겪은 정도로 이해된다.

1948. 5. 8.

길거리에 서 있다고 잡아가는 나라?

이승만에 맞서 동대문갑구에 출마하려던 최능진(崔能鎭, 1899~1951)의 후보등록이 말소되었다.

> 시내 동대문갑구에서 출마한 최능진의 입후보 수속상 불법이 있음에도 불구하고 그대로 방치됨에 대하여 그동안 사회의 많은 비난을 받아오던 국회선거위원회에서는 불법사실의 진부를 조사한 결과 작보한 바와 같이 추천인 217명 중 추천인으로 된 57명이 추천한 사실이 없다는 것이 증명되고 또 그중 27명의 지문은 전혀 허위인 것이 판명되었으므로 지난 7일 신중 협의한 후 선거법 제27조에 의하여 200명 이상의 추천을 필요로 하는 입후보 등록요건을 구비하지 못한 것이 명백하므로 입후보등록의 무효를 인정하고 서울시 선거위원회를 통하여 동대문갑구 선거위원회에 대하여 최능진의 입후보등록을 말소할 것을 지시하였다고 8일 공식으로 발표하였다.
>
> (「최 씨 등록 말소, 선위에서 공식 발표」, 『동아일보』 1948년 5월 9일)

최능진의 후보등록 사실은 지난 4월 12일 일기에서 언급했고, 1946년 12월 5일 일기에서는 그가 어떤 사람인지 설명한 일이 있다. 그는 평안남도 강서군의 기독교 집안에서 태어났는데, 그 집안은 항일운동 명문가이기도 했다. 13년간 미국에서 공부하고 돌아와 조선 체육계의 지도적 인물이 되었고, 해방 후 평남 건국준비위원회에 참여했다가 월남해서 경무부 수사국장을 맡았는데, 조병옥과 장택상(張澤相, 1893~1969)에게 맞서다가 파면당했다.

투철한 반공 민족주의자라는 점에서 김구 노선에 가까운 인물이면서 미군정 수뇌부와 가까운 관계를 유지하고 있었던 것으로 보인다. (1948년 5월 8일자 『동아일보』 기사에는 그가 "미군 정보기관에 근무"한다고 했다. 그리고 5월 18일자 『경향신문』 기사에는 그의 선거운동원들이 민족청년단원이라 했다. 조선민족청년단(이하 '족청'으로 줄임)은 미군정의 대규모 지원을 받는 단체였다.) 그런 그가 이승만에 대항해서 출마한 것은 무슨 뜻이었을까?

개인적으로는 민족주의 입장에서 조병옥-장택상-이승만 그룹에게 적개심을 갖고 있었을 것이다. 그리고 미군정 수뇌부가 통제하기 힘든 이승만을 견제하기 위해 그의 도전을 부추겼을 가능성도 있다. 『동아일보』는 후보등록 이후 최 씨의 후보 자격을 공격하는 데 많은 지면을 들였는데(같은 기간 『경향신문』보다 최 씨 관계 기사가 5배가 넘는다.) 그 중요한 초점 하나가 "외세의 개입"이었다. 미군정이 『동아일보』에게 "외세" 소리를 듣다니.

최 씨의 도전은 이승만의 당선에 큰 위협이었다. 지명도에서야 물론 비교가 안 되었지만 이승만에게는 '안티'가 많았다. 친일파를 옹호하고 분단건국을 제창해온 그에게 최 씨의 도전은 마치 김구를 위한 대리전과 같은 느낌으로 많은 유권자를 흥분시킬 수 있었다. 경찰개혁을 주장하다가 파면당한 인물이 반(反) 이승만 표를 모은다면 이승만은 설령 당선된다 하더라도 위신이 형편없게 될 것이었다. (이승만의 걱정은 근거가 있는 것이었다. 1950년 민의원 선거에서 조병옥의 참패(성북구)와 장택상의

'도피 출마'(칠곡)를 보면 전쟁 전까지는 분단세력에 대한 일반인의 반감이 강했던 것으로 보인다.)

최능진은 그 후에도 이승만의 대통령 선출을 반대하여 서재필(徐載弼, 1864~1951) 옹립을 추진했는데 이승만정부 출범 직후인 10월 초에 내란음모죄로 구속되었다. 이 사건에는 '혁명의용군사건'이란 어마어마한 이름이 붙었고 얼마 후 여순사건이 일어나자 수도경찰청에서 그것까지 연계시키기도 했다(『동아일보』 1948년 10월 23일 "여수 반군 소요는 최능진 사건 여파"). 최능진은 이 사건으로 이듬해 5월 3년형을 선고받는다. 대한민국 최초의 '이승만 정적(政敵) 죽이기' 사건이었는데, 3년형밖에 안 떨어진 것을 보면 1949년까지는 이승만 독재체제가 사법부까지 장악하지는 못하고 있었던 것이다. 최능진은 그 후 전쟁 중 군법회의에서 사형을 선고받고 처형당했다. 이승만 독재체제가 전쟁을 통해 굳어졌다는 사실을 알아볼 수 있다.

최능진 이야기는 그 정도로 하고, 서울검찰청 엄상섭(嚴詳燮, 1907~1960) 차석검사의 담화문 하나가 눈에 띈다.

> 검찰 당국으로서는 도처에서 일어나고 있는 선거사범에 대하여 자세한 소식을 탐지하고 있다. 실례를 들어본다면 첫째 입후보자들 사이에서 그 입후보를 취소하는 대신에 거액의 금품을 주고받는다는 사실이 빈번한 모양인데 이것은 매수선거의 전형적인 것이며 또 하나는 모 관청 책임자가 그 부하들에게 대하여 입후보자 중에서 누구를 지지하느냐고 물어 그가 생각하고 있는 인물을 지지한다면 그만이나 만일 그렇지 않으면 일장의 설명을 하여 그가 뜻하는 사람에 투표하도록 종용한다고 들리는데 이런 것은 도의적으로는 매국적 행위며 법률적으로는 선거사범이니 선거가 끝난 후에는 이 같은 부정한 도

1948년 5월 4일 학생들이 서울의 한 번잡한 교차로에서 선거 관련 전단지를 행인들에게 나눠주고 있다.

배들은 철저히 규명하여 적발되는 대로 엄중 처단할 방침이다.

(「선거사범 엄벌, 엄 검찰청 차석 경고」, 『동아일보』 1948년 5월 10일)

엄상섭은 지난 3월 18일 일기에 나온 일이 있다. 검사가 유치장에 구금 중인 피의자 보겠다는 것을 경찰이 가로막는 황당한 사태 때 단호한 태도를 보인 사람이다. 그런데 이번 담화에서 눈에 띄는 것은 '후보 매수' 문제의 지적이다. 그런 사례가 적지 않게 일어나고 있었기에 담화문에서 지적한 것 아니겠는가.

단독선거 추진은 민족주의 명분에 어긋나는 일이었다. 조선 사람의 압도적 대다수가 통일건국을 바라고 있는데도 한민당·이승만 세력이 단독선거를 추진한 것은 실리를 바라기 때문이었다. 이번 총선거는 그들이 큰 실리를 확보할 수 있는 기회였다. 그런데 실리를 얻을 사람의 수가 200명 이하로 제한되어 있었다.

후보 난립은 피할 수 없는 일이었다. 한국독립당(이하 '한독당'으로 줄임)과 민족자주연맹(이하 '민련'으로 줄임)이 공식적으로 선거를 보이콧하고 있는 이번 선거는 단독선거 추진세력에게 다시없을 기회였다. 곳곳에서 한국민주당(이하 '한민당'으로 줄임)과 대한독립촉성국민회(이하 '독촉'으로 줄임) 후보들이 무더기로 출마해 서로 각축을 벌였다. 이승만과 김성수(金性洙, 1891~1955)가 애국심과 양보정신을 아무리 떠들어도 밥그릇 앞에서는 그저 마이동풍이었다. 같은 성향 후보의 경쟁을 뿌리치기 위해서는 실리를 듬뿍 안겨주는 것보다 좋은 묘책이 없었고, 대한민국 금권선거가 시작되었다.

후보 난립상을 단적으로 보여준 곳이 종로갑구였다. 4월 18일자 『경향신문』에는 이 선거구에 아래 8명의 후보가 출마했다고 보도되었다.

박용래(46세) 한국기련, 의사
박순천(51세) 부인신문사장, 독촉애부
서상천(46세) 회사원, 독청
이윤영(59세) 조민당수, 조민당
김은배(38세) 체육신문사장, 무소속
오삼계(58세) 한의, 무소속
최진(73세) 변호사, 민주자주독립당
김대석(42세) 회사원, 무소속

(「서울시 입후(立候)만 82명, 중구와 마포구 각 13명이 최다수」, 『경향신문』 1948년 4월 18일)

숫자로는 8 대 1 경쟁이 심한 것이 아니다. 그런데 이곳을 모범 선거구로 만들려는 김성수와 이승만의 노력이 무색해진 곳이기 때문에 눈에 띄는 것이다. 김성수는 입후보 준비를 하고 있던 종로갑구를 조선민주당(이하 '조민당'으로 줄임) 이윤영(李允榮) 부위원장에게 양보한다고 담화를 발표했다.

금번 총선거에 무엇보다도 통한사는 북한에 총선거를 못하게 되어서 조만식 동지 같은 분이 국회에 참여하지 못하는 것이다. 조만식 씨는 학생시대부터 나의 가장 신뢰하고 존경하는 분이지마는 8·15 이후 그가 취한 성자(聖者)적 태도에는 진실로 경복하지 않을 수 없다. 조만식 씨는 못 오더라도 특별선거구로 그의 지기들이 국회에 많이 나오려니 하였더니 이제는 그 기대도 어그러졌으니 정의(情誼)상으로나 남북통일의 일을 위해서나 크게 유감되는 일이다.
이에 조만식 동지가 위원장인 조선민주당의 부위원장 이윤영 동지를 국회에 참석하도록 하기 위해서 그를 종로구 갑구 선거구에 의원 후보자로 추천하기로 하였다. 이윤영 동지는 인격과 덕망이 구비하고 식견이 높은 인물로 현재 독립촉성국민회 부위원장, 한국독립정부 수립대책협의회 대표 등 중책을 가지고 계시는 분이니 본당계(本黨系)와 해당 선거구 유권자 여러분은 양지하시고 적극 협력하여주심을 바란다.

(「동지 조만식 씨 지기 이윤영 씨를 성원하라-김성수 씨 담」, 『동아일보』 1948년 4월 1일)

이승만도 뒤따라 이윤영 지원사격에 나섰다.

이번 총선거에 대하여 내가 입후보자 문제에 간섭이 도무지 없고 오직 민중의 공심(公心)에 맡겨 정당히 결정되기만 바라고 있는 중이나 이북동포 대표 이윤영 목사에 대하여는 침묵할 수 없는 감상을 가졌으므로 특히 서울시 종로갑구 입후보자로 추천하며 전 구 일반 유권

남녀에게 성심으로 나의 찬성하는 뜻을 표시하고자 한다.

이윤영 씨의 열렬한 애국성심과 특수한 인도 자격에 대하여는 모든 동포가 다소간 양해가 있을 것이므로 더 설명할 필요가 없으며 다만 진심으로 말하고자 하는 바는 북한에서 모든 동포가 사지에 빠져서 유리방황하며 국권회복만을 위하여 수화를 피치 않고 죽기로써 싸우는 이때에 우리는 속수무책으로 환난상구(患難相救)에 동족상 정의를 표할 기회가 없었던 것인데 이 기회를 이용해서 동 구역 입후보자는 다 기쁘게 양보하며 주권자는 전적으로 투표해서 일변으로는 의로운 인격을 추대하며 또 일변으로 이북 동포들을 위로하는 것이 우리의 정당한 도리요, 건국대계에 많은 공헌이 될 것이니 누구나 오해가 없기를 바란다. 이것이 나 한 사람의 구구한 사정(私情)이 아니요 남한 모든 동포들의 공원(公願)일 줄 믿으므로 간단히 이 말로 이윤영 씨를 추천하는 바이다.

(「종로갑구 후보로 이윤영 씨를 추천-이 박사 유권자에 호소」, 『동아일보』 1948년 4월 7일)

영수 이승만과 한민당 대표 김성수가 이처럼 공을 들인 곳에 이승만의 직계라 할 수 있는 독촉애국부인회의 박순천(朴順天, 1898~1983)이 끝내 출마한 것이 어찌된 일일까? 두 가지 가능성이 있다. 하나는 직계고 뭐고 실리 앞에서는 안면몰수였다는 것이고, 하나는 이승만이 자기 추종자가 나가서 다음 기회를 위한 발판을 닦게 했다는 것이다. 이윤영이 1만 2,000여 표로 당선된 이 선거에서 박순천은 3천여 표로 차점자가 되었고 2년 후 이 선거구에 다시 나와 당선되었다.

투표가 이틀 뒤로 다가왔다. 남로당은 일찍부터 사보타주 전술을 펼치고 있었지만 제주도 이외 지역에서는 두드러진 성과가 없었다. 오히

선거 당일 선거 방해사범으로 체포된 5인. 맨 왼쪽 여인은 장택상을 암살하려다가 체포되었다고 기록돼 있다.

려 학생들의 선거 방해운동이 더 활발하게 펼쳐지고 있었다. 검거되는 선거사범의 태반이 학생이었고, 투표일을 앞두고는 중학교까지 동맹휴학 움직임이 일어나고 있었다.

> 나흘밖에 남지 않은 총선거 실시를 반대하여 각종 불상사가 벌어지고 있거니와 특히 요즈음에 이르러서는 중등, 전문, 대학 등 학생들도 동요의 틈을 보이어 이미 경기중학을 비롯하여 대학 예과 등 동맹휴학 문제로 소동을 일으켰으며 모 대학에서도 동 5일 하오 2시경 등교생 30여 명이 강당에 모였다가 '단선반대' 등 구호를 들러 일부 맹휴로 들어갔다 하고 그 외도 몇몇 중학에 동요설이 있어 경찰 당국에서는 미연 방지책으로 총선거의 수사과 직원들도 총선거가 끝날 때까지 사찰 경비에 근무하도록 각처에 배치하였다고 한다.
>
> (「학생층 소요 방지책 강구」, 『조선일보』 1948년 5월 7일)

서울만의 문제가 아니었다.

단선단정 결사반대 슬로건 아래 맹휴 혹은 데모 등 동요 파문은 도내 13교에 달한다 한다.

● 광주사범학교: 7일에 일부 학생들의 동요가 있었으나 당국이 즉시 제지. 10일 밤 약 30여 명의 동교 생도는 오전 8시 반경 부내 남동 일대에서 단선단정을 반대하는 데모를 감행.

● 여수중학: 8일 전교생이 맹휴.

● 여수여중: 8일 3학년생이 하급생을 선동하여 맹휴하려다가 학교 측에 발견되어 3학년생만이 맹휴.

● 여수공업: 8일 전교생이 맹휴.

● 영광여중: 8일 맹휴를 일으키자 생도가 반수밖에 출석치 않았으므로 학교에서 임시 휴학.

● 송정리중학: 1일 전교 맹휴.

● 함평농중: 6일 일부 학생 동요.

● 예학중학: 전교 맹휴.

● 광주서중: 지난 7일 결석자 2,080명.

● 목포사범학교: 생도 20명과 직원 9명 체포.

● 송정리여중: 전교 맹휴.

(「전남 13교 동맹 휴학」, 『서울신문』 1948년 5월 18일)

경찰은 연일 강도 높은 조치를 발표하고 있었다. 그중에는 웃지 못할 내용도 있었다.

최근 국내 정세가 미묘하게 움직이고 있는 데 비추어 수도청에서는 지난 4월 1일부로 수도 관내에 비상경계령을 내리어 치안 확보에 총 역량을 집중하고 있는 한편 이를 더욱 강화하려 함인지 19일부로 관하 각 경찰서에 교통에 관한 지시를 하였다는데 그 내용은 다음과 같다.

1. 수모(誰某)를 물론하고 경찰관을 제외하고는 노상에 정류함을 부득함.

2. 경찰관이 노상에 입대(立待)하는 행인을 발견할 시는 즉시 행보를 명령하고 불응할 시는 본서에 동행하여 보안주임에게 인도할 사.

3. 보안주임은 이유를 조사하여 원인 없는 반항을 발견하는 시는 즉시 치안관에 회부할 사.

(「노상에 정류함을 부득함, 거부자는 즉시 본서 동행, 수도청에서 교통에 관한 지시」, 『경향신문』 1948년 4월 21일)

아무리 남조선이 경찰국가가 되어 있었다 해도 이건 너무했던 모양이다. 그런데 물의를 가라앉힌다고 내보낸 해명이 더 가관이다.

수도청에서 지난 19일부 수도 관하 각 경찰서에 지시된 '교통에 관한 지시'는 그동안 항간에서 이를 오해하고 문젯거리가 되어 있으나 수도청장 장택상 씨의 말에 의하면 이것은 준 비상경계의 강화를 위한 것이 아니라 일반 행인이 가로에서 일 없이 주저하고 있는 것은 교통에 많은 지장이 되므로 이를 미연에 방지하고자 지시한 것이다. 더구나 외국에서는 일찍부터 이와 같은 교통법령이 실시되어 가로에 주저하는 자는 즉결처분에 의한 벌금형에 처하고 있는 것이니 일반은 주의하여 당국에 협력하여주기를 바란다는 것이다.

(「교통에 관한 지시는 외국에도 있는 도로법령—장 총장 담」, 『경향신문』 1948년 4월 25일)

1948. 5. 10.

자랑스러운 선거에 초를 친 시리아대표 무길

국련위원단 감시하의 남조선 총선거는 5월 10일 상오 7시를 기하여 일제히 투표를 개시하였다. 회고컨대 남조선 선거가 시행되기까지에는 허다한 우여곡절이 있었다. 즉 1946~1947 양년에 걸쳐 열린 미소공위 결렬에 이어 미국이 조선 문제를 국련에 상정한 결과 소련 관하 북조선의 보이콧에도 불구하고 가능지역의 선거를 결정 추진시켜 금번 선거가 시행되게 되었다.

이리하여 남조선 선거는 지지 반대의 쌍주곡을 울리면서 지지 측의 선거추진과 반대 측의 남북협상 추진 및 이에 관한 미·소 양당국의 상반한 태도 등 복잡 미묘한 국내외 정세리에 당초부터 자유 분위기 조성 문제를 둘러싼 논의를 일으키면서 마침내 전 유권자의 95퍼센트 선거등록과 909명의 입후보 난립을 보이면서 호불호 간에 10일을 맞이하여 투표는 일제히 개시되었다. 준순(逡巡)을 거듭하여온 남조선 정세도 한 바퀴 돌게 되어 다난성을 보이는 조선독립사의 일면의 새로운 일선이 그어져가고 있다. 그리하여 또한 투표일을 전후한 당국의 비상경계 중에도 경향 각지에서 습격 피살사건이 발생하고 있으나 전반적으로 큰 지장 없이 선거실시는 완료되었다.

국련 감시와 미군정하에 시행되는 선거이지만 조선으로서는 처음 있는 남조선 총선거의 날인 5월 10일 서울시내는 한적한 시골거리처럼 하루 종일 잠잠한 분위기 속에 투표의 날을 보냈다. 아침 7시부터 저녁 7시까지 혹은 학교 혹은 무슨 사무실 등에 설비된 시내 약 730투표소에는 투표하려 나온 아낙네, 노인, 젊은이가 한 줄로 늘어서서 한 사람씩 순번대로 투표지를 받아가지고 간격소에 들어가 기입한 다음 투표함에 넣고 나오곤 하였다. 주위에는 장총을 들은 경관, 곤봉을 들은 향보단원들이 길목마다 지켜 엄격한 경비를 하고 있었다. 관공서 각 학교, 상점, 음식점, 극장 기타 일체 신문사외의 사회기관은 설날처럼 문을 꼭꼭 닫치고 나다니는 길손도 미군 자동차 외에는 한산하기 짝이 없었고 무덥게 흐리터분한 하늘에 미군 비행기의 폭음소리가 한갓 고요한 기분을 자아내었다. 이리하여 이날 새벽에 장충단, 마포 등 투표구에 수류탄사건이 발생하여 범인 2명이 사살당하고 수명이 체포되었다는 벽보가 나붙어 길손들이 지나가다 들여다보는 정경 이외는 큰일 없이 투표를 끝마친 것이다. 그 후 즉시로 투표지는 시내 선거구 한 개소씩 모두 12개소의 개표장으로 한데 가져다 모아 무장경관 70명, 사복경관 30명, 향보단원 등 물샐 틈 없는 경비진 속에서 개표가 시작된 것이다. 오늘 아침 무렵에는 당선대세가 거의 결정된 선거구도 있을 터이고 한창 투표 숫자의 격전이 벌어져 고비를 달리고 있는 곳도 있을 것이거니와 시내는 늦어도 12일 남조선 전 구역은 15일까지 당선상황이 알려질 것으로 보인다.

(「남조선 총선거 작일(昨日) 일제 투표실시, 다난(多難)턴 국내 정정(政情)에 일단락」, 『조선일보』 1948년 5월 11일)

1948년 5월 11일자 『조선일보』에 그려진 선거 풍경이다. 휴일로 지정된 날인데도 사람들의 움직임이 매우 적었던 모양이다. 서울시내에도 장총 든 경찰과 곤봉 든 향보단(鄕保團)이 길목마다 지키고 있다니 시골 분위기는 불문가지다. 사람들은 움츠려 있었다.

우려와 달리 난폭한 선거방해 움직임은 극히 적었던 모양이다. 5월 11일자 『경향신문』에는 서울 시내의 두 사건이 보도되었다.

> 조선민족이면 누구나 다 경축해야 할 총선거일인 10일은 평온리에 선거가 진행되고 있었는데 일부 도배들이 준동하여 선거를 방해하고 치안을 문란케 하기 위하여 온갖 행동을 기도하고 있었다. 즉 동일 오전 중 현재 수도청에 들어온 정보에 의하면 다음과 같다.
>
> ● 동일 오전 7시경 서울시내 장충동2가 모 선거투표사무소에 권총을 가진 괴한 수 명이 침입하여 경비 중이던 향보단원에게 권총을 발사하여 발에 부상을 입히고 도주하는 것을 경관에게 체포되어 반항하다가 경관에게 사살당함.
>
> ● 동일 오전 9시경 시내 중구 광희동 투표사무소 근처에 괴한 6명이 수류탄을 던져 건물 1동이 파괴되고 1명이 폭상을 당하였는데 전기 범인 6명 중 1명은 사살되고 5명은 포박당했다.
>
> (「시내 2처에 괴한이 폭거」, 『경향신문』 1948년 5월 11일)

5월 12일자 『동아일보』 머리기사 「총선거의 성과 민족 전도를 축복」에는 "정권협상배는 맹성하라"란 부제가 달려 있었다. 기자는 "서울 시내에 있어서도 투표장을 습격하여 수류탄을 던지는 등 그야말로 최후의 발악"을 하는 가운데도 "투표성과가 90퍼센트를 돌파하였다는 것을 보면 우리 겨레가 얼마나 총선거를 통한 조국의 독립을 기원하였던가를 여실히 증명하는 것"이라며 민의의 소재가 확인되었다고 강조한다.

서울 시내의 11일 정오 현재 개표성적을 보면 무효 대략 3퍼센트 내외라 한다. 문맹자가 많은 실정을 아울러 생각한다면 선거 열의가 왕성한 것은 말할 것도 없거니와 등록이 얼마나 자유 분위기에서 실시되었으며 좌익층과 중간층이 야합하여 추진하였던 남북협상이 얼마나 민의를 무시한 정권협상배의 망동이었던가를 알 수 있다.

같은 날 『동아일보』의 「남조선 선거 대성공」 기사에는 유엔 조위 시리아대표 무길(Yushin Mughir)의 말이 이렇게 인용되어 있다.

"10일의 남조선 선거는 성공이었다. 나는 서울에서 투표장을 순시하였는데 투표는 극히 원활하고 조직적이었다. 나는 남조선 단독선거에 반대하였으나 만약 원칙이 수락된다면 이는 극히 양호한 거사이다."

정확한 것인지 매우 의심스러운 인용이다. 유엔임시조선위원단(UNTCOK, United Nations Temporary Commission on Korea, 이하 '유엔위원단' 또는 '조선위원단'으로 표기)공보 제59호가 5월 13일 발표되었는데, 이상하게도 제59호 공보의 내용은 위원단의 다른 공보처럼 신문에 게재되지 않았다. 그리고 이튿날 위원단 회의에서는 공보 제59호에 실린 임시의장 무길의 소감이 무길 개인의 소감일 뿐이며 유엔위원단 전체의 소감이 아니라고 발표했다.

「공보 59호 조위 의견 아니다. 무길 씨의 사적 견해에 불과」
14일 조위에서는 오전 중에 전체회의를 열고 13일 발표된 공보 제59호에 관하여 토의한 후 공보 제63호를 발표하기로 되었다. 원래 제59호는 조위에서 채택된 것이 아니며 각 대표들은 이 공보가 발표된 것

> 을 13일 밤 비로소 알게 되었던 것이다. 그리고 이 공보 중에는 2천만 조선의 열렬한 애국심과 피로써 획득한 전고무비(前古無比)한 5월 10일 총선거 결과에 대한 모욕적 표현이 포함되어 있을 뿐만 아니라 조위에 대한 3천만 조선인의 열화와 같은 기대를 고의적으로 파괴하는 어구도 발견되었던 고로 한 번 그것이 세간에 발표되자 관계 당국은 물론 민간 측에서도 일시 수습키 어려운 파란을 일으켰던 것이다. 이러한 사태가 즉시 조위에 반영되어 공보 제63호가 발표되게 된 것이다. 그리고 공보 제63호에는 무길 씨가 기자단에게 공보 제59호는 자기 자신의 견해를 표명한 것에 불과하다는 것을 명백히 하였다. 하지만 그러한 사실은 전혀 없었다는 사실을 부언하여두는 바이다. 그리고 조위는 14일 오후 3시 반부터 주요위원회를 열고 이승만 박사와 협의하였으며 동 4시 반부터는 김성수 씨와 협의하였다 한다.

밑줄 친 문장은 맥락을 알 수 없다. 아무튼 무길이 임시의장으로서 공보 제59호를 발표하면서 "총선거 결과에 대한 모욕적 표현"과 "조선인의 기대를 고의적으로 파괴하는 어구"가 담긴 소감을 실었기 때문에 관계 당국과 민간 측이 격한 파란을 일으켰고 위원단의 다른 위원들이 요구해서 위원단 전체 의견이 아님을 확인하게 되었다는 얘기다. 도대체 무길이 무슨 소리를 한 것일까?

『한국사데이터베이스』의 "자료대한민국사"에는 "경향신문, 동아일보 1948년 5월 14일, 15일" 기사라며 공보 제59호 내용이 실려 있다. 실제로 두 날짜 두 신문에는 실려 있지 않은 내용이다. (5월 14일자 『경향신문』 「선거 성적 양호, 무 씨 공보59로 발표」 기사 중에는 공보 내용이 "그 내용은 선거는 대체로 양호하였다고 평하였다."라고만 되어 있다.) 자료 표시에 착오가 있는 것 같은데, 일단 그 내용은 공보 제59호가 옳다고 보고 옮겨놓는다.

● 공보 제59호

조위는 언론집회 및 출판의 기본적 자유가 존중되고 보장되었다고 확인할 때 남조선에 있어서의 선거를 감시할 것을 결의하였다. 4월 29일 조위는 여사한 업무의 달성에 대한 군 당국의 조력과 호의를 만족히 여기어 미주둔군사령관에 의하여 선언된 선거를 감시할 것을 만장일치로 결정하였다. 금번 선거는 조선의 남북을 포함치 않으며 현재 정당 및 단체의 전부 또는 대부분을 포함치 않았다는 의미에서 전국적인 선거는 아니라는 것을 잘 알고 있다.

조위 전 대표는 조선 문제에 관한 관심에 있어서 언제나 만장일치였지만 금번 선거를 찬양하는 데 있어서는 그들 간에 어떠한 의견의 상이가 있다.

대표들 중에는 금번 선거의 결과가 조선 문제의 해결에 공헌하리라는 것을 의심하는 대표도 있으며 그들이 설사 이러한 의심을 포회(包懷)치 않는다 하더라도 그들은 남조선에 있어서의 선거를 전국적인 것으로 인정하기를 원치 않는다. 그들은 이 용어를 약간 주저하기는 하나 금번 선거를 '결정으로 우익적인 선거'라고 부르고자 한다.

조위의 다른 대표들은 조위의 업적에 대하여 완전히 만족하지는 않으나 금번 선거는 조선의 통일과 주권을 향한 일보의 전진이 될 것이라고 생각하는 경향이 있다. 그들은 확실히 금번 선거를 우익적 선거라고 부르기를 싫어하며 그렇다 하더라도 비우익분자 또는 선거를 반대하는 인민 수효는 극소수이라고 그들은 믿는다.

다른 대표들은 사태에 대한 최종적인 의견을 표명할 준비가 아직도 되어 있지 않다.

금번 선거 진행 중 몇몇 대표는 선거법 위반과 본 위원회의 건의사항 위반 등을 지적한 바 있다. 열거하면 우리들(본 위원단 감시원)은 투표소 내와 그 주위에서 향보단원을 발견한 일이 있다. 향보단은 경찰에 의하여 조직된 것이며 안녕질서를 유지함에 있어 경찰을 방조하는 것이다. 향보단은 투표자의 자유에 대한 어느 정도의 제한이 되었을지도 모른다. 어떤 투표소에서는 투표장 안에 경관이 들어와 있은 적도 있었다. 어떤 곳에서는 청년단원(혹자는 제복까지 착용)이 투표소 내와 그 주위를 빙 돌고 있었다. 우리들 중의 혹자는 몇 개 투표소에 있어 비밀투표가 여행(勵行)되지 못하고 있는 사실을 지적하였다.

그러나 대체로 보아 금번 선거는 원활히 그리고 조직적으로 또한 능률적으로 수행된 것이다. 투표 숫자가 2~3시간 내에 고율에 이르렀다는 사실 자체가 금번 선거의 능률성을 증시(證示)하는 것이다. 그러나 이 능률성을 찬양함에 있어서는 어느 정도의 신중한 보류가 필요함을 나는 명기하는 바이다. 여하튼 이번 감시결과에 대한 최종적 결론은 후일에 내릴 터이며 총회에 대한 보고서에 포함시킬 것이다.

선거감시는 본 위원단 사명의 1 계제를 완결하였다는 사실을 본위원단은 잘 알고 있다. 본 위원단은 상금 이번 피선된 의원들이 즉시 국민정부를 수정하도록 그들에게 권고를 발한 일은 없다. 그리고 각 피선 의원들은 조선의 통일을 위하여 정부 수립에 있어 선거를 반대하던 분자들의 지지를 얻도록 진력할 것을 기망하여 마지않는 바이다.

본 위원단은 선거감시를 본 위원단 업무의 명확한 단계라고 앞서 규정하였으며 총회에 대한 보고서의 최초의 부분은 선거에 관한 것을 내용으로 하기로 결정하였다. 또한 동 보고서 작성에만 노력을 집중하기 위하여 동 보고서의 작성은 조선 외의 어떠한 장소에서 하기로 하였다. 그 기간 중에 있어서는 서울에 연락반을 잔류시키고 일본을

> 보고서 작성지로 선정하였던바 맥아더 장군은 본 위원단의 방일을 거부하여 왔다. 연이나 본 위원단은 가급적 속히 조선 외에서 보고서의 제1편을 작성한다는 결정을 재확인하는 바이다. 맥아더 장군의 과반 성명에 대해서 본 위원단은 연합국사령부에 대하여 동 보고서 작성에 심심 관심하여 줄 것을 요청 중에 있다.

이 내용은 일개 위원 입장이 아니라 임시의장 입장에서 쓴 것이다. 자기가 선거를 부정적으로 본다는 이야기를 하지 않았다. 부정적으로 보는 위원들도 있고 긍정적으로 보는 위원들도 있으므로 최종적 결론은 후일에 내릴 것이라고 했다.

경찰과 향보단이 무장을 하고 투표소를 비롯한 곳곳에 깔려 있었다는 사실은 감시단이 투표소를 방문하지 않고 경찰 발표와 언론보도만 봐도 알 수 있는 것이었다. 그 사실이 선거의 '자유 분위기'를 해친다고 보는 위원들이 일부 있다는 얘기도 임시의장이 해서는 안 된단 말인가? 5월 14일 유엔위원단 전체회의에서 공보 제59호가 실질적으로 취소되는 사태만 보더라도 유엔위원단의 '선거감시'가 어느 수준이었는지 대충 알아볼 수 있다.

제주도 외의 도별 투표율은 경기도와 경상북도의 90퍼센트에서 강원도의 98퍼센트까지 모두 90퍼센트를 넘겼다. 숫자로는 정말 성공적인 선거다. 그런데 3월 29일부터 4월 9일까지 12일간의 선거인등록 때 등록률이 80퍼센트에 미치지 못했던 사실에 비추어보면 뭔가 이상하다.

선거인등록 때 자발적 등록이 극히 적었다는 사실은 4월 10일자 일기에 소개한 한국여론협회의 4월 12일 조사에 극명하게 나타난다. 서울의 등록률은 92.3퍼센트였는데 조사대상자 1,262명 중 26퍼센트인

5·10 총선거날 선거하려고 늘어선 사람들. 이 투표소는 홍보용으로 내놓을 만큼 평화롭고 질서 있는 분위기를 보여준다. 유엔위원단에서 이 선거의 공정성에 대한 부정적 의견이 우세하다는 소문이 파다했는데, 위원단은 6월 25일에 이르러서야 선거의 공정성을 인정하는 공식 결정을 내렸다.

328명이 "등록 안 하였소." 대답했다니, 등록이 되어 있는 사람 중에도 상당수가 그 사실을 모르고 있었다는 것 아닌가. 게다가 등록했다고 대답한 934명 중 91퍼센트인 850명이 등록을 강요당했다고 응답했다 한다. 12일간의 등록기간에 등록 대상자의 80퍼센트 등록시키기가 그토록 어려웠는데, 단 하루의 투표날에 90퍼센트 이상의 선거인이 투표장에 갔다? 상식으로는 이해가 되지 않는 일이다.

전국 200개 선거구 중 제주도의 두 개만이 무효가 되었다. 제주도의 3개 선거구 중 남제주군은 86.6퍼센트 투표율로 유효로 인정되었고, 북제주군의 두 개 선거구는 많은 투표소의 선거 시행에 실패해 무

1948년 5 · 10선거 광경. 작대기 기호는 필자(1950년생)의 어린 시절까지 남아 있었다.

효가 되었다. 10여 년 전 4 · 3취재반과 가까이 지낼 때, 왜 사태 초기에 북군보다 남군의 상황이 더 안정되어 있었을까 물어볼 때 누군가가 웃으며 대답하던 기억이 난다. "남군에는 경찰관 인원이 적어서 아니었을까요?"

남제주군 선거 역시 엄밀히 따지면 유효를 인정받기 어려운 것이었다고 생각된다. 4 · 3취재반이 채집한 증언 중에 당시 24세였던 남제주군 안덕면 상천리 고대성의 증언이 있다.

"5 · 10선거가 되니 경비대에서 10명가량 나와 마을의 경비를 섰습니다. 투표소는 향사가 없어서 따로 마련 못하고 이장 집에서 투표를 하게 되었습니다. 부끄러운 일이지만 이장과 이 서기인 나, 그리고 마을유지 한 분 등 세 사람이 마을 유권자들의 투표용지에 모두 투표를 했습니다. 한 후보에게 몰표가 간 것은 사실입니다. 투표함은 경비대에서 갖고 갔습니다. 시국이 시국인 만치 이에 항의하는 주민도 없었습니다." (『4·3은 말한다 2』, 236쪽)

상천리 투표함도 개표소에 도착해서 86.6퍼센트 투표율의 일익을 담당했다. 이것이 남제주군만의 일이었을까? 억지로 끌어올린 선거인 등록률이 80퍼센트에 못 미치는데 투표율이 전국적으로 90퍼센트를 넘었다면 상천리에서 있었던 것과 비슷한 일이 전국 도처에서 일어난 것이 아닐까 하는 생각이 든다.

1948. 5. 13.

조선에 앞서 내전의 비극을 겪은 그리스

5월 10일자 『동아일보』에 〔서울 UP특파원 제임스 로퍼 발 조선〕 바이라인 기사가 실렸다. 조선 상황을 그리스와 비교한 것이 눈에 띈다.

> 조선은 그리스 사태의 완전한 재연이다. 양국에서의 공산당 전술은 동일한 것이며 그리스에서 발생한 전투는 조선에서도 발생할지 모른다. 양국이 지리적으로 근사하다. 양국은 다 산악이 많은 반도이다. 그리스 반도는 공산주의자가 지배하고 있는 발칸에 연결되어 있으며 조선은 역시 역사적으로 소란의 온상지이며 현재 공산군이 세력을 펴고 있는 만주에 연결되어 있다. 여차한 정세는 조선과 그리스를 군사적 견지에서 처리하기 곤란케 하고 있다.
>
> 그러나 서방 연합국은 정치적 이유로 동지(同地)에 민주주의 거점을 두려고 하여 금전렐굼 및 무기 기증으로 투쟁하였다. 민주주의를 시행하기 위하여 서방 연합국은 조선과 그리스에서 자유선거를 지지하였다. 그리스 투표는 영미위원단 감시하에 행하였는데 10일 남조선에서는 국련위원단 감시하에 투표를 행할 것이다. 양국에서 공산주의자들은 보이콧 행동으로 투표를 회피하려고 기도하였다.
>
> (「조선은 그리스 사태 재연, 좌우 항쟁도 근사」, 『동아일보』 1948년 5월 10일)

그리스에서는 1946년 3월에 총선거가 있었다. 영국군 점령하에 실시된 이 총선거를 그리스공산당(KKE)을 중심으로 한 민족해방전선(EAM)이 거부했고, 그동안 겨우겨우 억제해온 내전이 전면적으로 터지고 말았다. 1년 후인 1947년 3월, 내전 비용을 감당하지 못하게 된 영국의 요청으로 미국이 개입하게 되는 것이 '트루먼독트린'의 직접 배경이었다.

1947년 3월 12일 일기에서 그리스 사정을 살펴본 일이 있다. 로퍼 기자의 지적처럼 그리스 사태와 조선 사태 사이에는 공통점이 많았다. 두 곳 사정을 더 비교해본다.

그리스왕국은 1936년 쿠데타로 집권한 메탁사스정권의 지배를 받고 있었다. 1941년 4월 추축국 군대의 침공을 받을 때는 정부의 인기도 낮았고, 스탈린(Iosif Vissarionovich Stalin, 1879~1953)의 소련이 아직 참전하지 않고 있었기 때문에 좌익도 저항에 적극 나서지 않았다. 그러나 몇 달 후 독·소 간 개전과 함께 추축국에 대한 그리스 좌익의 항쟁이 시작되었고, 민족해방전선의 군대 인민해방군(ELAS)이 국내 항쟁의 주축이 되었다.

앞서의 일기(1947년 3월 12일)에서 한 가지 숙제로 남겨둔 문제가 있다. 영국 등 연합국이 이웃 나라인 유고슬라비아에 대해서는 티토(Josip Broz Tito, 1892~1980)의 공산세력을 흔쾌히 지원해준 반면 그리스에 대해서는 민족해방전선에 대한 지원에 인색했던 까닭이 무엇인가 하는 것이다.

더 살펴보니 초기에는 연합국 지원 양상에 큰 차이가 없었다. 그리스에서도 인민해방군이 전투력이 강하고 역할이 큰 만큼 많은 지원을 받았다. 그런데 전쟁 후기로 가면서 티토가 연합전선 원리를 굳게 지킨 반면 그리스에서는 좌우 갈등이 심했고, 그 갈등에 좌익 측 책임이 작지 않았다. 민족주의를 앞세웠던 티토에 비해 그리스 공산당은 스탈린의 지시를 너무 충실히 따르다가 불신의 대상이 된 측면이 있다. 공산당을 비난하는 우익 선전에는 메탁사스정권과 추축국 지배에 대한 공산당의 협력이 많이 지적되었다.

1943년 9월 이탈리아의 항복으로 연합국 승세가 정해지자 전쟁 후 국가 진로를 놓고 좌우 대립이 심화되었다. 민족해방전선은 우익 망명정부와 경쟁할 민족해방정치위원회(PEEA)를 1944년 3월에 세웠다. PEEA는 많은 그리스인의 지지를 받아 아테네의 괴뢰정부와 대비되는 '산(山)정부'로 불렸고, 4월에는 이집트의 망명정부 군대에서 그를 지지하는 대규모 반란이 일어나기까지 했다. 극한 대립을 막기 위해 5월에 레바논 연석회의가 열려 파판드레우(Georgios Papandreou, 1888~1968) 수상 중심의 좌우합작 거국내각이 탄생했다. 24명 각료 중 여섯 자리가 민족해방전선 측에 주어진 이 내각에 좌익이 동의한 것은 스탈린의 협력 지시에 따른 것이었다.

그러나 1944년 10월 파판드레우정부가 귀국하자 문제가 다시 터졌다. 군대 재건을 위해 군사단체 해산명령을 내렸는데 일부 우익단체를 존속시킨 반면 국내 저항의 주축이었던 인민해방군을 철저히 해체하는 조치였다. 이 명령의 최후통첩이 12월 1일 발표되자 좌익 각료 6인이 즉각 사임했고, 아테네 시내에서 37일간 시가전이 계속되는 '데켐브리아나' 사태가 12월 3일에 터졌다.

이 사태를 수습하기 위한 연합국 회의에서 소련대표의 침묵은 두드러진 것이었다. 그리스인들은 그에게 '스핑크스'란 별명을 붙였다고 한다. 속셈을 알 수 없다는 얘기였다. 독일과의 전쟁이 끝나지 않은 상황에서 스탈린이 동유럽 지역을 소련 영향권으로 인정받기 위해 그리스를 영국 영향권으로 양보하는 입장이기 때문이었던 것으로 해석

아테네에서 그리스 좌파 인민해방군 게릴라와 전투를 벌이는 영국군(1944년 12월).

된다.

데켐브리아나를 끝내는 연합국과 그리스 제 정당 사이의 바르키사 조약은 그리스 좌익이 궤멸하는 결과를 가져왔다. 공산당이 이 조약을 받아들인 것은 스탈린의 지침 때문이었다. 인민해방군은 해체되고 좌익 인사 수만 명이 투옥되었으며, 인민해방전선을 지지하던 수많은 마을이 백색테러의 공격을 받았다. 좌익 투사들은 소규모 저항조직을 만들거나 인접국으로 피신했다.

독일과 일본이 항복한 뒤 소련과 서방 연합국의 사이가 어긋나기 시작하는 1945년 말에 이르러서야 그리스 공산당의 노선이 저항 쪽으로 바뀌기 시작했다. 공산당은 1946년 3월의 총선거를 보이콧했고,

1948년 그리스 내전 시 그리스 군인에게 항복하는 게릴라. 스탈린은 그리스 민족주의자와 공산주의자들에게 정말 못할 짓을 했다.

이 선거에서 왕정 지지파가 승리를 거둔 후 9월의 국민투표에서 왕정 복고가 결정되었다. 그로써 그리스는 영국의 실질적인 피보호국이 되었다.

총선거 무렵 재개된 내전은 좌익 투사들이 그리스민주군(DSE)을 결성하면서 전면전으로 확대되었다. 1947년 3월 미국이 영국의 역할을 넘겨받을 무렵에는 10만 명의 정부군이 2만 명의 민주군을 상대로 전국 각지에서 초토작전을 벌이고 있었다. 1947년 중에도 항쟁은 계속 확대되었고, 연말에 임시민주정부를 세우면서 공산당이 공식적으로 불법화되었다.

그리스내전은 참혹성과 잔인성에서 극한에 이른 전쟁으로 꼽힌다. 그 면모를 비쳐 보여주는 현상 하나가 양측에서 경쟁적으로 벌인 '어린이 구출작전'이다. 좌익 측은 전투지역의 어린이 수만 명을 인접 공산국과 자기네 점령지역으로 옮겼다. 인도적 조치라고 주장했지만 정부 측에서는 세뇌를 통한 전사 양성 목적이라고 비난했다.

정부 측도 많은 어린이를 수용소로 보냈다. 프레데리카 왕비가 제안한 조치라 해서 그런 수용소를 '퀸즈 캠프'라 불렀다고 한다. 이 역시 정부 측에서는 인도적 조치로 주장하는 반면 반대편에게서는 비인도적 조치로 비난받았다. 양측에 수용되어 가족 없이 자라나게 된 어린이 수가 10만 명에 달했다고 한다.

1948년 5월, 조선에서 총선거가 실시될 무렵에도 그리스내전은 사그라질 기색 없이 계속되고 있었다. 구시대의 제국 영국이 바뀐 위상을 인정하고 물러나게 만든 이 투쟁을 발판으로 삼아 새 시대의 제국으로 위치를 확립하려는 미국이 힘을 쏟아 붓고 있었으니, 그 시점에서 그리스는 냉전의 도화선과 같은 역할을 맡고 있었다.

그리스도 미 · 소 대결에 휘말려 국가체제 안정에 실패했다는 점은 조선과 마찬가지다. 그런데 조선의 경우에 비해 그리스에서는 소련의 책임이 두드러진다. 그리스에 대한 영국과 그를 이은 미국의 정책은 당시에도 쉽게 예상할 수 있었고 세월이 지난 뒤에도 쉽게 이해할 수 있는 것이다. 그런데 소련의 태도는 여러 차례 석연치 않은 변화를 겪었고, 그리스의 비극을 심화하는 이유가 되었다.

소련이 독일 침략을 받을 때까지 그리스공산당이 추축국 침공에 적극 저항하지 못하게 묶은 데서부터 문제가 있다. 1941년 들어서는 독 · 소 불가침조약 파기가 시간문제였다. 실제로 추축국의 유고슬라비아 · 그리스 침공에 현지인의 저항이 상당히 강했기 때문에 소련 침공이 늦어지고 소련이 상당한 혜택을 보았다는 분석이 유력하다. 그런데 그리스공산당은 침공 저항에 선명한 태도를 보이지 못해서 민족주의 세력과의 사이에 앙금을 남겼다.

1944년 말 아테네 시내에서 내전이 벌어졌을 때는 연합국 공조체제가 유지되고 있었기 때문에 좌익 군사력을 소멸시키려는 그리스 우익정부의 조치는 소련의 태도에 걸려 있었다. 그런데 소련은 그리스를 영국 영향권으로 양보하는 방침에 따라 그리스 상태를 방관했다. 그 결과 대 추축국 항쟁을 통해 양성된 인민해방군 10만 병력이 소멸되었고, 2년 후 내전이 재개되었을 때 좌익 측이 엄청난 열세를 겪어야 했다.

그리고 제2차 세계대전 종전 후 서방 연합국과 관계가 껄끄러워지자 스탈린은 그리스공산당을 총선거 거부와 내전 재개로 이끌었다. 최악의 조건 위에서 최악의 상황이 벌어지게 한 것이다.

결국 스탈린의 기형적 대외정책은 그리스 좌익세력을 최후의 구렁텅이로 몰아놓고 만다. 1948년 6월 티토와 관계가 악화되자 스탈린은 그리스공산당에 반티토 노선을 강요했다. 티토와의 관계 단절에 대해서는 그리스공산당 안에서도 상당한 저항이 있었지만 결국 스탈린 노선에 따랐고, 인접한 유고슬라비아의 도움을 더 이상 받지 못하게 된 민주군은 몇 달 안 되어 궤멸되고 말았다.

스탈린은 그리스인에게, 특히 그리스 좌익에게 정말 못할 짓을 했다. 소련의 득실을 기준으로 그리스를 영국 영향권으로 넘겨준 것까지는 그래도 괜찮다. 그래 놓고도 내전을 부추긴 목적이 무엇이었나? 서방과의 관계에서 약간의 이득을 얻기 위해 참혹한 분쟁으로 내몬 것이다. 민주군 궤멸 후 소련으로 도피한 잔여 병력은 우즈베키스탄에 수용되었다.

같은 시기 조선에서의 소련 정책을 해석하는 데도 그리스 경우가 참고된다. 반공주의 입장에서 소련의 '적화 야욕'을 흔히 강조하며 이북 지도부가 소련의 지침을 일일이 따른 것처럼 가정하는데, 1949년 이

전 상황에는 잘 적용되지 않는다. 이북 지도부도 그리스에서 벌어져온 일을 살펴보며 소련의 정책을 비판적으로 검토할 필요를 느끼지 않을 수 없었을 것이다. 중국 경우만 하더라도 장개석정부와 공식적으로 거래하면서 은밀히 내전을 부추긴 소련의 정책은 그리스의 경우와 크게 다르지 않았다.

분단건국에 대한 미국의 책임은 겉으로 드러나 보인다. 조선의 당시 상황이 친미정권보다는 친소정권이 서기에 유리한 상황이었기 때문에 미국이 무리한 조치를 더 많이 취하지 않을 수 없었던 것이다. 그러나 미국의 책임에 눈이 가려 소련의 책임을 보지 못한다면 온전한 상황 인식에 이르지 못할 것이다. 분단건국이 스탈린에게도 만족할 만한 방향이었으리라는 사실을 같은 시기 그리스 상황에서 짐작할 수 있다.

1948. 5. 15.

북한 전력의 이남 공급 중단, 적대적 공생관계의 한 사례

2013년의 남북관계에서 개성공단의 의미를 1948년에 갖고 있던 것이 송전선(送電線)이었다. 해방 당시 38선 이북에는 석탄, 전기 등 에너지자원이 많았고 이남에는 식량자원이 많았다. 38선의 경색으로 그 교류가 막힌 것이 해방조선 경제의 큰 장애가 되었는데, 전력 하나만은 이남으로 공급이 계속되었다. 이남 당국의 전력 대금 지불이 원활치 못해도 이북 당국은 민생과 직결되는 송전 문제를 정치와 분리해서 배려한 셈이다. 1948년 5월 14일 정오를 기해 이 배려가 사라졌다.

> 북조선에서 보내는 전력 문제는 그동안 여러 가지로 교섭 중에 있던 중 지난 14일 오전 12시를 기하여 드디어 송전을 절단하였다 한다. 그런데 북조선인민위원회로부터의 통고에 의하면 5월 14일까지 남조선으로부터 조선인 대표자를 평양에 파견하라 하였음은 기보한 바와 같거니와 송전될 때까지의 경위는 다음과 같다.
> 지난 13일 오후 3시 30분 북조선인민위원회로부터 송전선 고압선 전화를 통하여 남조선 전기관계 최고 책임자에게 통화를 요구하여왔다 한다. 그리하여 남조선 과도정부 오 상무부장은 북조선인민위원회 이문환 산업국장과 대화를 하였는데 북조선 측에서는 라디오를 통하

여 14일까지 평양에서 전기에 관한 회담을 하기로 통고하였음을 이유로 14일 오전 12시까지 조선인대표자를 평양에 파견할 것을 요구하고 만일 이에 응하지 않으면 14일 12시를 기하여 송전을 절단할 것을 언명하였다 한다. 그리하여 오 상무부장은 남조선의 관계 당국과 타협하여 14일 오전 12시까지 즉시 회담하기로 하였다 한다.

그런데 14일 오전 8시부터 9시까지 북조선 측과 전화로 통화하려 하였으나 이용하여 오던 고압선 전화는 이미 절단되어 있어서 할 수 없이 송전선으로 연결된 조선전업사 전용전화로써 겨우 연락이 되었을 때에는 오전 10시였다 하는 바 오 상무부장은 이 전화를 통하여 북조선 측과 교섭하려 하였으나 이 전화는 평양에 있어서의 수화자 측의 지점과 인민위원회 측의 거리는 약 4마일이 떨어져 있는 관계로 북조선인민위원회의 이 산업국장에게 연락하여 통화하기를 기다리고 있던 중 오전 12시가 되자 즉시 송전은 중지된 것이라 한다.

(「북조선 급기야 송전을 끊다」, 『경향신문』 1948년 5월 15일)

이 조치가 남북 간 대립을 격화시키는 결과를 가져올 수밖에 없다는 사실은 5월 16일자 『동아일보』에서 바로 확인할 수 있다.

북조선 소련 당국은 남조선의 산업경제건설을 방해하고 공산당 반동분자들을 통하여 같은 혈통을 물려받은 동포 형제들을 살상케 하며 각종 시설을 파괴하고 심지어는 민족갈망의 총선거를 반대하던 나머지 모든 것이 수포로 돌아가자 우리들이 이야기하였던 바와 같이 지난 14일 드디어 남조선으로의 송전을 절단하는 횡포한 용단을 내리게 되었다.

지금 북조선에는 압록강 수력전기를 비롯하여 장진강, 허천강, 부전

강, 강계, 부녕 등 각 수력발전 시설에서 200만 킬로와트에 가까운 전력을 일으켜 만주와 간도에까지 송전하고도 오히려 20만 킬로와트의 전력이 남는 형편으로 이는 마땅히 조선의 산업경제를 재건하고 생활을 향상 발전하기 위한 원동력으로 이용되어야 할 것임에도 불구하고 북조선을 점령한 소련군으로 말미암아 남북에 나누인 부모형제의 본의 아닌 피눈물을 자아내게 하고야 말았으니 이 약소민족의 억울한 실정을 어디다 호소할 것이랴! 남조선의 2천만 동포형제는 조국 조선이 당면한 험난한 현실을 냉철하게 인식하고 과학과 자본과 노력을 총동원하여 장성하는 조선의 힘을 더욱 충실하게 발전시키기에 모든 정성을 이바지하여야 할 것이다.

(「만주에까지 배전하는 잉여의 북조선 전력, 동족 간에 단전이 웬 말?」, 『동아일보』 1948년 5월 16일)

과연 이 사태의 책임은 북쪽에 있는 것이었나, 남쪽에 있는 것이었나? 북쪽에서는 5월 10일 평양방송을 통해 5월 14일까지 "전력 문제를 책임지고 해결할 수 있는 남조선 조선인 대표"의 평양 방문을 요청하면서 불응할 때는 송전을 중단하겠다고 발표한 바 있었다.

〔조선 제공〕 10일 밤 평양방송은 남조선 전력공급 문제에 관하여 북조선인민위원회 김책 부위원장 명의로 다음과 같은 성명을 발표하였다.

"미군사령부는 자기의 대표가 서명한 동 협정을 충실히 하지 않고 전력 대가 완납기일이 이미 10개월이 지난 1948년 4월 1일까지 협정대가의 1.6퍼센트〔15.6퍼센트의 오타인 듯〕밖에 지불하지 않았으며 그 후 4월 중에 납부할 것을 종합해도 전력대가의 20퍼센트에 불과할 뿐만 아니라 미군사령부는 1947년 6월 1일 이후에 현재까지의 전력공급에 대하여는 결정까지 체결하지 않으려고 하고 있다.
미군정 당국은 남조선인민들의 어떠한 곤란도 이것을 타개하지 않으려고 하고 있다. 그러기 때문에 북조선인민위원회는 미군정 당국이 전기 문제와 대가 문제를 조절하지 않으려고 하느니만치 우리는 남조선조선인 당국 대표를 파견하여 이 문제에 대한 협약을 우리 조선 사람끼리 체결하는 것이 필요하다고 인정한다.
그러므로 북조선인민위원회는 남조선 전력 문제에 관하여 조선인끼리 협약을 체결하기 위하여 오는 5월 14일까지 전력 문제를 책임지고 해결할 수 있는 남조선 조선인 대표를 북조선 평양시에 파견할 것을 제안한다. 만일에 5월 14일까지 이에 불응할 시에는 북조선인민위원회는 본의는 아니나 남조선에 대한 전력공급을 결정적으로 중단할 수밖에 없다."

(「전기 중단을 통고, 4김 씨의 언약도 공수표」, 『동아일보』 1948년 5월 12일)

평양 방문 요청 대상자는 당연히 군정청 상무부장이다. 오정수(吳禎洙, 1899~1988) 상무부장은 1947년 5월과 10월에 평양을 방문해서 송전 문제의 이남 측 입장을 대표했던 사람이다. 이제 단전 사태에 임해 그는 경위를 이렇게 밝혔다.

13일 오후 3시 반 돌연 북조선으로부터의 전화가 있다는 통지를 조선전업사로부터 받고 북조선 이 산업국장과 통화를 하였다. 그런데 북조선 측은 이미 송전 문제에 관하여서는 라디오를 통하여 통고하였음을 이유로 하나 나는 남조선은 군정하에 있어 관계 당국과 타협하여 14일 12시까지 즉시 통지하기로 하였는데 14일 오전 8시경에는 북조선 측에서 이미 연락전화를 끊었다. 그리고 전력대가의 35퍼센트는 벌써 지불되어 있거니와 45퍼센트의 지불대상은 이미 준비되어 있으며 북조선에 운반하여 가기를 기다리고 있던 중이다. 그리고 나머지 전력대가를 지불하기 위한 물자는 수송 도중에 있는 것이다.

(「'전력대(電力代) 누가 아니 준대나'-오 상무부장 단전의 경위 설명」, 『경향신문』 1948년 5월 15일)

5월 13일 오후까지 꼼짝도 않고 있었다는 것이다. 10일 밤 평양방송을 듣지 못한 것은 물론 신문에 보도된 것도 읽지 못했다는 건가! 가만히 앉아 있다가 북쪽의 전화를 받고서야 "남조선은 군정하에 있어서" 관계 당국과 타협한 뒤에야 통지를 할 수 있다니! 전력 수요의 절반 이상을 북쪽에서 받아쓰는 형편에 공개적인 송전 중단 위협을 받고도 상무부장으로서 아무 한 일이 없고 할 일도 없다는 게 말이 되나?

그러나 가만 생각하면 오정수 개인 책임으로 돌릴 일이 아니다. 그가 왜 애가 타지 않았겠는가. 그가 꼼짝 못하게 미군 측이 막았을 것이 분명하다. 협상 내용은 차치하고, 평양 방문 자체가 미군 측 허락 없이 불가능한 상황이었다. 하지 사령관은 최근에도 전력 공급에 관해 북조선인민위원회와 교섭하지 않을 뜻을 밝힌 바 있었다.

〔서울 2일 UP 조선〕 하지 중장은 지난 4월 27일 북조선 소련군사령관 코르토코프 장군에게 발송한 내용을 공개하였는데 그중에서 하지 중장은 북조선으로부터의 전력 대금 지불에 관하여 미국은 북조선 괴뢰정부와 교섭하라는 소련 측의 제안을 거절하였다. 한편 그는 "인민위원회를 북조선정부로 인정하지 않으며 그와 교섭할 의향도 없다."고 말하였다.

(「괴뢰정권과 교섭 않는다, 전력 문제로 하 중장 코 장군에 송한(送翰)」, 『경향신문』 1948년 5월 3일)

하지는 단전 이튿날 발표한 성명에서도 미군 당국이 "조선에 진주한 이후 현재까지 전력가 지불에 관하여는 제반 노력을 다하여 교섭하여왔다."는 것을 강변하고 소련 측과 협정 체결을 위한 회합을 요청해 왔으나 반응을 얻지 못했다고 주장한 다음 이렇게 말했다.

> 소련 당국은 그들의 주구인 조선인을 통하여 남조선 내의 선량한 국민들을 공산당 지배하에 유도하려는 정치적 모략으로 남조선에 대한 송전을 단절하고 있다. 또 그들은 남조선 내의 그들의 주구와 세포기관을 동원하여 남조선의 민주주의적 발전을 파괴하고자 요즈음 수개월간 마음대로 감행하여오던 살인, 파업, 방화 등까지도 계속하고 있다. (…) 미군 당국은 아직까지도 소련 측 대표와 회담하여 전기요금 문제에 관하여 타협에 도달할 용의가 있다.
>
> (…) 그리고 또 최근 남북협상에서 돌아온 2명의 저명한 조선인 지도자들이 발표한 공동성명서에서는 북조선 괴뢰 당국에서 자기들에게 남조선 송전을 단절치 않을 것이라고 약속하였다고 하는데 이 또한 흥미 있는 일이니 (…) 이것은 공산주의자들의 상투적 허위 약속이었으며 이러한 종류의 약속은 그들의 정치적 지위가 유리하게 호전될 때에는 폐기될 성질의 것이다. (…) 그리고 단전의 시일이 모스크바 당국으로부터 지령되었다는 사실도 의심할 여지가 없다.
>
> (「단전 않겠다는 약속, 그들의 상투적 허위」, 『동아일보』 1948년 5월 16일)

미군 당국이 북조선인민위원회랑 직접 교섭하고 싶지 않으면 남조선임시과도정부는 뒀다가 뭐에 쓰겠다는 건가? 작년 5월과 10월에 했던 것처럼 오정수 상무부장이 평양에 가서 일 처리하도록 하면 될 것 아닌가. 왜 조선인의 자치에 맡겨놓고 물러나 있는 소련군에게만 매달려야 하나? 미군 측이 단전 사태를 고의적으로 유발한 게 아닌가 하는 의심이 든다.

단전 사태는 남조선 민생에 대한 큰 위협이었다. 미군정이 남조선의 '유일한 정부'를 자임한다면 단전 사태를 막기 위해 최선을 다해야 할 것이었다. 그런데 오히려 단전 사태를 유발하는 태도를 보인 것은 무슨 까닭일까? 우선 미국 발전선이 들어온 상황부터 살펴본다.

> 〔워싱턴 15일 발 조선〕 미 관헌 측에서는 북조선 소련군 당국이 베를린과 비엔나에서 미국 교통과 통신기관에 대하여 행하고 있는 것과 같은 전술로 남조선지대에 대한 전력 공급을 절단하려고 위협하고 있다 한다. 미국은 이와 같은 비상시에 대비하여 전력을 공급할 발전선을 파견하고 있다. 그런데 당국자의 말에 의하면 북조선의 요구는 작년 5월 이래 남조선에서 사용한 전력에 대하여 수천 달러의 대가를 지불하거나 그렇지 않으면 북조선으로부터의 전력 공급 중단을 각오하라는 것인데 미군 당국은 소련과 원만한 해결을 하려는 방침으로 교섭 중에 있다 한다.
>
> 한편 미국에서는 자고나 호(발전함)를 남조선에 파견하였는데 이에 추가하여 엘렉트라 호도 파견하였다 한다. 이 두 발전함은 북조선으로부터 전력이 차단될 경우에는 언제든지 남조선 각지의 전력을 보충시킬 것이라 한다. (…) 1947년 4월 이래로 남조선은 전력은 받고 있으나 이에 관한 협정은 성립되지 않았다 한다. 그런데 최근 북조선인민위원회의 통고는 전기 물자를 제공하는 외에 수천 달러의 채무를

지불치 않으면 송전을 중지할 것을 주장하고 있다 한다. 그리하여 미국은 소련사령관에게 대하여 이와 같은 위협의 확인을 요구하였다 한다.

(「북조선 송전 중단에 대비, 미 발전함 남조선에 정박」, 『경향신문』 1948년 4월 16일)

미국 발전선 엘렉트라 호는 인천 도크에 입항한 지 2년이 되어도 발동기 고장으로 발전을 못하고 있었는데 그간 미인 기술자가 수리 못하고 있던 것을 조선인 기술자의 손에 수리가 완료되어 지난 4월 30일 남조선 전력망에 연결을 끝마치게 되어 근일 중에 발전을 개시하기로 되었다. 그런데 이 발전선의 최대 발전량은 4,000킬로와트라 하며 평균 발전력은 2,500킬로와트라 하는데 전력 부족에 허덕이는 남조선 전력 사용에 큰 도움이 되리라 한다.

(「발전 못하는 미 선박 우리 기술자가 완성」, 『동아일보』 1948년 5월 5일)

미군정은 북측의 배려에 의지하지 않는 전력 대책을 강구한 것이다. 해상 발전의 원가가 지상 발전보다 높을 것은 당연한 일이고, 두 척 발전선으로는 이북으로부터의 송전에 비해 절반도 공급이 안 된다. 발전선 배치는 비상용이어야 하는 것이다. 그런데 배치받아놓고 보니 하지는 그것을 쓰고 싶었던 모양이다. 송전 협정 체결과 전력 대가 지불 대신 발전선 활용을 택한 것은 남조선이 북조선과의 관계를 끊고 미국에 더욱 의존하게 만든 것이다.

하지가 5월 15일 성명에서 언급한 "최근 남북협상에서 돌아온 2명의 저명한 조선인 지도자"란 물론 김구와 김규식(金奎植, 1881~1950)을 가리킨 것이다. 5월 5일 서울에 돌아온 두 사람은 이튿날 발표한 공동성명 끝부분에서 "우리 민족끼리는 무슨 문제든지 협조할 수 있다는 것을 체험으로 증명"하였다며 이렇게 말했다.

> 한 예를 들어 말하면 첫째 북조선 당국자가 남조선 미 당국자와의 분규로 인하여 남조선에 대하여 송전을 최단기간 내에 정지하겠다고 남조선 신문기자에게 언명한 바 있었고, 둘째 연백 등 수개처의 저수지 개방 문제도 원활히 하지 아니한 일이 있었지마는 이번 우리의 협상을 통하여 그것이 다 잘 해결된 것이다. 앞으로 북조선 당국자는 단전도 하지 아니하며 저수지도 원활히 개방할 것을 쾌락하였다. 그리고 조만식 선생과 동반하여 남행하겠다는 우리의 요구에 대하여 북조선 당국자는 금차에 실행시킬 수는 없으나 미구(未久)에 그리되도록 노력하겠다고 약속하였다.
>
> (「연안저수지 개방 승낙, 단전 않기로 상약(相約)」, 『경향신문』 1948년 5월 7일)

같은 날 김규식은 외국기자단 회견에서도 미군정의 부패상을 비판하여 "40년간 일본 점령 중 조선인은 부정 일본인과 협력하기를 배웠으며 현재 그들은 이 경험을 이용하여 미국인이 그들의 부패를 조장하도록 애쓰고 있다. 약간의 미국인은 부자가 되어 귀국하였다."라고 말하고, 이북 당국자들의 약속에 대해 "북조선정부는 남방에 전력과 관개용수를 계속 공급할 것을 구두로 승낙하였으며 내란은 없으리라고 약속하였다. 그들의 말한 바는 진정이라고 생각한다."라며 남북협력에 대한 큰 기대를 표했다(『경향신문』 1948년 5월 8일).

미·소 양군이 철수하더라도 이북 측의 군사적 위협이 없을 것이라는 보장은 남북협상의 의미를 크게 키워주는 것이었다. 미국의 철군 거부와 '가능지역 선거' 주장이 모두 이 위협을 핑계로 한 것이었다. 그런데 김구와 김규식은 외국군 철수 후에도 "전쟁은 없다."는 이북

측 약속의 진정성을 믿는다고 했다. 그 믿음은 곧 미국 주장을 거부하는 것이었다.

미군정에는 이 믿음이 남조선 인민에게 퍼져나가는 것을 가로막을 필요가 있었다. 그것을 위해 효과적인 길 하나가 송전 중단 사태였다. 김구와 김규식은 이북 측이 평화의 원칙을 지킬 것이라는 약속과 함께 전력과 관개용수 계속 공급의 약속을 전했다. 그중 하나가 거짓으로 드러난다면 그 모든 약속이 "공산주의자들의 상투적 허위 약속"이라는 주장이 가능하게 되는 것이었다. 한민당 대표 김성수가 5월 14일 오후에 유엔위원단과 회견한 후 회견 내용을 기자에게 밝힌 것이 5월 16일자 『동아일보』에 보도되었는데 이런 내용이 있다.

> 전력, 수리조합 문제에 관하여: 김구, 김규식 양 씨가 전력을 끊지 않을 것과 연백수리조합 문제와 더불어 남북, 미 · 소 양군이 철퇴하더라도 북조선에서 양성한 보안군은 남조선을 침해 않기로 되었다고 하나 그것은 실천하지 않을 공수표일 것이다. 그 좋은 예는 금번 전기 문제만 가지고도 증명할 수 있을 것이다.
>
> (「협상은 정부 수립 후, 민주선거에 북선(北鮮) 개방하라」, 『동아일보』 1948년 5월 16일)

송전 중단 사태를 가져온 일차적 책임은 미군정에 있었다. 그러나 미군정만의 책임은 아니다. 손뼉도 마주 쳐야 소리가 난다고, 이북 측에서 바로 이 시점에 송전 중단을 단행한 것도 의도가 없을 수 없는 일이었다. 이북 측은 명분에서 상대적 우위가 확보되기만 하면 최악의 결과를 가져오는 데 거리낌이 없었던 것이다. 미국 측의 오만과 이북(및 소련) 측의 무책임이 '적대적 공생관계'를 이루는 틈바구니에서 중간파 민족주의자는 설 땅이 없었다.

미국에 거주하며 미군정에 비판적 태도를 지켜온 김용중(金龍中, 1898~1975)의 논평이 이 문제를 지적한 것으로 보인다. 김용중은 여운형(呂運亨, 1886~1947)이 암살 직전에 협력관계를 맺고 있던 인물이다.

〔워싱턴 19일 발 조통〕 조선사정협회 회장 김용중 씨는 북조선의 송전 단절에 대하여 다음과 같이 말하였다.
"남조선 지대에 대하여 송전을 절단하는 이유는 요금을 지불치 않은 때문이라는 것은 부당한 것이며 이는 정치적 의도에서 행하여진 것이다. 이런 행동은 남조선 인민에게 불리한 영향을 줄 것이며 지금까지 북조선과 협조적인 태도를 가진 인사를 이반시키게 할 뿐 아니라 국가 재통일을 기도하는 모든 인사의 사업을 위태롭게 할 것이다."

(「좋지 못한 일-단전과 김용중 씨 담」, 『경향신문』 1948년 5월 20일)

이런 와중에 김구는 '정양(靜養)'을 위해 마곡사로 떠난다고 발표했다. 그의 마곡사행에 『동아일보』는 이런 해석을 붙였다.

김구, 김규식 양 씨를 비롯한 중간파에서는 과거 2개년간 전 조선을 소련의 위성국가화하려는 공산계열의 의도를 냉찰(冷察)하여왔음에도 불구하고 남북협상을 추진하여오던바 최근에 이르러서는 그들 대부분이 남북협상의 성공성이 희박함을 지적하고 단념하고 있으며 다만 소수파 측이 아직 추진시키고 있는 기세가 보이던바 금번 김구 씨의 급변한 태도로 인하여 남북협상은 드디어 완전봉쇄에 함입(陷入)하고 말았다.
즉 김구 씨는 맹렬히 추진하여오던 남북협상을 단념하고 불일내로 충남 공주에 있는 계룡산 마곡사로 정양차 입산하리라는데 정양기간은 수개월 내지 2, 3년이 될는지도 모른다고 한다. 이리하여 김구 씨는 당분간 정계에서 이탈할 것으로 보이며 따라서 남북협상도 여차한 김구 씨의 태도로 인하여 완전히 좌절된 것이며 다만 상금(尙今) 북조선에 잔류하고 있는 인사들의 금후 태도가 주목된다.

(「남북협상 좌절 김구 씨 정양차 마곡사로」, 『동아일보』 1948년 5월 19일)

김구는 이 마곡사행을 취소했는데, 5월 23일자 『동아일보』에 따르면 중간파 인사들의 권고 때문이었다고 한다. 진짜 이유는 5월 19일자 『동아일보』의 위 기사를 봤기 때문일지도 모르겠다.

1948. 5. 17.

미국의 요구에 굴복하고 마는 유엔위원단

유엔위원단은 1947년 11월 14일 유엔총회 결의로 만들어진 총회의 부속기구였다. 조선에 총선거를 실시해서 신탁통치 없이 바로 독립국가를 세운다고 하는 결의에 붙여 그 과정을 맡을 위원단을 만든 것이다. 위원단은 아시아 4개국(중국, 인도, 필리핀, 시리아)과 다른 5개국(오스트레일리아, 캐나다, 프랑스, 엘살바도르, 우크라이나)으로 구성되었는데 우크라이나가 참여를 거부하여 나머지 8개국 대표로 운영되었다.

1948년 1월 초순 위원단이 조선에 들어와 활동을 시작했으나 이북당국과 소련군이 입경을 거부했기 때문에 그 사정을 소총회에 보고하고 '가능지역의 선거'를 실시하라는 소총회의 권고를 받은 후(소총회는 조선위원단과 병립하는 총회 부속기구이기 때문에 위원단에 '지시'를 내릴 위치가 아니라 '협의' 상대였다.) 3월 12일에 같은 방향의 결정을 내렸다.

소련은 당사자인 조선인의 의견 청취가 없었다는 등의 이유로 11월 14일의 총회 결정 자체가 부당하다고 주장했는데, 3월 12일 위원단 결정의 정당성에는 이와 다른 차원에서 문제가 있다. 찬성 4표, 반대 2표, 기권 2표로 '과반수 찬성'이라 했는데, 8개국 기준으로 과반수란 얘기다. 총회가 구성한 기구이므로 총회 결정 아니면 축소할 수 없는 것이다. 그리고 이 결정이 매우 중요한 것이므로 3분의 2 찬성이 필요하다고 한 일부 대표의 주장도 상식적으로 타당한 것이다. 유엔위원단의 '가능지역 선거' 결정은 회의에 출석한 대표들의 단순다수결로 원칙 없이 강행된 것이어서 소련의 거부 명분을 뒷받침해주었다.

당시 유엔에 대한 미국의 영향력이 절대적인 것이었다고, 마치 유엔과 그 위원단이 미국의 꼭두각시였던 것처럼 흔히 생각하는데, 아직 냉전이 고착되지 않은 상황에서 갓 만들어진 유엔에 대한 각국의 태도에는 아직 유동성이 컸다. 미국 제안의 무리한 점에 대해서는 반발이 상당했다. 소련 측이 소총회와 조선위원단을 무조건 거부하지 않고 참여해서 반대했다면 미국도 '가능지역 선거'보다는 훨씬 더 합리적인 제안을 내놓아야 했을 것이다.

2월 25일 소총회에서 미국대표 제섭(Philip Caryl Jessup, 1897~1986)이 결의안을 제출할 때의 제안 설명 일부를 그날 일기에 옮겨놓았는데, 그중 한 대목을 다시 살펴본다.

> 조선위원단은 그들을 원조하고 있는 점령 당국과 협의하여 선거법 및 그 세칙을 제정하며 적령자 선거권을 기초로 비밀투표에 의한 선거를 실시하기 위하여 투표지역 혹은 지대를 규정하고 선거 일자를 결정하도록 그 조치를 강구하여야 할 것이다. 우리는 전 지역 혹은 지대에서 동시에 선거를 실시하는 것을 감시하기 위하여서는 동 위원단의 인원수는 불충분하다는 것을 잘 알고 있으므로 동 위원단은 수 지역 혹은 지대에서 순차로 선거를 감시할 것 즉 조선의 남부 도로부터 실시하여 그 도가 완료되면 점차로 북쪽으로 이동 실시하도록 한다는 것을 발표하여야 할 것이다.

조선위원단의 13개월간(1947년 12월에서 1948년 말까지) 비용으로 할

브단 리(Trygve Halvdan Lie, 1946~1952 재임) 사무총장이 예산위원회에 51만 달러를 신청했다고 한다(『동아일보』 1947년 11월 12일). 수십 명 인원이 1년간 조선에 체류하며 주어진 임무를 수행하는 데 넉넉한 예산은 아니었던 것 같다. 선거감시를 제대로 하기 위해서는 인력과 예산이 모두 부족하다는 것을 누구나 알고 있었다. 그래서 미국대표는 선거를 일시에 행하지 않고 지역을 나눠 차례로 행할 것이라고 설명했다. 그래야 위원단의 선거감시가 가능하다고 각국 대표들이 납득할 수 있을 것이기 때문이었다.

그런데 이 방침은 제안 설명에만 나오고 결의안 자체에는 들어가지 않았다. 그리고 선거 시행의 주체인 미군정은 한꺼번에 시행할 것을 결정했다. 선거과정에서 실제 감시는 부실할 수밖에 없었다. 위원단 내부의 토론 내용이 알려진 것이 많지 않지만, 시리아대표를 비롯해 캐나다, 오스트레일리아와 프랑스 대표가 엄격하고 비판적인 태도를 흔히 취하는 것으로 알려져 있었다.

3월 12일의 위원단 결의에 선거의 자유 분위기 보장이 확인되어야만 위원단이 선거감시에 나설 것이라는 부대조항이 있었는데, 이 조항에 입각해서 위원단이 선거에 관여하지 말아야 한다는 주장이 줄곧 있었던 모양이다. 위원단은 4월 28일에야 선거감시에 나서겠다는 최종 결정을 내렸는데, 캐나다, 프랑스, 시리아 3국 대표가 이 표결에서 기권했다고 한다(『동아일보』 1948년 4월 29일).

결국 선거는 치러졌는데, 5월 10일 일기에서 설명한 것처럼 선거의 자유 분위기와 공정성에 만족하지 못한 대표들이 위원단 안에 있었다. 그중 한 사람인 시리아대표 무길이 마침 임시의장을 맡고 있었기 때문에 그 사실이 위원단 공보 제59호를 통해 겉으로 드러나기도 했다. 공보가 나간 이튿날 위원단 전체회의에서 그 내용을 무길의 개인 의견이라고 확정한 것은 '눈 가리고 아웅'이었다. 미국을 지지하는 대표들에 의한 다수결의 횡포였다.

선거의 자유 분위기에 대한 위원단의 판단은 총회에 제출할 보고서의 핵심 내용이었다. 위원단이 조선 밖으로 나가 보고서를 작성하기로 한 것은 미군정의 관할지역을 벗어나야 엄정한 작성이 가능하다고 판단했기 때문이다. 위원단은 도쿄에 가려고 했는데 맥아더가 반대했기 때문에 상하이에 가기로 했다. 그러자 맥아더(Douglas MacArthur, 1880~1964)가 입장을 뒤집어 도쿄로 오라고 했는데 위원단은 그냥 상하이로 갔다.

> 보고서 작성차 도쿄로 향발하려는 국련조위에서는 맥아더사령관으로부터 이를 거절하였으므로 12일 개최된 제39차 전체회의에서 재론된 결과 중국 상하이로 떠나기로 결정하고 14일 공보 제62호로서 다음과 같이 발표하다.
>
> "1948년 5월 12일의 제39차 전체회의에서 보고는 다음과 같이 결정하였다.
>
> 1. 보고서 제1부를 준비하기 위하여 1948년 5월 18일 이내에 서울로부터 상하이로 갈 것.
>
> 2. 6월 제1주에 서울에 귀환할 것과 모든 필요한 정보를 접수하기 위하여 부재기간 중 서울에 잔류할 대표로써 구성된 연락반을 임명할 것.
>
> 이 결정의 결과로서 위원단 및 사무국의 다음과 같은 구성들이 1948년 5월 16일에 상하로 가게 될 것이다. 즉 의장 S. H. 잭슨(오스트레일리아), 류위완(劉馭萬, 중국), I. J. 바하둘 씽(인도), 야신 무길(시리아), P. J. 슈밀(비서장) 및 R. S. 하우스나(행정관)이다. 다른 대표들과 사무국

원들도 수일 내에 이에 따를 것이다."

(「상하이서 보고서 작성, 16일 의장 이하 일행 출국」, 『경향신문』 1948년 5월 15일)

〔서울 14일 발 UP 조선〕 재일 연합군최고사령관 맥아더 원수는 그의 방침을 변경하여 조선위원단의 도쿄 임시본부 설치를 허가하기로 결정하였으나 동 위원단은 최근 거행된 남조선 선거에 대한 보고서를 작성코자 일본 외의 다른 곳으로 갈 터이라고 무길 의장은 다음과 같이 말하였다.

"본 위원단은 맥아더 원수의 결정을 주목할 뿐이며 조선 내지 일본 외의 타국에서 보고서를 작성할 계획을 추진시킬 터이다. 본 위원단은 12일 밤 다른 곳으로 가기로 결정하였으며 따라서 맥아더 원수의 신(新) 성명이 이를 변경시키지는 않을 것이다."

(「이제는 조위 측서 방일(訪日)을 거부 통지」, 『경향신문』 1948년 5월 15일)

맥아더가 애초에 왜 위원단 도쿄 체류를 반대했는지 명확한 설명은 찾지 못했다. 도쿄에 못 오게 하면 서울에서 보고서를 작성하게 될 것이고, 그것이 미군정에 유리한 조건이 될 것으로 생각한 것이 아닐까 짐작한다. 하지가 도쿄행을 막아달라고 부탁했을지도 모른다. 미국에 협조적인 위원단 대표들도 이런 유치한 수준의 비협조에는 약이 올랐을 것이다. 결국 미군 지배가 아닌 상하이로 가게 되었으니 미국 쪽에서는 보이게, 보이지 않게 훨씬 많은 비용이 들었을 것이다.

위원단은 상하이에 갔다가 6월 7일에 서울로 돌아왔다. 그런데 6월 12일자 『동아일보』의 한 기사를 보면 미국의 요구를 위원단이 고분고분 따라주지 않고 있었음을 알 수 있다. 좀 길지만 유엔위원단을 둘러싼 긴장된 분위기를 보여주는 기사이므로 전체를 옮겨놓는다.

한국유엔임시위원회 총회에 대한 최종 보고서 초안을 준비하는 유엔조선위원단 (UNT-COK) 위원들(레이크석세스, 1948년 10월 1일).

〔서울 11일 UP특파원 로퍼 발 조선〕 조선위원단은 남조선에 있어서 UN의 악평을 사고 있다. 8개국으로 구성된 동 위원단은 선거를 감시하고 조선을 독립에로 인도하기 위하여 지난 1월 당지에 도착한 것이다. 당지 남조선의 정객 · 실업가들은 위원단을 열렬히 환영하였으나 이제 와서는 그들은 말할 수 없는 실망을 느끼고 있다. 이들의 견해에 의하면 위원단은 원조차 내도한 체면이 중대시되는 이 마당에서 조선인의 감정을 손상하고 조선에 대한 불만을 표면화시켰다는 것이다. 1개월 전에 선출된 조선국회 내부에서는 이제 이에 대한 분노가 폭발하려 하고 있다.

조선에 있어서의 동 위원단의 주요 임무는 미국인과 조선인이 실시한 선거방법에 대하여 판결을 내리는 것이었다. 그러나 동 위원단은 래 9월 21일 파리에서 UN총회가 개최되기까지 그 판결을 비밀에 부칠 것이라고 발표하였다. 조선국회 영도자들은 이에 격앙하고 있다. 그들은 신생국가가 여러 가지 원조를 필요로 함에도 불구하고 UN의

이 중대결정을 알기까지 3개월을 고대하지 않으면 안 된다는 데 대하여 이론이 있는 것이다.

위원단의 보고 작성 방식부터 조선인의 불만을 샀었다. 즉 위원단은 최초에 일본에서 보고서를 작성할 것을 발표하였다. 그러나 조선인이 볼 때는 일본은 숙적이며 따라서 이는 굴욕적인 것이었다. 과연 맥아더 장군은 위원단의 일본 입국을 거절하였다. 그 결과 위원단은 급거 상하이로 향하였는데 이에 따라 폐단이 발생하였다. 위원단이 상하이에 체류하는 동안 최초의 국회가 소집되었다. 이는 모든 남조선인에게 있어서는 자랑스러운 순간이었으나 유엔위원단은 그가 산출한 국회에 대하여 1명의 대표 내지 메시지 하나를 전달하는 것을 등한히 하였던 것이다. 오직 뒤에 남아 있던 2명의 위원단원이 국회에서 사과의 논설을 한 데 불과하였다. 그들은 그로써 이를 잊어버리려고 하였으나 조선인들은 그렇지 않았다.

조선인들은 또한 2명의 위원단위원들이 당지에 도착하자마자 조사도 하기 전에 '경찰국가' '정치범'을 처든 것을 기억하고 있다. 유엔위원단원들은 또한 1일 20달러씩의 비용을 타면서 숙박비로 미 상인과 동일하게 1일 10달러를 미군 측이 지불하는 것을 거절하고 교섭 끝에 이를 6달러 이하로까지 내린 데 대하여도 조선인들은 속으로 웃고 있는 것이다.

또한 조선인 소식통이 전한 바에 의하면 세 유엔위원단위원은 김구·김규식 씨에 대하여 소련군 점령하의 북조선에서 개최된 소련 측 주최의 회합에 행차할 것을 종용하였다고 한다. 조선인 지도자들을 이같이 인도하는 것은 유엔대표들의 본분이 아닐 것이며 이는 동양인에게는 확실히 그들의 위엄을 손상시키는 것으로 비치는 것이다. 또한 위원단의 '중립적'인 사무국은 유엔본부에서보다 이곳의 유엔

활동이 상상 이상의 영향력을 가지고 있다는 것을 지적할 수 있다. 이러한 사건이 축적하여 유엔위원단은 상상 이상으로 체면을 손상하게 되었다.

조선인은 주로 유엔과 유엔위원단을 통하여 접촉하고 있느니만치 위원단에 대한 감정은 그대로 유엔 전체에 적용되는 것이다. 따라서 이러한 상태는 레이크석세스의 한 두통거리가 될는지도 모른다.

(「본 사명에 배치된 행동에 조선인 극도 분노, 조위 동정에 UP 미 기자 신랄할 비평」, 『동아일보』 1948년 6월 12일)

숙박비 흥정까지 들먹이며 위원단의 위신을 깎아내리려고 광분하는 것이 일개 기자의 망발만은 아닐 것이다. 미국 측이 원하는 결론을 서둘러 내려주지 않는 데 대한 전 방위 압력의 한 모퉁이로 이해된다.

6월 23일자 『동아일보』에는 귀국하는 오스트레일리아 대표 잭슨의 인터뷰 기사가 실렸는데, 기사 끝머리에 눈에 띄는 대목이 있다. 5·10선거에 대한 부정적 의견이 위원단 내에서 지배적이라는 소문이 떠돌고 있었음을 기자의 질문에서 알아볼 수 있고, 인용된 잭슨의 대답에서는 위원단 내의 의견이 갈라져 있었음을 알아볼 수 있다.

또한 씨는 위원단은 5 대 3으로 5·10선거를 부인하였다 하는 소문의 진위 여부에 대하여서는 확답을 회피하고 "어떠한 단체에 있어서라도 만장일치라는 것은 기대할 수 없으며 상이한 의견이 제출됨으로써 더욱 좋은 것이 나올 수도 있다."라고만 대답하였다.

(「5·10선거는 성공」, 『동아일보』 1948년 6월 23일)

그런데 위원단은 6월 25일 회의에서 5·10선거의 공정성을 인정하는 결의문을 채택했고, 6월 30일 임시의장 미겔 바레 필리핀대표가 국회를 찾아가 이 결의문을 발표한 다음 7월 2일 공보 제70호를 발표했다. 7월 3일자 『동아일보』에 게재된 결의문 내용을 옮겨놓는다.

국제연합조선임시위원단은 1947년 11월 14일 국제연합총회에서 채택된 결의안의 제 조항에 의하여 1948년 5월 10일 조선 내의 가능한 지역에서 시행된 선거를 감시하였고 한국 내의 그 지역에 있어서는 상당한 정도의 자유 분위기가 보장되어 언론·출판 및 집회의 자유와 민주주의적 권리가 인정되고 존중되었다는 사실을 이미 선언하였고 여차한 자유 분위기가 선거기간 중 존재하였다는 감시반의 보고를 고려하고 본 위원단이 건의한 선거절차가 대체로 정확하게 적용된 것을 본 위원단으로서 만족히 생각하여 1948년 5월 10일의 선거결과는 한국 내의 가능한 지역에 있어서 전 유권자의 자유의사가 표시되고 전 지역 내의 주민 수는 전 조선국민의 약 3분지 2를 구성한다는 본 위원단의 의견을 기록할 것을 결의함.

제69차 본회의에서 본 위원단은 또 국제연합조선임시위원단의 감시하에 1948년 5월 10일에 선거된 국회가 성립되었다는 한국 국회의 장으로부터의 정식 통고문에 대한 회한을 결정하였다. 즉 위원단 의장 명의의 회한은 다음과 같다.

"본 위원단은 한국 국민이 선출한 대표자에 의하여 1948년 5월 31일에 한국 국회가 성립되었다는 사실을 인식하여 이 대표자들이 하루바삐 조선 독립과 통일을 달성하도록 촉진할 것을 간절히 바라는 바입니다.

귀한(貴翰)은 국제연합조선임시위원단의 위임사항을 구성하는 1947년 11월 14일부 국제연합총회의 결의안과 1948년 2월 26일부의 국제연합임시소총회 결의안에 언급하고 있습니다. 이 점에 관하여는 본 위원단으로서는 당시 본 위원단 의장이었던 G. S. 패터슨 씨가 귀하에게 1947년 11월 14일부 국제연합 총회 결의안에 규정된 바와 같이 이 이상의 실천에 관하여 선출된 대표자들의 요청이 있으면 본 위원단은 이에 협의할 용의가 있다고 통고한 1948년 6월 10일부 서한을 참고로 하여주기를 바라는 바입니다."

(「한국 통일 독립 달성 간망, 국련한위 공보 제70호 발표」, 『동아일보』 1948년 7월 3일)

결국 미국이 원한 결과에 이르고 마는 것이다. 그 결과에 이르는 과정을 앞으로도 틈틈이 살펴보겠다.

1948. 5. 20.

제주 사태는 전쟁의 리허설?

5월 10일의 선거결과는 14일까지 제주도 외에는 모두 개표가 끝났다. 개표결과를 보도한 5월 15일자 『경향신문』에는 "제주도의 3구역은 아직도 보고가 없다."며 더 이상의 자세한 사정을 알리지 못했다. 2개 선거구의 선거가 무효가 될 것 같다는 보도는 19일에야 나왔다(『경향신문』 1948년 5월 19일, 「북제주 2구는 제외되나? 남제주군엔 오용국 씨 당선」).

선거가 무효가 될 정도라면 사태가 심상치 않은 모양인데, 제주 상황에 대한 보도는 원활치 못했다. 이 무렵까지 제주 상황의 기사를 가장 많이 싣고 있던 것은 『동아일보』였다. 5월 7일, 8일, 9일, 18일, 20일 5회에 걸쳐 정선수 특파원의 「제주도 폭동 현지답사」가 큼직하게 게재되었다.

그런데 이 연재는 경찰 대변지로서 『동아일보』의 성격을 적나라하게 드러낸 것이어서 독자에게 큰 도움이 되지 않았을 것 같다. 특히 5월 8일자의 제2회 게재를 보다가 깜짝 놀랐다. 5월 1일자 일기에 설명한 오라리사건 얘기인데, 예상했던 대로 경찰 입장을 잘 대변해주다가 이런 대목까지 나오지 않는가!

> 때마침 이들(경찰토벌대)의 장도를 전송해주려고 나왔던 백전노장

> 백만 원의 현상금이 걸린 문용채 제1구 서장은 트럭 가까이 달려와서 자신의 권총을 기자에게 내주며 "만일을 위하여……"라고 친절을 보여준다. (…) 기자도 "하마터면" 하는 고비를 몇 번이나 넘겼다. "팽!" 기분 나쁜 울림을 내며 총알은 기자의 모자를 스치고 또 양 귀를 깎을 듯 지나가는 총탄 아래서 기자는 들었던 붓대를 동댕이치고 허리에 찼던 권총을 내뽑아 안전장치를 풀었다.

지금까지 밝혀진 바로는 그날 오라리에서 취재기자가 붓대를 동댕이쳐야 할 만한 상황이 없었다. 정선수 기자는 경찰서장에게 받은 권총을 휘두르고 싶은 생각만 간절했고 취재는 현장에서 할 필요 없이 돌아와서 경찰 쪽 얘기를 받아쓰는 역할이었나 보다. (4·3취재반은 이 기사의 허구성을 『4·3은 말한다 2』, 168~172쪽에 지적해놓았다.) 5월 20일의 마지막 회는 이렇게 끝난다.

> 그들이 사용하는 민주라는 말은 소련 휘하 공산당 독재라는 뜻이다. 이번 평양연석회의는 솔개미의 풀 뜯어먹는 회의요, 거기 몰려 갔던 동무들도 좌중에 몇 마리 꿩이 되었으니 그는 솔개미는 육식하는 새가 아니더라는 결론을 얻어가지고 와서 다른 꿩들에게 솔개미와 같이 놀기를 권하는 말을 하였다.
> 그러나 솔개미는 결코 마른 풀을 뜯어먹는 새가 아니다. 공산주의 정체를 보려거든 평양 모란봉극장에 가지 않아도 제주도의 형편을 보면 알 것이다. 수족 잘린 노인들과 배 갈린 태모(胎母)를 보면 알 것이다. 그들은 '인민' 이외에는 모두 원수로 본다. 원수인지라 윤리가 없고 자비가 없고 오직 전술 전략이 있을 뿐이다. (…)
> 제주의 비극이 남조선 각지에 반복되지 않게 하기 위해서는 첫째로

> 민족진영의 결속 강화가 필요하거니와 특히 대중에 대한 선전력의 증대가 긴급하다. 신문 기타 민족진영의 무기력이 지금과 같고는 이 소련 계열의 모략을 파쇄하기 어려울 것이다.
> 이러한 비극을 방지하는 둘째 요건은 국립경찰력의 강화와 국민과 경찰의 협력 증진이다. 이번 제주사건에 경찰관은 은인과 용기를 둘 다 보여준 것은 감격할 일이다. 복부관통 총상을 받고도 무기를 빼앗으려 덤비는 폭도와 응전하여 이를 격퇴한 것이나 참살당한 가족의 시체를 매장할 틈도 없이 눈물을 뿌리고 다시 출동하는 광경을 목격한 필자는 우리 경찰관에 대하여 눈물겨운 감사와 마음 든든한 신뢰를 느끼지 않을 수 없었다.

정선수 기자의 취재가 이뤄진 경위는 밝혀져 있지 않은데, 다른 신문에는 주어지지 않은 편의와 허락을 『동아일보』만 얻었던 것 같다. 따라서 이 "현지답사"는 경찰(내지 미군정)의 홍보작전의 일환으로 보인다. 경찰은 자기네가 원하는 고압적 진압작전에 유리한 쪽으로만 제주 사정이 알려지기 바라고 있었던 것이다.

경찰과 미군정의 견해와 다른 관점을 가로막는 것 또한 이 홍보작전의 범주에 들어갔을 것으로 짐작된다. 독자적 시각을 들이대려는 신문의 접근을 막는 것은 어렵지 않은 일이었을 것이고, 관리들의 의견 발표에도 제약이 있었을 것이다. 김희주(金禧周) 검찰관의 아래 발언은 이 압력에서 벗어난 예외적 사례로 생각된다.

> 검찰청장의 명령으로 지난 6일부터 17일까지 제주도 소요 실정 조사차 현지에 출장 중이던 광주지검 김희주 검찰관은 귀청 후 현지 실정을 다음과 같이 말하였다.

"소요사태는 점차 규모가 확대되어 쌍방에 매일같이 희생자를 내고 있다. 발단 원인으로는 5·10선거 반대가 직접 원인이 되고 있으나 간접적으로 관민을 막론하고 도내인 특유의 배척심리가 각 방면에서 발발된 점도 있다고 본다. 즉 일례를 들면 서북 출신 경관들의 과도한 태도에 분개한 인민의 반항도 관계되고 있는 듯하다.

한라산에 본거를 두고 주야로 각 부락에 출몰하는 그들은 기관총과 사제 수류탄, 죽창 등으로 경관과 우익요인을 살해하려 하고 있는데 본도에서는 상상 못할 만한 산림이 방해가 되어 그의 토벌은 실로 어려운 상태에 있다.

살벌한 분위기 속에 쌓여 있는 양민들의 희생은 날로 심각하여 가고 있으며 시장에는 겨우 보리·조 등이 간혹 한 말 정도씩 매매되고 있는 형편으로 도민생활은 극도로 피폐되고 있는데 이에 대하여 급속한 대책이 필요하다고 생각한다."

(「제주도 소요 종식은 아득-김 검찰관의 실정조사 담」, 『경향신문』 1948년 5월 23일)

얼마 후 검찰총수 이인(李仁, 1896~1979)이 경찰의 역할을 부정적으로 보는 논평을 낸 것도 이런 식의 독자적 정보 수집을 발판으로 한 것이었을 것이다.

제주도 폭동사건에 대하여 이인 대검찰총장은 다음과 같은 견해를 피력하였다.

"1년 전에 제주도 시찰을 할 때 이미 관공리가 부패한 것이 눈에 띄었다. 고름이 곪아서 터지려 할 때 공산당이 찔러 파종(破腫)된 것이다. 산중에 있는 폭도들은 생명보호만 하여 준다면 하산할 기세가 보이니 백 사람의 경관을 보내기보다 유능한 한 사람을 보낼 것이며 각 부문의 최고책임자에 새로운 인물이 필요하다고 본다."

(「경관보다 유능한 사람을-제주사건에 이 검사총장 견해」, 『경향신문』 1948년 6월 16일)

일반 언론에 대한 경찰의 발표는 늦고 제한적이며 부정확했다. 이 무렵의 일로 보도된 사건 하나를 검토해본다.

경찰 당국 언명에 의하면 지난 20일 북제주군 한림면 저지리에서는 부락민이 일하러 나간 사이에 부락 전체에 방화한 사건이 있어 가옥, 식량 및 의류까지 소실당하고 150여 호의 부락은 단지 4호밖에 남지 않았다는바 약 700여 명의 남녀노소 부락민들은 뒷산에서 공포와 굶주림에 떨며 노숙하고 있는 것이 27일에야 경찰에 발견되었다 하는데 그중 4명의 여자는 한림원에 입원 가료 중이라고 한다.

(「저지리 일부 부락 전소(全燒), 700 이재민 산중에서 노숙」, 『조선일보』 1948년 6월 3일)

5월 20일에 벌어진 사건을 5월 27일에야 경찰이 파악하였고 그 사실을 6월 들어선 뒤에 발표했다는 것이다. 그런데 이 사건은 5월 13일 새벽에 발생했고 경찰이 즉시 파악한 것이다. 사건 이틀 후 40여 명의 경찰 대부대가 응원차 파견되어 주둔하기까지 했다.

이 사건은 산사람들이 저지른 것 맞다. 수많은 중산간마을이 4·3사건 때 불타버렸는데, 거의 모두 군경의 소행이고 산 쪽에서 저지른 큰 사건은 이것 하나였다. 저항세력은 주민과 유대관계가 깊었기 때문에 마을을 파괴하는 일이 없었는데 왜 이곳은 예외였을까?

경찰지서가 있었다는 것이 결정적인 이유였다. 일제강점기에 일본

1948년 5월 제주에서 체포된 무장대원의 모습. 당시 '산사람'의 대부분은 위험을 피해 마을을 떠난 '피난민'이었고 진짜 무장대원은 수백 명에 불과했던 것으로 추정된다.

인은 제주도에 일주도로를 뚫고 도로변의 해안마을을 행정거점으로 삼았다. 모든 관공서와 근대적 시설이 해안마을에 설치되었다. 4·3 당시 제주도의 10여 개 경찰지서 중 중산간마을에 설치되어 있던 것은 성읍리(표선면)와 저지리뿐이었다.

제주도의 촌락은 전통적으로 해촌, 양촌, 산촌의 세 가지로 분류되었다. 개항 전에는 해발 50~100미터 위치의 양촌이 지역 질서의 중심 역할을 맡았다. 농업을 기본산업으로 하는 양촌 사람들은 해촌을 깔보는 경향이 있었는데, 일본 세력 진출 이후 해촌의 역할이 커지면서 양촌은 더 높은 지대의 산촌과 함께 '중산간마을'로 분류되면서 위상이 떨어졌다.

일제강점기를 지나는 동안 보수적 분위기를 지키는 중산간 사람들과 외부세력과 접촉과 결탁이 많은 해안 사람들 사이에 얼마간의 이질감이 자라났는데, 해방 후 경찰 등 외지인의 숫자가 늘어나면서 이 이질감이 더 깊어졌다. 외지인에 대한 대립의식이 제주인 사이에도 점점 더 짙은 그림자를 던지게 된 것이다.

폐허가 되었던 마을들이 복구되기 시작했다(1949년). 해발 50미터 이상의 '중산간마을' 중에 어느 쪽의 공격도 받지 않은 곳이 거의 없었다.

이 간극이 경찰지서의 존재로 인해 저지리 큰 마을과 자연부락 사이에서 예리하게 나타났다. 경찰의 확고한 관할을 받는 큰 마을에서는 우익청년단 조직이 진행되고 많은 주민이 경찰보조원 노릇을 하면서 분위기가 바뀌었다. 그리고 1948년 들어 긴장이 늘어나는 과정에서 2킬로미터가량 떨어진 명이동이란 자연부락에 저항적인 분위기가 강한 것으로 알려지게 되었다.

저지리 큰 마을과 명이동 주민들 사이의 적대관계의 에스컬레이션 과정이 『4·3은 말한다 3』, 28~36쪽에 그려져 있다. 이것은 저지리만이 아니라 제주도 전체에서 벌어지고 있던 상황의 한 단면이라고 할 수 있다. 경찰 및 관리들의 활동공간 안에 들어 있던 사람들은 그들이 요구하는 입장을 취하지 않을 수 없었고, 그 조건 때문에 이웃 마을 사람들과의 사이에 입장에 갈라지는 일이 수없이 많았다.

갈등 초기에는 경찰이라도 그 행실에 따라 선별적으로 응징의 표적이 되었지만, 참혹한 일이 쌓이다 보니 경찰관의 가족이라는 것만으로도 죽일 놈이 되었고, 심지어 경찰에게 방을 빌려주거나 밥을 해준 사실만으로 '인민의 적'이 되는 분위기가 자라났다. 폭력의 증폭에 이용되는 폭력의 '내면화'는 폭력의 피해 중에서도 가장 참혹한 것이다.

연전에 나온 박찬승의 『마을로 간 한국전쟁』(돌베개 2010)을 보며 참 중요한 영역으로 이제 손이 뻗치기 시작하는구나, 반갑게 생각했다. 한국전쟁의 피해 중에도 숫자로 나타나는 피해보다 사회와 인간관계의 파괴에서 더 큰 의미를 찾을 수 있는데, 제주도에서는 다른 곳에 앞서서 이 문제가 터져나온 것이었다.

박찬승이 진도의 한 마을에서 벌어진 일들을 살펴본 뒤에 붙인 글 한 대목을 옮겨놓는다.

> X리 비극의 원인은 도대체 어디에 있었을까. 동족마을 내부에서의 각 지파 간의 경쟁의식과 사소한 갈등은 오래된 것이었고, 그것은 어느 동족마을에서나 볼 수 있는 것이었다. 그러나 해방 공간의 정치적 변화는 그러한 경쟁의식과 갈등에 불을 질렀다. 그동안 마을에서 우세한 입장에 서 있었던 중파가 해방 이후 좌익에 참여했다가 몰락하는 가운데, 열세에 놓여 있던 계파는 우익에 적극 참여하여 역전의 발판을 마련했다. 그리고 경찰로 표현되는 국가권력은 계파의 우익 청년들을 이용하여 중파의 좌익 청년들을 억압했다. 이 과정에서 양쪽 청년들 간의 갈등은 심화되었다. 즉 사소한 갈등을 증폭시키는 계기를 만든 것은 한반도의 분단, 미군정에 의한 의도적인 좌우 분화, 그리고 경찰로 표현되는 국가권력이었다. 이후 양자 간의 갈등은 내연하면서 더욱 깊어졌다. 그리고 한국전쟁은 그러한 갈등을 엄청난 규모로 증폭시키면서 친족 내부의 학살극으로 이끌었다. (『마을로 간 한국전쟁』, 127~128쪽)

1948. 5. 22.

이승만을 막을 세력이 없는 제헌국회

> 전 조선 인구의 3분지 2를 대표하고 앞으로 신생 조선국가의 모체가 될 사상 최초의 국회는 선거 종료와 더불어 이미 그 진용이 완비되어 이제 남은 문제로서는 조속한 시일 내에 국회를 소집하여 중앙정부 수립에 매진하는 것이다.
> 즉 바야흐로 탄생되는 우리 국회는 내외 인사의 다대한 관심 속에 시급한 소집이 요청되고 있는 이때에 국회선거위원회와 군정요로 측에서는 이 문제를 중심으로 연일 협의하고 있다 하며 권위 있는 소식통이 전하는 바에 의하면 오는 20일에 입법의원의 해산식을 거행한 후 24일에 정식 국회를 소집할 것으로 결정하였다고 전한다.
> 한편 국회 소집자는 국회의원 중에 최고연령자로 할 것이라 하며 이것이 사실이라면 이승만 박사가 국회를 소집하게 될 것이며 이는 미군이 조선 문제에 대해서 간섭한다는 인상을 없애기 위함이라 한다.
>
> (「국회 24일 소집? 군정과 선위 연일 협의」, 『동아일보』 1948년 5월 18일)

5월 10일의 선거는 미군정이 시행한 것이었다. 선거를 관리한 국회선거위원회(이하 '국선위'로 줄임)는 미군정이 구성하고 임명한 것이었다. 그렇다면 국회 소집도 당연히 미군정이 해야 할 일이었다. 그러나 미국은 이 국회가 미군정이 만든 것이라는 인상을 주고 싶지 않았다.

이북의 최고인민회의의 경우, 소군정으로부터 1946년 2월에 행정권을 넘겨받은 북조선임시인민위원회가 1946년 11월에 시행된 선거를 준비하고 관리한 것이었다. 그런데 이남의 이번 선거는 미군정이 모든 권력을 장악한 상태에서 시행되었고, 선거법 제정 등 모든 준비와 선거관리가 미군정의 책임하에 이뤄졌다. 조선인의 '자주적' 선거로 내세우기에 결함이 있었기 때문에 소집이라도 자주적으로 하는 모양새를 만들고 싶었던 것이다.

이런 일에 언제나 제일 부지런한 것이 한민당이다. 5월 21일에 이런 담화가 나왔다.

> "국회의원 200 의석 중 본당원으로서 당선된 자는 우선 판명된 분만 하여도 84명에 달한다. 이는 동포의 열렬한 지지의 결과인 줄로 생각한다. 의회 소집에 관하여서는 딘 장관은 권한이 없으며 따라서 우리는 미 · 소 회담설에도 구애할 것이 없이 선거위원회의 알선 형식으로 6월 이내로 국회를 소집할 것을 희망한다."
>
> (「6월 내 소집 한민당서 요망」, 『조선일보』 1948년 5월 22일)

한민당으로 표시하고 등록한 후보 91명 중 당선자는 29명뿐이었다. 한민당의 처참한 패배였다. 그런데 84명이란 무슨 얘긴가?

5 · 10선거 때 한민당에 대한 인상이 너무 나빴기 때문에 당원이란 사실을 감추고 출마한 한민당원들이 있었다는 얘기가 있다. 그러나 그 숫자가 55명씩이나 되었을 리는 없다. 한민당은 80여 명의 무소속 당선자 중에서 동조자를 찾는 데 열을 올리고 있었다.

5·10선거의 결과로 무소속 83명, 독촉 56명, 한민당 29명, 대청 13명 등으로 장차 조직될 국회의 세력 구성이 거의 결정적으로 낙착되게 되어 선거 전에는 제1당이었던 한민당도 이제는 제2당으로 전락하고 독촉이 제1당이 될 가능성이 농후하여짐에 따라 한민당에서는 당세를 확장하기 위하여 무소속 의원 흡수공작을 암암리에 개시하였다 한다.

즉 무소속 국회의원 중에는 김구, 김규식 양 씨의 노선을 추종하는 세력은 10명 내외에 불과하고 그 밖의 의원은 노선상으로는 한민당에 접근하고 있으나 아직 정식 당원이 아니므로 그 귀추가 주목되고 있다.

그런데 동 무소속이 독촉 산하에 참가하여 이승만 박사를 중심으로 하여 정당으로 출현하게 되면 제1당으로서 한민당을 능가하게 될 우려가 없지 않으니만치 한민당에서는 무소속의원을 흡수하고자 입당 종용에 암약하고 있다는데 결국 무소속 의원이 끝까지 무소속으로 일관하게 되었는지, 또는 한민당의 무소속 의원 흡수공작이 어느 정도 성공할 것인지? 그 귀추가 자못 주목된다.

(「용양호박의 대결전, 한민당, 무소속 의원 흡수에 혈안, 독촉은 제1당으로 군림 태세」, 『경향신문』 1948년 5월 18일)

독촉을 중심으로 한 이승만 세력은 한민당과 힘을 합쳐 5·10선거를 추진해왔다. 그러나 선거가 끝난 이제는 경쟁관계로 돌아서고 있다. 그런데 이승만은 이 시점에서 경쟁의 표면화를 가급적 억제하고 늦춤으로써 건국 과정에서 자신의 지지기반이 쪼개지지 않고 유지되기를 바랐다. 그래서 5월 22일에 이런 담화를 발표했다.

총선거 완료를 계기로 국내 정국은 신국가 건설의 모체인 국회 소집과 더불어 이 국회 내의 세력 구성에 관심이 집중되어가는 한편 영도권 장악을 위한 자파 세력 부식에 대한 활동이 전개되고 있다. 이러한 정치 동향과 아울러 한독계열을 중심으로 한 독촉, 일부 대청(大靑) 등을 중심으로 이 박사를 최고책임자로 하는 제1당 조직이 대두되고 있으며 또한 일부에서 그 공작을 추진시키어왔다 하는데 이승만 박사는 22일 정식으로 정당 조직은 국권을 완전히 회복한 후에 할 것이라고 지적하는 다음과 같은 요지의 담화를 발표하였다.

"금번 총선거의 대성공으로 세계의 칭찬을 받을 만치 되어서 지금 하루바삐 국회를 소집하고 정부를 수립하는 것이 전 민족의 유일한 희망이요 세계 우호국가의 기대하는 바이니 경향 각 단체나 개인을 막론하고 국권 회복에만 동일한 목적을 삼을 것인데 다소 정객의 사사 요망으로 정당을 조직한다, 파벌을 부식한다는 등 모든 활약으로 낭설을 유포해서 민심을 현혹하여 정계를 소란케 하고 있으니 이것은 모든 유지 애국남녀의 통분히 생각할 일이다.

나는 자초(自初)로 정당운동을 정지하고 전 민족 통일로 국권을 먼저 회복하고 정부를 수립한 후에 정당을 조리 있게 조직하자는 주장을 하였던바 불행히 나의 주장대로 되지 못하고 외국 신문상에 400여 정당이 분쟁한다는 수치스러운 말이 선전된 것이다. 그런데 이것을 분개히 여길 줄 모르고 오직 당쟁을 힘써서 경향에 분규한 상태를 이룸으로써 통일에 방해가 되었으니 이 얼마나 불행한 일이냐. 이런 쓰라린 경험을 맛보고도 종시 정당투쟁으로만 일삼고자 하는 사람이 있으면 전 민족의 용서를 받지 못할 것이다.

일반 애국남녀는 다시 경성해서 정당이나 파별이나 지방열 등의 사상을 일체 포기하고 국회를 지지하는 유일한 정신으로 대동단결해서

> 국권회복과 정부 수립에 공헌하여주기 바란다. 정부 수립 후에는 국법으로나 민론으로나 2~3 정당을 세워서 국권과 민권을 동일히 보호해야 할 것이나 오늘 형편으로는 정당주의를 반대할지언정 새 정당을 더 만든다는 것은 결국 국가를 위하는 마음이 아니라는 것을 나는 증언한다."
>
> (「정부 수립이 초급(焦急)-이 박사 담」, 『경향신문』 1948년 5월 23일)

이승만은 1945년 10월의 귀국 이래 파벌을 지양한다면서 정당 가입과 결성을 거부해왔다. 그러면서 자기 지지세력을 전국적으로 조직해서 실제로는 정당 역할을 하게 했고, 이번 선거에서는 독촉(독촉국민회)가 그 역할을 맡았다. 초월적인 지도자의 위치에서 다른 정치인들과 같은 평면 위에서 경쟁하지 않는다는 자세였다.

5월 22일 40여 명 국회의원 당선자가 모였다. 독촉 회의실에서 모인 것으로 보아 독촉 중심의 모임으로 보이는데, 국회 개원을 준비한다는 목적이었다.

> 국회 소집을 촉진시키기 위하여 22일 오후 3시부터 독촉국민회 회의실에서 이승만 박사를 중심으로 이번 당선된 국회의원 45씨의 간담회를 개최하였는데 동 석상에서 "국회 소집을 자주적으로 진행시키기 위하여 준비해야겠다."는 요지의 소감을 피력한 바 있었다. 그리고 동 석상에서 국회 소집에 관한 문제를 논의한 결과 내 27일경 중앙청 회의실에서 국회 소집에 대한 국회의원 사이의 준비 협의를 하기 위하여 준비위원 12명을 선출하였는데 서무에 이윤영 씨, 통신에 김도연 씨, 연락에 장면 씨가 각각 선출되었다.
>
> (「국회에 대기 태세, 준비 협의차 위원 12씨 선정」, 『경향신문』 1948년 5월 25일)

이승만의 측근으로 당시 미국에 있던 올리버(Robert T. Oliver, 1909~2000)의 회고록에도 이 움직임이 언급되었다.

> 선거가 끝나고 대다수의 지지를 얻은 이 박사는 제헌국회에 제출할 문제들을 다루기 위해 부하들로 구성된 위원회들을 조직하기 시작하였다. (…) 다수의 한국 언론지들은 국회가 결정해야 할 문제들을 처리하기 위해 이 박사가 자기 자신의 위원회를 너무 서둘러 조직하고 있다고 공격하였다. (…) 6월 1일 이 박사는 자기가 성급하게 "지배"하려 든다고 한 언론의 비판에 관해서 나에게 편지를 썼는데 자기의 순전한 목적은 "개원식 준비를 위한 것일 뿐 달리 무슨 의도가 있었겠는가." 하면서 설명을 해주었다. (올리버, 『대한민국 건국의 비화』, 박일영 옮김, 계명사, 234~235쪽)

"제헌국회에 제출할 문제들을 다루기 위해"란 대목이 눈길을 끈다. 위 『경향신문』 기사에는 이 모임이 국회 소집을 준비하기 위한 것으로 되어 있는데, 이것이 공식적으로 발표된 모임 목적이었을 것이다. 그런데 미국에 있던 올리버는 준비위원회의 조직 목적이 제헌국회 운영에 있는 것으로 알고 있었다. 한민당이 숫자 늘리기에 급급한 상황일 때 이승만은 제헌국회 운영을 위한 조직 활동에 들어가고 있었던 것이다. 이승만의 대통령책임제 주장이 한민당의 내각책임제 주장을 누르게 되는 한 가지 이유가 이승만의 발 빠른 의안 준비에 있었음을 알아볼 수 있다.

서중석은 5·10선거 당선자가 이승만 지지세력 60명 내외, 한민당 세력 60~70명, 그리고 "김규식·김구 노선을 걷는다고 볼 수 있는" 무소속구락부·소장파 세력 60명 내외로 3분되어 있었다고 보았다

(『남·북협상 김규식의 길, 김구의 길, 우사 김규식 생애와 사상 2』, 한울 2000, 239쪽). 세 세력 중 이승남 세력과 한민당 세력은 선거 직후부터 움직임을 보인 반면 무소속구락부가 6월 10일에야 결성된 것은 선거를 거부한 김구와 김규식이 국회와 관련된 활동에 나설 수 없는 입장이기 때문이었다.

우익에서 활동하던 고려대 교수 변영태(卞榮泰, 1892~1969)가 "만일 김구 씨와 그의 지지자들이 선거에 전력을 기울였다고 한다면, 그들이 국회를 지배하게 되었을 것이다. 현재에도 입법부 내에는 그의 동정자가 한민당보다 수적으로 더 많다."고 당시 한 말을 강준만은 인용하며(『한국현대사산책 1940년대편 2』, 인물과사상사 2006, 133쪽) "5·10선거 거부는 옳았는가?" 의문을 제기한다. 김구와 김규식이 외면한 제헌국회에 상당수의 '정의적(情誼的)' 민족주의자들이 진출해서 반민족행위특별조사위원회(이하 '반민특위'로 줄임) 등 한민당과 이승만 세력에 맞서는 활동을 벌이다가 탄압당하고 만 뒷일을 생각하면, 양 김 씨가 나섰을 경우 제헌국회 구성이 민족주의자들에게 더 유리하게 되었을 가능성을 생각지 않을 수 없는 것이다.

한마디로 잘라 말할 수 없는 일이다. 그러나 그 가능성을 생각한다면 남북협상을 추구한 이남 민족주의자들에게 5·10선거 거부를 요구한 좌익 측, 특히 이북 지도부 주장의 문제점을 또한 생각지 않을 수 없다. 5·10선거가 실질적으로는 이남 단독선거였지만 명분상으로는 전 조선 총선거 중 '가능지역 선거'였기 때문에 민족주의자들이 거부해야 할 절대적 이유는 없었다. 그러나 남북협상 성사를 위해서는 선거 거부를 통해 '진정성'을 표해야 했고, 그 결과 이승만의 단독정부 수립을 쉽게 해준 것이다.

그렇다면 이북 지도부의 남북협상에 대한 진정성은 어떤 것이었을까? 민족주의자들과 연대해 통일건국을 지향하는 뜻도 있기는 있었을 것이다. 그러나 다른 한편으로 이북의 단독건국을 확실히 하고 나서 다음 단계에 이남을 끌어들인다는 '민주기지론'의 뜻도 있었을 것이다. 5월 14일의 송전 중단에서는 후자의 뜻이 읽힌다. 결국 전쟁을 벌이게 되는 것도 민주기지론의 궤도를 따른 것이 아니었던가.

1948. 5. 24.

분단건국의 길 위에 선 민족주의자들

분단건국 저지를 위한 남북협상 운동의 상징적 인물로 오늘날의 한국인은 대개 김구를 생각한다. 그러나 김구가 남북협상 운동에 실제로 나선 것은 1948년 1월 말 유엔위원단에 의견을 제출하면서부터였다. 그때까지 남북협상 운동을 추진해온 것은 김규식을 중심으로 한 중간파였다.

해방공간의 정치노선을 '좌익', '우익', '극좌', '극우' 등의 용어로 표현하는 데는 정확성에 문제가 있다. 그동안 "해방일기"에서도 이런 용어를 쓴 기준에 스스로 문제를 느끼는 대목이 꽤 있다. 한 차례 생각을 정리해본다.

일단 좌익과 우익의 구분에서는, 민족주의 과제를 앞세우는 입장을 우익, 사회경제 과제를 앞세우는 입장을 좌익으로 본다. 해방 조선사회에는 양쪽 과제가 다 주어져 있었으므로 원론적 의미의 좌익과 우익 사이에는 뚜렷한 경계선이 없었다. 여운형을 비롯한 많은 좌익 인사도 민족주의 과제를 존중했고 김규식, 안재홍 등 대부분 민족주의자들도 사회경제 과제를 인정했다. 좌우합작이 가능하고, 또 바람직했던 풍토였다.

그런데 이 합작 가능성을 부정하는 두 세력이 있었다. 두 세력이 각

각 우익과 좌익을 표방했으므로 극우와 극좌라 부를 수 있는데, 여기에서 용어의 정확성에 문제가 생긴다. 극우의 경우 이승만과 한민당의 민족주의 표방은 좌익을 배척하는 수단이었을 뿐, 그들이 실제로 민족주의자였던 것이 아니다. 해방 전의 활동도 민족주의에서 벗어난 것이었고, 해방 후 추구한 노선도 반민족적인 것이었다. 극좌 경우는 원론적 좌익에서 근본적으로 벗어나는 것은 아니지만 이념에서 일탈하는 패권주의 성향이 있었다.

이러한 배신과 일탈이 널리 일어난 것은 외세에 의존하는 상황 때문이었다. 이남에서는 과거의 친일파가 미군정의 힘에 의지해 민족국가 수립을 회피하는 움직임이 드세게 일어났다. 한편 좌익에서는 소련의 지원을 발판으로 좌익 내 헤게모니를 추구하는 파벌투쟁이 남북 양쪽에서 일어났다.

1945년 말의 모스크바 3상회의에서 나온 '신탁통치'를 둘러싼 극좌와 극우의 극한대립이 조선 정치계의 주도권을 장악했고, 이남에서 이를 거부하는 좌우 온건파가 1946년 여름부터 좌우합작에 나섰다. 여기 나선 사람들을 '중간파'라 부르는데, 민족주의를 거부하거나 경시하는 극우-극좌와 대비시킨다면 이 중간파가 곧 진정한 민족주의 세력이라 할 수 있다.

1946년 여름 이후 이뤄진 극우-극좌-중간파의 틀에 맞춰지지 않는 기형적 위치에 김구는 서 있었다. 한민당이 친일파 지주정당이라는 사실은 1946년 10월 합작 7원칙 거부를 계기로 여지없이 확인되었다. 이승만이 민족국가 건설에 뜻이 없다는 사실은 1946년 6월 '정읍 발언' 이후 갈수록 분명해지고 있었다. 그런데 민족주의자를 자처하는 김구가 어떻게 그들과 1947년 말까지 보조를 함께할 수 있었을까?

김구는 1947년 말까지도 이승만을 받들어주면서 그 대가로 조직을 넘겨받으려고 꾸준히 노력했다. 그 노력의 좌절이 확실해진 뒤에야 남북협상 노선으로 돌아섰다. 돌아선 이후의 행적과 면모가 후세에 강렬하게 전해져 한국 민족주의의 아이콘으로 자리 잡았지만 귀국 후 2년간, 1947년 말까지의 행적에는 민족주의자로서 납득이 되지 않는 대목이 많다. 이 점은 지금 더 따지기보다 지금부터 그가 걷는 길을 살펴보며 계속 생각해보겠다.

1947년 가을 미소공동위원회(이하 '미소공위'로 줄임) 결렬과 조선 문제 유엔 상정으로 분단건국의 기미가 짙어지자 중간파는 남북협상을 바라보며 민련을 결성했다. 민련 결성에서 눈에 띄는 점은 좌익 인사들을 전면에서 배제한 것이다. 이남에서 극우세력(지금부터 '극우'는 분단건국 추진세력을 가리키는 것이다.)의 분단건국 노선에 저항하는 남북협상 노선에는 중간파와 좌익이 모이고 있었는데, 민련은 좌익의 민주주의민족전선(이하 '민전'으로 줄임)과 경계를 분명히 함으로써 혼선을 피하고 극우세력의 모함을(남북협상파는 좌익의 꼭두각시라는) 차단하려 한 것으로 이해된다.

민련에 뒤이어 김구의 한독당이 남북협상 노선에 가담함으로써 범위가 확장된 우익 남북협상파는 평양 회의를 앞둔 1948년 4월 3일 통일독립운동자협의회(이하 '통협'으로 줄임)를 결성했다. 김규식과 김구 사이에는 아직도 적지 않은 이견이 있었지만 이 협의회를 매개로 공조관계를 조율할 수 있었다. 그래서 두 사람은 평양회의에서 어느 정도 일관성 있는 우익의 입장을 제시할 수 있었다.

평양에서 돌아온 후 열흘이 안 되어 벌어진 송전 중단 사태는 남북협상파에게 큰 충격을 주었다. 김구의 마곡사 정양여행 얘기도 그 충격 속에서 나왔다. 마곡사행을 취소한 것은 남북협상파의 동지들이 만류한 결과로 알려졌다. 그러자 남북협상파의 진용 정비 소문이 나돌기 시작했다.

김구 씨는 불일간 마곡사로 출발하게 된 데 대하여 작 19일 요지 다음과 같은 담화를 발표하였다.
"나는 평양에서 귀환한 후 건강상태가 좋지 못하여 당분간 휴양이 필요하다는 내방 인사들의 권고를 받았으며 원래 나와 인연이 깊은 공주 마곡사에서도 불탑의 축조가 완성된 후 수차 참여를 요청하여왔으므로 잠시 휴양하기 위하여 마곡사행을 결의하였다. 마곡사에 갔다가 서울에 일이 있을 때에는 어느 때든지 돌아올 예정이다.
우리는 지금 전 민족적으로 단결하여 조국의 독립주권을 전취하여야 될 혁명 시기에 있는 것이요 정권 쟁취가 목표가 아니니 내가 정계에서 은퇴한다는 말은 나에게 부적절한 용어이다. 남북통일을 추진시키려는 나의 입장은 변치 않으며 독립 달성을 기원하는 바이다."

(「독립 열의 불변-출발 전 김구 씨 담」, 『동아일보』 1948년 5월 20일)

과반 김구 씨는 평양으로부터 귀경한 이래 건강 상태가 당분간 정양이 필요함을 느끼고 마곡사행을 결의한 바 있었는데 평양회담에 참석하였던 중간파 인사들의 권고로 마곡사행을 중지하였다 한다.

(「김구 씨 마곡사행 중지」, 『동아일보』 1948년 5월 23일)

최근 민련, 한독, 민독당에서는 빈번히 상집(常執)을 개최하여 주목을 끌고 있는데 이에 대하여 소식통이 전하는 바에 의하면 전기 각 상집에서는 주로 남북통일 추진 문제를 논의하고 5·10선거를 합법적으로 반대하기 위하여 모종의 위원회 설치에 관하여 언급되었다 하는데 앞으로 동 위원회의 발전 여하가 주목된다. 한편 마곡사로 정양차

여행하기로 되었던 김구 씨는 돌연 20일 이를 중지하였다 한다.

(「통일 추진 문제, 위원회를 설치?」, 『경향신문』 1948년 5월 23일)

같은 남북협상 노선이라도 좌익과 우익의 길이 갈라진다는 사실이 차츰 드러나고 있었다. 남로당의 강경투쟁 노선은 애초부터 분명한 것이었는데, 사회노동당 계열 등 좌익 비주류도 이제 남로당을 따라 강경투쟁 쪽으로 선회하고 있었다. 이것은 평양회의 중 나타난 이북 지도부의 노선에 추종하는 현상으로 보인다.

평양회담에 참석하였다가 소위 '단선단정반대투쟁위원회'를 조직하고 귀경한 각 정당사회단체의 활동은 남로당의 무자비한 동포상잔을 제외하고는 과거 2주간 괄목할 만한 정치동향을 볼 수 없었으나 기실은 평양에서 결정한 투쟁방법에 대한 견해의 차이로 정중동의 내부알력을 양성하여오던 중 드디어 그것이 표면화되었다.

즉 근민당에서는 지난 15, 18일 등 수차에 걸쳐 상위를 개최하고 주로 평양에서 결정하였던 소위 단선단정반대투쟁 방법에 대하여 토의하였다 하는데 동 문제를 싸고 구인민당계와 구사로파의 의견의 타협 여지가 없을 뿐 아니라 이를 계기로 구사로파에서 당의 헤게모니 장악을 의도하고 있다 하여 동 당 소장파의 분격을 사고 있다 한다.

그런데 이러한 결과를 초래하게 된 원인은 저간 평양에서 개최된 전정회의〔전 조선 정치회의〕에 참석차 북행하였던 사로계 정백 씨는 북로당 책임자 앞에서 동 당 부당수 장건상 씨는 친미파라고 무고한 일이 있었다는데 그것은 북로당 강진 씨를 통하여 자기의 정치생명을 유지하려는 데 있었다 한다.

그러므로 장건상 씨는 이러한 오해를 북로당 측에 풀기 위하여 장시일 북조선에 체류하였다가 지난 17일 귀경한 것이라는데 장 씨의 귀경에 앞서 지난 15일 개최된 동 당 상위에서 부위원장 이영 씨는 이번 반투의 전 지휘권을 자기가 북조선으로부터 임명받았다고 발표하고 합법적 투쟁을 하여오던 근민당의 노선을 180도 전환시켜 비법투쟁에 유도하려고 책동한 사실이 폭로되어 근민당의 내분은 점차로 확대되어갈 우려가 있다고 한다.

한편 평양 전정회의에서 결정한 동 투쟁을 비합법적으로 전개시키기 위하여 남로당 측은 물론이거니와 동 당에 뇌동하고 있는 신진당 김충규, 민주한독당 김일청 등 제 씨도 근민당 정백, 이영 씨 등과 호응하여 암약하고 있는데 지난 16일 전기 양 씨는 삼청장으로 김규식 박사를 방문하고 비합법투쟁 전개에 관한 김 박사의 의견을 타진하였다 한다.

그런데 민련 소식통이 전하는 바에 의하면 어디까지나 민련으로서는 남로당식 무자비한 투쟁에는 가담하지 않고 합법적 투쟁을 전개할 것이라 하며 이를 토의하기 위하여 민련에서는 18, 19일 상집을 열었다 한다.

이상과 같이 전정이 요구하는 남조선 선거 반대투쟁은 어디까지나 공산당식 투쟁이나 김구, 김규식 양 씨의 노선은 그러한 투쟁을 의미하는 것이 아니므로 여기에 의견의 차이가 생긴 것이라 한다. 그리고 이에 관련하여 김구 씨의 마곡사행도 단순한 정양차로만 볼 수 없는 일로, 김구 씨의 앞으로의 태도가 주목된다.

(「단선반대투위 어디로 가나, 무자비 · 합법의 씨름」, 『경향신문』 1948년 5월 21일)

이남 남북협상파가 평양에서 단선단정반대투위를 결성한 것은 이북 지도부의 권유에 따른 것이었다. 이북 지도부는 이 투위를 통해 이

남의 단선반대 운동이 강경노선에 접근하기를 바란 것이었는데, 이남 협상파는 원만한 회담 진행을 위해 이를 받아들이고 대신 외군 철수 시 무력 동원을 하지 않는다는 약속과 송전을 중단하지 않겠다는 약속 등을 얻었다.

그런데 서울로 돌아온 후 송전은 중단되고 좌익 인사들의 책동이 일어나는 상황에 직면하자 협상파 진용을 재정비할 필요를 느끼게 되었다. 5월 23일자 『경향신문』 기사에 언급된 위원회는 이 필요성에서 제기된 논의로 보인다.

이후 김구와 김규식을 중심으로 한 우익 남북협상파는 4월 초 결성했던 통협을 확대 강화하는 방안을 모색했다. 그런데 이번에는 민족주의자 대오 속에서 반발이 일어났다. 독립노농당(이하 '독로당'으로 줄임) 대표로 국민의회 의장을 맡고 있던 유림(柳林, 1894~1961)의 반발에 관해 내가 찾을 수 있는 신문기사는 1948년 7월 3일자 『경향신문』에 게재된 것이 제일 빠른 것이다.

> 독로당 유림 위원장은 통일독립운동자협의회 전국대표자대회가 연기된 데 대하여 2일 다음과 같은 담화를 발표하였다.
> "통협 개조에 관한 민련, 한독의 모든 조건에 나는 반대주장을 한 것이 하나도 없고 대회에서 반대 아니 할 약속도 했다. 대회 연기는 그들의 결정이요, 나는 기정(旣定)대로 하자고 애걸복걸을 했으나 그들은 최후의 태도로 거부했다. 회기가 박두했으므로 소집책임자로서는 부득이 연기 통지를 낸 것인데 사실을 왜곡 선전함은 자기 인격을 부인하는 행위이다. 그들이 동의하면 오늘이라도 대회를 소집해서 사무를 교체하고 깨끗이 손을 떼는 것이 나의 최대 희망임을 다시 한번 말한다."

1946년 강화도 참성단에서 조소앙, 안재홍과 함께한 유림(왼쪽). 세 사람의 이념에는 큰 차이가 없는데도 행로에서 큰 차이를 겪게 된 것은 중간파 민족주의자들에게 불리한 해방공간의 정치형세 때문이었다.

(「3상 결정 옹호를 호소한 전제적 영도는 받기 싫다-통협 문제와 유림 씨 성명」, 『경향신문』 1948년 7월 3일)

그런데 서중석은 『남 · 북협상-김규식의 길, 김구의 길, 우사 김규식 생애와 사상 2』, 242~243쪽에서 "유림은 양 김이 평양에서 돌아온 후 남북협상에 참여한 인사들에 대하여 '공산당 제5열 운운'하면서 공격하는 성명을 발표한 바 있었다."고 했다. 이 성명은 어디에 발표된 것인지 확인하지 못했지만 정황으로 볼 때 유림의 반발이 5월 중에 이미 시작된 것은 충분히 이해가 가는 일이다.

김재명은 해방공간의 민족주의자들을 소개한 책 『한국현대사의 비극』(선인 2003)의 한 장을 유림에게 할애했는데 그 제목이 「고집불통의 우국혼(憂國魂)」이다. 민족주의자 중에는 고집불통이 많다. 고집불통이 아니고야 험난한 길을 다년간 걸을 수 있겠는가. 그런데 유림은 그 중에서도 특히 심한 고집불통이라고 이재명은 본 것이다. 이 책 300쪽에 이렇게 나온다.

그 무렵 유림은 남한만의 단독선거반대운동의 전면에 나서서 부지런히 뛰어다녔다. 그러한 땀의 열매 가운데 하나가 통일독립운동자협의회다. 이 협의회에서 유림은 홍명희, 조소앙과 더불어 3인 간사의 한 사람으로 뽑혔다. 그러나 남한만의 단독선거를 반대한다는 기본 입장의 일치에도 불구, 유림은 김구, 김규식 등과는 달리 남북협상, 보다 정확히는 전조선정당사회단체대표자연석회의에 참석하지 않았다. 남북통일이 이루어지지 못한다면 '38선을 베개 삼아 자결하겠다.'는 결의를 다지며 4월 19일 아침 북행하려는 김구의 옷깃을 붙잡고 유림은 이렇게 말했다. "백범 선생, 가지 마시오. 가시면 웃음거리가 되기 십상입니다. 백범 선생이 독립운동을 하니까 백범 선생이지, 신탁통치 찬성자들과 무엇을 협상하자는 것입니까? 그들의 속셈을 모르십니까?"

이 책 303~304쪽에 실린 신익희(申翼熙, 1894~1956)와의 대화는 1946년 8월 4일자 일기에서도 인용했던 것인데, 유림의 결벽증을 단적으로 보여주는 일화이므로 다시 한 번 옮겨놓는다. 1946년 봄부터 김구를 배신하고 이승만을 받들며 승승장구하던 신익희가 1952년 5월의 부산정치파동 후 이승만과 결별하고 반이승만 세력을 모으려 애쓸 때의 대화라고 한다.

신: 단주(旦洲, 유림의 아호), 우리는 과거 친한 동지 사이요, 민족과 국가를 위하여 생사를 같이한 사이 아닌가? 이제부터 같이 힘을 합쳐 독재자의 손길에서 구민운동을 해보세.

유: 그래, 해공(海公, 신익희의 아호)! 자네는 이승만 앞에서 기생첩 노릇을 했던 사람이 아닌가! 그래 내가 이승만의 첩하고 타협을 해? 차

라리 구국타협이라면 이승만하고 하지.

신: 단주, 과거는 어떻게 하다 보니 그렇게 되었네. 용서하시게.

유: 과거는 동지고 팔죽이고 간에 기생첩과 같은 사람과 타협할 수 없네.

유림처럼 민족의식이 투철하고 사심 없는 인물조차 통일건국의 길 위에서 김구, 김규식과 보조를 맞출 수 없었다는 사실에서 정의로운 길이 현실 속에서 승리를 거두기 어려운 하나의 문제를 읽을 수 있다. 불의가 존재할 때 정의를 사랑하는 사람들은 함께 대항하려 한다. 그러나 그 대항 방법에 의견이 합쳐지기 힘들다. 정의로운 사람들이 정의의 규정에 지나치게 엄격해서 서로를 용납하기 어렵기 때문이다. 역사 속에서 거듭거듭 일어나는 현상이다.

1948. 5. 27.

"미군정은 조선민족의 민생을 위하여 허심탄회할 것을 요청한다"

남조선과도정부 법령 제193호로 유흥음식세, 입장세, 골패세의 세령 개정이 1948년 5월 22일 발포되었는데 '골패세(骨牌稅)'가 무엇인지 어리둥절하다. 5월 27일 윤호병 재무부장이 발표한 개정 내용 중 골패세에 관한 설명은 이런 것이었다.

> 골패세는 지제(紙製)의 것 5원이던 것을 50원으로 그 외의 것 15원이던 것을 100원으로, 마작 100원이던 것을 500원으로 각각 올리었다.
>
> (「유흥음식세 등 일부 개정」, 『경향신문』 1948년 5월 29일)

'골패세'를 검색해보니 화투, 마작 등 도박 도구에 붙이는 특별소비세 같은 것으로 1931년 도입되었다고 한다. 식민지 조선에서 도박의 성행에 대한 대책으로 제정한 것이라는데, 마작 한 틀에 3원을 붙였다고 한다. 그 크기에 대해서는 전봉관의 『황금광시대』(살림 2005)의 "일러두기" 제2항이 좋은 참고가 된다.

> 1930년대 당시 1원의 법정평가는 (…) 금 0.2돈이었다. 즉 10원이 금

2돈이었던 것이다. 금값만을 기준으로 환산하면 1930년대 10원은 오늘날 14만 원 정도의 가치가 있었을 것으로 볼 수 있지만, 당시는 오늘날보다 물가와 소득수준이 낮았고 경제규모도 훨씬 작았기 때문에, 10원을 가지고 오늘날 14만 원으로 할 수 있는 것보다 훨씬 많은 일을 할 수 있었다.

마작 골패는 재료에 따라 원가에 큰 차이가 있지만 특별히 사치스러운 것이 아니라면 당시 돈 1원으로 괜찮은 물건을 구할 수 있었을 것이다. 그런데 여기에 3원씩의 골패세를 붙인다는 것은 "도박이요? 마음껏 하세요. 세금만 많이 내시고." 하는 격이니 중국에서 아편 팔아먹던 영국인 장삿속과 같은 틀의 전형적 식민지 정책이다.

그런 정책이 미군정하에서 그대로 활용되고 있었던 것이다. 『경향신문』은 1949년 3월 3일에서 6일까지 4회에 걸쳐 대한민국 재무부의 "세제개혁임시조치안"을 게재했는데 3월 6일자 기사 중 골패세에 관해 "군정 시 세율을 대폭 인상하였으므로 현행대로 잉치(仍置)함."으로 되어 있는 데서 골패세가 미군정을 거쳐 대한민국으로 인계되는 모습을 본다.

"해방일기" 작업이 몇 달 안 남은 상황에서 제일 큰 아쉬움을 느끼는 문제의 하나가 경제 · 재정 분야를 충분히 다루지 못한 것이다. 애초에 자신 없던 분야이므로 사람들 만나 배워가며 진행했어야 하는데 일이 벅차 틀어박혀 지내다 보니 여의치 못했다. 다음 단계 작업에서 보완해야 할 측면이다.

마침 제193호 법령 발포를 계기로 나온 기사 중에 남조선 재정의 기본 문제점들을 드러낸 것이 있으므로 옮겨놓는다.

과도정부에서는 소득세령을 개정 실시하는 동시 유흥음식세, 입장세, 골패세 등을 고율로 올려 대중 구매력의 흡수로 적극적인 인플레를 시정하고 나아가 미군정 실시 이래의 적자 360억 원을 보충하며 아울러 앞으로 재생 조선정부의 건실한 운영을 위한 국방, 산업, 경제, 학교, 쇄신 등 허다한 시책에 소요될 수백억의 재원을 확보하려 최후의 지혜를 짜내고 있다.

그러나 해방 이후 퇴폐한 기분이 관공서에 충만하고 과세기술의 빈곤, 담세 역량의 부족과 아울러 세무인원의 능률적인 활동이 결여되어 많은 불합리와 비난을 자아내고 있다. 그중에서도 국고수입의 태반을 차지하는 전매 수입과 운수, 체신 등 각 기관의 운영이 활발하지 못할 뿐만 아니라 제품이 옆으로 흘러가고 유흥음식세는 그 8할 가량이 업자들의 주머니 속에서 그대로 종적을 감추어 다시 인플레를 조성하는 악순환의 재료가 되었음은 참으로 통탄할 일이 아닐 수 없다.

그러므로 비교적 과세하기 쉽고 또 탈세할 염려가 적은 부면에 고율 과세를 부과하지 않을 수 없는 오늘 재무 당국의 최대한 능력을 국민은 불쌍하게 여기는 동시 좀 더 학리(學理)와 실지(實地)를 연구 참작하기 바라며 국가법령을 위반하고 사리사욕에 급급하여 탈세를 감행하는 반민족적 도배는 적발되는 대로 엄벌에 처하는 엄격한 태도를 견지하여서 국가 천년의 재정을 반석 위에 서게 하여야 할 것이다.

(「졸렬한 증세보다 탈세자 단속 긴요」, 『동아일보』 1948년 6월 3일)

세입이 세출의 몇 분지 1밖에 안 되는 상황이 남조선에서는 해방 이후 계속되고 있었다. 화폐 증발과 미국 원조로 버티고 있었다. 북조선 상황은 세밀히 살펴보지 않았지만 소련 원조가 미국의 남조선 원조보다 훨씬 적었고 소련군표 형식의 화폐 증발도 훨씬 적었던 것은 분명하다. 해방 후의 경제 · 재정 문제를 북조선은 더 잘 극복해나가고 있었던 것이다.

1946년 4월 6일에서 19일까지 『동아일보』에 연재된 익명 특파원의 "북한 답파기" 일부 내용을 1946년 6월 28일자 일기에 소개했다. 이북 사정이 나쁜 것처럼 선전하기 위한 기획이지만 실제로는 이북 사정의 좋은 점을 적지 않게 보여주고 말았다. 무엇보다 시장이 활발한데도 사치풍조가 없다는 점이 눈에 띄었다. 시중 유휴자금을 동결하는 화폐개혁은 1947년 12월에야 시행되었지만, 1946년 3월의 토지개혁 무렵부터는 이북에서 고급 소비시장이 위축되어 있었다는 사실을 알아볼 수 있다.

1948년 4월 남북협상 참가자들은 산업시찰에서 대단한 감명을 받은 것으로 전해진다. 강영주는 『벽초 홍명희 연구』, 창작과비평사 1999, 558쪽에 이렇게 적었다.

> 황해제철소를 시찰하고 북한의 산업 건설에 대해 높이 평가한 것은 홍명희를 포함하여 남북연석회의에 참가했던 남측 인사들의 공통된 반응이었다. 당시 평양방송 보도에 의하면 4월 24일 남북연석회의에 참석 중인 대표단과 남북조선 기자단 등 약 400명이 황해제철소를 시찰했는데, "제철소의 위대한 용광로 제강시설들을 보고 일행은 감탄을 금치 못하였다. 피곤함에도 불구하고 최후까지 열심히 참관하는 홍명희, 이극로, 조완구, 여운홍, 강순 씨들의 감격은 더욱 뜨거운 바가 있었다."는 것이다. 해방 후 산업 전반이 마비되다시피 했던 남한의 실정에 비추어볼 때 황해제철소가 가동하고 있는 장면은 홍명희에게 깊은 감명을 주었으며, 북의 지도부의 역량을 높이 평가하고

북한의 장래에 대해 낙관하게 된 중요한 계기가 되었을 것이다.

이런 성공에는 여러 가지 요인이 작용했을 텐데, 일본인 기술자의 활용도 그중 하나였을 것이다. 김성보가 『북한의 역사 1』, 역사비평사 2011, 101~103쪽에 "경제건설을 위해 남은 일본인 기술자들"을 '스페셜 테마'의 하나로 다룬 중에 1946년 8월 1일 북조선임시인민위원회의 '북조선 기술자 징용령'에 호응하여 10월 12일 결성된 북조선 공업기술총연맹 일본 인부 이야기가 흥미롭다. 상당수 일본인 기술자들이 이북에 남아 있었고 이북 당국의 경제건설 과업에 적극 협조하고 있었다는 것이다. 그들은 이런 결의문을 냈다고 한다.

> "전쟁은 끝났다. 이것은 우리에게 많은 것을 가르쳐주었다. 일본의 군국주의자들과 독일의 나치스들과 이탈리아의 파스시트들에 의해 선전되고 조직되고 방화된 이 전쟁은 우리 형제와 무고한 세계 인민을 살육하고, 모든 산업시설을 파괴하고, 우리를 빈곤의 밑바닥으로 밀어냈다. 이 소수 범죄자들에 대한 단호한 투쟁을 전개하여, 우리는 세계평화를 확보함과 함께 민주주의 원칙에 의한 각 민족의 완전 독립을 열망한다.
> 이에 우리 일본인 기술자는 인민의 행복을 목적으로 하는 본래 기술적 사명을 온전히 하기 위해 민주주의 조선의 기초를 만드는 공업화 사업에 적극 참가 협력함과 함께, 이 사업을 통해 신일본의 건설에 절대적인 성원을 보내고 그 촉진을 기하는 것이다. 여기 북조선 공업기술총연맹 일본 인부의 신발족(新發足)을 맞아 다시 선명(宣明)한다."

이런 명분만이 아니라 일본인 기술자들은 대단한 우대를 받았다. 인민위원회 과장급 월급이 1,500원인데 일본인 기술자는 4,500~6,000원의 월급 외에 생필품과 주택을 제공받았다고 한다. 1946년 11월 당시 이북에는 868명의 일본인 기술자(가족 포함 2,065명)가 활동하고 있어서 각지에 일본인 인민학교도 설치되어 있었다고 한다. 정병욱의 논문 「해방 직후 일본인 잔류자들-식민지배의 연속과 단절」(『역사비평』 64호, 2003 가을)에 보이는 서울의 일본인들과 대비되는 모습이다.

일본인을 대하는 정책에서 남북 간의 차이가 있었다. 미군정은 진주 후 몇 달 동안 식민통치의 최고위층을 우대하며 남조선 통치의 노하우를 전수받는 데 주력했다. 그런데 이북에서는 기술자 집단을 우대하며 실용적 기술을 전수받았다. 해방 후 일본인은 남쪽에서는 미국인들에게 통치기술을 가르쳐주고 북쪽에서는 조선인들에게 생산기술을 가르쳐준 것이다. 이민족 지배가 계속된 이남과 조선인의 자치가 시작된 이북 사이의 차이 중 하나였다.

'가능지역 선거'를 치르고 단독건국을 향해 움직여가는 이남에서 과연 미군정이 얼마나 더 버틸 수 있을지 걱정되는 일이 여기저기서 터져나오고 있다. 미군정의 하곡 수집 정책에 대한 반발로 도지사가 사임하는 사태까지 벌어지고 있었다.

> 하곡 수집 반대를 이유로 최희송 경북지사가 사표를 제출하고 이 수리가 발표되자 각 국장들도 총사직을 하였는데 대구시보 사장 장인환은 즉시 상경하여 2일 만에 딘 장관과 비행기로 동행 내구(來邱)하여 27일에 지사취임식을 거행하였다. 이에 따른 국장급의 진퇴가 주목되던 바 딘 장관의 알선으로 각 국장은 일단 사직을 보류했으나 장 지사 취임 이래 다시 진퇴 문제가 대두되어 이미 내무·상공·농무·후생·노동 각 국장은 장 지사의 만류에도 불구하고 초지일관 사의를

표명하여 이미 결정적으로 사직이 예측되어 나머지 2·3국장급도 이러한 공기로 말미암아 사직할 것으로 보인다.

(「하곡 수집 문제로 경북지사 경질」, 『서울신문』 1948년 6월 4일)

2년 전 무리한 하곡 수집이 전국적 소요사태의 온상이 되었던 일을 생각하면 주민의 원성을 뒤집어쓸 일을 피하고도 싶었을 것이다. 그러나 미군정 측으로서도 최대의 실패를 겪었던 식량 문제만은 다시 되풀이하고 싶지 않았을 것이다. 경상북도만의 문제가 아니었다.

하곡 수집을 앞두고 각 도에서 수집 할당량의 재고려를 요망하는 진정이 계속되고 있는 이때 경기도에서도 할당량이 너무 과중하다 하여 중앙청의 재고려를 진정하고 있다. 이번 진정은 28일에 열린 도내 군수회의석상에서 결정하여 29일 대표자 5명이 중앙청에 진정하게 된 것인데 그 내용은 작년도의 실적이 경작면적 10만 정보에 48만 석이 수확되어 수집 할당량이 5만 8,000석이었는데 금년도에는 경작면적 7만 6,000정보에 수확예상고가 40만 석(이 예상고는 중앙청에서 계산한 것이고 도에서의 예상고는 29만 9,000석에 불과하다)으로 줄었음에도 불구하고 수집할당량은 7만 5,000석으로 늘었다는 것이 부당하다는 것이다. 더욱이 경기도의 금년 하곡작황은 평년작의 7할 정도임에 비추어 진정의 귀추가 주목되고 있다 한다.

(「하곡 수집량 많다, 도 군수회의서 재고 진정」, 『경향신문』 1948년 5월 30일)

농민들 사정은 절박했다. 추곡생산도 북조선으로부터의 송전 중단으로 큰 타격을 입을 전망이 뚜렷해지고 있었다.

북조선의 단전으로 인하여 막대한 피해가 있는 중 특히 곡창 경기도 내의 수리관계 토지로서 단전피해 몽리 면적은 1만 8,405정보나 된다고 하는데 수도기인 6월 이내에 전기 문제가 해결되지 못하면 55만 2,171석의 피해가 있을 것으로 예상하고 있다. 즉 경기도 내 수리조합 44개소 중 전기양수기를 사용하는 곳이 15개소로 전기 관계로 현재 배수를 못하고 있는데 그중 피해가 격심한 곳은 평택 · 부천 등지라 하며 그리고 연백 · 옹진 양 지대의 수리 단수로 인한 피해면적이 1만 9,494정보로 58만 4,820석의 피해가 예상되고 있는바 결국 앞으로의 해결 여하에 많은 기대를 가지고 있다 한다.

(「경기도 내 수리관계 토지, 단전으로 피해 막대, 이앙기까지 배전 못하면 55만 석 손실」, 『동아일보』 1948년 5월 29일)

농업보다 더 직접 타격을 받고 있는 것은 공업 분야였다.

북조선으로부터 송전이 중지된 후 인천의 산업능률은 저하일로를 밟고 있다. 지난 15일부터 20일까지는 간간이 송전이 있었고 20일부터 주간만 송전이 계속되다가 25일 이후부터는 아주 계획성 없는 송전이 계속되어 인천의 350여 공장은 전면적인 마비상태에 빠졌다.

한편 일반에서는 발전에 대하여 기대를 가지고 있으나 전 기능을 발휘하여도 겨우 6,000킬로 미만의 발전을 유지할 정도인데 현재 기계 부족과 고장으로 인하여 1,600킬로를 발전하고 있을 따름이다. 그리고 이 발전선의 배전을 부평 애스캄과 부평수도 송림동 일부 등화용으로 충당되고 있을 뿐 공업용으로는 전연 가망 없다. 단전의 피해는 주동 · 주물 · 방직 · 화학 · 고무공업에 혹심한 타격을 주고 있어 작금에 있어서는 이 계통의 생산은 전연 없고 대한제분과 식량영단에 대한 작업불능은 민생 문제에 큰 위협을 주고 있다. 또한 소사수리조합은 단전의 영향으로 물이 없어 이앙기를 목전에 두고 부근 일대는 폐농상태에 빠졌다.

(「민생에도 대 위협, 단전으로 인천 300여 공장 마비, 이앙기 단수로 농가는 폐농상태」, 『조선일보』 1948년 5월 29일)

5월 28일자 『서울신문』에는 전 남조선 발전 상황이 보도되었다.

지난 14일 정오를 기한 북조선 당국의 송전중지로 말미암아 남선 당국은 비상조치로 각 발전소에 명령하여오고 있으나 작금은 이나마 최악의 경우에 돌입하고 있다.
현재 남조선에서 필요한 전기의 최저 절대량은 약 8만 킬로인데 작 26일 상오 9시 현재 남조선 각 발전소의 발전량은 청평 8,000킬로, 영월 2만 2,000킬로, 섬진강 1만 3,000킬로, 당인리 7,520킬로, 보성 3,000킬로, 부산 4,000킬로, 발전선 8,000킬로, 인천 2,000킬로 등으로 겨우 6만 5,000킬로 대를 상하하고 있는데 이것조차 석탄 부족, 저수지 고갈, 부분품 부족 등으로 연명하기 곤란한 처지에 있다고 한다.
즉 청평발전소는 오랫동안 계속되는 한발로 저수지가 거의 고갈하여 금명간 비가 내리지 않으면 곧 휴전 상태에 빠질 것이고, 영월발전소는 현재 피크 · 앞으로 2만 2,000킬로까지 내고 있으나 삭도의 불완전 등으로 그 여명이 멀지 않고 당인리발전소도 석탄 부족, 게이지글라스의 보충난, 일부 변압기의 소실 등으로 전도가 극히 우려되는 바 있으며 더욱 청평발전소의 기능 감소로 말미암아 지난 24일 하오 11시부터 대전지구 이남으로부터 남북선 병행으로서 경인지구에 1만 킬로 역송하고 있으나 종전 경인지방에 전력공급량은 주간에 있어 4만 5,000, 야간 5만 5,000이던 것이 현재 1만 8,000 내지 2만 킬로에 미급하므로 공장지대는 전적으로 종전의 혜택을 받지 못하는 등 일반가정은 물론 생산공장에도 단전 후의 영향은 막대하여 시급한 해결책이 있기를 일반은 간절히 요망하는 소리가 높아가고 있다.

(「핍박한 전기 사정, 시급한 해결책을 갈망」, 『서울신문』 1948년 5월 28일)

발전선의 발전량이 8,000킬로와트에 불과한 점이 눈에 띈다. 송전 중단 이전부터 중단 당시까지 미군정은 송전이 중단되어도 충분히 대응할 수 있다며 고자세를 취했다. 무엇보다 발전선에 대한 믿음 때문이었을 것이다. 그런데 두 주일이 지난 이제 온 나라가 상상 이상의 타격을 받고 있었다. 자주통일구국생산위원회는 5월 28일 성명서로 미군정의 오만에 직격탄을 날렸다.

"금번의 북조선으로부터의 단전 결과는 남조선을 암흑천지로 화하고 민생을 일층 도탄에 빠지게 하였음에 불구하고 이에 대하여 눈을 감고 정치적 응수에 시종함은 도저히 그 진의를 알 수 없으며 일부 반역도들이 이에 장단을 맞추어가며 남조선 단독으로 해결할 수 있다고 장담하면서 북조선과의 교섭 무용설을 유포시키고 있음은 일대 매국적 행위라 아니할 수 없다. 과연 남조선에서 자급자족할 수 있을 것인가?

송전이 중단되자 당국에서는 남조선 각 발전소에 도합 8만 5,000킬로의 발전을 명령하였으나 실지로는 5만 킬로 미만이 발전되고 있을 뿐으로 이것을 남조선의 평균수요 전력 9만 내지 11만 킬로에 비교하면 실로 4만 내지 7만 킬로나 부족되는 것이다. 더욱이 우선 배급을 하고 있는 수도·전차·통신을 제외하면 일반 공급은 4만 킬로 이하로서 이것으로선 야간전등 수요량 5만 킬로조차 미흡하니 주야 작업을 요하는 공업은 완전히 정지치 않을 수 없으며 각종 산업은 완전히 파탄되어가고 있다.

게다가 수력발전은 수리와 저수량 등 관계로 화력은 저탄량과 운탄 시설 불비로 현상유지조차 곤란하니 전력은 더욱 감축될 것이 예상되고 있다. 이에 해결 방침은 단 하나뿐이니 그것은 즉 북조선 인민위원회에 대하여 남조선서 사용한 전기 대가만 지불하면 되는 것이다. 이에 우리는 군정 당국에 대해서 종래의 고집을 즉시 포기하고 진심으로 조선민족을 위하여 본 문제 해결에 허심탄회할 것을 요청하는 바이다."

(「고집 포기하고 단전 문제 해결을 요청, 생산구국위원회서 성명」,
『조선일보』 1948년 5월 29일)

소련군도 미군도 일본의 압제에서 해방시켜준다며 조선에 진주했다. 그러나 마음 한구석에는 조선인에게도 일본 제국주의를 도와 연합국을 괴롭힌 죄가 있다는 생각이 없지 않았을 것 같다. 일본군에게 많이 시달린 미군이 특히 그랬을 것 같다. 그렇지 않고야 이북 조선인과 대화하지 않겠다는 '원칙' 때문에 이남 조선인을 이렇게까지 괴롭힐 수 있을까?

1948. 5. 29.

산파 외출 중에 태어난 남조선 제헌국회

5월 29일 오전에 남조선대한국민대표민주의원 폐원식이 창덕궁 비원에서 열렸다. 1946년 2월 어울리지 않는 '민주의원'이란 이름으로 출범한 이 군정사령관 자문기구는 1946년 12월 입법의원이 설립된 후로는 기능이 사라졌는데도 형식상 존속하고 있다가 이제 제헌국회 출범을 앞두고 문을 닫은 것이다. 폐원식에는 "이승만 · 오세창 · 김준연 · 김도연 등 제 의원을 비롯하여 사무국원 등 40여 명이 출석"하였다고 한다(『경향신문』 1948년 5월 30일).

며칠 전(5월 20일) 중앙청에서 열린 남조선과도입법의원 폐원식은 이보다 성대했다. 41명 의원이 참석했고 딘 군정장관과 안재홍 민정장관이 축사를 했다. 이튿날 『조선일보』 기사에는 의원 이동상황이 집계되어 있는데, 정원 90명 중 사직 27명, 제적 19명, 별세 4명, 피살 1명으로 51명 감소에 보선 8명의 증가로 폐원 당시 재적 47명이었다고 한다.

5 · 10선거로 선출된 의원들이 구성할 기구는 '국회'라는 이름만을 갖고 있었다. 이 국회를 통해 만들어질 국가의 이름이 아직 정해지지 않았기 때문이다. '대한민국 국회' 아닌 그냥 '국회'로 출발했던 제1기 국회가 후세에 '제헌국회'로 불리게 된다.

의원들이 선출되어 있는 이 국회를 누가 소집하고 구성할 것인가. 선거 시행의 주체가 미군정이었으므로 소집과 구성의 주체도 미군정일 수밖에 없었다. 미군정 기구인 국선위가 '최초의 집회' 소집 공고를 5월 25일에 내놓았다.

● 국회선거위원회 공고

단기 4281년 5월 10일에 선거된 국회의원의 최초의 집회를 단기 4281년 5월 31일 상오 10시에 국회의사당에서 행하기를 결정하였으므로 이에 차(此)를 공고함.

단기 4281년 5월 25일 국회선거위원회위원장 노진설

이 공고는 같은 날짜 하지 사령관의 「국회에 관한 포고」에 근거를 둔 것이었다.

1. 1947년 11월 14일부 국제연합총회의 결의와 1948년 2월 27일부 국제연합소총회의 결의로 확인한 제의와 1948년 3월 17일부 국회의원선거법에 의하여 조선국민의 자유와 독립을 조속 달성함에 관하여 국제연합임시조선단과 협의하고 또 국회를 조직하여 중앙정부를 수립할 국민대표를 선거키 위한 선거가 본년 5월 10일에 국제연합임시조선위원단의 감시하에 시행되었음.

2. 선거의 결과 당선인에 대한 당선통지와 일반공고가 완료되었다는 통지를 접하였으므로 본관은 재조선미국주둔군사령관의 자격으로 이에 재기(在記)의 권한을 국회선거위원회 위원장에게 부여함.

가. 수도 서울시에서 거행될 국회의원의 최초 집회 일자를 결정 공고할 것.

나. 최초 집회를 소집할 것.

다. 국회가 의장을 선출하여 그 기구를 결정할 때까지 그 회의를 사회할 임시의장으로 최고령의원을 지명할 것.

3. 1948년 3월 17일부 국회의원선거법 제43조에 의하여 선거구 선거위원회는 당선통지서를 당선인에게 발하도록 규정하였으므로 해당선통지서는 당선인에 대한 신임장이 되고 또 국회의석을 갖는 자격을 인정하는 증서가 됨.

1948년 5월 25일 재조선미주둔군사령관 육군중장 존 알 하지

(「사상 최초의 국회, 내삽(來卅) 1일에 소집」, 『동아일보』 1948년 5월 26일)

포고 중 2-다항 내용에 잠깐 생각이 머문다. 임시의장을 최고령자로 하는 기준까지 사령관이 명시해준 데 무슨 의미가 있는 것 아닐까? 새로 결성되는 기구의 첫 집회에서 최고령자가 임시 사회를 맡는 것은 유력한 관습이지만 절대적인 것은 아니다. 당선자 중 최고령은 이승만인데, 하지는 포고를 통해 이승만을 임시의장으로 지명한 셈이다.

그런데 이 포고가 나온 뒤에 이승만은 다른 경로를 통해 임시의장으로 '선출'되었다. 5월 27일 열린 '국회의원 예비회의'에서였다.

국회의원 예비회의는 27일 오후 2시부터 국회의사당에서 이승만 박사를 비롯하여 의원 141명 참석하에 신익희 사회로 개최되었다. 국기경례 묵념이 있은 다음 국회준비위원 김상돈 · 김도연 · 장면 3씨의 경과보고와 이에 대한 질의문답이 있은 후 임시위원 선거에 들어가 무기명투표의 결과 재석 141명 중 119표의 다수로 이승만 박사(독촉)가 선출되었으며 차점은 신익희(독촉) 13표, 김동원(한민) 3표, 김약수(조선공화), 이청천(대청), 김도연(한민), 이윤영(한민), 백관수(한민)

등 5씨가 각각 1표, 무효가 1표이었다. 임시회의장에 선출된 이승만 박사로부터 간단한 취임사가 있었고 (1) 개회식 일자에 관한 건 (2) 선서문 통과의 건 (3) 초대장문 통과의 건 (4) 국회 식순 통과의 건 (5) 국회 임시사무소 설치에 관한 건 (6) 기타 사항 등 안건을 토의하였는데 31일의 전체회의에서 추후 승인을 받기로 하고 준비위원회의 보고를 기초로 각 의원의 의견을 참작하여 약간 수정한 것을 준비위원회에 일임 통과하고 동 5시 반 산회하였다. 그리고 내빈초청은 장소 관계로 미국요인·국련조선위원단·재경 각국 영사·과정 각 부처장·각 도지사·각 도선거위원회에 한정하기로 되었으며 동 회에서 수정 통과한 선서문은 여좌하다. (…)

(「정부수립을 맹서, 이 박사 의장에 취임, 국회의원 예비회의를 개최」, 『조선일보』 1948년 5월 28일)

이 회의가 5월 28일자 『동아일보』에는 '제1차 국회준비위원회' 또는 '국회소집 제1차 준비위원회'란 이름으로, 이튿날 『경향신문』에는 '국회준비회(의)'란 이름으로 보도되었다. 참석의원 수도 기사에 따라 '130여 명'도 있고 '142명'도 있다. 이 회의는 제도적 근거가 없는 모임이었다. 이승만이 임시의장으로 선출되기 전까지 신익희가 사회를 본 것은 입법의원 해산 때 그가 의장이었기 때문이었을 것으로 짐작되는데, 입법의원과 새 국회 사이에는 아무런 공식적 관계가 없었다.

정확한 참석자 명단은 물론 있을 수 없다. 한민당과 독촉 중심의 이승만 옹립세력 모임으로 보인다. 5월 22일 독촉 회의실에서 열린 45명 당선자의 '간담회' 이야기를 그날 일기에 적었는데, "국회 소집을 자주적으로 진행시키기 위하여" 모인 그 간담회에서 "27일경 중앙청 회의실에서 국회 소집에 대한 국회의원 사이의 준비 협의를 하기 위하여 준비위원 12명을 선출"했었다. 그렇게 추진한 결과가 5월 27일의 모임이었다. 이승만 옹립세력이 아닌 당선자 중에도 사람이 많이 모이니까 멋도 모르고 참석한 사람들이 있을 수 있다.

'세 과시'의 성격을 가진 이 모임에서 이승만이 임시의장으로 '선출'되었다. 이틀 전 하지 사령관의 포고로 내정되어 있던 인물을 이 모임에서 투표로 '선출'했다니 우스운 모습이긴 한데 그냥 웃기에는 뒷맛이 좀 씁쓸하다. 임시의장은 기능상 필요한 역할인데 아직 구성이 되어 있지 않아 투표로 의장을 뽑지 못한 상황에서 큰 반대가 없을 만한 방법으로 선정해 맡기는 자리다. 그런데 일부 당선자의 임의적 모임에서 임시의장을 '선출'하다니. 가식적인 '자주성'이기에 입맛이 씁쓸한 것이다.

결국 국선위 공고대로 5월 31일 오전 10시에 열린 '국회의원의 최초 집회'에서 노진설(盧鎭卨, 1900~1968) 국선위 위원장은 하지의 포고대로 최연장자 이승만을 임시의장으로 추천하고 이 추천이 만장일치(박수)로 받아들여졌다. 이승만이 사회를 본 오전 집회에서 이승만이 의장으로, 신익희와 김동원이 부의장으로 선출된 후 오후 1시 20분경에 폐회하고 오후 2시에 국회 개원식이 열리게 된다. 오전 회의에 관한 6월 1일자 『경향신문』 기사를 옮겨놓는다.

> 조선사상 초유의 민주독립국가 수립의 산실이 될 국회는 드디어 5월 31일 오전 10시 의사당으로 배정된 중앙청 대홀에서 막을 열었다. 먼저 국회선거위원회 사무총장 전규홍 씨의 사회로 개회되어 애국가 제창, 국기경례, 묵념, 의원 출석보고가 있은 다음 국회선거위원회 위원장 노진설 씨로부터 국회 소집에 관하여 간단한 인사가 있고 임시의장 추천에 들어가 최고연령자인 이승만 박사를 추대할 것을 부

의한 결과 만장일치로 가결되었다.

그리하여 이 박사는 의장석에 등단, "오늘 제1차 회의를 열게 된 것은 무엇보다 감격에 넘치는 바이며 우리는 먼저 감사의 뜻을 하나님께 기도드리자."는 발언으로 이윤영 의원의 인도로 "하나님께 의원으로서의 책무를 다하겠다."는 맹서의 기도를 올리었다.

이어서 앞서 준비위원회에서 초안한 국회구성과 회의준칙을 접수한 다음 축조검토에 들어가 제3항의 부의장 1인을 2인으로 증원할 것을 동의 가결 채택하고 제4항의 임시의장 건에 대하여 삭제 혹은 보류 등의 동의 개의로 한참 동안 질의응답이 있은 후 원안대로 두기로 가결 통과하고 제6항의 의석 배치 문제로 들어가 도별로 하느냐 추첨으로 하느냐에 관하여 상당한 논전이 있었으나 결국 시간관계로 정식 의장 · 부의장 선출 후 재토의키로 하였다.

그리고 제 7, 8, 9항은 일괄 통과시키고 의장 선출에 들어가 무기명단기투표를 시행한 결과 총투표 수 198 중 이승만 박사 188, 이청천 4, 김약수 2, 신익희 2, 이윤영 1로 이 박사가 정식 의장에 당선되었다.

그리고 부의장 2명 선출에 있어서도 동일한 투표방법으로 시행한 결과 신익희 씨 76표, 김동원 씨 69표가 나왔는데 과반수 부족으로 결선투표 결과 신익희 씨가 당선되었고 다음 투표 역시 처음에는 김동원 77표, 이청천 73표로 과반수 부족이었던 관계로 결선한 결과 김동원 101, 이청천 95의 격전으로 결국 김동원 씨가 부의장에 당선되었다.

이어서 의장 이승만 박사는 부의장 신익희 · 김동원 양 씨를 각 의원에 소개한 후 오후 1시20분 제1차 회의를 마치었다. 그리고 국회 개원식은 주식 후 오후 2시부터 거행하였다.

(「의장에 이 박사, 부의장 신익희 · 김동원 씨 피선, 1차 본회의」, 『경향신문』 1948년 6월 1일)

1948년 5월 31일 제헌국회개원식. 상하이에서 선거 평가 작업을 하고 있던 유엔위원단이 돌아오기 며칠 전에 서둘러 개원식을 가진 것은 무엇이 두려워서였을까?

한민당과 독촉은 힘을 합쳐 이승만을 의장으로 밀었고, 김구도 김규식도 없는 국회 안에는 다른 대안이 없었다. 부의장 선거에서는 한민당과 독촉이 맞섰는데, 독촉이 먼저 제1부의장 자리를 확보해놓고도 나머지 한 자리까지 차지하려고 들었다. 의장 이승만이 국가원수로 빠져나갈 것이 예상되는 상황에서 부의장 선거가 치열했던 것이다. 이 첫 번째 힘겨루기에서 한민당이 보인 약세가 대한민국 제1야당의 출발점이었는지도 모를 일이다.

누가 개원식에 참석했는지는 당시 언론에 보도되었지만 누가 참석하지 않았는지는 보도되지 않았다. 그런데 참석하지 않은 사실에 중요한 의미가 있는 사람들이 있었다. 유엔위원단이다.

위원단은 보고서를 작성하기 위해 상하이로 떠나면서 6월 초순에 돌아온다는 예정을 밝혔다. 아마 선거 후 한 달 내에 국회가 개원하면 된다는 생각이었을 것이고, 개원 전에 선거에 대한 위원단의 입장을 정리할 수 있기 바랐을 것이다. 그런데 미군정은 위원단이 떠나 있는 동안에 개원 일정을 결정하고 실행했다. 유엔을 대표해 5 · 10선거를 감시한 위원단은 그 선거로 만들어진 국회의 개원식에도 참석하지 못한 것이다. 그리고 그 선거가 유엔이 납득할 만한 자유 분위기 속의 공정한 선거였는지, 위원단은 아직 판단을 내리지 못하고 있었다.

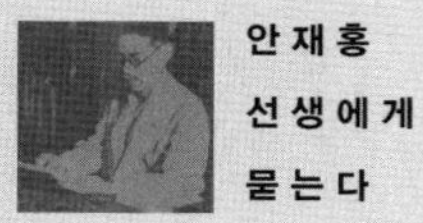

안재홍
선생에게
묻는다

산파 외출 중에 몸 푼 미군정, 왜?

김기협 | 5월 31일 국회 개원식이 있었습니다. 민족의 경사처럼 떠들어대는 사람들이 있지만 선생님 마음은 착잡하시겠죠. 지난 3월 하순 민정장관직 사직서를 제출했던 것이 '가능지역 선거'에 반대하는 뜻을 가진 입장에서 그 선거를 주관하는 위치에 서 있을 수 없다는 것 아니었습니까.

그런데 그 선거가 시행되고 5월 31일의 개원식이 그 결실입니다. 선생님이 그 선거를 반대한 뜻이 어디에 있는지, 지금까지 말씀으로 충분히 이해는 합니다만 독자들을 위해 한 번 다시 정리해서 말씀해주시겠습니까?

안재홍 | 미군과 소련군의 분할점령에 애초의 문제가 있습니다. 돌이켜 생각하면 이 민족은 '독립'의 준비가 되어 있지 않은 상황에서 '해방'을 맞았습니다. 그렇다면 일본의 억압을 벗어나더라도 일본을 이긴 연합국의 힘 아래 놓이는 것은 어쩔 수 없는 일입니다. '지배'까지는 아니더라도 그에게 '의존'하면서 그의 '영향'을 받지 않을 수 없는 실정이죠.

그런데 한 나라의 영향 아래 놓인다면 당장은 답답하더라도 장래의 발전을 바라보며 노력을 쌓아나갈 텐데, 반쪽으로 갈라져 서로 다른 나라의 영향을 받는다면 발전의 방향을 찾는 데서부터 혼란을 피할 수 없습니다. 근 3년 동안 이런 상황을 겪으면서 이제 '독립'보다 '통일'이 더 절실한 과제가 되었습니다.

조선의 통일은 일차적으로 두 점령국의 책임입니다. 미소공위에서 이 문제를 해결하지 못하고 유엔에 가져간 것은 미국의 책임회피입니다. 유엔은 모든 나라로 구성된 기구입니다. 모든 사람이 책임진다는 것은 아무도 책임지지 않는다는 뜻 아닙니까? 결국 유엔이 결정한 '가능지역 선거'란 미국이 바라는 분단 고착입니다. 대다수 대표에게는 미국이 강하게 요구하는 방향에 굳이 반대할 이유가 없으니까, 조선인 자신의 목소리는 들어보지도 않고 미국의 제안에 동의하고 마는 것입니다.

김기협 | 뵙자마자 뜻밖의 말씀을 여러 가지 듣습니다. 독립의 준비가 되어 있지 않았다는 말씀부터 뜻밖인데요. 하지만 준비가 얼마만큼 되어 있느냐 하는 것은 상대적인 문제인 만큼 똑같은 상황을 놓고도 다른 표현이 가능한 것으로 이해하겠습니다.

정말 놀라운 것은 "미국이 바라는 것은 분단 고착"이란 말씀입니다. 미국과 미군정의 정책을 보며 "과연 저들은 조선의 통일건국을 바라는 것일까?" 의문을 품지 않는 사람이 없습니다. 하지만 대개는 그들의 무능 때문에 통일건국의 길을 잘 찾아주지 못하는 것이라 생각하지, 설마 그들이 조선의 분단 고착을 진심으로 바란다고는……. 만일 그렇다면 일본 놈들보다 더 나쁜 놈들 아닙니까?

안재홍 | 좋은 놈, 나쁜 놈의 문제가 아닙니다. 어느 나라건 자기네 국

익을 추구하는 입장은 다 마찬가지인데, 각 나라가 처한 상황에 따라 그 추구하는 방향이 우리에게 많이 해로울 수도 있고 적게 해로울 수도 있는 거죠.

미국과 소련은 세계 도처에서 주도권 싸움을 하고 있습니다. 또 한 차례의 세계대전 걱정까지 나오고 있지요. 미국이 전체적으로 우월한 국면입니다. 엄청난 경제력 위에 원자폭탄까지 혼자 갖고 있으니까요. 유엔에서도 미국의 힘이 나타납니다.

그런데 유독 조선에서만은 미국이 소련보다 불리한 입장입니다. 본국에서 멀기도 할뿐더러 해방 조선의 현실이 자본주의보다 사회주의 정책을 필요로 하기 때문이죠. 지난 3년간 이북에서 소련은 큰 힘 들이지 않고도 조선인의 친소적 정권을 키워낼 수 있었던 반면 이남에서 미국은 많은 원조를 제공하고도 민심을 얻지 못했습니다. 그러니 통일국가를 세울 경우 미국보다 소련에 가까워질 것으로 걱정하지 않을 수 없는 것이죠. 그래서 점령하고 있는 이남이라도 영향권 안에 지키기 위해 무리하고 무도한 짓을 하는 겁니다.

김기협 | 그렇군요. 미군정이 일제강점기보다도 강한 경찰력을 키워내고 친일파를 싸고 돈 것이 모두 민심과 실정에 합당한 정책을 펴내지 못하기 때문이었군요. 그런 상황에서 미군정의 조선인을 대표하는 선생님 입장이 얼마나 괴로운 것인지 이해가 됩니다.

5월 31일만 해도 장택상 수도경찰청장이 폭동자에게 실탄발사를 하라는 명령을 내렸다는군요. 내용 100자의 짧은 기사를 6월 1일자 『조선일보』에서 보고 어이가 없었습니다. 서울시내에서 고작 삐라 뿌리고 시위하는 일뿐인데 그것을 '폭동자'라고 한 것 아닙니까? 표현의 자유를 실탄발사로 억압하라는 명령에 사람들이 별로 놀라지도 않게 되었으니 이 사회가 얼마나 폭력에 길들여져 있는지 탄식하지 않을 수 없습니다.

경찰도 민정장관이 이끄는 남조선과도정부의 휘하에 있는 것 아닙니까? 그렇다면 장택상의 실탄발사 명령에 선생님도 책임이 있는 것 아닙니까?

안재홍 | 책임이 있지요. 변명에 불과한 말이지만, 경찰 문제를 해결까지는 아니더라도 완화하기 위해 최선을 다했습니다. 내가 민정장관직을 수락한 것부터가 하지 사령관에게 "정부 내의 인사쇄신, 경찰 문제, 식량 문제, 부일협력자 문제 등을 양심적으로 인내성 있게 해결"하라는 서한을 받고서였습니다. 그리고 취임 후 제일 먼저 주력한 일이 경찰 개편이었는데, 석 달이 안 되어 단념하지 않을 수 없었습니다.

지난 5월 5일 제주도의 대책회의장에서 울음을 터뜨렸다고 세간의 웃음거리가 되었습니다만, 민정장관을 맡은 이래 마음속으로 통곡하지 않은 날이 없습니다. 조병옥과 장택상은 민족에게 죄를 짓고 있습니다. 그리고 그들이 그런 죄를 짓는 것은 미국인들이 시키기 때문입니다. 우리 민족은 아직 해방된 것이 아닙니다.

상황도 개선하지 못하면서 왜 자리를 지켰느냐고 묻겠죠. 부끄럽습니다. 하지만 상황의 개선은커녕 악화라도 최소한으로 막기 위해 부끄러움을 무릅쓰고 버텨왔습니다. 공자가 노나라 임금에게 들어주지 않을 것이 빤한 일을 진언했다가 물리침을 받고 나오며 "내가 대부의 반열에 있으니 감히 아뢰지 않을 수 없었다(吾以從大夫之後也 故不敢不言)."고 했다죠. 그 마음을 알 것 같습니다.

김기협 반대하시던 선거가 치러졌는데, 막상 치러진 선거를 어떻게 생각하시는지요?

안재홍 내가 반대한 이유는 두 가집니다. 첫째 이유는 이 '가능지역 선거'가 분단 고착의 결과를 가져오는 것이고, 둘째 이유는 지금의 치안 상황에서는 자유롭고 공정한 선거가 불가능하다는 문제입니다. 두 가지 문제가 걱정했던 대로 나타났습니다.

김기협 자유롭고 공정한 선거 여부를 유엔위원단에서 검토하고 있습니다. 그런데 위원단이 보고서 작성을 위해 도쿄로 갔다가 6월 초에 돌아올 계획은 4월 30일에 세웠던 것이죠. 결국 도쿄가 아닌 상하이에 가 있지만 6월 초 돌아올 계획은 그대로입니다. 그래서 모두들 위원단 귀환 후에 국회를 개원할 것으로 예상하고 있었는데 귀환을 며칠 앞둔 오늘 개원식을 한 것이 뜻밖입니다. 어떻게 된 일인가요?

안재홍 이상한 일입니다. 지난 5월 25일 하지 사령관의 포고가 나올 때까지도 선거 한 달 후인 6월 10일 개원식을 대개 예상하고 있었습니다. 이번 선거는 미군정이 시행한 것이지만 유엔의 권고에 따른 것이고 유엔위원단의 감시를 받은 것입니다. 며칠을 못 기다려서 위원단이 참석하지 못하는 개원식을 연다는 것은 참으로 이해할 수 없는 일입니다.

하도 이상한 일이기 때문에 이상한 소문까지 나돌고 있어요. 선거의 자유 분위기와 공정성에 대한 위원단의 결정을 기대하기 어렵기 때문에 미군정이 국회 성립을 기정사실로 만들기 위해 서두른 게 아니냐 하는 것입니다.

미군 측에서는 위원단의 8개국을 세 그룹으로 구분해서 봅니다. 중국, 필리핀, 엘살바도르 세 나라는 미국 방침을 무조건 지지해줄 것을 기대합니다. 필리핀대표의 경우 너무 편파적인 태도를 노골적으로 드러내서 미국에 있는 김용중 씨가 교체 필요를 주장한 일까지 있죠. 그리고 캐나다, 오스트레일리아, 시리아 세 나라는 미국 방침에 비판적인 나라들로 봅니다. 인도와 프랑스는 중립적 입장으로 보고요.

그런데 8개국 중 5개국이 지난 선거를 부정적으로 보는 시각, 즉 자유 분위기가 부족했다거나 위원단의 감시가 불충분했다고 하는 의견이라는 소문이 돌고 있어요. 인도와 프랑스 대표까지 이 선거에 불만을 표한다는 겁니다. 그래서 미국정부가 설득에 나서고 있는데 쉽게 설득이 되지 않기 때문에 개원식을 강행하기로 했다는 얘기죠.

김기협 | 사실 대표와 직원 20여 명에 불과한 유엔위원단이 전국 선거를 감시한다는 게 물리적으로 불가능한 일이죠. 지난 2월 유엔소총회에서 미국대표가 '가능지역 선거' 제안 설명 중 도별 순차적 시행을 얘기했던 것도 그 문제 때문 아닙니까? 유엔에서 파견한 소규모 위원단이 선거 감시를 제대로 할 수 있을 것이라고 곧이들을 사람이 없으니까요. 그런데 막상 시행에서는 전국 동시선거로 나갔으니 충분한 감시는 애초에 불가능했던 일이죠.

투표소마다 다니며 감시하지는 못했다 하더라도 신문만 보면 자유로운 선거와 거리가 멀다는 사실을 알아보지 못할 수가 없죠. 그런데 위원단이 진짜로 부정적 결론을 내릴 수 있을까요? 그런 결론을 내릴 위원단이라면 애초에 동시선거부터 반대할 일 아니었나요?

안재홍 | 유엔은 생긴 지 얼마 안 되는 기구로서 그 성격이 아직도 명

확하지 않습니다. 조선 선거에 대해 위원단이 엄정한 태도를 취한다면 국제기구로서 유엔의 권위가 크게 높아지겠지요. 반대로 조선위원단이 상식적으로 납득되지 않는 결정을 내린다면 유엔을 미국의 꼭두각시로 보는 소련 주장이 힘을 얻을 겁니다.

그런데 현실적으로 위원단이 엄격한 태도를 취할 가능성은 별로 없다고 봅니다. 유엔에서건 어디에서건 모든 나라는 자기네 국익을 위해 움직입니다. 캐나다와 오스트레일리아가 엄정한 태도를 취하는 것은 미국에 경제적으로 의존하지 않기 때문이고 시리아 경우는 유대인국가 건설 문제로 미국에 반감을 가졌기 때문입니다. 미국은 원하는 결론을 위원단으로부터 얻어낼 수단을 얼마든지 갖고 있습니다. 그것이 지금의 유엔입니다.

김기협 | 지난 5월 14일 북조선으로부터의 송전 중단 이후 당국이 예견한 것보다 훨씬 심각한 피해를 민간에서 겪고 있다고 합니다. 그래서 전력협정을 등한시하고 오만한 태도를 취해온 미군정에 비난의 화살이 쏠리고 있다는군요.

안재홍 | 오정수 상무부장을 비롯해 과도정부 정무위원들은 전력협정을 서두르는 데 모두 의견이 일치했습니다. 송전 중단의 피해가 어떤 것일지 아니까요. 민생에 중요한 그런 문제에조차 조선인의 입장을 배려받지 못하는 그런 기구에 '과도정부'란 이름이 부끄럽습니다.

아까 "미국이 바라는 분단 고착"이란 말을 했습니다만, 이런 일도 미국의 의지가 어디에 있는지 보여줍니다. 남북 간의 관계를 어떻게든 떼어내려는 의지가 없다면 어떻게 이런 사태를 불러올 수 있습니까?

미국의 발전선을 구세주처럼 바라보게 되기를 그들은 바란 것일까요? 몇만 킬로와트 정도는 끄떡없다고 큰소리친 발전선이 고작 8,000킬로와트밖에 생산하지 못하고 있으니, 미국만 쳐다보는 사람들이 좀 정신을 차려야 할 텐데.

김기협 | 이 송전 중단이 남북협상에도 큰 영향을 끼치는 것 같습니다. 김구, 김규식 두 분이 평양에서 돌아올 때 송전을 중단하지 않겠다는 이북 지도자들의 약속을 민족 간 협력정신의 증거로 내놓지 않았습니까? 그런데 불과 열흘도 안 되어 송전이 중단되었으니 협상 반대파에서 그것 보라며 손가락질하고 있지요.

안재홍 | 그 직후 백범께서 정양을 위해 마곡사에 들어가겠다고 할 때 떠돈 얘기가 있죠. 이북 지도자들에게 크게 배신감을 느끼고 남북협상에 대한 태도를 정리할 것이라느니, 정치에 의욕까지 잃고 은퇴를 생각한다느니.

그런데 송전 중단 사태가 여러 날 계속되는 동안 일반인의 인식이 많이 바뀌었습니다. 그런 사태를 막기 위한 미군정의 노력이 너무 없었다는 사실이 분명해졌습니다. 전기 대가의 20퍼센트밖에 못 받았다는 북쪽 주장에 대한 반박이라는 게 40퍼센트나 줬다고 하는 주장이니 이게 무슨 꼴입니까? 그나마 작년 봄까지 쓴 전기의 대가 얘기고, 최근 1년간의 대가에 대해서는 협정조차 맺지 않고 있는데, 상식으로 생각해도 돈 받을 사람이 무성의해서 협정을 맺지 못하고 있다고 누가 생각하겠습니까?

게다가 전기 부족의 고통이 계속되고 있지 않습니까. 가정의 불편은 고사하고 공장은 물론, 모를 낼 논에 물도 대지 못하는 곳이 허다합니다. 나라 경제까지 절단 나고 있어요. 피해가 현실적인 만큼 그 책임에 대해서도 사람들이 현실적인 판단을 합니다. 이북의 조선인과는 대화하지 않는다는 미군정 방침이 이런 결과를 가져온 데 대해 사람들은 모욕감까지 느끼고 있습니다.

김기협 | 5월 28일 김구 선생께서 남조선 조선인 대표들이 가서 북조선인민위원회와 교섭하면 단전 사태를 해결할 수 있다고 주장하셨죠. 그리고 같은 날 자주통일구국생산위원회에서도 미군정에 "종래의 고집을 즉시 포기하고 진심으로 조선민족을 위하여 본문제 해결에 허심탄회할 것을 요청"하는 성명서를 발표했습니다. 조선인 대표들이 나서면 정말 문제가 해결될 수 있다고 생각하십니까?

안재홍 | 해결되고말고요. 그쪽 사람들이 착해서가 아니라, 그쪽 선전에 얼마나 유리한 일입니까? 조선인을 못 살게 만들려고만 드는 미국인을 제쳐놓고 조선인이 나서서 "우리 조선 사람끼리" 문제를 잘 해결할 수 있다는 선전을 할 수 있다면 얼마나 좋아하겠습니까?

선전에 이용당하는 한이 있더라도 그 문제는 그렇게 해결해야 한다고 나는 생각합니다. 온 인민의 고통과 산업의 사활이 걸려 있는 문제 아닙니까. 그런데 그런 방법을 미군정이 허용할 리가 없지요. 선전에 이용당하는 걸 죽기보다 싫어하니까. 일이 이 지경에 이르지 않도록 막았어야 하는 건데.

일지로 보는 1948년 5월

5월

- **1일** 평양방송, 남북요인회담 공동성명서 내용 발표
- **2일** 국방경비대, 제주도 소요사태 진압 위해 활동
- **4일** 남북군정 간 송전료 미해결로 단전 예상
- **5일** 제19회 어린이날 기념행사
- **6일** 김규식, 기자회견서 미군정 비판
- **7일** 수도경찰청, 5·10선거에 대비 비상경비사령부 신설
- **14일** 14일 정오부터 북으로부터의 송전 중단
- **15일** 김구, 조선대표 없는 미·소 협상은 무효 천명
- **18일** 제주도 소요 진압 위해 경찰정예부대 파견
  조선음악협회 산하 13단체, 문화인의 테러 반대 성명 발표
- **23일** 나주·화순 일대 소요 난동사태 발생
- **27일** 학무국, 신학기부터 일부 중등학교 2부제 실시 발표
- **29일** 조선은행권 발행고 286억 원으로 발표
- **30일** 국회개원식 거행

2

유엔은 조선에서 할 수 있는 일이 없었다

1948년 6월 3 ~ 28일

유엔위원단 대표들이 수도호텔에서 찍은 기념사진(1948년 3월 20일). 이 위원단의 활동을 통해 당시의 현실 속에서 유엔의 한계가 확인되었다.

1948. 6. 3.

박근혜 대통령, 하지 사령관보다는 똑똑하고 착한 사람이기를……

2013년 5월 31일 박근혜 대통령이 청와대 출입기자단과의 오찬 자리에서 남북관계 경색의 책임을 북한 측에 미루고 당국 간 대화에 앞서 민간의 대북 접촉이 바람직하지 않다고 보는 뜻을 밝혔다고 한다(〈朴 대통령, 취임 100일 맞아 대북 '강경론' 눈길〉). 이 뜻에 따라 개성공단 재개나 6·15 기념행사를 위한 민간 접촉을 정부가 불허할 것으로 보인다.

대통령은 이 자리에서 '신뢰 프로세스' 이행의 의지를 갖고 있음에도 북한 측이 이 의지를 무시하고 개성공단에서 "생각지도 않게 모든 합의가 물거품이 되"고 말았다고 안타까움을 표했다고 한다. 참으로 안타까운 일이다. 몇 주일 전 나는 진행 중이던 군사훈련을 장차 조금이라도 축소할 제스처를 보인다면 '신뢰 프로세스'의 실마리로서 큰 효과를 바라볼 수 있지 않을까 하는 희망을 적은 일이 있다(〈박근혜만이 '한반도 핵전쟁' 막을 수 있다〉). 그런 제스처는 없었고, 북한 측에서는 대통령의 '신뢰 프로세스' 의지에 대한 믿음을 얻지 못한 것 같다.

지금이라도 '신뢰 프로세스'의 실마리를 풀 의지가 대통령에게 있다면 관계 경색의 책임을 북한 측에 미루는 데 너무 힘을 들이거나 민간 접촉을 가로막는 것이 과연 현명한 태도일지 의문이다. 민간 접촉을 비롯해서 접점이 많아야 실마리가 자연스럽게 나타날 수 있는 것 아닌가? 그리고 책임 문제를 놓고 대립의식이 너무 강하면 실마리가 설령 나타나도 놓쳐버릴 위험이 큰 것 아닌가? '신뢰 프로세스'를 대통령이 전매특허처럼 독점하려 한다면 그것은 상대가 없는 신뢰, 혼자서 자기 자신만을 믿는 신뢰에 그치고 말 것이다.

같은 날 익명의 '정부 당국자'가 "북한 군부가 5년 주기로 실시하는 개성공단 총화를 실시한 것으로 파악됐다"며 "이 자리에서 개성공단이 북한 체제 유지에 악영향을 미친다는 취지의 비판적 의견이 다수 개진되며 '폐쇄가 불가피하다'는 쪽으로 결론이 난 것으로 보인다."고 했다는 발언이 몇몇 매체에 실렸다(『Chosun.com』, 〈북 군부, 연초부터 개성공단 폐쇄로 작심하고 몰고 갔다〉). 개성공단 폐쇄를 비롯한 남북관계 경색이 북한 지도부의 의지에 따른 것일 "가능성이 크다"는 정황증거를 제시한 것이다. 익명으로 나오는 이런 추측성 발언에서 정부 전체가 '북한 책임론'에 매달려 있다는 인상을 받는다. 만약 정부에 대화 의지가 있다면 관계자의 이런 발언을 통제할 것이기 때문이다.

65년 전 북한의 송전 중단을 둘러싸고도 비슷한 상황이 펼쳐졌다. 1947년 6월 남북 간에 맺어진 전력협정은 1947년 6월 22일자 『동아일보』에 이렇게 보도되었다.

> 해방 이후 1945년 8월 16일부터 1947년 5월 31일까지 북조선으로부터 남조선에 공급되어 온 8억 3,767만 8,737킬로와트의 전력에 대한 1,633만 4,735원으로 추산되는 대가의 지불과 금후의 조치를 원만히 해결 짓고자 지난 13일부터 동 18일까지 남북조선 대표와 미·소 양국 대표가 평양에 회합하여 상의한 결과 남조선에서 일본으로부터 배상받는 기계와 기타 물자로 지불하도록 상호간 협정을 얻게

되었다.

그리고 북조선에 지불된 기계와 기타 물자는 북조선 각지의 발전소 시설을 확충 개선케 될 것이므로 남조선으로 현재의 3만 5,000킬로와트에서 8만 킬로와트씩 송전을 증가하며 또 완전 복구된 후에는 앞으로 10만 킬로와트까지 전력을 증가하여주기로 합의를 보았으며 지불될 기계와 기타 물자는 오는 8월까지에는 북조선에 교부하기로 되었다.

금년 6월 1일부터 명년 5월 31일까지의 기간 중 북조선에서 남조선으로 공급할 전력요금은 매월 계산하게 되는 동시 동 협정이 만기되기 1개월 전에 쌍방에서 이의가 제기되지 않을 때에는 자동적으로 1개년 동 협정이 연장되기로 되었다 한다.

(「전력 문제 해결, 양 대표 간 협정 수(遂) 성립, 남은 물자, 북은 8만 킬로 송전」, 『동아일보』 1947년 6월 22일)

이 협정의 정확한 내용을 찾아보지 못했지만 1948년 5월의 송전 중단 사태 때 양측에서 나온 주장 속에서 대충 짐작할 수 있다. 이 협정에는 남북의 조선인 대표와 미 · 소 양군이 모두 참여했다. 이 협정 전, 즉 1947년 5월 31일까지의 송전 대가는 액수가 결정되어 몇 달 내에 지불하기로 약속되었다. 그리고 그 이후의 송전 대가는 협의하여 결정하기로 했다.

그런데 남측은 1948년 4월까지 지불이 약속된 대가의 일부만을 지불했다. 북측이 20퍼센트 미만이라고 주장한 데 대해 미군정에서는 훨씬 더 많이 지불했다고 주장했지만 그래도 약속의 절반에 미달하는 액수였다. 그리고 북측에서 북조선인민위원회가 새 협정의 주체가 되겠다고 하는 것을 미군정이 거부해서 새 협정이 맺어지지 못하고 있었다.

이런 상황에서 북측은 5월 10일 평양방송을 통해 5월 14일까지 "전력 문제를 책임지고 해결할 수 있는 남조선 조선인 대표"의 평양 방문을 요청하면서 불응할 때는 송전을 중단하겠다고 발표했다. 이 문제를 해결하러 아무도 평양에 가지 않았고 5월 14일 정오에 송전이 끊어졌다.

이 사태에 임해 5월 15일자 『경향신문』에는 조선전업사 측의 낙관적 전망을 담은 기사가 실렸다.

> 14일 오전 12시부터 북조선으로부터의 송전은 절단되었으나 당일 오후 1시부터는 벌써 당인리발전소에서 발전이 되어 서울 시내를 중심으로 근방의 송전은 아무 이상이 없다. 그리고 이날 오후 1시부터는 인천 미군 발전함으로부터도 발전이 되었다는 통지를 받았다. 북조선으로부터의 송전이 절단된다 하여도 인천, 부산 등지에 있는 미군 발전함을 비롯하여 청평, 영원, 섬진강, 당인리 등 7개소의 발전소는 한 시간 이내에 발전을 개시할 수 있으며 이 전력을 합하면 남조선 일대에 약 8만 킬로와트의 송전을 할 수 있다. 그리하여 다소 부족되는 곳은 있으나 남조선 산업기관에 이르기까지 별 지장이 없다.
>
> (「별 통양(痛痒) 없다-조선전업사 측 담」, 『경향신문』 1948년 5월 15일)

이남의 발전시설을 모두 가동하면 8만 킬로와트를 생산할 수 있으니 북으로부터의 송전 중단이 아프지도 가렵지도 않다는 것이다. 그런데 과연 그랬나? 송전 중단이 2주일째 되는 5월 28일자 같은 신문에 실린 기사는 이와 전혀 다른 현실을 보여준다.

북조선으로부터 송전이 단절된 지 2주일이 경과함에도 불구하고 쌍방의 태도는 서로 강경하여 언제나 송전이 복구될 것인지 이렇다 할 교섭 성과를 보여주지 않아 애꿎은 백성만 애태우고 있다. 남조선의 전력으로써 자급자족을 못할 것이라면 무슨 선책이 있어야만 할 것인데 그와 반대로 남조선 발전량은 점차 감소의 일로를 걷고 있고 이로 말미암아 생활필수품의 가격은 고등(高騰)하여만 가니 우선 전력 문제 해결이 일일이 천추로 기다려짐이 요즈음 백성의 심경이 되고 있다.
현재 남조선의 최대 수요량은 12만 킬로와트로 되어 있으며 적어도 7만 5,000킬로와트는 확보되어야만 된다고 한다. 그런데 남조선 수력화력발전소의 총 능력을 최대한도로 발전한다면 이 수요량을 확보할 수 있다고 하는데 기계 고장과 석탄 부족 등 여러 가지 난관으로 부득이 능력을 발휘하지 못하고 있는데 그나마 비까지 내리지 않아 2만 킬로와트 청평발전소는 27일부터 4,000킬로와트밖에 발전할 수 없게 될 것이라 한다. 각 발전소의 발전량을 26일 현재로 보면 다음과 같다.
청평 8,000/ 섬진강 10,000/ 영월 18,000/ 부산발전함 8,000/ 부산화력 2,000/ 인천발전함 2,000/ 당인리 7,000 합계 55,000
이 숫자는 남조선 최소수요량보다 2만 킬로와트, 최대수요량보다 2분지 1이 못 되고 있다. (…) 서울지구만 보더라도 최대 7만 킬로와트, 최소 4만 5,000킬로와트는 확보되어야 하는데 경전에서는 2만 2,000킬로와트로 치안, 수도, 교통, 통신 관계 특수시설 등에만 겨우 확보할 정도라 한다. 이로써 의식주에 직접 영향을 주고 있는 방직공장, 정미소 등에 종전의 3분의 1의 전력을 공급하고 있었으나 최근에 와서는 정전이 되는 때가 더욱 많아 생산을 하지 못할 경우가 빈번하다 한다. (…)

(「한심타 발전량 점차 감소, 그러나 긴급방면은 모두 확보된다」, 『경향신문』 1948년 5월 28일)

이런 심각한 사태를 미군정은 왜 초래하고 방치하느냐는 불만이 일어나지 않을 수 없다. 하지 사령관이 코르토코프(G. P. Korotkov) 북조선주둔 소련군사령관에게 보낸 편지를 5월 22일 공개한 것은 이 불만에 대한 대응일 텐데, 대응이 잘되었을 것 같지 않다. 5월 23일자 『경향신문』에 게재된 편지 내용 중 앞부분을 옮겨놓는다.

친애하는 코르토코프 장군, 1948년 5월 14일 정오를 기하여 북조선으로부터의 남조선에 대한 송전은 단절되었습니다. 북조선을 관리하고 있는 소련사령관으로서의 귀하는 귀하의 점령지대 내의 제반 조치에 대하여 책임이 있습니다. 이 단전은 조선민족의 장구한 역사상 최초로 실시된 거 5월 10일의 자유선거에 있어서 독립을 갈망하는 의사를 표시한 남조선 내 2천여만 주민의 행동에 대한 보복적 수단으로 남조선국민을 전율케 하려는 일 정치적 술략으로밖에 볼 수 없는 금번 고압적 조치에 대하여 귀하에게 항의를 제출하는 것은 본관의 의무입니다.

본관은 송전에 대한 정당한 지불을 위하여 누차 노력한 데 비추어 금번 귀하의 조치가 전연 부당한 것이며 전력 미불액에 관한 귀하의 성명은 그 조치 배후에 있는 의도를 은폐하려는 일종의 구실에 불과하다는 결론에 도달합니다. 이러한 성명은 조선국민은 물론 전 세계 자유국가를 기만할 수는 없을 것입니다.

귀하가 과거 누차 서면으로 본관이 북조선인민위원회와 교섭하라는 요구도 역시 이 종류에 속한 것입니다. 귀하가 잘 알고 또 귀하가 누차 서면으로 발표한 바와 같이 양 점령군사령관은 세계의 인정을 받을 수 있는 독립조선정부가 수립될 때까지는 각 점령지대 내에 있어서 책임이 있습니다. 작하(昨夏) 개최되었던 전력회담에 있어서는 각 사령부에서 동 회담에 조선인 대표자를 참가시켰으며 그들의 결정은 미·소 양 대표가 재검토한 후 승인하였던 것입니다. 앞으로의 회담도 이와 동일한 방법으로 진행되어야 한다는 것은 본관의 확호(確乎)한 주장입니다. (…)"

(「북조선 고압 조치에 항의, 즉시 전력 공급 복구 요청」, 『경향신문』 1948년 5월 23일)

첫 문단에서 송전 중단 조치를 5·10선거에 대한 "보복적 조치"로서 남조선 주민을 위협하는 하나의 "정치적 술략(術略)"이라고 규정했다. 그러고는 대가를 지불하라는 요구도, 북조선인민위원회와 교섭하라는 요구도 모두 이 술략의 "의도를 은폐하려는 일종의 구실"일 뿐이라고 주장했다. 고통받고 있는 주민들을 이런 주장으로 납득시킬 수 있을 것이라고 정말로 생각한 것일까? 엄청난 바보 아니면 대단한 악질이라는 생각을 다시 하게 된다.

송전 중단 상태를 살펴보면서 정태헌이 『문답으로 읽는 20세기 한국경제사』, 역사비평사 2010, 202~203쪽에 미군정의 경제정책에 대한 생각을 정리해놓은 내용에 깊은 공감을 느낀다.

해방 후의 급선무는 각종 자원과 노동력, 생산력을 고갈시켰던 식민지자본주의 유산을 극복하고 재건정책을 통해 일제하에 억압되었던 잠재력을 평화산업으로 집결시키는 것이었습니다. 문제는 점령 당국인 미군정이 세계 냉전체제에 대응하고 동아시아의 전후처리 문제를 해결하는 데 있어서 남한을 일본 등에 비해 주변적 변수로 설정하고 있었다는 점이었지요. 따라서 남한의 경제재건에도 큰 관심을 기울이지 않았습니다. 특히 적산기업에 대한 부실한 관리는 생필품 부족을 가중시켰습니다.

적산 혹은 귀속재산이란, 해방 때까지 일본인들이 조선에서 갖고 있던 기업체, 부동산, 유무형의 동산과 주식 및 지분 등을 말합니다. 1941년 말 현재 일본인 회사의 자본이 91%나 될 정도로 조선 경제는 압도적으로 일본 자본이 지배하고 있었습니다. 이런 적산공장이 원자재 결핍, 대체설비의 어려움, 자금부족 등과 더불어 미군정의 관리부실로 제대로 가동되지 못했던 것입니다. 미군정이 임명한 관리인도 책임감이 떨어졌고요. 일제시기부터 축소재생산이 불가피했던 상황에서 해방 후 자재와 자금까지 조달되지 못하면서 생산 회복이 어려웠습니다.

게다가 미군은 퇴각하는 일본인들이 기계시설이나 재고원료를 팔아치우는 것을 막지도 않았고, 일본인 기술자를 잔류시켜 공장가동에 나서도록 하지도 않았습니다. 방임된 초인플레 속에서 생산적 투자보다 물자난에 편승하여 생산시설과 자재를 불법으로 내다 팔아 축적을 꾀하는 투기꾼들이 날뛰어서, 경제재건은 더욱 어려웠습니다. 이런 상황에서는 아무리 원조물자가 들어와도 생산적으로 활용되기 어려웠습니다.

(…) 또한 북한과의 경제 단절이 남한 경제에 미친 여파도 컸습니다. 남북교역 규모는 1949년 3월 국방부가 전면 중단시킬 때까지 대외무역에 필적할 정도였습니다. 특히 반출액에 비해 반입량이 2배 이상이었습니다. (…) 중공업이나 전력시설이 집중된 북한의 경제재건 입

지가 남한보다 유리했기 때문에 교역단절에서 오는 충격도 남한이 훨씬 커서, 북한의 송전중단(1948. 5)으로 생산고의 3/4이 축소될 정도였습니다.

경제 분야를 충분히 다루지 못하는 것이 독자들에게 늘 미안했는데, 정태헌의 이 책을 권한다. 알기 쉽게 쓰고 균형도 잘 잡힌 서술이다. 해방공간을 다룬 분량이 많지 않아 아쉽지만, 대략의 윤곽은 알아볼 수 있다.

1948. 6. 5.

"하지 사령관, 우리 헌법은 우리가 만듭니다"

1948년 6월 2일자 『경향신문』의 「헌법을 신중 선택, 통일의 길을 열어 두라-하 중장 국회에 공함(公函)」 기사에는 전날 하지 사령관이 막 개원한 국회의 의원들에게 보낸 편지 내용이 '공함'이란 이름으로 게재되었다.

> "본관은 귀하가 조선정부 조직과 조선국가통일(사업)에 참여하도록 국민의 대표로 피선된 것을 축하합니다. 귀하의 책임이 중대하다는 것은 귀하도 주지하시는 바요 또한 그 책임을 귀하와 귀하가 대표한 양민은 큰 광영으로 알고 잘 이행하리라고 본관은 확신합니다. 이번 선거에 가장 중대한 점은 조선의 운명과 장래를 조선인 손에 일임한 것입니다.
>
> 남조선에서 당선된 제위가 어떠한 형식과 방법으로 국사처리를 시작하느냐 하는 것이 조선국민 장래에 중대 항구한 영향을 미칠 것입니다. 미국의 정책은 시종일관하게 외국의 지배가 없는 민주적 정부를 가진 통일독립 조선을 세우자는 것입니다. 동일한 정책은 국제연합 총회에서 43 대 0으로 조선국민정부 수립의 제일보적인 조선 내 선거를 감시하며 조선정부를 조직하기 위하여 당선된 대의원들을 협조

하는 (결의문을 표결할 때에) 국제적으로 반영된 것입니다. 이 정책은 조선 3천만 국민의 희망에도 반영되었습니다.

남조선에서 시행된 자유선거가 38이북에서 동시에 시행되지 못함을 우리는 매우 유감스럽게 생각합니다. 미국과 국련은 자유선거로 피선된 북조선대표가 남조선대표와 합석하여 진정한 국민정부를 수립하며 남북을 통일하여 국가를 세울 수 있기를 희망합니다. 이것은 본관과 미국정부와 수차에 걸쳐 본관에게 표시한 국련조선위원단의 희망으로 이번 새로 당선된 대표 제위가 전력을 다하여 참된 민주적 정부를 세워 조선을 통일하였으면 합니다.

본관은 국회의원 제위는 개인으로나 정당원으로 이 목표달성을 어떻게 하였으면 된다는 이념을 가지고 계실 줄 압니다. 이에 관련하여 여러분이 정부조직을 토의 시작하려고 집합할 때에 가급적 속히 고려하여야 할 이하 3개안을 제의합니다.

(1) 남북통일의 길을 열어두기 위하여(국회가 소집되면) 곧 결의문을 통과하여 북조선의 100명(혹은 인구비례로 계산된 수)의 석(席)이 국회에 공석으로 있어 북조선에서 합법적으로 피선된 대표동포들을 기다리고 있다는 것을 표명할 것.

(2) 국회에서 조속히 국련조선위원단과 연락을 취할 연락위원을 임명하여 조선독립정부 수립의 편의를 도모하여 촉진하라는 특수한 사명을 가진 그 위원단과 연락할 것. 제위가 조직할 정부로서 세계국련의 찬동을 얻게 되기를 물론 희망할 터인데 이런 연락위원은 1947년 11월 14일부 국련 결의문에 남아 있는 조항을 실현시키는 데 있어 국련과 조선국회에 가장 유용할 것입니다.

(3) 국회로서 조선국민의 요구와 심리에 부적당한 형태의 정부를 비치한 그런 유의 헌법을 경솔히 채택함을 피할 것. 헌법은 국가의 기

초라 가장 신중 주도히 고려할 것.

본관은 조선국민대표로 당선된 제위에게 성공을 축복하며 주조선 미국수석대표의 자격으로 확신하는 바는 제위의 일생을 통하여 숙원하던 통일자주독립국가 건설에 있어 본관은 계속하여 조선국민을 각 방면으로 협조하려 합니다."

국회의 개원으로 남조선의 정치권력을 독점하고 있던 미군정의 위치가 흔들리게 되었다. 5·10선거를 시행한 것은 미군정이지만, 만약 이 선거가 미군정 주장대로 민의 수렴에 성공한 것이라면 당선된 의원들의 집합인 국회는 적어도 남조선 지역에서는 정치적 정통성을 갖게 되는 것이다. 이 국회의 손으로 헌법을 만들고 정부를 조직한 다음 미군정으로부터 권력과 책임을 넘겨받기 위한 제반 절차가 남아 있기는 하지만, 이 국회는 선거를 통해 실질적 정통성을 이미 확보해놓고 있는 것이다. 미군정과 새 국회는 상하관계 아닌 협력관계로 맺어져 있었다.

주둔군사령관이 개원하는 국회의 전 의원을 상대로 '공함'을 보내는 것이 타당한 일일까? 당시 상황에서 국회와 미군정의 관계는 입법부와 행정부의 관계 비슷한 것으로 볼 수 있는 것이었다. 행정부 수반이 입법부 앞으로 문서를 보낼 수는 있어도, 입법부 구성원들 앞으로 '공함'을 보낸다는 것은 적절치 않은 행동으로 보인다. 입법의원이 군정청의 부속기구였던 시절의 버릇을 고치지 못한 것이다. 국회에서 이에 대한 반발이 있었다.

국회 제3차 회의는 2일 오전 10시부터 국회의사당에서 의장 이승만 박사의 사회로 개회되었다. 먼저 국민의식이 끝난 후 제2차 회의록 낭독이 있었는데 동 회의록 중 하지 중장의 '공한'이라는 어구를 수정하자는 발언이 있자 동 어구 해석 문제가 논란의 초점이 되었다. 즉 진헌식 의원으로부터 "하지 중장의 서한은 공한이 아니라 사한으로 간주하여야 한다."는 발언이 있자 서정희 의원으로부터 "누구의 지시를 기다릴 것 없이 이북 동포에게 국회 성립을 전달하자."는 발언이 있었는데 이에 대하여 이 의장으로부터 "그렇잖아도 우리 국회는 독촉 또는 한민당이 운영하느니 하는 풍설이 있는데 하지 중장의 서한을 '공한'으로 인정한다면 국회는 하지 중장의 의견대로 운영된다는 오해를 살 것이니 주의할 필요가 있다."는 중대발언이 있었다. 다음 동 회의록을 약간 수정 통과한 후 (…)

(「하 중장의 '공함' 운(云)에 이론(異論), 국회본회의 제3차 경과」, 『경향신문』 1948년 6월 3일)

이렇게 해서 하지 사령관이 체면을 구기는 결과가 되었는데, 공한이든 사한이든 이 편지에서 하지가 제기한 3개항의 내용을 살펴본다. (1)항 '가능지역 선거'의 한계를 한 차례 확인해두는 것은 괜찮은 일이고, (2)항 유엔과의 관계를 강조한 것도 미군정 입장에서 적절한 권고다. 그런데 (3)항 헌법 제정 방향을 왈가왈부한 것은 망발이다. 공한이건 사한이건 국회에 대해 이런 차원의 잔소리를 늘어놓는 데서 하지와 그 보좌진의 의식수준이 드러난다.

새 국회의 가장 급한 일은 헌법, 국회법, 정부조직법 제정 등 정부수립을 위한 작업이었다. 6월 3일 오전의 제4차 회의는 헌법 및 정부조직법 기초위원회(30인, 이하 '헌위'로 줄임)와 국회법 기초위원회(15인)를 구성한 후 휴회로 들어가고 오후부터 두 분과위원회가 활동에 들어갔다.

국회법 및 헌법, 정부조직법 등을 기초하기 위하여 국회 본회의는 3일 오전 회의로써 일단 휴회하고 오후부터는 각 분과위원회를 개최하였다. 즉 3일 오후 2시부터 헌법 및 정부조직법 기초위원회는 국회의사당에서, 국회법 기초위원회는 의원실에서 각각 시간을 같이하여 열렸는데 이날 국회법기위에서는 동 분과위원장으로 서정희(한민) 의원을 선출하고 극히 간단히 회의를 끝마쳤다.

그러나 헌법 및 정부조직법 기초위원회에서는 위원장에 서상일(한민) 의원과 부위원장에 이윤영(조민) 의원을 선출한 다음 국회임시준칙 제7조 후항에 의한 전문위원으로 학계, 사법계, 경제계 등 각 부문의 권위자를 망라하여 다음 10명을 선정하였다.

유진오(고대 교수)/ 고병국(전 법대 학장)/ 권승렬(사법부 차장)/ 노진설(대법관)/ 한길조(변호사)/ 윤길중(국선위 선전부장)/ 노용호(국선위 사무국 차장)/ 김용근(국선위 계획부장)/ 차윤홍(국선위 전문위원)/ 임문환(중앙경제위원) (···)

(「헌법 등 기초 착수, 전문위원 10명을 선정」, 『경향신문』 1948년 6월 5일)

대략 같은 내용을 보도한 같은 날 『동아일보』 「양 분과위원장 결정, 헌법 기초 업무 진행」 기사 끝에는 유진오(兪鎭午, 1906~1987)의 역할을 부각한 대목이 붙어 있다.

(···) 소식통이 전하는 바에 의하면 신국가 건설의 기초가 될 헌법은 과거 30여 년간 전문적인 연구를 계속하여오던 사계의 대권위자 유진오 씨가 초안한 것을 중심으로 토의하게 될 것이라고 하며 동 씨가 초안한 법안은 프랑스헌법과 제2차 세계대전 후 일본에서 제정한 일본헌법 등을 중심으로 한 것이라고 하는데 일본헌법보다는 훨씬 사

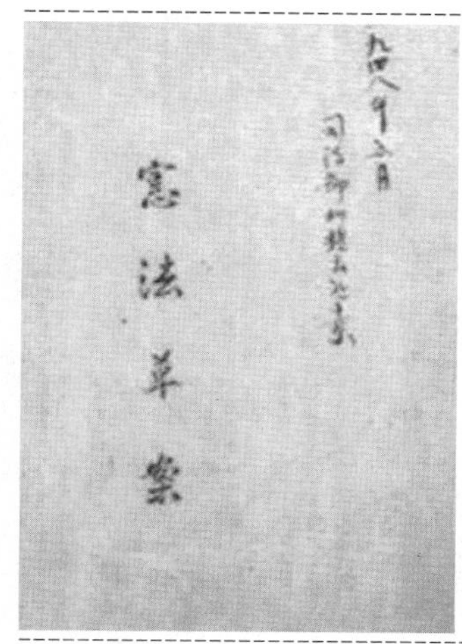

유진오가 중심이 되어 행정연구회가 마련한 헌법초안. 1948년 7월에 선포된 대한민국 헌법의 내용을 준비하는 데 유진오의 역할은 압도적인 것이었다.

회화하여 초안된 것이라 한다.

전문위원들은 위촉받자마자 헌법 초안을 내놓았다. 헌법 제정은 건국을 위한 필수과제였으므로 민주의원에서도 입법의원에서도 그 준비를 위한 노력이 있었다. 5 · 10선거를 앞두고 진행된 체계적 준비가 있었던 사실은 아래 기사로 보아 분명하다. 그 경위를 아직 파악하지 못했는데 앞으로 파악되는 것이 있으면 보완하겠다.

헌법기초위원회에서는 지난 3일 오후와 4일로써 제1독회를 끝마치고 5일에는 오전 10시부터 중앙청 제1회의실에서 제2독회로 들어가 축조토의를 시작하였다 한다. 그런데 동 기초안은 2개월에 걸쳐 차윤홍, 김용근, 노용호, 유진오, 노진설 등 전문위원 5씨가 5 · 10선거 전부터 준비하였던 것으로 전문은 10장 108조로 되어 있는 것인데 그중 중요한 몇 가지를 열거하면 다음과 같다.

1. 제1조에 "한국은 민주공화국으로 함."이라고 국체를 규정.

2. 민의-참의원제를 창설.

3. 제2장에 인민의 권리가 규정되어 있는데 경제적으로 사회적으로 동등 권리를 강화하고 "주권은 인민에게 있음."이라고 되어 있으며,

4. 대통령을 행정수반으로 하고 임기는 6년으로 되어 있으며 책임내각제로 되어 있음.

5. 3권분립을 명확히 하고 법률심사권은 대법원장에게 줌.

이상과 같은 특징을 가지고 있는데 책임내각제를 선택한 것은 프랑스의 헌법을, 그리고 대법원장의 권한을 강화한 것은 미국헌법을 참고한 것으로 동 초안의 입안 의도는 민주정신에 입각한 것으로 호평을 받고 있다 한다. 그런데 동 초안이 본회의에 상정되려면 예정 기일이 내 8일보다 2, 3일 지연되리라고 보고 있다.

(「국체는 민주공화국으로, 3권 정립(鼎立), 대통령 임기 6년, 양원제의 창설에 책임내각」, 『경향신문』 1948년 6월 6일)

같은 날 같은 신문에 헌위 위원인 조헌영(趙憲泳, 1900~1988)의 헌법에 관한 개인 의견이 칼럼 형식으로 실렸다. 경북 영양 출신의 조헌영은 와세다대학교 영문과를 졸업한 후 한의학 연구에 몰두해 근대한의학 발전에 공헌한 특이한 경력의 인물이다. 제헌의회 출범 때까지 한민당에 속해 있었지만 곧 탈당하고 반민특위 활동에 주력했다. 전쟁 중 납북된 후에도 한의학 연구 등 많은 업적을 쌓은 것으로 전해진다. 시인 조지훈이 그 아들이다. 칼럼 내용도 흥미롭거니와 불운한 시대를 만난 한 걸출한 인물의 흔적을 아끼는 마음에서 여기 옮겨놓는다.

우리가 세우려고 하는 나라는 민족을 토대로 한 민주주의 국가이니

보수적 민족주의자 조헌영은 제헌의회 출범 때까지 한민당에 속해 있었지만 곧 탈당하고 반민특위에서 활동했다. 전쟁 때 그를 포함한 많은 민족주의자가 피난하지 못하고 납북당했는데, 이승만이 그들의 피난을 도와주기는커녕 상황조차 알려주지도 않은 것이 중요한 이유였다.

헌법은 이러한 정신으로 제정되어야 할 것이다. 그러므로 민족을 몰각하고 계급을 토대로 해서 독재주의를 실시하려는 정치형태는 용인되지 않을 것이다. 또 국민 다수의 의사를 무시하고 국민 전체의 이익을 몰각한 군주전제나 귀족전횡은 말할 것도 없고, 자칫하면 그리로 흘러가기 쉬운 관료독선이나 재벌농단의 정치가 되지 않도록 국민의 모든 권리를 명확히 규정하고 그것을 충분히 보장하도록 해야 할 것이다. 그렇게 하는 데는 정치적으로 부여된 국민의 권리가 공문화(空文化)하지 않도록 사회적으로 경제적으로 모든 국민이 평등되게 하여야 할 것이다.

이러한 정신으로 된 헌법이라면 사소한 조문상 차이 같은 것은 크게 문제로 하지 말고 하루빨리 이 법안을 통과시켜 시급히 정부를 수립해야 된다고 생각한다. 여기서 내가 요망하는 몇 가지 의견을 말해보기로 한다.

1. 국호는 '고려민국'으로 하는 것이 좋겠다. 그 이유는 첫째 '고려'

는 전 세계가 통용하고 있는 우리나라의 국호인 것, 둘째 고려는 우리나라가 외국의 지배를 받지 않고 자주독립한 때의 국호인 것, 셋째 고려라는 국호에는 민족적으로 반감, 대립감 등이 없는 것 등을 들 수 있다.

'한'은 3한으로 분립된 때 쓰던 국호인 것, 또 '대한'이란 '대'자는 제국주의를 표상하는 스스로 존대하는 것인 것, 해방 후 '대한'이란 국호에 까닭도 모르게나마 반감을 가진 민중이 적지 않은 것, 의식적으로 반대하는 사람도 많은 것 등으로 '한'이나 '대한'은 '고려'보다 못한 감이 있다.

또한 '조선'은 단군조선을 하나 빼어놓고는 기자조선, 위만조선, 이씨조선이다. 중국의 지배를 받던 때의 국호요 더욱 왜정 36년간 나라 없는 이 땅의 칭호가 '조선'인 것을 생각할 때 민족의식이 있는 사람은 조선을 국호로 하자는 사람은 없을 것이다. 해방 후 이 땅을 소연방으로 편입하려는 인민공화국이 또한 국호를 '조선'이라고 한 데는 말할 여지도 없다.

2. 대통령의 권한과 내각의 책임에 있어서는 미국식과 프랑스식이 있는데 이것도 우리나라의 실정을 고려해서 순 미국식도 아니요 순 프랑스식도 아닌 제도를 택해서 책임내각제를 쓰되 정변만 반복해서 혼란을 조장하고 국정이 말이 못 되게 하는 폐단이 없도록 하는 방도를 강구해야 될 것이다.

정체에 있어서 3권분립제 같은 것을 쓰는 것 같은 것은 일반의 상식이니 말할 것 없고 입법기관은 양원제를 찬성하나 국토를 다 찾고 민론이 귀일할 때까지는 신중을 기한다는 것이 도리어 전신불수가 될는지도 모르니 당분간은 일원제로 나가는 것이 좋을 줄 안다.

3. 행정기관에는 고시원, 감찰원, 계획원 같은 것을 구색으로 두지

말고 그 기능을 강력적으로 발휘해서 인재를 공정히 등용하고 관기 문란과 사회의 부패를 철저히 방지하고 국리민복을 증진할 새로운 현명한 계획을 세워서 착착 실행하도록 하지 않으면 안 될 줄 안다.

(「헌법 제정에 임한 사안(私案)」, 『경향신문』 1948년 6월 6일)

1948. 6. 7.

미국과 일본, 누가 더 악질인가?

현역 복무기간이 짧아진 요즘은 군대 풍속도 많이 바뀐 모양이다. 나는 1970년대에 육군사병으로 33.5개월 복무했는데, 지겹게 길었다. '고참' 대우가 각별했던 것도 그 긴 시간에 변조(變調)를 좀 넣어주지 않으면 견뎌내기가 너무 힘들고, 따라서 사고 위험이 엄청나게 커질 것이기 때문이었으리라고 생각된다.

부대 성격에 따라 편차가 있기는 했지만 대개 3년차에 접어들면 공식적인 고참 대우를 받기 시작하고, 전역이 서너 달 앞으로 다가오면 '말년 고참'이라 하여 아무도 건드리지 않는 존재가 된다. 말년 고참 자신도 '몸조심'을 한다. 근 3년 고이 지켜온 몸을 사회 복귀를 앞두고 다친다면 얼마나 원통한 일인가! 또, 그만큼 은인자중하는 존재를 잘못 건드렸다가 무슨 탈이 날지 알 수 없으니 윗사람들도 함부로 건드리지 못한다.

말년 고참을 '갈참'이라고도 불렀다. 이제 갈 사람이니까 관계를 정리할 대상이란 말이다. 1948년 6월, 미군정도 갈참이 되어 있었다. 진주한 지 33개월이 되었고, 철수 조건인 정부 수립도 카운트다운에 들어가 있었다. 병력은 이미 진주 초기에 비해 많이 줄어들어 있었고, 최근에는 조선에 와 있던 군인가족의 귀국 명령이 떨어졌다.

군대생활을 조용히 하던 고참은 말년에 별로 긴장할 일이 없다. 그런데 조그만 권력을 악착같이 휘둘러 졸병들의 원한을 많이 샀던 악질 고참은 말년이 전전긍긍이다. 누가 들이받아도 보복할 길이 없는 무력한 존재가 되었기 때문이다. 그런 말년 고참이 있는 내무반에는 응징의 수위를 둘러싸고 긴장이 흐르기도 한다.

1948년 6월 말년의 미군정은 어떤 모습이었나? 엊그제 일기에서 하지가 국회의원들에게 '공함(公函)'이랍시고 보냈다가 국회에서 '사한(私翰)'으로 규정당하는 수모를 겪은 이야기를 했다. 이 무렵 일어난 다른 두 가지 사건에서도 당시 미군정이 조선인의 눈에 어떻게 비쳐지고 있었는지 알아볼 수 있다.

총독부 고관 출신 일본인들이 조선에 나타났다는 소문이 나돈 것이 하나의 사건이다.

> 서른여섯 해 동안 조선민족의 피를 빨아먹다가 나중에는 세계질서를 교란시키는 전쟁을 일으키고 이를 빙자하여 젊은이들은 싸움터와 군수공장으로 끌려가고 창씨령을 내려 성을 갈게 하고 머리를 깎게 하고 농촌으로부터는 곡식과 심지어는 볏짚에 이르기까지 깡그리 훑더듬어 빼앗아가서 조선 사람으로 하여금 오직 하늘을 우러러 가슴을 치며 침묵의 한숨을 쉬게 하던 불공대천지원수인 일본인, 그중에서도 총독 시절의 고관급들이 해방 이후 무사히 제 땅으로 돌아간 것만도 천행이거늘 건국기에 처한 오늘날 무슨 까닭인지 조선 땅에 하나씩, 둘씩 자취를 나타내어 조선민족의 분격을 사는 동시에 항간에 불길한 유언비어를 빚어내고 있다.
>
> 그 한 가지 실례로 지난 4일 오후 부산에서 모 통신사 기자가 그전 조선총독부 재무국장 미즈다(水田直昌)를 만났는데 미즈다는 당황한

빛을 띠며 말하기를 자기 외에 학무국장을 하던 시오바라(鹽原時三郎)와 조선은행 부두취 기미지마(君島一郎)도 조선에 와 있다고 하며 조선에 온 이유와 행방에 대해서는 침묵을 지키었다 한다. 이밖에도 항간에는 여러 명의 그전 총독부 시절 일본인 고관이 조선에 와 있다는 풍문과 함께 상서롭지 못한 이야기가 떠돌고 있는데 특히 일본인에 대하여서 조선민족은 절치부심하는 원한을 가진 만치 만일 부득이한 사정으로 미군 당국에서 데려온다면 그때마다 데려오는 이유를 명확히 발표하여 민중에게 불안한 자극을 주지 말도록 하기를 바라는 요망이 높다.

(「전범자, 전 총독부 고관들, 해방된 이 땅에 다시 출몰」, 『경향신문』 1948년 6월 8일)

일본인 몇 명 얼굴이 보였다고 해서 이렇게 긴장하는 것이 지금 사람 눈에는 과민반응처럼 보일 수도 있겠다. 그러나 수십 년간 일본인의 폭압지배를 받은 직후의 피해의식을 생각해야 한다. 그리고 해방 전의 피해에 대한 원한만이 아니다. 일본과 남조선을 점령한 미국의 조선인 대접이 일본인 대접보다 못하다는 불만까지 겹쳐져 있었다.

〔도쿄 6일 발 INS 합동〕 최근 서울을 방문했던 INS 특파원 리처드 씨는 조선 문제에 관하여 다음과 같이 보도하고 있다.

최근까지 미국의 적이었던 일본인은 미국에 협력하였던 조선인보다도 좋은 이지적(理智的) 대우를 받고 있다. 조선은 불행히도 미·소 양국의 열강정책의 무대화하여 있으며 미 국무성 당국은 조선인이 엄혹한 개인적 제한을 받고 있다고 생각하고 있는 것이다. 이는 일본인에게 그네들이 종래 향유하지 못하던 자유를 일상생활에 부여함으로써 일본인에게 민주주의의 덕택을 부여하려는 맥아더 장군의 대일 정책과 현저한 차이를 나타내는 것이다.

조선인은 가로를 통행할 때 희색을 보이지 않는 반면 일본인은 희색이 넘쳐 가로를 활보하고 있는 것이다. 조선인은 해외에서 교양을 받은 조선 지도자를 갖고는 있으나 조선인은 자기 자신이 저능아 혹은 죄인과 같은 대우를 받고 있다고 생각하고 있는 것이다. 일본인은 맥아더사령부 관할하에 전쟁을 야기한 책임은 중대함에도 불구하고 개인의 권리와 위엄성은 존중받아야만 한다는 사실을 알고 있다.

맥아더 장군이 일본을 친미국가로서 아시아 반소 민주전선의 보루화하려고 기도하고 있는 것은 명백한 사실이다. 그러나 미 국무성의 대조선 정책은 민주주의화한 조선의 장래 중요성과 조선인의 미국관에 대한 고려를 등한시하고 있는 듯하다. 조선이야말로 세계에서 가장 중요한 군사적 요지의 하나이다. 현재 허다한 남조선 인민은 자유를 찾아 남하하는 북조선 인민과 마찬가지로 일본으로 입국하려고 하고 있다.

또 맥아더사령부는 야간통행금지를 실시하지 않고 있는 반면 조선에서는 밤 10시 이후 통행을 금지하고 있으며 또 조선주둔 미군은 조선인과 사회적 교제를 못하고 있는 반면 맥아더 사령관은 일본인과 미군 간의 사상교류를 장려하고 있는 것이다. 또 조선에서는 50 대 1의 비현실적인 미화 교환율이 지정되고 있는 반면 일본에서는 실제성 있는 500 대 1의 시세가 시인되어 일본 무역은 조장되고 있는 것이다. 일본인은 무역 발전을 자랑하고 있으나 조선 상품은 제반 제한 금지로 말미암아 무역 진흥이 불가능한 실정에 있다.

(「조선인보다 일인 우대, INS 특파원의 조 · 일 군정 비판」, 『경향신문』 1948년 1월 7일)

미군의 일본인 편애에 대한 조선인의 의심은 근거 있는 것이었다.

1945년 9월 8일 미군이 상륙하는 인천부두에서 일본 경찰이 환영인파에 발포하여 사상자를 낸 일이 있었는데도 미군정은 정당한 치안행위로 인정하고 불문에 부쳤다. 그리고 총독부의 조선인 통치를 물려받으면서 몇 달 동안 일본인 간부들의 도움을 받았다. 갓 해방된 민족의 자존심에 상처를 줄 뿐 아니라 '외세'로서 미군의 성격을 의심하게 하는 일이었다.

이제 전 총독부 고관들의 모습이 보인다니 '갈참'이 된 지금까지도 미군정이 조선인 통치에 일본인의 도움을 받고 있는 것 아니냐는 의심이 널리 일어난 것이다. 딘 군정장관이 서둘러 해명에 나선 것은 이런 불온한 분위기 때문이었지만, 효과는 신통치 않았다. 바로 그날로 언론계의 반박이 들어왔다.

> 우리 겨레의 고혈을 착취하던 전 총독부 고관들이 내조하여 이 강산을 활보하고 있다는 소문이 있어 전 겨레의 격분을 사고 있는 이때 9일 딘 군정장관은 일인 내조설에 대하여 다음과 같은 담화를 발표하였다.
> "모 통신기자가 6월 4일 부산에서 미즈다라는 일인을 만나서 이야기를 하였다는 보도는 허보이다. 이 허보로 인하여 조선 언론기관이나 개인 간에 비난이 자자하였다. 이것은 허보 또는 오보의 전파로 야기되는 혼란과 흥분의 불행한 일례이다. 재일 미군 당국에서 조사한 결과에 의하면 문제의 일인은 모 기자가 부산에서 만났다는 날에는 도쿄에 있었다는 사실이 판명되었다. 군정 당국에서 미즈다의 내조를 요청한 일도 없으며 또 같이 보도된 미즈다 이외의 기타 일인 2명에 대하여도 요청한 사실이 없다. 본관이 작일 발표한 바와 같이 미군 당국은 조선국민을 해하는 일인을 조선에 불러올 의사는 전연 없다."
>
> (「알 수 없는 일이다. 딘 장관 일인 내국(來國) 부인」, 『서울신문』 1948년 6월 11일)

전 총독부 시대의 일인고관이 내조하여 당당이 우리 땅을 활보하고 있으며 또 무엇인지 알 수 없는 일을 하고 있다 하여 일반의 의혹이 점점 심해가고 있는 데 대하여 9일 딘 군정장관은 철저 조사 후 발표할 것을 약속하였다 함은 기보한 바이나 10일 군정장관실에서는 조사 결과 전연 허보로 판명되었다고 단정하였다. 그런데 동 발표에 의하면 미즈다의 내조도 근거가 없고 또 동시에 보도된 시오바라 · 기미지마의 2명도 요청한 일이 없다고 발표되어 의혹이 풀리기는커녕 다시 어떠한 다른 의혹을 자아내고 있다.
기미지마에 관하여서는 지난번 사임한 안 민정장관이 다녀간 일이 있다고 기자단 회견석상에서 언명하였고 또 그전 군정장관에 물어달라는 의뢰를 받은 군정장관실 모 씨가 역시 중앙청 기자실에서 기미지마와 오쿠무라라는 자는 왔다 갔다고 언명한 것에 비추어볼 때 이해하기 어려운 것이며 미즈다 내조에 관하여도 이 문제를 보도한 기관에서는 내조를 확인했다고 하고 있어 앞으로의 진전은 극히 주목을 끌고 있다.

● 조선통신 본사 담: 이번 기사에 관하여 공보부에 가서 여러 가지로 이야기하고 돌아온 길인데 방금 이 기사를 보도한 부산 기자로부터 연락이 오기를 그 기사 내용에 허보가 없을뿐더러 그 왜놈들의 사진까지 취재 당시에 찍어두었으니 틀림없다는 확답이 왔군요.

(「일본인 밀입(密入)에 의혹 점고(漸高), 시인과 부인으로 진상이 극(極) 주목, 내조설은 허보-딘 장관 단정하고 발표」, 『조선일보』 1948년 6월 11일)

의혹이 가라앉기는커녕 확산되기만 하자 6월 15일 공보부장과 경무부장 연명으로 이 소문이 남로당 세포인 신문기자가 만들어낸 허위

사임 방송을 하는 안재홍. '남조선과도정부' 수반이었던 그가 이승만의 대통령 취임 후 인사차 방문했다가 면담을 거절당한 이야기는 두 사람의 사람됨을 말해준다.

선전이라고 발표했다(『동아일보』 1948년 6월 16일). 그러나 이 발표는 씨가 먹히지 않았는지 이튿날 하지가 직접 특별성명을 내야 했다. 이 성명에서 하지는 크렘린이 "미국의 위신을 손상시킴을 의도하는 신노선을 발견"한 것이라며, 공산당의 선전이 이런 내용이라고 주장했다.

> 1. 미국은 목하 일본을 군국(軍國)으로서 재건시키고 있는 중이라는 것. 이것은 미국 당국이 최근 일본인 자신의 의식을 자급하여 이 이상 나머지 세계경제에 부담이 되지 않게 하려는 인도적 계획안을 발표한 고로 실정을 모르는 사람들 사이에 점차 신빙케 된 것으로서 전연 허언이다. 이 계획은 실재적으로나 또는 잠재적으로나 일본의 군사력을 복구시키는 문제와는 전연 관련이 없는 것으로서 이는 다만 세계평화에 공헌하며 인류의 생존을 원조함을 목적으로 할 뿐이다.
> 2. 주조선미군사령부는 목하 전 조선총독부 고관들을 비호하며 또한 이들을 사용 중이라는 것. 이것은 공산당 선전에 빠지기 쉬운 조선인들에게는 좋은 화제이다. 그러나 그중에 내지 그 의미하는 바에는 하

등의 진실도 없는 것이다. 본 사령부는 지위의 고하를 막론하고 조선에 일본인 전 총독부 관리가 있음을 모른다.

3. 제주도 평화회복에 무장한 일본인이 참가 중이라는 것. 이것은 제주도에 격렬한 정치적 소요를 일으키고 있는 공산당이 그들의 형제자매 살육계획에 조력시키고자 약간의 일본인 공산당원을 수송한 것을 말하는 것으로 보인다. 그러나 나는 전면적으로 미군 점령하의 조선에 있어서는 제주도나 어느 곳을 막론하고 법과 질서를 유지하는데 있어 일본인을 사용하고 있지 않다고 말할 수 있다.

(「일인 내조는 허설(虛說), 공산당 선전에 속지 말라」, 『경향신문』 1948년 6월 17일)

당장 문제는 3개항 중 제2항이다. 하지는 "조선에 일본인 전 총독부 관리가 있음을 모른다."며 현재형을 썼다. 앞서 들어온 적이 있었느냐 하는 질문에는 대답이 되지 않는다. 그리고 앞에 옮겨놓은 딘의 6월 9일 담화문에는 "조선국민을 해하는 일인을 조선에 불러올 의사는 전연 없다."고 했다. 조선국민을 해하지 않는 일인이라고 생각되면 불러올 수 있다는 말이다. 정병준은 『독도 1947』, 돌베개 2010, 240~241쪽에 이 상황을 이렇게 서술했다.

미군정이 일본인 고관들을 활용하고 있다는 소문은 강력한 반일감정과 반군정·반미감정을 일으키기에 충분한 것이었다. 이것은 진주 후 미군이 한동안 일본인 관료들을 그대로 활용했던 과거의 정책과 연결되면서 나름대로 있음직한 일이라는 의혹을 자아냈다. (…) 한국인들에게 일본이라는 존재는 두려움과 증오의 대상이었다. 일본의 그림자는 곧바로 침략 혹은 한국 이익의 침해로 해석되었다. 사상적·이데올로기적 차이와 대립은 반일과 민족이익 수호라는 용광로 속에서 용해되었다.

전 총독부 고관들이 잠입했다는 소문이 퍼지면서, 한독당과 민독당을 비롯한 총 11개 정당이 6월 15일 반일제투쟁위원회 준비위원회를 결성해 반일투쟁을 천명하며, 미국의 일본 재무장 정책을 비판했다. 주한미군 정보 당국은 미군 감독하에 일본이 한국에 대한 지배권을 되찾으려고 한다는 소문이 만연하고 있으며, 제주도 반군진압에 일본군이 활용되며, 독도폭격사건의 조종사가 일본인이라는 얘기가 신뢰를 얻고 있다고 적었다. 한독당 선전부는 미국이 일본을 재무장시키기 위해 특공대를 훈련시키고 있는데, 독도폭격사건이 "그 왜적들의 소위(所爲)"가 아닌가 심히 우려되고 격분되는 바라는 성명을 발표했다.

여기서 또 하나의 사건, '독도폭격사건'이 나온다. 1948년 6월 8일 정오 가까운 시각에 독도 인근에서 조업하고 있던 수십 척의 어선이 '정체불명'의 비행대의 폭격을 받아 10여 명이 목숨을 잃는 등 막대한 피해를 입은 사건이었다. 6월 11일 『조선일보』에 첫 기사가 나간 후 며칠 동안은 비행대가 '정체불명'으로 계속 보도되었지만 '눈 가리고 아웅'이었다. 피해 어민의 증언으로 미국 비행대라는 사실에 애초부터 의문의 여지가 없었다.

일본에 주둔하는 미공군 비행대가 독도에 와서 조선 어민들에게 폭격을 퍼붓다니! 있을 수 없는 일이었다. 있을 수 없는 일이 일어나니 '일본인 조종사' 설까지 나온 것이다. 이 사건에 관한 이야기는 다음 주에 계속하겠다.

1948. 6. 10.

'독도폭격사건'의 숨겨진 의미

독도폭격사건을 보도한 첫 기사는 6월 11일자 『조선일보』의 「국적불명의 비기(飛機)가 투탄(投彈) 기총소사, 독도서 어선 파괴 16명이 즉사」였다. 6월 8일 오전 11시 반경 국적불명의 비행기가 독도에 폭탄을 투하하고 기총소사를 가해 어선 20여 척이 파괴되고 어부 16명이 즉사하고 10명이 중상을 입었다는 보도였다. 이튿날 『동아일보』와 『경향신문』은 사망 9명, 행방불명 5명, 중상 2명, 경상 8명의 인명피해를 보도했다. 같은 날 『서울신문』에는 피해자 장학상('배학상'이라고 한 자료도 있음)의 증언도 실렸다.

> "내가 본 비행기 수효는 11대였는데 처음에는 산에 떨어뜨리는 줄 알았더니 배와 바다에 떨어뜨려 우리는 오도 가도 못하고 폭격을 받았다. 나중에는 비행기에서 배로 향하여 총까지 놓았다. 나는 구사일생으로 간신히 살아나왔다."

이 기사만 보고도 당시 사람들은 미군 비행기라는 사실을 거의 틀림없이 알았을 것이다. 그곳에 비행기를 보낼 수 있는 것은 미국과 소련뿐인데, 소련이 그곳에 보냈을 가능성은 원체 희박할 뿐 아니라 만약 그랬다면 지목하지 않을 리가 없었기 때문이다.

미 극동공군사령부에서는 이 폭격이 자기네 소행인지 조사 중이라고 12일 발표했다.

〔도쿄 13일 AP 합동〕 미 극동공군사령부에서는 지난 8일 독도 근해에서 조선 어선대가 폭격을 받은 사건에 미국 비행기가 관련되어 있을지 모른다고 12일 다음과 같이 발표했다.
"조선 어선이 폭격을 당하였다는 수역을 포함한 해역 일대에서 실탄훈련을 할 계획이 서 있었고 그 훈련은 8일부터 시작하기로 되었었다. 조선 어선 조난사건에 미기가 관련된 것인가를 밝히기 위하여 방금 조난현장 사진을 조사 중이다."
그런데 조선 경찰이 전하는 바에 의하면 내습 비행기는 4발기로 날개에 원과 별의 표장이 있었다 한다.

(「시인 반 부인 반-독도폭격과 재일미군 당국 담」, 『경향신문』 1948년 6월 15일)

하지는 6월 15일에야 담화를 발표했다.

"본관은 독도폭격사건의 보도에 접하여 여러분과 함께 큰 충격을 받았습니다. 조선주재미군사령부에서는 즉시로 철저한 조사를 명하였는데 상금 조사 중에 있습니다.
본 사령부에는 조선에 기지를 둔 또는 조선부대에 배속된 비행기는 동 지역에 없었고 또 폭격한 사실도 없고 따라서 본 사건에 하등의 관계가 없다는 것을 이미 인정하였습니다. 일본에 기지를 둔 미기의 본 사건 관련 여부에 대하여서는 방금 극동공군사령부와 극동총사령부에서 조사 중에 있으므로 동 조사가 완료되는 대로 즉시 사건의 전

國籍不明의 飛機가 投彈機銃掃射

獨島서 漁船破壞·16名이 即死

【鬱陵島에서本社特派員尹鼓鍾特電】 八일 오전一一시반경 울릉도동방 三九해리 (獨島)에 국적불명비행기수대가 출현하야 폭탄을투하한후기관총소사까지행하고사라졌는데 그곳에 고기잡이와 미역을 따러 갔든 울릉도와강원도의二十여척어선이파괴되고어부十六명이즉사 十명이중상되였다 이급보를받은울릉도당국에서는 조선一척이 九일저녁현장에급행하였다

독도폭격을 처음으로 보도한 『조선일보』. 미군기 소행이라는 사실은 사건 당시부터 분명했지만 보도에는 '국적불명'으로 표시할 수밖에 없었다.

모가 발표될 것입니다. 만약 미기가 관련되었다는 사실이 판명되면 미군 당국으로서는 사망자의 유가족 및 피해자를 위하여 만반의 대책을 강구할 것을 조선국민에게 보장하는 바입니다. 또 미군이 그 책임을 져야 한다는 것이 판명되면 그 책임은 도저히 피할 수 없을 것입니다."

(「미기투탄(美機投彈)이면 미군 당국 책임」, 『동아일보』 1948년 6월 17일)

조선주재미군 책임은 없지만 다른 미군의 책임은 거의 시인하는 내용이다. 미 극동공군의 소행이라는 사실은 분명해졌는데, 어떤 잘못이 누구에게 있는지 조사 중이었던 것이다.

6월 17일자 신문에 게재된 것을 보면 하지의 담화는 15일 늦게 발표된 모양이다. 같은 15일 극동공군사령부 발표는 6월 16일자 신문에 보도되었다.

〔도쿄 15일 발 UP조선〕 미 극동항공대사령부에서는 일본해 중의 조선 어선 폭격사건에 미국 비행기가 관련이 있는지를 조사한 결과에 관하여 다음과 같이 발표하였다.
"미국 항공대가 일본해에서 행한 폭격연습에 관한 사진과 보고를 조사한 결과 아직 미군 비행기가 지난 6월 8일 11척 조선 어선 침몰에 대하여 책임이 있다는 것이 확인되지 않았다. 그러나 설혹 미기가 관련이 있다는 것이 판명되었다 하더라도 이 폭격은 전연 우발적일 것을 확신한다. 그리고 이 지점은 소정의 폭격연습장으로 얼마 전부터 폭격연습의 목표로 사용되어온 것이다.
8일 이 구역을 비행한 부대는 고공에서 비행하였으므로 암석 가운데 또는 부근에 있는 폭격장 범위 내외에 있는 어선을 발견하기가 불가능하기에는 곤란하였을 것이다. 그리고 미국 극동항공대에서는 이날 총격행동은 취하지 않았다는 것이 확인되었다."
(「우발적 폭격일 듯, 미기 관련 여부 미확인, 독도사건」, 『동아일보』 1948년 6월 16일)

이어 6월 16일에 극동공군사령부의 조사결과 발표가 있었는데, 이것이 이후 사건에 대한 미군 측의 공식 입장이 되었다.

〔도쿄 17일 AP합동〕 미 극동공군사령부에서는 16일 독도 참변 사건에 관하여 다음과 같이 발표하였다.
"현장 촬영 사진을 심사한 결과 독도 근해에 있는 어선들은 B29폭격기의 고도 폭격 연습 때에 암석으로 보이었던 것이 판명되었다. 조사한 바에 의하면 오키나와기지를 출발한 B29폭격기대가 폭격을 하기 30분 전에 정찰기가 6회나 독도 부근(북위 37도 15분 동위 131도45분 지점)을 시찰하고 연습에 무방하다는 것을 보고하였던 것이다. 현지 부근에는 폭격대상이 될 수많은 작은 섬이 있는 만큼 이 어선들도 섬으로 보이었던 것 같다.

B29폭격대는 2만 3,000피트 상공에서 연습탄을 투척한 것이었으며 이들은 해상에서 아무런 선박도 보지 못하였다고 보고하였던 것이다. 그러나 폭격 30분 후에 정찰기가 촬영한 사진에 의하여 이 위험지역 구내에 많은 작은 배가 있음을 발견하였다. 정식 조사가 끝나는 대로 완전한 보고를 상급사령부에 제출할 터이다."

(「과연! 독도 폭격기는 B29, 어선을 도서로 오인, 촬영한 사진으로 판명」, 『경향신문』 1948년 6월 18일)

미군 측은 확인되기 전에는 아무것도 인정하지 않았고, 확인된 뒤에도 완전히 확인된 사실만 인정했다. 섣불리 책임을 인정하지 않는다는 조심스러운 자세겠지만, 책임을 회피하려 드는 것으로 보일 수도 있었다. 결국 B29기의 폭격연습이었다는 사실을 확인했으나 우발적 사고였고 기총소사는 없었다는 주장을 끝까지 지켰다.

그런데 피해자들의 증언에는 미군 발표와 배치되는 내용이 많았다. 의도적 공격이었고 기총소사도 있었다고 많은 피해자가 확신하고 있었다. 미군이 끝까지 감추거나 속이는 것이 있다는 의심이 쉽게 잦아들지 않았다.

정병준은 『독도 1947』, 179~237쪽에서 독도폭격사건 관계 연구와 자료를 검토한 결과 우발적 사고였으리라는 점(승무원 입장)과 기총소사가 없었으리라는 점을 인정했다. B29기는 전투기의 요격 위험이 없는 2만 피트 이상 고공에서 폭격하는 것이 정상이므로 어선을 식별할 수도 없었고 해상을 향한 기총소사도 할 수 없었다는 것이다.

정병준은 그 대신 다른 의문들을 제기한다. 무엇보다, 폭격연습 구역에 어민들이 들어가는 것을 막으려는 노력이 왜 없었냐는 것이다.

이 질문에 대한 대답은 참으로 어처구니없는 것이었다. 독도는 1947년 9월 16일 연합군최고사령부지령(SCAPIN) 제1778호에 의해 폭격연습장으로 지정되었는데, 이 지령은 "오키(隱岐)열도 및 북위 38도 이북 혼슈지방의 서해안 섬 및 항구의 주민들"에게 폭격연습 이전에 통보할 것을 명시했다는 것이다.

조선 주민들에게 폭격연습을 통보하지 않은 것은 말할 것도 없고, 폭격연습장 지정 사실을 주조선미군에게조차 알리지 않고 있었다. 그 사실이 하지에게 통보된 것은 독도폭격사건이 터진 뒤인 6월 14일의 일이었다. 게다가 제5공군은 이날 주조선미군에게 독도 연습장 재개를 요청하는 전문을 보내고 있었으니 하지가 얼마나 열받았을까. 6월 15일에 하지가 맥아더에게 보낸 전문에는 이런 말도 있었다.

> "사건은 엄청난 정치적 중요성을 갖고 있으며 이 문제에 대한 한국인들의 모든 정치적 관심에 따라 본 사령부에 압력이 가중되고 있다. 이제 국회의사당에서도 완벽한 조사를 요구하는 결의안을 통해 이 문제가 논의되고 있다. 어떻게 다루든지 간에, 공산주의자의 과중한 공격에 당면한 한국 내 미국의 위신은 이 사건 때문에 흔들릴 것이다." (『독도 1947』, 189쪽에서 재인용)

하지 입장에서는 가히 날벼락이었다. 미군은 조선에서 권력을 독점하고 있는 만큼 인민의 눈에 억압자로 비쳐질 수 있는 존재였다. 미군 장병의 개인 범죄가 있으면 엄벌에 처하는 시늉이라도 하고, 소요사태에는 미군이 직접 진압에 나서는 일을 극력 피하고 있었다. 그런데 다른 부대 미군이 자신에게 통보도 없이 조선 해역에서 폭격연습을 하다가 조선인 어부들을 무더기로 죽이는 사태가 벌어지다니! 하지는 맥아더를 만나 수습책을 조율하기 위해 6월 21일 도쿄로 날아가야 했다.

민심 이반을 걱정한 미군정은 사태 수습에 전력을 다했다. 피해보상은 신속히 이뤄졌다. 그러나 조선인에 대한 사과는 누구에게서도 나오지 않았다. 맥아더사령부도, 하지사령부도, 극동공군사령부도 이 사건을 '우발적 사고'로 규정한 것이다. 조선인의 분노와 거리를 좁히지 않은 채 이 사건을 넘기려는 미군 측 자세는 7월 1일 딘 군정장관 기자회견에서의 문답에 나타난다.

> 문: 독도사건에 대한 미군 당국의 태도는 너무도 냉정하다. 공분을 느끼고 있는 조선민족의 앞에 적절한 사과와 피해자에 대한 배상조치가 있어야 할 것으로 아는데 귀관의 의견은 어떠한가?
> 답: 이 문제는 군정 당국에서 조처할 성질의 것이 아니고 조선주둔미군사령관의 권한과 처리에 속하는 사건이다. 이미 하지 중장도 이에 대한 사과를 하였다고 믿는다. 소청위원회에서 사건 책임과 피해상태의 조사를 완료하고 돌아오면 다시 상세한 발표가 있을 것으로 믿는다.
>
> (「독도 진상 불원 발표, 딘 미 장관」, 『동아일보』 1948년 7월 2일)

여기서 말하는 하지 사령관의 사과란 위에 옮겨놓은 6월 15일자 담화를 가리킨 것이다. "만약 미기가 관련되었다는 사실이 판명되면"이란 조건을 붙인 '잠정적' 사과였다. 이제 판명된 사실을 보고 "사망자의 유가족 및 피해자를 위하여 만반의 대책을 강구"하는 것으로 미군의 책임을 다하는 것이라고 딘은 믿는다는 것이었다.

사실 하지는 극동공군과 맥아더로부터 사과를 받아야 할 입장이었다. 그가 책임 맡은 구역을 침해당한 것이니까. 진짜 사과할 책임은 극동공군과 맥아더에게 있었고, 하지에게는 그들의 만행을 막지 못한 부차적 책임만이 있었다.

'만행(蠻行)'이라고 했다. 독도폭격은 우발적 사고가 아니라 만행이었다. 어선을 일부러 폭격한 것이 아니고 기총소사를 하지 않았다는 것은 승무원들을 면책시키는 조건일 뿐이다. 독도를 폭격연습장으로 지정하고 승무원들을 그리로 보낸 극동공군 당국과 그것을 제대로 감독하지 않은 맥아더를 면책시켜주지 못한다. 조선 어민들에게 통보도 없이 독도를 폭격한 것은 평화 시에 있을 수 없는 만행이었다. 주조선 미군에게조차 통보하지 않은 것은 관할권 침해였다. 하지는 극동공군과 맥아더를 미국정부에 제소해야 했다.

독도폭격이 만행이었다는 사실은 드러나 보이는 문제다. 그런데 정병준은 더 밑바닥 문제를 제기한다. 극동공군이 독도를 연습장으로 지정한 까닭이 무엇인가?

독도에 대한 일본인의 야욕과 이에 대한 일부 미국인의 동조가 독도 연습장 지정의 배경에 있었던 것이 아닌가 정병준은 추측한다. 정황증거만 있을 뿐 확증은 없는 추측이다. 그러나 정황증거라도 상당히 강력한 것이고, 달리 이해하기 어려운 사실들을 설명할 수 있게 해주는 추측이다. 정병준의 추론 일부를 옮겨놓는다.

> 그런데 왜 SCAPIN 1778호가 일본의 정치상 · 행정상 권리가 정지되고, 일본 선박 · 선원들이 13해리 이내 접근 혹은 접촉이 허용되지 않

는 독도에 일본 어민들이 가지 말아야 한다고 규정한 것인지에 대해서 여러 가지 가능성을 생각할 수 있다. 그중 하나의 가능성으로서 일본 외무성 등이 직간접적 방식의 공작력을 발휘했을 경우를 상정할 수 있다.

이미 1947년 6월 일본 외무성은 (…) 허위사실에 기초한 팸플릿을 통해 일본의 독도영유권을 주장했던 것이다. 즉, 1947년 4월 일본 어부는 독도에 불법 상륙해 독도가 자신의 어구라며 한국 어부에게 총격을 가했고, 1947년 6월 일본 외무성은 독도가 일본령이라는 팸플릿을 만들어 연합국에 대대적인 홍보작업을 벌였다.

일본 외무성의 주장은 주일미 정치고문이자 연합군최고사령부 외교국장이던 지일파 윌리엄 시볼드에게 액면 그대로 수용되었다. (…) 일본정부가 주일미군으로 하여금 독도를 군사시설로 활용하게 함으로써 독도에 대한 일본의 영유권을 강화하고, 미군을 통해 증거문서를 확보하는 책략을 구사하지는 않았는가 하는 의문에 도달한다. 왜냐하면 1948년의 독도폭격은 1947년의 독도 폭격연습장 지정 때문이었는데, 같은 상황이 1951~1953년에도 반복되었기 때문이다. 1951년 일본 외무성과 일본 국회가 독도영유권을 주장하기 위해 벌인 공작은 1947년의 독도 폭격연습장 지정에 끼친 일본의 영향력 유무에 대한 실마리를 제공한다.

(…) 제13회 중의원 외무위원회(1952. 5. 23)에서 야마모토 도시나가 위원은 "이번 일본 주둔군 연습지 설정에서 다케시마 주변이 연습지로 지정되면 이를 일본의 영토로 확인받기 쉽다는 발상에서 외무성이 연습지 지정을 오히려 바란다는 얘기가 있는데 사실이냐."라고 질문했고, 이시하라 간이치로 외무성 정무차관은 "대체로 그런 발상에서 다양하게 추진"한다고 답변했다.

> 1951년 체결된 미일안전보장협정의 후속조치로 행정협정(SOFA)이 체결되었고, 이의 이행을 위한 미일합동위원회가 설치되었다. 미일합동위원회는 1952년 7월 26일 '군용시설과 구역에 관한 협정'을 체결했는데, 이는 일본 외무성이 추진한 대로 독도를 미군의 공군훈련구역으로 선정한다는 내용이었다. 이는 독도를 일본령으로 만들고자 주일미군을 활용해 증거문서를 확보하려는 일본 외무성 책략의 구현이었다. 그 후 1952년 9월 한국 어선과 한국산악회 독도조사대에 대한 미군기의 폭격사건이 재발했다. (···)
> 일본 외무성의 계획에 따라 독도를 일본령으로 전제한 토대 위에서 주일미공군 훈련장으로의 지정, 일본 어민을 내세운 독도 훈련장 지정의 해제, 이후 한국정부를 향한 미일교섭과정 공개 등이 진행되었다. 미군은 독도 접근이 불법인 데다 원천봉쇄되어 있던 시마네현 등 일본 어민에게만 훈련사실을 통보했고, 아무런 통보를 받지 못한 채 자국 어장에서 조업 중이던 한국 어선 · 어민들은 폭격에 희생되었다. 일본 외무성과 중의원은 거리낌 없이 이런 책략의 진행에 대해 논의했다. 미국은 이용당했고, 한국의 주권은 침해당했으며, 한국인들의 생명은 존중되지 못했다. (『독도 1947』, 233~236쪽)

우리는 독도가 일본 땅이라고 하는 일본인들의 주장을 이해하기 힘들다. 나부터 그렇다. 그러나 단편적으로 제시되는 일부 근거만 보면 일반 일본인이 독도가 일본 땅인 것처럼 생각할 수 있다. 독도에 대한 미군의 폭격연습장 지정도 그런 근거의 하나다.

그런 근거만이 일본에서 횡행하는 것은 일본 사회의 문제고, 또 한국에서 일체 무시되고 있는 것은 한국 사회의 문제다. 각자에게 불리한 증거와 유리한 증거를 함께 검토해서 종합적 판단을 해야 영원한 평행선을 면할 수 있다. "독도는 우리 땅"임을 굳게 믿는 사람들도 정병준의 책을 보면 같은 주장을 하더라도 훨씬 더 합리적인 방법으로 할 수 있을 것이다. "다케시마는 일본 땅"이라고 믿는 일본인을 만나도 설득을 시도할 수 있을 것이다.

1948. 6. 12.

'정치범' 한 명도 없는 남조선

미군정 경찰 총수로서 조병옥이 대단히 독선적이고 난폭한 인물이었다는 사실은 그의 언행 도처에서 확인된다. 그 정도를 넘어 그가 반민주적 사고를 가진 인물이었다는 사실도 1946년 4월 7일 일기에 인용했던 아래 발언에서 여실히 드러난다.

> "우리 경찰진용은 사회추천에 의한 민선기관이 아니고 그 직원은 군정관이 부여한 경무부장의 임명권에 의하여 그 신분이 보장된다. 사회와 타협하고 구합할 권리도 없고 의무도 없는 것이다. 군대와 같은 명령계통을 가지고 규율적으로 복무를 다함으로써 의무를 다하게 되어 있다."
>
> (「조 경무부장, "경찰은 민선기관 아니다"」, 『동아일보』 1946년 4월 7일)

해방된 민족의 진로에 해로운 역할을 맡은 인물이었다는 사실을 이 정도 확인해놓고도 한 달 전(1948년 5월 5일) 일기에 옮겨놓은 김익렬 제9연대장의 회고 내용은 이해하기 어려웠다. 이 회고에 따르면 조병옥은 난폭한 파시스트일 뿐 아니라 극히 간사하고 음흉한 인물이기 때문이다. 1950년대 야당 지도자의 간판에 가려져온 그의 진면목을 그

동안 많이 밝혀왔지만, 이 정도까지 끔찍한 인물이라고는 상상하기 어려웠다. 그래서 오랜 시간이 지난 후의 개인적 회고라는 점을 감안해서 편향성의 여지를 두고 받아들였다.

그런데 6월 8일 조병옥의 제주도 사태 '진상' 발표를 보면 김익렬의 회고가 사실을 벗어난 것이 아니었을 것 같은 생각이 든다.

> 조 경무부장은 공산계열이 감행한 만행의 진상에 대하여 8일 대략 다음과 같이 발표하였다.
> "남조선의 질서를 교란하고 치안을 파괴하여 북조선과 같이 소련에 예속시키려는 공산계열의 목적 달성을 위하여서는 수단과 방법을 가리지 않는 무차별 · 무자비한 폭동 만행은 총선거 실시에 따라 민중에 대한 공포심 주입과 단말마의 최후 발악으로 더 한층 포학과 잔인성을 나타내었으니 그 일례를 제주도 폭동에서 들면 다음과 같다.
> 폭동이 일어나자 1읍 12면의 경찰지서가 빠짐없이 습격을 받았고 저지리, 청수리 등의 전 부락이 폭도의 방화로 타버렸을 뿐 아니라 그 살상방법에 있어 잔인무비하여 4월 18일 신촌서는 6순이 넘은 경찰관의 늙은 부모를 목을 잘라 죽인 후 수족을 절단하였으며 대동청년단 지부장의 임신 6개월 된 형수를 참혹히 타살하였고 4월 20일에는 임신 중인 경찰관의 부인을 배를 갈라 죽였고 4월 22일 모슬포에서는 경찰관의 노 부친을 총살한 후 수족을 절단하였으며 임신 7개월 된 경찰관의 누이를 산 채로 매장하였고 5월 19일 제주읍 도두리서는 대동청년단 간부로서 피살된 김용조의 처 김성히와 3세 된 장남을 30여 명의 폭도가 같은 동리 고히숙의 집에 납치한 후 십수 명이 윤간하였으며 같은 동리 김승옥의 노모 김 씨(60)와 누이 옥분(19), 김중삼의 처 이 씨(50), 16세 된 부녀 김수년, 36세 된 김순애의 딸,

정방옥의 처와 장남, 20세 된 허연선의 딸, 그의 5세 · 3세의 어린이 등 11명을 역시 고히숙 집에 납치 감금하고 무수 난타한 후 눈오름이라는 산림지대에 끌고 가서 늙은이 · 젊은이를 불문하고 50여 명이 강제로 윤간을 하고 그리고도 부족하여 총창과 죽창 · 일본도 등으로 부녀의 젖 · 배 · 음부 · 볼기 등을 함부로 찔러 미처 절명되기 전에 땅에 생매장하였는데 그중 김성히만은 구사일생으로 살아왔다. 그리고 폭도들은 식량을 얻기 위하여 부락민의 식량 가축을 강탈함은 물론 심지어 부녀에게 매음을 강요하여 자금을 조달하는 등 천인이 공노할 그 비인도적 만행은 이루 헤아릴 수 없는 정도이다."

(「부녀자 폭행 후 생매(生埋)까지, 이렇다! 제주도의 인민항쟁 진상」, 『경향신문』 1948년 6월 9일)

제민일보 4·3취재반이 1988년 활동을 시작한 이래 4·3사태의 진상이 많이 밝혀져왔으므로 조병옥의 위 발표 내용이 얼마나 엉터리인지 지금 새삼스럽게 따지고 나설 필요는 느끼지 않는다. 다만 저런 내용을 경찰 총수라는 자가 공식적으로 발표한다는 사실에 어떤 의미가 있는 것이었는지는 한 차례 생각할 필요가 있다.

당시의 일반인들이 저런 발표 내용을 곧이들을 것이라고 조병옥은 생각한 것일까? 아니라고 본다. 이 발표 며칠 후 제주 파견에서 돌아온 한 검찰관의 견해가 보도되었다.

지난 5월 26일 서울로부터 제주도로 파견된 판검사 일행은 사건처리를 끝마치고 지난 12일 공로로 무사히 귀경하였는데 검찰관을 대표하여 박근영 검찰관은 14일 다음과 같이 그 실정을 말하였다.

"제주도에는 일본에서 귀환한 동포가 많은데 그중에는 공산주의자가 섞여 있으나 이번 사건이 전적으로 공산당의 지령에서만 발생했다고 볼 수는 없다. 사건 원인은 경찰이 민심과 유리된 것인데 사건이 발생하면 민중은 경찰에 신고를 아니하고 방관하며 심지어는 반항까지 하고 있다. 이 사실은 경찰이 제주도 특수 사정에 대한 사찰을 등한시한 시책에서 나온 것이다. 그리고 최고책임자는 사건해결을 단시일 내로 수습할 수 있다고 말하였으나 수습은 무력으로 하는 것도 좋지만 먼저 민심을 수습해야 한다. 그렇게 하려면 경찰력과 행정력을 통일하는 유능한 사람이 필요하다. 그리고 사설단체를 경찰력으로 이용한 데 대하여 사설단체에 대한 비난이 높아가고 있다."

(「제주도 사건 원인, 첫째는 경찰과 민심 이반, 해결엔 무력보다 행정력」, 『경향신문』 1948년 6월 15일)

경찰의 책임은 경찰 내에서도 부인할 수 없는 일이었다. 제주에 파견되었던 수도경찰청의 최난수(崔蘭洙) 경감의 6월 21일 발언을 살펴본다.

제주도사건 수습차 두 번째 현지에 출장한 최난수 경감은 21일 중간보고를 하러 서울에 돌아왔는데 동 씨는 제주도 현 사태에 대하여 다음과 같이 말하였다.

"최근 제주도를 시찰하고 돌아온 중앙의 경찰관 등도 폭동의 원인이 경찰에 있다고 하였는데 그것은 사실이다. 해방 직후 경찰행정책임자들의 부패로 말미암아 좌익 진영의 계획적이고 조직적인 모든 조직체 훈련을 방임하고 제주도를 공산혁명의 저수지로 만들게 하여 사상·정치·경제적 혼란을 이용하여 민중의 불평불만을 그때그때의 투쟁형식으로 폭발시켰다. 그와 같이 도민은 대소 폭발사건으로 투쟁의 세력과 조직체를 완비하였다. 부패한 경찰은 모리배와 결탁하여 돈벌이에 눈이 어두워 이를 미연에 방지치 못한 데 큰 원인이 있다.

현재의 수습 상황을 말한다면 폭도들은 5월 20일 이후 투쟁방법을 변경하여 일부(약 2,000명)는 귀순을 가장하고 일부 정예부대는 수개 부대로 분산하여 무장한 채로 산중에 도피 잠적 중이다. 말하자면 '장기항전'에 돌입한 모양이다. 현재 제주도 경찰은 군경 1,000여 명과 운수경찰 수백 명의 응원을 받고 있는데 완전수습을 하려면 대다수의 강력무장 부대의 응원이 필요하다고 생각한다."

(「폭도 귀순은 가장(假裝), 장기 항전을 기도」, 『동아일보』 1948년 6월 24일)

최난수가 어떤 인물인가? "해방일기"에서는 장덕수(張德秀, 1894~1947) 암살사건 관계로 김석황(金錫璜, 1894~1950)을 체포하는 장면에 등장한 일이 있다(1948년 1월 16일). 그리고 장차 반민특위 파괴에서 큰 공을 세울 인물이다. 수도청장 장택상의 심복 중 하나로, 4·3사태가 터지자 좌익 사찰을 위해 제주에 파견되었던 것이다.

그런 '반공투사' 최난수의 보고조차 조병옥의 발표와는 비교가 안 되게 점잖고 합리적이다. 도대체 조병옥은 누구의 보고를 받고 폭도들의 그토록 참혹한 만행을 그려내게 된 것일까? 김익렬의 회고에 나오는 것처럼 앉은자리에서 멋대로 상황을 지어내는 탁월한 창작능력을 가진 것이었을까? 도대체 그는 누가 읽어주고 곧이들어주기를 바라고 그런 황당무계한 발표를 했던 것일까?

조병옥의 6월 8일 발표가 하지 사령관과 딘 군정장관 등 미군정 수뇌부 몇몇 사람을 상대로 한 것이 아닌가 하는 생각이 든다. 5월 5일 '최고수뇌회의'에서 조병옥은 다른 모든 사람을 무시하고 딘 한 사람만을 상대로 (영어로) 이야기한 것으로 김익렬의 회고에 그려져 있다.

1950년대 야당(?) 지도자 시절의 조병옥. 당시의 민주당을 '야당'으로 보는 것은 오늘날 천안함사건에 대한 정부 발표를 믿지 못하는 사람을 모두 '종북'으로 보는 것과 같은 기준이 아닐까?

앞에 앉아 있는 연대장이 공산주의자라고, 그 아버지의 사주를 받은 것이라고, 돌아서서 확인만 하면 탄로 날 거짓말을 태연하게 늘어놓은 것으로 김익렬은 회고했다.

상식적으로 이해하기 어려운 장면이다. 그래서 김익렬의 회고에 착오나 과장이 있는 것이 아닌가 하는 생각까지 들었다. 그런데 6월 8일 발표를 보면 그 회고도 사실대로일 수 있겠다는 생각이 든다. 조병옥은 사실 여부에 관계없이 그저 딘이 만족할 만한, 미군정 수뇌부가 정해놓은 방침을 뒷받침해주는 말만 하면 되는 입장이 아니었나 하는 생각이다.

미군정은 여러 가지 무리한 정책의 핑계로 '공산주의자들의 위협'을 내세우고 있었다. 제주도에서 일어난 사태에는 이 핑계를 정당화해주는 호재로 받아들일 만한 측면이 있었다. 사태의 피해를 최소화하는 것이 통치권자로서 공식적 책임이었지만, 공산주의자들의 위협이 현존하고 실재하는 위협이라는 주장을 뒷받침하는 데 이 사태를 이용할 동기도 있었다.

반공의 명분에 이용하기 위해 제주도를 '공산혁명의 저수지'처럼 만들기로 미군정과 경찰 수뇌부의 방침이 일찍부터 정해져 있으리라고 볼 만한 대목이 많이 있다. 그러지 않고는 1947년 3·1절 발포사태 이후 제주도 사정을 악화시키기만 해온 일련의 조치를 이해하기 힘들다. 어리석음만으로는 도저히 설명이 되지 않는다. 나는 선부른 '음모설'을 좋아하지 않지만 4·3사태 발발 이전과 발발 초기의 상황에서 미군정과 경찰의 조치는 합리적으로 이해되지 않는 것이 너무나 많다.

조병옥의 6월 8일 발표도 그런 예의 하나다. 무엇을 위해 증오심과 공포심만을 부풀리는 그런 해괴한 황색 선전을 내놓았나? 민심 안정을 위해서라고는 도저히 말할 수 없다. 효과적인 해결을 위해서라고도 말할 수 없다. 그러니 반공정책 강화를 위해 제주도민을 희생시키려는 책략이라고밖에는 생각할 수 없는 것이다.

점령 3년 동안 미군정은 친일파와 유산계층을 기반으로 한 단독건국세력과 유착관계를 맺고 있었고, 단독건국세력의 전위대가 경찰이었다. 남조선이 외부 세계와 절연된 고립지역이었다면 미군정과 경찰의 폭력 독점상태는 무한히 계속되었을 것이다.

그러나 세계의 이목이 있었다. 미국은 남조선의 단독건국을 통해 영향력을 유지하려고 유엔을 이용했지만 유엔 이용이 공짜는 아니었다. 다른 회원국을 설득하기 위해서는 최소한의 타당성을 인정받아야 했고 내키지 않는 찬성을 얻어내기 위해서는 반대급부가 있어야 했다. 유엔을 대표한 조선위원단이 공의(公義) 실현을 위한 충분한 힘을 가진 기구는 아니었지만, 미군정과 경찰의 비행을 견제하는 얼마간의 힘은 갖고 있었다.

6월 7일 상하이에서 서울로 돌아온 유엔위원회는 5·10선거에 대한 평가를 아직 확정하지 않고 있었다. 경찰에 의한 선거 자유 분위기 침해가 부정적 평가의 첫 번째 이유가 될 수 있을 것으로 전망되고 있었다. 특히 무조건적 좌익 탄압이 두드러진 문제였다. 이 무렵 장택상과 조병옥이 잇달아 좌익 취체(取締)의 합리적 기준을 내세운 것은 유엔위원회의 눈치를 본 것으로 이해된다. 장택상은 6월 8일에 이런 성명서를 내놓았다.

> 수도관구경찰청 장택상 총감은 8일 "좌익운동자에게 고함"이라는 대요 다음과 같은 성명서를 발표하였다.
> "이번 수도경찰청의 기구개혁에 따라 다소 경찰조직에 이상이 있다. 다름 아니라 근자 좌익진영에서 사실 아닌 착각을 일으키고 있다. 경찰이 무차별로 좌익관계자를 무조건 탄압하는 줄 오인하는 것이다. 이보다 더 큰 오해가 없다. 나는 무엇보다도 좌익운동자가 지하운동으로 들어가는 것이 싫다. 해방된 조선에서 당당히 이론 투쟁을 하고 민중을 계몽한다면 그야말로 이상적 민주주의이다. 동족이 상쟁하는 살인, 방화, 기타 남조선에서 감행하는 악질분자의 범죄만은 용서 없이 실력으로 박멸하겠다. 내가 수도치안책임자로 있는 한 이론투쟁 운동선상에서 활동하는 동포에게는 절대 자유와 평등을 보장할 것을 맹서한다.
> 폭력을 피하고 이론과 계몽으로 천하의 공론에 호소하여 각자의 진영 세력 획득에 힘쓰라. 이제까지 경찰에서 찾던 좌익 범죄자, 즉 살인범과 방화범 이외에는 전부 불문에 부치겠다. 그대들은 이 정책에 순응하여 남자답게 나와 경찰의 온정을 재인식하라. 경찰은 그대들을 포옹할 용의가 있다. 그러므로 경찰은 속이지 않을 것이니 믿고 외선(外線)에 나와 제가끔 자기 이념에 따라 건국노선에 매진하자. 나의 중대한 결의인 만큼 그대들도 경솔히 생각 말고 협력하기를 바

란다."

(「지하운동은 싫다, 파괴 말고 당당 이론으로 싸우라」, 『경향신문』 1948년 6월 9일)

1946년 5월의 정판사사건 이래 경찰의 소행을 보아온 독자에게는 어처구니없는 소리로 들리겠으나, 이런 어처구니없는 소리를 태연히 하는 것이 장택상의 주특기다. 끝 문장에서 자신의 "중대한 결의"라고 하는 대목에서는 또 한 차례 실소를 금할 수 없지만.

이것으로 부족했는지 이튿날 또 한 차례 성명을 발표했다. "폭동을 종용하는 삐라 외 이론전개로 구성된 삐라는 취체치 않음" 등 구체적 취체 기준을 밝혔는데, 그중 "경찰 비판은 취체치 않음. 정당한 비판 즉 근거 있는 경찰의 불법행위 등을 비판한 문자는 절대 포용함"이 특히 눈길을 끈다(『경향신문』 1948년 6월 9일, 「탄압 일관(一貫) 아니다-장 청장 좌익동포에 재성명」).

비슷한 취지의 담화문이 6월 11일 조병옥에게서도 나왔다. 6월 13일자 『동아일보』에 게재된 요지를 옮겨놓는다.

> "국립경찰이 과거 좌익운동에 대하여 무차별 탄압을 가하여온 것 같은 오해를 일반사회로 하여금 가지게 하고 경찰의 운영방침이 돌연 변경된 것과 같은 악인상을 주고 있음은 천만유감이다. 그러나 경찰은 정치운동과 정치이념 그 자체를 탄압한 일은 없다. 오로지 정부의 행정을 방해하고 법과 질서를 교란시키는 행동만을 단속 또는 처단하여왔다. 그러므로 해방 이후는 정치사범은 1건도 없다.
> 공산주의 운동에 대해서는 경찰은 다른 정치운동에 비하여 엄중한 사찰을 실시함이 요청되어 있다. 소련이 공산주의 팽창정책을 세계적 규모로 포기하지 않는 한 그리고 조선에 대한 그의 야망을 철회하

지 않는 한 또는 남로당 계열이 북로당 세력과 합류하여 5·10선거의 결과로 성립된 국회의 임무인 정부 수립을 방해함에 있어 수단과 방법을 가리지 않겠다고 하는 근본적 설계를 취소하지 않는 한 그 도당들의 합법적 운동은 도저히 기대할 수 없다고 보는 바이다. 본래 공산주의 운동이란 그 본질상 합법적 운동을 행하기가 불가능한 까닭이다. 그러므로 남로당 계열의 운동에 대한 경찰의 방침은 종전과 조금도 다름이 없다.

국립경찰은 사찰을 엄중히 하여 폭동과 음모의 근거지 또는 파괴운동의 원천이 되는 세포조직을 경찰의 실력을 기울여 수사 섬멸하지 않으면 안 된다. 끝으로 좌익운동에 대한 경찰단속의 실례를 다음과 같이 몇 가지 들어 보겠다. (…)

(「공산계 합법 운동 기대 난」, 『동아일보』 1948년 6월 13일)

이렇게 모처럼 점잖은 이야기가 나오고 있는 지금도 경찰은 이해하기 힘든 일을 계속 벌이고 있었다.

대구경찰서에서는 10일 상오 11시경 돌연 백 대구부 후생과장 이하 약 30명의 부정직원을 검거하고 연달아 11일에는 경북 상공국장 신현수 씨 이하 광공과장, 동 계장 등 30명을 검거하였다고 하는데 피검 이유는 일체 비밀에 부치고 있다. 한편 대구서에서는 기자들의 출입을 엄금하고 준엄한 문초를 계속하고 있는데 탐문한 바에 의하면 모 정당 세포조직 관계인 듯하다.

(「경북 상공국장 등 피검, 극비리 준엄한 문초 계속」, 『경향신문』 1948년 6월 13일)

〔전주〕 지난 16일부터 부내 각 중등학교에 검거 선풍이 일어나 남녀

> 학생 200여 명이 검거되었다. 탐문한 바에 의하면 이 학생들은 모 당의 지령에 의하여 동 당에 정보를 제공하는 동시에 학원의 적화를 도모하였던 것이라 한다.
>
> (「200여 학생 피검」, 『경향신문』 1948년 6월 20일)

대구의 공무원 대량검거는 7월 초까지 계속, 모두 201명이 검거되어 "경북 관리 적색사건"이란 이름으로 발표되었다(『동아일보』 1948년 7월 16일). 남로당의 '특수세포조직반'으로서 그 직위를 이용해 온갖 나쁜 짓을 "표면합법적으로 감행"했다는 것이다. 도청 직원만 54명인데, 총원의 10퍼센트에 달한다. 전주의 학생들, 대구의 공무원들이 모두 살인범이고 방화범이었단 말인가?

1948. 6. 14.

올림픽선수단 출발 직전의 체육회 간부진 총사직, 왜?

1896년 창설된 올림픽대회는 20세기의 가장 중요한 국제행사의 하나가 되었다. 창설 초기에는 참가 주체가 개인이었는데 1908년 런던대회부터 국가별 참가가 제도화되었다. 엄밀히 말하면 '국가'보다 '민족'이 참가 주체였다. 독립국가를 갖지 못한 민족도 각자의 올림픽위원회를 조직해서 올림픽대회에 참가할 수 있었기 때문이다.

일본 통치하의 조선인은 올림픽위원회를 조직하지 못했다. 그래서 해방 전 마지막 대회인 1936년의 베를린대회에 손기정(孫基禎, 1912~2002)은 일본선수단에 끼어 참석해야 했고, 그래서 '일장기 말소 사건'이 일어났던 것이다.

해방 후 첫 대회인 1948년 런던대회 참가는 독립한 민족으로서 국제무대에 나설 수 있는 중요한 계기였다. 1946년 7월 조선체육회 내에 올림픽대책위원회가 만들어져 런던대회 참가를 추진하기 시작했는데, 대책위 위원장은 미군정 문교부장이며 체육회 부회장인 유억겸(兪億兼, 1895~1947)이 맡았고 부위원장은 전경무(田耕武, 1900~1947)와 이상백(李相佰, 1902~1966)이 맡았다.

전경무의 역할이 두드러진 것이었다. 어린 나이에 부모를 따라 하와이에 이주했다가 사업가로 성장한 전경무는 재미동포 재력가의 한 사

정치적 야심 없이 조선 독립운동에 성실히 공헌하던 재미 사업가 전경무는 1947년 5월 29일 스톡홀름 IOC총회 참석을 위해 미군기를 타고 조선을 떠났다가 일본 후지산 부근에서 비행기 추락으로 사망했다.

람으로 재미한족연합위원회를 통해 임시정부를 지원하는 등 독립운동에 공헌했고, 해방 후 미국과 조선을 오가며 민족 독립을 위한 노력을 계속한 사람이다. 자기 사업을 하면서 그 성과로 독립운동을 지원했다는 점에서 이승만 같은 직업적 운동가와 대비된다.

1946년 12월 5일 전경무가 유억겸에게 전보를 보냈다. IOC 부위원장이며 미국올림픽위원회 위원장인 브런디지(Avery Brundage, 1887~1975)를 만나 조선의 올림픽 참가에 적극 협조하겠다는 언질을 받았다는 것이었다(『서울신문』 1946년 12월 22일). 외부에서 들어온 첫 청신호였다. 그런데 이 보도가 나온 며칠 후 이를 뒤집는 브런디지의 발언이 합동통신을 통해 전해졌다.

> "최근 나는 조선 올림픽참가 여부에 대하여 질문을 받았으나 나의 생각으로는 조선은 통일된 독립국가가 될 때까지는 올림픽대회에 참가할 시기를 고대할 수밖에 없다."

영남 부호의 자제로 자라난 이상백은 해방 전 일본 체육계의 거물로 활동하다가 해방 후 학계와 체육계 양쪽에서 큰 역할을 맡았다. 1947년 서울대에 사회학과를 만들어 사망 시까지 재직했고, 한국체육회장과 KOC 위원장, IOC 위원을 지냈다.

(「'올림픽' 조선 참가는 독립국 될 때까지 유보-아 위원장 담」, 『조선일보』 1946년 12월 28일)

이에 대해 올림픽대책위원회 이상백 부위원장이 '독립국가'가 되어 있지 않아도 올림픽 참가에 문제가 없다는 담화를 발표했다.

이것은 통신원의 오전이나 혹은 속단일 것이다. 나는 올림픽 경기회의 정신으로나 관례로나 조선이 당연히 참가할 자격이 있으며 또 우리의 희망은 능히 관철될 것이라고 믿는다. 과거 일제시대라도 일본이 반대만 하지 않고 조선에 NOC(National Olympic Committee)만 있었다면 조선 단위로 참가했을 것이다. 이 예를 들면 필리핀, 캐나다, 아일랜드, 오스트레일리아, 남아프리카, 이집트 및 인도지나, 팔레스타인 등은 예전부터 당당히 독립단위로 승인을 받고 참가하고 있으며 다만 법규상으로 올림픽경기 일반규정 제9조에 의하여 정식 참가신청은 NOC를 거칠 필요가 있으므로 NOC가 없는 곳에는 이것을 창설해서 IOC에 승인을 받아야 한다. 우리는 아직 IOC와 OOC의 정식 교섭도 연락도 되지 못하고 브런디지 씨와의 연락이 이번 전경무 씨의 도미로 겨우 시작된 것뿐이니 대외교섭에 여러 계단은 많이 취하겠으나 조선 참가는 확신이 있다고 단언한다. 참가선수를 양성하는 각 경기단체는 자신을 가지고 선수를 양성할 것이고 일반도 적극 후원해주기를 바란다. 언제든 통일된 정권이 서고 완전독립이 하루라도 속히 되기를 고대하는 열의는 올림픽 문제를 떠나서도 국민의 일원으로 바라는 바이나 그러나 올림픽법규와 관례상 우리는 당당히 런던올림픽 참가를 주장할 근거와 자신이 있다.

(「런던올림픽에 조선 참가 여부 진상조사 전청(電請), 재미 전경무 씨에게」, 『경향신문』 1947년 1월 1일)

조선올림픽위원회(KOC)는 1947년 5월 16일 결성되었다. 조선체육회 회장과 부회장인 여운형과 유억겸이 위원장과 부위원장을 맡았다. 그리고 스톡홀름의 IOC총회에 전경무 위원 파견을 결정했다. 전경무는 그 길에 비행기 사고로 목숨을 잃었지만 IOC총회는 6월 20일에 KOC 승인을 의결했다. 그로써 1948년 7월의 런던대회 참가가 확정되었다.

그러나 올림픽 참가를 위해 도장받을 곳이 아직 남아 있었다. 미군정이었다. 출국 허가는 물론, 참가 경비도 미군정에 의존하지 않을 수 없었다. 올림픽후원회가 결성되어 후원권과 기념우표를 발매하고 국악원의 「대춘향전」 공연(1948년 1월 15~20일, 국도극장) 등 후원행사를 열었지만 수십 명 선수단을 런던에 보낼 비용에는 턱도 없었다. 환금에도 물론 미군정의 승인이 필요했다. 1인당 비용은 2,000달러로 책

1948년 7월 런던올림픽에서 한국선수단 입촌식 장면. 조선체육회(회장 여운형)에서 선발한 본부임원진을 바꿔 이상백 등을 넣도록 군정청이 압력을 가하는 장면에서는 체육계에서도 민족주의자들이 친일파에게 밀려나는 상황을 읽을 수 있다.

정되었다.

> 조선체육회에서는 세계올림픽대회에 파견할 연원과 선수 문제로 오랫동안 토의를 거듭하여 오던바 지난 15일 육상, 역도, 농구, 레슬링, 축구, 권투 등의 역원을 포함한 선수 63명이 결정되어 KOC의 최후 결정을 기다리고 있다 한다. 그런데 최근 자전거선수의 추가참가 문제로 동 체육회에서 문제가 되어 있으나 또한 금명간 참가 여부가 결정될 것으로 보인다. 그러나 군정 당국에서는 기정한 63명도 많다고 말하고 있느니만큼 어떻게 될는지 주목을 끌고 있다 한다. 한편 올림픽준비위원회에서는 선수 1인당 2,000달러의 여비와 양복, 가방, 기타 15만 원을 계상하고 있다 한다.
>
> (「63명으로 내정. 올림픽 참가인원과 종목 상미(尙未) 최후 결정」, 『경향신문』 1948년 5월 22일)

사이클이 추가되었다는 며칠 후의 기사를 보면 선수단 규모가 미군정의 재량에 달려 있었다는 사실을 알아볼 수 있다. 그런데 본부임원

경질 요구는 무슨 이유일까?

> 제14회 국제올림픽대회에 우리 조선대표로 파견할 단원의 최후 인선 문제는 자전거경기 종목의 추가로 인하여 일대 난항에 봉착하였다 함은 기보한 바이어니와 그동안 군정 당국의 호의로 인하여 총인원수 63명이 66명으로 3명의 추가를 보게 되어 이 문제는 일단락을 지었으나 이번에는 군정 당국으로부터 본부위원 2명의 경질을 요구하여 또다시 파견단원의 최후결정에 막대한 지장을 던지고 있다.
> 즉 군정 당국에서는 지난번 조선체육회이사회에서 결정한 본부위원 중 부단장 겸 총감독 이병학과 총무 김용구 대신에 부단장에 신기준, 총감독에 이상백 양 씨로 경질하라는 요구가 있어 지난 28일에 동 이사회를 개최하고 전기 요구의 수락 여부를 토의한 결과 이것을 전적으로 거부하게 되어 그 최후심리를 KOC에 위촉하였다는데 과연 어떠한 방법으로 이 문제를 해결할는지 자못 주목되는 바이다. 그리고 자전거경기의 감독 및 선수는 다음과 같다. 감독 장일홍. 선수 권익현, 황산웅.
>
> (「올림픽 대표의 인선은 해결, 이번엔 위원 경질 문제로 난항」, 『조선일보』 1948년 5월 30일)

조선체육회와 KOC가 6월 4일부터 6일까지 결정한 선수단 본부임원은 단장 정환범, 총감독 이병학, 부단장 신기준, 총무 정상윤 · 김능구, 재무 심재홍, 의무 유한철, 수원(隨員) 손기정의 8명이었다(『경향신문』 1948년 6월 8일). 군정 당국이 경질을 요구한 두 명 중 한 명이 바뀐 것이다. 그런데 출발을 보름 앞둔 이 시점까지도 딘 군정장관은 사람을 바꾸라는 요구를 계속하고 있었던 모양이다.

출발 1주일 앞두고 아직도 올림픽 파견단 편성 문제는 결정을 보지 못하고 지난 12일에는 다시 딘 군정장관이 역원진의 일부를 변경한 문제를 가지고 KOC와 조선체육회 이사회가 각각 개최되었는데 KOC에서는 이묘묵 · 안동원 · 김용택 · 정환범 제 씨 외 1명의 5의원이 선출되어 KOC에서 승인한 명부를 개정한 이유를 규명하는 동시 KOC에서 승인한 원안대로 추진시킬 것 등을 군정장관에게 건의할 것 등을 결의하여 14일 오전 군정장관을 방문하였다고 하며 일방 체육회 이사회에서는 대표단 편성에 있어 불필요하게도 시간적으로 지연시켜 사회적으로 악영향을 주었음과 올림픽 파견에 관한 군정청과의 교섭 자주실행이 불가능상태에 이름은 동 이사회의 책임이라는 결론으로 회장 이하 이사 · 감사가 총사직을 결의하였다고 한다. 그리고 동 회의에 이어 14일 오후 1시부터는 임시 평의원회의가 개최되게 되었는데 이 회의에서의 결의가 또한 주목되고 있다.

(「체육회 총사직」, 『서울신문』, 1948년 6월 15일)

간부진의 '자폭'이라 할 이 사태가 벌어진 구체적 경위는 확인할 수 없으나 맥락으로 보아 미군정의 선수단 본부임원 교체 요구로 촉발된 것은 분명하다. 교체 요구의 이유가 무엇일까? 기능상의 필요는 미군정이 아니라 체육회와 KOC가 판단할 일이었다. 선수단 참여를 특혜로 여긴 인물들이 로비를 벌여 미군정의 힘을 빌리려 한 것으로 짐작된다.

미군정이 교체를 요구한 것으로 나타난 두 사람 중 하나가 이상백이었다. 이상백은 한국인으로 첫 IOC 위원을 지내는 등 체육계의 독보적 거물이 될 사람이었다. 1984년 10월 27일자 『경향신문』에 "여명의 개척자들" 시리즈 제30회에 이상백이 등장하는데, 1948년 올림픽을

둘러싼 상황을 이해하는 데 도움이 된다. 사실관계의 착오가 더러 눈에 띄지만 맥락 파악에는 크게 문제되지 않으므로 그대로 옮겨놓는다.

> 1923년 일본의 와세다대학교 근처의 다카다노바바의 귀족촌. 최고급 양복을 차려입은 184센티미터의 훤칠한 한국 청년이 하숙을 구한다. '조센징'이라며 기피하던 그들도 하숙비는 요구하는 대로 주겠다는 청년의 말에 큰 방을 내준다. 다음 날 그는 일본 귀족들도 혀를 내두를 정도의 초호화 가재도구를 들여놓는다. 하숙집 주인도 20세밖에 안 된다는 청년의 엄청난 씀씀이에 깜짝 놀란다. 더구나 한국인이…… 상백(想白) 이상백. 한국 올림픽의 선구자인 그는 이렇게 갈고닦아진다.
> (…) 와세다대학교 2학년 때 농구부를 창설한 그는 28년 일본대학농구협회를 조직, 천부적인 수완을 발휘하게 된다. 28년 와세다대학교 농구팀의 선수 겸 인솔자로 미국 원정을 시도한 그는 샌프란시스코 시장의 환영연에서 유창한 영어를 구사하며 답사를 읽어 "일본에도 영어를 저렇게 잘하는 사람이 있느냐."는 말을 들었다.
> (…) 32년 LA올림픽 일본대표단 본부임원으로 일본 체육계에 발을 들여놓은 그는 한국 젊은이들이 국제무대에 참가하는 데 후원자로서, 또 해방 후 한국 올림픽운동을 펴는 데 필요한 경험을 축적한다.
> 32년 일본선수단이 LA에 가는 도중 하와이에 기항하자 한국 독립에 앞장을 섰던 한인회에서 일본선수단 일원으로 참가한 마라톤선수 김은배와 권태하, 그리고 복싱의 황을수를 초청, 환영연을 베푼다. 한인회는 이들을 데리고 당시 비참하게 살던 동포들의 생활상과 나라를 찾기 위한 운동을 소개, 애국심을 고취시킨다.
> 뒤늦게 이 얘기를 들은 이상백은 한인회를 찾아가 "나는 일본 사람들

보다 우위에 있다는 자신감을 갖고 살아왔다. 또 일본대표단의 한국 선수들도 용기와 포부를 불태우고 있는 젊은이들인데 무엇 때문에 우리 동포의 비참한 생활상을 공개하는가?"라고 항의했다. 그의 지론은 비록 나라를 빼앗긴 설움 속에서 살고 있지만 조국 광복의 희망을 갖고 살아야 한다는 것이었다. 백배사죄한 한인회는 이튿날 한국어신문에 그의 멋진 사상을 대서특필한다.

35년 일본체육회 전무로 발탁된 이상백은 36년 베를린올림픽 일본대표단 총무로 참가, 뒷날 그의 절친한 친구가 되는 브런디지를 만난다. 한국선수 출전을 가로막던 일본 집행부의 횡포를 저지시킨 것도 그가 전무로 있었기 때문이다. 손기정이 마라톤에서 우승의 월계관을 쓴 것도 바로 이상백의 노력으로 출전이 가능했던 것.

민족해방과 함께 고국으로 돌아온 그는 일본 체육계에서 갈고닦아온 조직력과 외교수완을 마음껏 발휘한다. 한국의 올림픽위원회가 이상백에 의해 만들어진 지 1년 후인 47년 5월 15일, 조선주둔군사령관 하지 중장은 브런디지 IOC 위원장으로부터 이상백을 도와 조선의 올림픽 참가에 힘써 달라는 서한을 받는다. 하지는 다음 날 KOC 부위원장인 이상백과 오찬을 함께한 자리에서 브런디지의 편지를 공개하며 "시일이 얼마 남지 않았으니 조선의 IOC 가입 문제를 서둘러 달라."고 당부했다.

일에 착수한 이상백은 36년 베를린올림픽 때 처음 대면한 후 서신 왕래 등으로 우정을 나누었던 브런디지의 서신에 감사하면서 당시 KOC 부위원장 전경무를 파견하기로 결정한다. 그러나 그가 5월 27일 저녁 비행기 추락사고로 사망하자 이상백은 후속조치로 미국에 거주하던 이원순을 6월 15일 스톡홀름에서 열린 IOC 제40차 총회에 급파, KOC의 IOC 가입을 정식으로 승인받고 한국의 올림픽 참가

결정 선물을 얻게 된다.

이로써 한국은 48년 7월 29일부터 8월 14일까지 열린 런던올림픽에 69명의 선수단을 파견한다. 이상백의 수완은 여기에 그치지 않는다. 이미 1회 대회를 51년 3월 인도에서 치른 아시안게임 정식 회원국이었던 북한을 축출하고 한국을 가입시켰다. 66년 유니버시아드대회 때는 한국에 "KOREA"를, 그리고 북한에는 "NORTH KOREA"라는 국호를 표기하게 한 것도 모두 그의 탁월한 외교능력 덕분이었다.

이상백. 그가 한국스포츠를 위해 해온 일들은 너무나 많다. 그는 66년 4월 14일 심근경색증으로 세상을 등졌다. 당시 나이는 64세였다. 그러나 그는 친일파로 매도되기도 했고 이 때문에 그의 수완도 능력만큼 발휘하지 못한 것도 사실이다. (…)

(「여명의 개척자들(30) 이상백, 올림픽 눈뜨게 한 스포츠계의 '큰 별'-신상돈 기자」, 『경향신문』, 1984년 10월 27일)

1948. 6. 17.

대통령책임제 아니면 대통령 못하겠다는 이승만

6월 3일 국회에서 헌위가 30인 의원으로 구성되어 그날로 활동을 시작했다. 헌위가 제일 먼저 한 일은 전문위원 10인의 위촉이었는데, 그 중 유진오 고려대 교수가 준비해놓은 초안이 잘 준비된 것으로 인정되어 이것을 중심으로 토론이 진행되었다. 유진오 초안의 특징은 아래와 같은 것으로 알려졌다.

1. 제1조에 "한국은 민주공화국으로 함"이라고 국체를 규정.
2. 민의-참의원제를 창설.
3. 제2장에 인민의 권리가 규정되어 있는데 경제적으로 사회적으로 동등 권리를 강화하고 "주권은 인민에게 있음"이라고 되어 있으며,
4. 대통령을 행정수반으로 하고 임기는 6년으로 되어 있으며 책임내각제로 되어 있음.
5. 3권분립을 명확히 하고 법률심사권은 대법원장에게 줌.

(「헌법 초안 내용, 전문 10장 108조」, 『경향신문』 1948년 6월 6일)

헌위에서 헌법 기초안을 결정해서 본회의로 보내면 본회의 토론에서 수정될 수 있었다. 그러나 헌위 인원이 30명이나 되었기 때문에 헌

제헌헌법 기초위원 기념 촬영 모습.

위의 결정이 본회의에서 번복될 가능성은 크지 않았다.
헌위에서 제일 먼저 결정해야 했던 것은 제1조에 나올 국호였다.

헌법기초위원회에서는 8일까지 본회의에 제출할 초안 작성이 앞으로 약 10일을 더 요하게 되어 8일의 본회의에 제출, 시일 연기를 요청하였거니와 지난 7일에는 하오부터 야반까지 유 씨 초안을 기간으로 하여 이에 사법부 내시(內示)를 기술적으로 참작하면서 축조토의를 개시 제1장 7조까지 완료하였다 한다. 즉 제1장 총강에 있어서 가장 주목되는 점은 국호 문제인바 당일 동 문제로 각 위원 간에 격론이 전개되었으나 결국 표결한 결과 대한민국 17표, 고려공화국 7표, 조선공화국 2표, 한국 1표로서 대한민국으로 낙착되었다 한다. 여기서 국호 결정을 위요한 헌위 동향을 보면 이청천을 비롯하여 독촉계에서는 의장 이승만이 개회 당일 식사에서도 대한민국을 천명하였고 그때 이의가 없었던 만큼 그대로 추진시키는 것이 당연하다고 이 박사 주장을 지지하였다 하며 한민당 출신의원은 고려공화국을 역설하였던 것이라 한다. 하여간 헌법 작성에 있어서 그 지향이 주목되는 이때 헌위에서 대한민국의 국호 결정을 본 것은 앞으로 헌법구성 기준을 가히 추측할 수 있다고 하며 따라서 대통령제와 책임내각제에 대한 논전이 일층 백열화될 것으로 관측된다.

(「국호는 대한민국, 헌위 축조(逐條) 토의 진행」, 『조선일보』 1948년 6월 9일)

다음으로 심각한 토론이 벌어진 것은 정부조직에 관한 여러 사항이었다. 국회는 유진오 초안의 양원제를 1원제로 고쳤고, 대통령 선출은 국회에서 하는 것으로 정해졌다.

국회 헌법기초분과위원회에서는 연일 분위를 열고 신국가 건설의 기초가 될 헌법 기초에 노력하고 있거니와 소식통이 전하는 바에 의하면 10일 분위에서는 전문위원 측으로부터 제출된 헌법초안 제5장 "정부" 제1절 대통령에 관한 조항 제55조까지의 기초를 완료하였다 한다. 그리고 특히 주목을 끌고 있던 제3장 국회구성에 관한 조항 제31조 양원제는 단원제로 할 것을 12 대 10으로 가결하였다 한다. 또한 다음 제53조 대통령선임에 관하여 보선(普選) 실시로 선출하느냐 또는 국회가 선출하느냐로 상당히 논의되었으나 결론에 도달치 못하였으며 허정(한민) 의원은 보선으로 할 것을 강조하였다 한다. 또한 현재 헌법 기초에 있어서 제일 주요한 헌법초안 제5장 제2절 내각제에 관하여 대통령책임제로 하느냐 국무총리내각제로 하느냐에 대하여 격론이 벌어질 것으로 예측된다 하는데 만약 대통령책임제가 헌법기초분과분원회에서 기초되는 경우에는 헌법을 초안한 전문위원은 전부 사임할 공기를 보이고 있다 한다. 그런데 유진오 초안과 사

> 법부 측에서 제출된 초안은 전부 국무총리책임내각제로 기초되어 있다 한다.
>
> (「1원제를 채택, 대통령 선임방법에 논쟁, 헌법기위 55조까지 기초 완료」, 『동아일보』 1948년 6월 12일)

국회의 양원제-1원제, 대통령 선출의 직접-간접 선거에 대해서는 전문위원들이 초안을 제출했을 뿐 헌위의 결정에 맡겼다. 그런데 내각책임제에 대해서는 강경한 태도를 보였다. 권력구조의 본질적 문제였기 때문이다. 이승만이 내각책임제에 반대한다는 입장을 분명히 밝히고 있었기 때문에 헌법 내용 중 가장 주목을 끄는 문제가 되었다.

> 국회의장 이승만 박사는 7일 오전 10시 시내 각사 기자단과 회견하고 8일부터 속개되어 상정될 예정인 헌법과 국회 내의 사상통일에 언급하여 다음과 같이 말하였다.
>
> 1. 정부 수립과 내각제에 대하여: 정부 수립 기한에 대하여서는 신국회에서 제반 문제를 처리함에 따라서 결정될 것인 만큼 여기선 나로서는 그 기일을 확언하기 곤란하다. 현재 기초 중인 헌법에 내각제는 국무총리를 둘 책임내각으로 되어 있으나 이것은 국회에서 결정할 것이며 나 개인으로는 미국식 3권분립 대통령책임내각제를 찬성한다. 유럽의 프랑스나 영국이나 혹은 일본에서 국무총리를 두는 책임내각제로 하는 대통령을 국왕과 같이하는 신성불가침으로 하게 하는 것은 진정한 민주정체와는 좀 다른 것이며 이와 같이 하면 히틀러, 무솔리니, 스탈린과 같은 독재정치가 될 위험이 있으므로 나는 찬성하지 않는 것이다. 그러나 국회에서 국무총리를 두고 책임내각제의 헌법이 통과된다면 나도 이에 추종하게 될 것이다. (…)

(「내각제는 찬성 못하나 국회서 통과되면 추종, 이 박사 행동통일을 강조」, 『동아일보』 1948년 6월 8일)

이승만의 추종자들도 이 얘기는 무슨 소린지 알아듣기 힘들었을 것이다. 프랑스, 영국, 일본 얘기하다가 히틀러, 무솔리니, 스탈린은 왜 나오지? 분명한 것은 이승만이 대통령책임제를 원한다는 사실뿐이다.

"국회서 통과되면 추종"하겠다고 말은 했지만, 가만히 앉아서 국회의 결정을 기다리기에는 너무 부지런한 사람이었다. 그는 6월 15일 헌위 회의에 임석해서 "직접선거에 의한 대통령책임제"가 현 정세에 적합하다는 의사를 표명했다고 한다.

(…) 한편 국회의장 이승만 박사는 15일 동 기초회의에 임석하여 정부조직에 있어서는 대통령책임제를 채택할 것을 거듭 역설하였다고 하는데 이미 책임내각제를 규정한 이때에 동 초안이 그대로 본회의에 상정된다 하더라도 이 박사가 대통령제를 주장하는 이상 앞으로 정부조직 1조항을 중심으로 국회에서는 상당한 물론(物論)이 있을 것으로 일반은 관측하고 있다.

(「경제조항을 논의, 헌법 85조까지 기초」, 『동아일보』 1948년 6월 17일)

헌위의 초안 검토는 6월 15일에 일단락되어 6월 16일부터는 초안 전문이 신문에 게재되기 시작했다. 6월 19일에는 모든 토론을 끝내고 21일 본회의에 상정할 초안을 확정했다. 그런데 21일 본회의에서는 상정이 23일로 연기되었다. 그 경위가 이렇게 보도되었다.

신생독립국의 기본법인 헌법 초안은 그동안 헌법기초위원회에서 전문위원의 안을 중심으로 진지한 토의가 계속되어오던바 19일 제3독회가 종결됨으로써 전문 105조가 완성되었다. 이리하여 헌법안은 21일 본회의에 상정될 예정이었으나 인쇄가 미비하다는 이유로 상정을 23일까지 연기하게 되었는데 측문한 바에 의하면 실상은 21일 본회의에서 의원 대다수의 반대에 봉착한 비공개 전원위원회 개최설과 관련하여 다음 두 가지 이유로 연기되었다 한다.

즉 첫째로 정부 수립이 시급히 요청되는 이때에 헌법을 그대로 상정하여 의원들의 논쟁에 방치한다면 헌법 심의에 장구한 시일이 소비되어 정부 수립에 지연이 염려가 있다는 점에서 공개회의 전에 대체로 조속한 심의방법을 강구해보자는 간부의원 측의 견해인 것이다.

둘째로 앞으로 정식으로 심의될 때에 문제가 될 중요 조항 즉 국호 문제, 양원제 · 단원제 문제, 경제조항 문제, 정부조직 문제 등을 토의하기 전에 전원위원회에서 대체로 이에 관한 의견통일을 기하기 위한 것으로 추측된다. 특히 정부조직에 있어서 원안에는 내각책임제로 되어 있으나 이승만 박사는 자초로 대통령책임제를 주장하여왔으며 지난 15일에는 기초위원회에 임석하여 대통령제를 주장하였고 또 20일에는 헌법을 기초한 의원들을 이화장에 초청하여 그러한 문제 등을 중심으로 한 헌법 전반에 관한 토론을 하였다고 하며 헌법 심의를 위한 전원위원회 개최의 주장도 그러한 의도의 연장이라고 보이는데 결국 비공개 전원회의는 비민주주의적이라 하여 16차 본회의에서 압도적 다수로 부결되고 말았다.

(「전원위원회 안 부결, 헌법 상정 23일로 연기」, 『동아일보』 1948년 6월 22일)

'전원위원회'란 새로 제정된 국회법 제15조에 따라 설치된 것인데 유엔총회의 소총회처럼 같은 구성원으로 구성되면서 운영방법을 달리한 것 같다. 헌법안 토의를 비공개로 하기 위해 전원위원회를 활용할 궁리를 했던 모양인데 이것이 부결되자 인쇄 미비를 핑계로 상정을 연기해놓고 상정 전에 상정할 초안 내용을 바꿀 공작에 들어간 모양이다. 결국 6월 23일 상정된 초안은 대통령책임제로 되어 있었다.

헌위에서 이승만의 '의사 표명'에도 불구하고 초안의 내각책임제를 지킨 데는 한민당 의원들의 역할이 결정적이었다. 5·10선거를 치르기까지는 이승만과 한민당이 한뜻이었지만 이제 권력 앞에서 경쟁관계에 접어들고 있었던 것이다. 이승만은 대통령중심제가 아니면 대통령을 맡을 수 없다는 '벼랑 끝 전술'로 한민당 의원들의 뜻을 돌려놓았다고 한다(서중석, 『이승만과 제1공화국』, 역사비평사 2007, 30쪽).

국가원수로서 '대통령(president)' 제도를 처음 둔 나라는 1776년 독립한 미국이었다. 그 후 새로 독립하는 나라와 왕정을 폐지하는 나라에서 흔히 대통령제를 채택, 지금은 150개국에 이른다. 공화정을 시작하는 나라에서 대통령제가 인기 있는 이유는 사람들에게 익숙한 왕의 존재를 대통령이 대신해주기 때문이다. 주권이 국민에게 있다고 하지만, 국민은 누군가가 과거의 왕처럼 포괄적 책임을 져주어야 마음을 놓을 수 있다.

그런데 대통령제 국가 중에도 대통령의 역할에는 편차가 크다. 선진국에서는 대통령의 권력이 크지 않다. 대개 국가원수로서 상징적인 존재일 뿐이다. 대통령에게 권력이 집중되는 나라는 대개 정치적 후진국들이다. 이 점을 놓고 보면 미국도 정치적으로는 후진국가다. 18세기에 만들어진 대통령중심제가 19세기에는 세계인의 선망 대상이었고 20세기까지도 큰 허물을 드러내지 않았지만, 21세기에는 미국 정치의 자산이 아니라 큰 짐이 되어 있다.

대통령중심제의 근본적 폐단은 과도한 권력집중에 있다. 아무리 3

권분립의 원리를 분명히 세워놓는다 하더라도 행정권의 현실적 힘이 다른 2권을 압도하기 쉽다. 전쟁선포권이 단적인 예다. 미국 헌법상의 전쟁선포권은 의회에 있지만 제2차 세계대전 이후 미국이 개입한 수많은 전쟁에서 의회가 이 권한을 행사한 일은 단 한 번도 없었다. 최근 에드워드 스노든(Edward Snowden)의 폭로 사태도 미국 권력구조의 병리적 문제를 드러낸 것이다.

미국의 절대적 영향 아래 진행된 대한민국 건국과정에서도 공론은 내각책임제로 모여 있었다. 이승만은 이 공론에 맞서 대통령책임제를 관철하기 위해 '현 정세'를 내세웠다. 원칙상으로는 내각책임제가 옳다고 인정하면서 당장의 상황 때문에 대통령책임제가 필요하다며 구걸하듯 얻어낸 것이다.

지난 65년을 돌아보면 대통령중심제가 이 나라에 혜택보다 재앙을 더 많이 가져온 것이 분명하다. 질 나쁜 인물이 권력을 쥐었을 때 해악이 엄청난 것은 말할 필요도 없고, 괜찮은 사람이 대통령이 되어도 그 엄청난 권력에 따르는 책임을 제대로 감당하기 힘들었다. 그리고 모든 정치활동이 대통령선거라는 단판 승부에 집중되는 바람에 정치의 실질적 기능이 마비되고 순조로운 발전이 봉쇄되었다.

이승만이 내세운 '현 정세'가 65년이 지난 지금까지 계속되고 있는 것일까? 이승만의 고약한 유산을 내다버릴 때가 지나도 한참 지났다.

1948. 6. 19.

일본이 죽여놓은 조선 경제, 미군정이 확인사살

1947년 말 시점의 조선은행권 발행고는 324억여 원이었다. 두 달 전 261억여 원에 비해 약 63억 원, 25퍼센트 가까이 급증한 것인데 추곡수매자금 방출 때문이었다(『경향신문』 1948년 1월 8일). 추곡수매가 일단락된 후에는 자금 회수에 따라 서서히 발행고가 줄어들어 5월 말에는 286억여 원까지 내려왔다.

> 조선은행 조사부 8일 발표에 의하면 5월 29일 현재 발행고는 286억 원대를 지속하고 있는데 앞으로도 약 30억 원이 감축될 여지를 보이고 있다 한다. 그런데 이는 미곡자금 회수가 순조로이 진행되고 있기 때문이라 한다.
>
> (「조은 발행고 286억, 아직 30억 감축 예상」, 『경향신문』 1948년 6월 9일)

그런데 6월 중순으로 접어들면서 상반기 내내 이어져온 발행고 축소가 끝나고 확장으로 돌아서는 변화가 감지되었다.

> 조선은행 발표에 의하면 6월 12일 현재 은행권 발행고는 29,396,943,000원으로 전주에 비하여 396,981,000원의 증가를 보이었다고 하는데, 그 원인으로서는 대출금의 증가를 들 수 있으며 앞

으로 하곡 수집 자금 방출로 인하여 계속 증가될 것으로 보인다. (…)

(「조은권 발행 증가 경향」, 『동아일보』 1948년 6월 20일)

화폐 발행고는 7월 초에 다시 300억을 넘어서고 얼마 동안 소강상태를 유지하다가 10월 이후 다시 급팽창을 시작, 연말까지 450억을 돌파하였다. 통화량은 경제운용의 중요한 지표일 뿐 아니라 민생에 직결되는 요소였다. 1948년 8월 15일 『경향신문』에 실린 산업경제연구소 강진국(姜辰國)의 기고문에 이 문제에 대한 사회의 관심이 나타나 있다.

어느덧 해방 4년을 맞이하게 되는데 이 민족의 생활은 극도로 도탄에 빠져 있다. 이것을 화폐개혁으로서만 도저히 해결할 수 없는 일이나 화폐가 민생의 생활 척도를 측정하는 표준 도구가 되느니만치 이번 행정기구 개혁에 따른 생산 부문의 참신한 개혁과 아울러 화폐개혁을 단행하기 전에는 아무런 혁신도 기대할 수 없는 일이다.

첫째로 관공리가 구두 한 켤레 값밖에 안 되는 봉급으로 오리(汚吏) 노릇을 아니할 수 없는 판이요, 배급에만 의존할 수 없는 노동자가 하루 임금으로 두 끼를 먹지 못하는 형편이니 어찌 마음 놓고 생산에만 매진할 수 있겠는가 하는 것이다.

결국 통화 수량을 적절히 조정하여 화폐가치가 유통경제, 특히 대내적으로는 국민생활의 정상한 가치 측정의 기준이 되고 대외적으로는 비록 금본위에 대한 준비가 되어 있지 못하더라도 국내 생산과 어느 정도의 균형을 보유함으로써 그 사명을 수행할 수 있는 것이니 해방 직전, 즉 1945년 7월 조선은행권 발행고 46억 9,822만 원, 그것도 전 조선 및 만주 영역에 퍼진 것인데 현재 남조선만으로도 289억 7,338

만 원, 약 6배로 팽창해 있다. 따라서 생산 없는 민생경제는 글자 그대로 파탄되고 말았다.

우리가 신행정개혁에 기대하는 바는 먼저 화폐개혁을 단행하여 물가조정의 선봉 지도적 역할을 꾀하는 동시에 국내 물자생산을 적극 제재하여 화폐 수량과 상품 유통량과의 접근을 지향하는 획책을 강구하여야 할 것이다.

(「물가조정의 선봉, 생산 자극과 상품유통의 접근을」, 『경향신문』 1948년 8월 15일)

민생을 직접 괴롭히는 것은 물가앙등인데, 통화팽창이 물가앙등의 범인으로 지목되는 것이다. 그러나 범인은 범인이라도 꼭 주범이라고 할 수는 없다. 다른 요인이 더 큰 작용을 할 수 있기 때문이다. 실제로 해방 후 물가 앙등추세는 통화량 증가보다 훨씬 가파르다. 이 점은 조선금융조합연합회 부회장 하상용(河祥鏞)이 1948년 1월 8일자 『경향신문』에 기고한 글 「통화팽창과 농촌의 현상」에도 지적되었다.

통화팽창은 물가의 승낙(昇落)에 대하여 어떤 정도의 영향을 주는가를 고찰해볼 때 이에 대한 원리적인 학설은 물가는 순환통화의 수량에 좌우된다는 설도 있고 이와 정반대로 물가는 순전히 수요와 공급 여하로써 자율적으로 결정되고 통화의 수량은 부수적으로 증감된다는 설도 있으며 또 이상 양설의 절충설도 있다. 그러나 현상 형태에 있어서는 단순한 원리적인 학설보다는 좀 더 복잡하고 혼돈한 것이 상례이다.

현하 남조선의 고물가 현상을 타진함에 있어서는 필자는 절충설에 논거함이 가하다고 생각하며 또 이것을 비중적으로 분석해본다면 생산부족, 공급부족에 치중함이 가하다고 생각한다. 일례를 들면 1937

> 년에 비하여 금년 7월의 조선의 발행고는 약 100배인데 평균 도매물가는 약 500배로 약진하고 있으며 한편 일본의 현상은 발행고는 약 60배인데 평균 도매물가는 약 20배라는 것을 보더라도 일본의 공업 생산력이 조선보다는 우월한 까닭이라고 실증할 수 있다. 그러나 일반 세간의 상식적인 견해는 고물가 원인은 주로 통화팽창에 있다고 속단하고 또 통화팽창에 대하여서는 물가와 관련적으로 그 이유는 생산 혹은 공급부족은 숫자로 파악하기 어려우나 발행고는 계수의 파악이 용이하여 인심에 직각적인 충격을 주기 때문이 아닌가 생각한다.

3년 동안 통화량은 4배 늘어난 데 비해 도매물가지수가 30배 이상 늘어난 것을 보면 그 사이의 인과관계에 대한 하상용의 추론이 타당하다. 그러나 통화팽창이 물가앙등을 그대로 규정하는 것은 아니더라도, 기본조건의 하나라는 것은 엄연한 사실이다. 그리고 경제파탄의 다른 측면들도 통화팽창에 기인한 바 컸다는 사실은 통화팽창이 비교적 억제된 이북 경제상황과의 비교에서도 확인된다.

1945년 9월 27일 일기에서 통화팽창 문제를 처음 언급했다. 8월 15일의 일본 항복 선언으로부터 9월 8일의 미군 진주 사이 조선은행권 발행고의 급팽창(약 50억 원에서 약 85억 원으로)을 지적한 것이다. 그로부터 3년이 지난 이제 발행고가 300억 원대에 이르고 보니 당시의 증발 액수 35억 원이 별것 아닌 것으로 보일 수 있다. 그러나 불과 24일간에 통화량 70퍼센트 증가라는 폭발적 팽창이 가진 의미는 변할 수 없다. 악조건에 빠진 조선 경제를 향해 방아쇠를 당긴 것과 같은 짓이었다.

미군 진주 이후의 4배 가까운 팽창은 어디에 이유가 있는 것이었나? 1948년 2월 29일자 『동아일보』 제3면을 채운 김용갑(金容甲)의 논문 「금융 동태와 인플레 대책」에 간단 명쾌한 설명이 나와 있다. (1948년 10월 3일자 『동아일보』, 「세제개혁위회 위원도 결정」 기사에 따르면 김용갑은 동아일보 사원으로 있다가 재무부 세제개혁위원으로 위촉되었다고 한다.)

> 해방 직전 조선은행권 발행고가 약 50억, 일제가 경제교란을 목적으로 방출한 발행고가 약 40억, 합계 90억이었는데 현재 300억을 넘으니 200억 원의 방만한 방출은 누가 책임을 져야 할 것인가. (…) 국고의 적자지출이 1947년 9월 한 달 동안에 약 4억 원, 민간에 대한 대출초과가 약 7,000만 원이니 이 비율로만 본다면 해방 후 난발(亂發)된 210억 중 6분지 5는 국고의 적자지출이 책임을 져야 할 것이다. 또 이 비율을 가지고 국고의 부채액을 추산한다면 175억이다.
>
> 물론 당국으로부터 국고 부채 총액에 대하여 전연 발표가 없어 알 길이 없으나 신빙할 만한 정보를 종합하여본다면 170억 원 정도로 추정이 된다. 17일 중앙경제위원회에서 발표한 바에 의하면 작년도 재작년도 양년에 걸친 국고의 부채가 150억이라 한다. 그렇다면 해방 이후 국고 부채의 총액이 적어도 170억은 넘을 것이다.
>
> 이 170억의 적자재정이 불환화폐를 발행하지 않았으니 생산을 병행하지 않는 이 거대한 지출과 방대한 구매력은 악성 인플레를 도발할 것이며 따라서 남조선에서 인플레를 조장한 책임을 추구한다면 그 책임이 정부 자신에 있을 것이다. 이 근본 원인을 발본색원적으로 삼제하지 않는 한 폭리취체, 물가행정 등으로 백방대책을 세운다 하더라도 전부가 실패에 돌아가고 말 것이다. (…) 이와 같이 조선의 금융문제는 자금유통에 있어 6분지 5를 점하고 있는 적자재정의 1점에 귀결될 것이며 이 문제를 해결하지 못한다면 물가를 단속한들 폭리

를 취체한들 매점을 금지한들 더 나아가서는 폐제(幣制)를 개혁한들 그 전부가 인플레를 조장하여 결국은 수포에 돌아가고 말 것이다.

1947년 4월 6일 안재홍 선생과의 가상 인터뷰에서 당시 짜고 있던 1947회계연도 예산을 언급한 일이 있다. 세입 전망은 155억 원인데 각부의 세출 요구액 합계는 550억 원을 넘었다고 한다. '균형예산' 같은 것은 꿈도 꿀 수 없는 상황이었다.

미군정 내내 계속된 이 전폭적 적자 상황의 원인이 무엇이었는가? 김용갑이 말하는 "생산을 병행하지 않는 이 거대한 지출과 방대한 구매력"이다. 미군 진주 당시 통화량 85억 원 중 40퍼센트인 35억 원이 최근 24일 동안 찍은 새 돈이었다. 이 무렵 일본인 예금이 28억 원 인출되었는데, 조선은행권은 일본으로 가져가는 것도 금지되었고 일본에서 가져가도 쓸 수가 없었다. 이 돈이 특정집단의 수중에 남아 있었고, 요정의 성업도 사치품을 들여오는 마카오무역의 성행도 이 돈 덕분이었다. "생산을 병행하지 않는" 구매력의 출발점이었다.

한편 남조선의 산업은 형편없는 침체에 빠졌다. 일본제국의 붕괴로 인해 조선 경제가 겪은 악조건에는 남북의 구분이 없었지만 이를 극복하는 수준에 큰 차이가 있었다. 1948년 4월 24일 평양에 체류하던 이남 대표단이 황해제철소를 시찰했는데, 거대한 공장이 조선인의 손으로 돌아가는 것을 보고 충격적인 감명을 받았다고 한다. 홍명희를 비롯한 중간파 여러 사람이 이북에 주저앉는데도 이 시찰이 중요한 계기가 되었을 것이다.

정태헌은 『문답으로 읽는 20세기 한국경제사』, 202~203쪽에서 미군정의 경제정책을 '부재(不在)' 한마디로 평가했다.

대동강에 배를 띄운 홍명희와 김일성. 2000년 남북정상회담을 앞두고 특사로 북한에 가서 김정일을 만난 임동원은 김대중 대통령에게 보고하면서 "연장자를 깍듯이 예우한다는 느낌"을 받았다고 했다. 젊은 나이에 권력자가 된 김일성도 연장자 모시는 데 수완이 있었던 것 같다.

해방 후의 급선무는 각종 자원과 노동력, 생산력을 고갈시켰던 식민지 자본주의 유산을 극복하고 재건정책을 통해 일제하에 억압되었던 잠재력을 평화산업으로 집결시키는 것이었습니다. 문제는 점령 당국인 미군정이 세계 냉전체제에 대응하고 동아시아의 전후처리 문제를 해결하는 데 있어서 남한을 일본 등에 비해 주변적 변수로 설정하고 있었다는 점이었지요. 따라서 남한의 경제재건에도 큰 관심을 기울이지 않았습니다. (…)
게다가 미군은 퇴각하는 일본인들이 기계시설이나 재고원료를 팔아치우는 것을 막지도 않았고, 일본인 기술자를 잔류시켜 공장가동에 나서도록 하지도 않았습니다. 방임된 초인플레 속에서 생산적 투자보다 물자난에 편승하여 생산시설과 자재를 불법으로 내다 팔아 축적을 꾀하는 투기꾼들이 날뛰어서, 경제재건은 더욱 어려웠습니다. 이런 상황에서는 아무리 '원조물자'가 들어와도 생산적으로 활용되기 어려웠습니다.
1946년 11월 현재 휴업 중인 390개 사업장의 휴업원인은 대부분

> (70%) 원료난이었습니다. 물가지수를 감안한 1946~1948년간의 생산감소율은 80% 정도나 되었습니다. 만성화된 물자부족으로 1945년 8월 말 기준으로 도매물가는 1945년 말 2.5배, 1946년 말 14.6배, 그리고 1947년 말에는 무려 33.3배나 뛰었습니다.

위에 일부 인용한 김용갑의 논문에는 조선 금융의 구조적 문제가 일본 식민통치에 의해 만들어지고 미군정에 의해 방치된 사실도 지적되어 있다. 식민지시기에 일본 금융기관으로 끌려간 조선인의 돈 백수십억 원은 묶여 있는 채 조선에서 일본인의 예금은 대부분 인출되어 조선에 '저축과잉'의 기형적 인플레현상을 일으켰다는 것이다.

> 해방 후 조선 금융 동태의 본질을 구명한다면 저축과잉을 내포한 인플레이션 과정이라고 말할 수 있다. 적어도 인플레의 전형은 투자과잉에 있으며 또한 그것이 경기변동의 원칙이라고 할 수 있는데 조선의 금융 사태는 그와 같은 원칙적인 면모와는 다르다.
>
> 즉 현재까지 판명된 조선의 각 금융기관이 보유하고 있던 일본 공사채, 주권 등이 106억에 달한다. 이 거액이 조선에서 저축을 형성하여 그것이 일본에 가서 채권화하였으니 우선 조선에서 축적된 자본이 일본의 산업을 개발하는 데 봉사하였다고 할 수 있다. 이와 같이 금융 면에서만 본다 하더라도 이 얼마나 식민지적인 태세인가를 알 수 있다. (…)
>
> 금융조합과 같은 서민금고를 조선 전역의 방방곡곡에 동원하여 저축을 강제하여 형성된 예금은 대부분을 일본에서 채권화하여 조선의 산업개발을 압박하였으며 그것으로 만족하지 못하고 대(對)일본 위체(爲替)계정의 청산을 사보타주하였다는 것은 금융사상에 그 유례를

> 볼 수 없는 죄악이라 할 수 있다.
>
> 그러나 일제의 금융수탈은 그것에만 그치지 않았다. 일제가 항복하자 대일 환끝은 청산하지 않으면서 대일본정부 청산자금으로 13억, 귀국 일본인을 위한 예금인출 22억, 기타 합 40억 원여의 급격한 방출로서 지폐를 난발하였으니 이것으로 인하여 우리는 치명적인 타격을 받게 되었다.
>
> 이와 같이 대일 채무는 해방을 계기로 하여 청산을 강요당하였으며 그 채권은 아직 청산하지 못하여 이 변태적인 저축과잉이 대외적으로는 정치적인 제약으로 인하여 해결되지 못한 채, 대내적으로는 생산상의 악조건으로 인하여 투자할 기회를 갖지 못하여 화폐면과 생산면이 불균형 상태에 방치되었다.

통화팽창은 미군정하의 남조선 경제가 엉망이 된 사실을 보여주는 하나의 지표다. 김용갑 논문의 서두에 임금지수 17,000, 물가지수 119,000, 발행고지수 19,000으로 표시되어 있다. 어느 시점을 기준으로 한 것인지는 확인하지 못했으나 기준시점부터 1948년 초 사이에 임금은 170배, 물가는 1,190배, 통화량은 190배 늘어났다는 것이다. 임금상승률이 물가상승률의 7분의 1에 불과한 것이다. 민생이 어떠했겠는가.

1948. 6. 21.

미군정하 조선어학회의 시세 폭락

언어는 민족정체성의 가장 중요한 표상이다. 민족언어가 없다면 민족문화를 어디에 담을 것인가. 근세의 뚜렷한 사례로 중국에 군림했던 만주족이 있다. 만주족도 언어 보존의 필요성을 알고 있었고, 그래서 모든 공문서에 한어(漢語)와 함께 만주어를 쓰도록 했다. 그러나 200여 년을 지내는 동안 만주어는 만주족의 생활에서 사라져버렸다. 만주족은 중국의 55개 소수민족의 하나이기는 하지만 그 정체성이 희미해져서 형식적 존재만 남아 있다.

민족정체성에 위협이 제기된 근대 초기에 일어난 한글운동은 곧 민족운동이었다. 이민족 지배를 받게 되면서 민족운동으로서 한글운동은 더욱 부각되었다. 1921년 세워진 조선어학회(1931년까지는 조선어연구회)가 이 운동의 구심점이었다. 일제 말기 가장 큰 민족운동 탄압이 '조선어학회사건'이었다는 데서 이 학회의 성격을 단적으로 알아볼 수 있다.

조선어학회의 가장 큰 사업이 1929년에 시작한 『큰사전』 편찬이었다. 조선민족의 튼튼한 정체성을 뒷받침한 것은 수준 높은 언어와 문자였다. 특히 15세기에 만들어진 한글은 근대적 언어생활에 적합한 문자다. 나는 '근대화'의 요체가 사회 내 활동 주체의 확대에 있다고

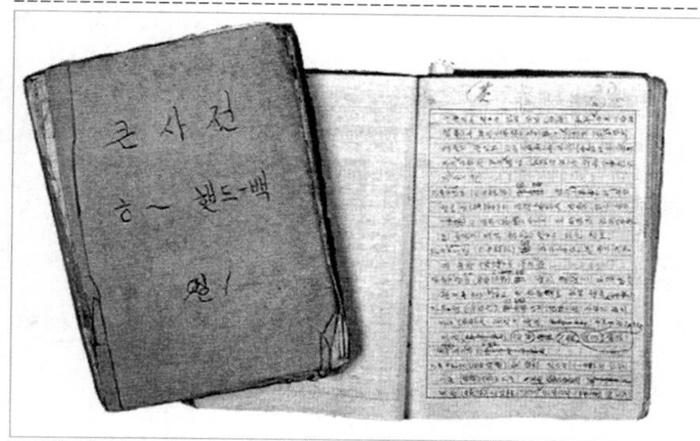

조선어학 사건으로 잃어버렸다가 경성역 창고에 발견된 조선어사전 원고 일부. 〈큰사전〉 편찬은 일제강점기 민족주의운동의 가장 큰 성과로 평가된다.

생각하며, 그런 의미에서 중국과 한국에서는 유럽에서보다 먼저 나름의 근대화가 시작되었다고 생각하고 한글 창제를 그 증거의 하나로 본다. 한글은 근대적 민족운동의 근거로 민족의 큰 자산이다.

『큰사전』 편찬의 의미는 한글의 제도화에 있었다. 민간의 관습 형태로 존재해온 한글을 민족국가의 제도적 근거로 만드는 사업이었다. 해방 직후 조선어학회 간부들이 감옥에서 풀려나오자 제일 먼저 집중한 것도 이 사업이었다. 조선어학회사건 때 압수된 사전 원고를 조선통운 창고에서 찾아 사업을 복구하게 된 사정을 1945년 10월 4일 일기에 적었다.

되찾은 원고 분량에 대해 관계자들의 기록에 약간의 편차가 있으나 대략 400자 원고지로 10여 만 매에 달한다. 1957년 완간에 이르게 될 분량이 조선어학회사건 전까지 갖춰져 있었고, 해방된 상황에 맞춰 수정 · 보완이 필요한 상태였다. 연구자들의 추가 작업보다 비용이 출판을 위해 더 절박한 문제였던 상황을 정재환은 이렇게 서술했다.

> 원고를 찾고 교정 작업을 시작했지만, 학회 재정 형편으로는 자력 출

판이 불가능했다. 1947년 봄, 이극로와 김병제는 원고 보따리를 들고 을유문화사를 찾아 출판을 부탁했지만, 출판사 역시 사정이 여의치 않았다. 사전 편찬이라는 거창한 작업을 맡는 것은 열악한 출판 환경에서 쉽사리 내릴 수 있는 결정이 아니었기 때문이다. 그러나 학회는 포기하지 않고 계속해서 을유문화사의 문을 두드렸다. 이극로, 김병제, 이희승이 세 번째로 을유문화사를 찾았다. 삼고초려가 따로 없었다.

이날 이극로는 원고 뭉치로 책상을 두드리면서 격앙된 감정을 억누르지 못했다. "누구 하나 '큰사전'에 관심을 보이지 않으니 우리나라가 해방된 의의가 어디 있단 말이오? 그래 이 원고를 가지고 일본놈들한테나 찾아가서 사정해야 옳은 일이겠소?" 이극로의 한탄과 호소는 마침내 을유 중역진의 마음을 움직였고, 일단 1권만이라도 간행하기로 하고, 그다음 일에 대해서는 또다시 대책을 수립하기로 약속이 되었다. 그해 5월 13일 조선어학회와 을유문화사는 『큰사전』 출판 계약을 체결하였고, 1947년 10월 9일 『조선말 큰사전』 제1권을 간행하였다. B5판(4×6배판) 600면에 특가 1,200원이었다. (정재환, 『한글의 시대를 열다』, 경인문화사 2013, 411~412쪽)

제1권을 겨우 내고 다음 단계 전망이 막막한 채로 8개월이 지난 1948년 6월 가뭄에 단비 같은 소식이 전해졌다. 미국 록펠러재단에서 4만 5,000달러의 원조를 결정한 것이다.

조선어학회에서 편찬한 『조선말 큰사전』은 전 6권 중에 그 첫 권을 작년 10월 한글날에 내어놓았고 둘째 권 조판도 이미 완성하였으며 앞으로도 계속 발간할 것이라는데 여기에 드는 막대한 물자의 구득

> (求得)에 고심 중 지난 3일 문교부를 통하여 미국 록펠러재단으로부터 조선말 큰사전에 필요한 우수한 물자를 조선어학회에 제공하겠다는 소식이 도착되었다 한다.
>
> 이는 조선어학회로부터 문교부 편수국장 고문이었던 앤더슨 씨를 통하여 록펠러재단에 교섭한 결과 지난 6월 18일 동 재단에서 미화 4만 5,000달러에 해당한 물자로 이를 돕기로 가결하였다 하며 그 물자는 머지않아 조선에 도착되리라 하는데 이로써 동 사전은 가격이 매우 싸질 것이며 어학회 사업에 큰 도움이 되리라 한다.
>
> (「'조선말 큰사전' 미 록펠러재단서 물자 제공」, 『경향신문』 1948년 7월 11일)

조선어학회 간부인 장지영(張志暎, 1889~1976)과 최현배(崔鉉培, 1894~1970)가 편수국 일을 하고 있었기 때문에 앤더슨(Charles A. Anderson) 대위의 도움을 받을 수 있었던 것인데, 그들이 문교부 예산을 따내지 못했다는 사실에 유의할 필요가 있다. 미군의 편수국 담당자까지도 필요성을 인정한 사업인데도 미군정 고위층은 민족국가 건설을 위한 이 사업을 외면했기 때문에 록펠러재단에 손을 벌리게 된 것이다.

록펠러재단에서 제공한 종이 등 재료가 12월 초 인천항에 도착했다. 사전 편찬사업에 종사하다가 이 종이를 받으러 간 이강로(李江魯)의 회고에 재미있는 대목이 있다. 근 60년 후의 회고인데도 당시의 황홀할 정도로 기쁘던 마음이 생생하게 나타난다.

> 인계를 받는데, 양이 얼마나 많은가 하면 기차로 열세 화차예요. 종이만 아홉 화차야. 그러니까 얼마나 종이가 좋았겠어요.
>
> 그런데 그때 인천에 물건이 지천으로 쏟아져 들어오니까 '쎙, 하고

가지고 가기만 하면 내 거다' 생각하는 쌩쌩이판이 있었어요. 그 얘기를 듣고 나니까 겁이 덜컥 나더라고요. 큰일 났다 싶어 수산경찰서에 부탁해서 경찰관을 여섯 사람인가 화차칸 사이사이 연결되는 마디에 배치했어요. 그리고 우리는 다니면서 잃어버리지는 않나 감시를 하는데, 첫날부터 어떤 사람이 와서 자꾸 종이를 만져보고 또 돌아다니더니, 사흘째 되는 날 물건을 싣는데 날 좀 오라고 하는 거예요. 갔더니 좀 앉아보라고 하는 겁니다. 이 자식이 어떤 자식인가 하고 앉았더니 대뜸 물어요.

"여보, 저 종이 뭘 할 거요?"

"그걸 왜 묻소?"

"아, 글쎄 얘길 해보소."

나는 사전 만들 거라고 했지요. 그런데 당시 위조지폐를 '사전'이라고 했어요. 사사로울 '사'에 돈 '전.' 그러니까 법에도 위조지폐 만들다가 붙들려 가면 '사전죄'라고 했어요. 나는 '딕셔너리', 우리나라 어휘사전을 만든다고 하는데도 그놈은 계속 내가 위조지폐 만든다는 말로 들었던 모양이에요. 그러더니 이번에는 불쑥 동업하자고 그래요. (문제안, 『8 · 15의 기억』, 한길사 2005, 149쪽)

1945년 12월 창립된 을유문화사는 (창립의 해이기도 한) 해방의 해 간지(干支)를 이름에 쓸 정도로 민족문화 창달에 큰 뜻을 갖고 세워져 해방 직후의 어려운 환경 속에서 많은 업적을 이룬 출판사다. 그러나 사전 출판처럼 큰 사업을 진행할 재력은 갖추고 있지 않았기 때문에 제1권만을 우선 맡았던 것이고, 제1권이 그렇게라도 만들어져 있는 것이 록펠러재단의 지원을 받는 데도 중요한 조건이 되었을 것을 짐작할 수 있다.

조선어 학회
지음
조선말 큰 사전
1
ㄱ~깊

을유 문화사

1947년 나온 조선 말 큰 사전 첫째 권 표지. 이 사전의 간행에 미군정의 지원이 없었다는 데서 조선 민족주의에 대한 미군정의 태도를 단적으로 알아볼 수 있다.

해방 전의 조선어학회 사업은 유지들의 출연에 많이 의존했다. 학회가 민족주의를 대표하는 기구였기 때문에 체면상 돈을 내지 않을 수 없는 재력가도 많았을 것이다. 해방이 되자 학회 간부들이 민족주의 지도자로 부각되었고, 친일파 재력가 중에는 그들의 정치적 영향력을 생각해서 '투자' 의미로 재물을 제공하려 들기도 했다. 그러나 1947년 무렵에는 이 민족주의 지도자들이 별 정치적 영향력을 갖지 못할 것으로 판단이 된 모양이다.

> 조선어학회는 해방 후 이종회 씨로부터 현재의 사옥인 청진동 188의 건물을 자진 기부받아 이제까지 아무런 탈 없이 사용 중인데 요즘에 들어 기부했던 이 씨는 마음이 변했는지 그 건물을 팔겠다고 신문광고까지 내어 집주인인 조선어학회에서는 다음과 같은 성명서를 발하

여 세인의 주목을 끌고 있다.

"요즈음 신문지상에 본 회관이 5월 20일 경매된다는 광고가 게재되었으나 청진동 188 현 회관은 해방 후 집주인(이종회)이 기부한 것으로 이미 그때 신문지상에 발표되어 천하가 다 확인하는 사실이다. 그러므로 이 회관은 새삼스러이 경매될 집이 아니라는 것을 사회 앞에 성명한다."

(「자진 기부한 어학회관, 타협도 없이 방매(放賣)설, 이 씨 변심에 어학회 분개 성명」, 『동아일보』 1947년 5월 20일)

이강로의 회고 중에 이 이야기도 나온다.

지금은 광화문에 한글학회 건물이 있는데, 해방 후에는 조선어학회 사무실이 청진동 188번지에 있었어요. 지금 청진동 고려화재보험회사가 우리 회관이었죠. 그 이야기를 하면 또 기가 막혀요.

해방이 되고 친일파들은 금방 죽을 것 같았고, 우리나라는 독립이 되는 것 같았어요. 그러면 살길이 뭐냐? 독립단체나 이런 데에다 뭐라도 조금 기대서 활로를 찾을까 한 거예요. 그렇게 보면 조선어학회가 제일이잖아요. 그러니까 조선어학회에 여러 사람들이 찾아와서는 "우리가 회관을 지을 테니 이리 오시오, 이리 오시오" 하는데 그중에서 청진동 회관이 화동에서 제일 가깝고, 지대며 건물도 괜찮았어요.

(…)

내가 사전 편찬을 하고 있는데 그게 1946년인지 47년인지는 정확히 모르겠어요. 어쨌든 반민특위가 해체되어 친일파들이 다시 득세할 때예요. 외솔 최현배 선생님이 들어오신 뒤에 한 10분쯤 있으니까 웬 사람들이 들어왔어요. 누군가 했더니 건물을 기증한 이종회라는 사람이었어요.

그런데 오더니 최현배 선생한테 말했어요.

"이제 그만 돌려주시죠."

"뭘 돌려달라고……?"

"아, 이 집 말입니다."

"아니, 우리한테 기증한다고 해놓고 지금 와서 돌려달라는 게 도대체 무슨 말이오?"

"여보시오, 그런 소리 마쇼. 누가 당신에게 사용하라고 했지 가지라고 했소? 몇 해 동안 집세 한 번 안 내고 잘 썼으면 돌려줘야 할 거 아니요."

그런 식으로 나오니까 외솔 선생이 얼굴이 새빨개집디다. 말을 더 못 했어요. 우리도 화가 나서 저놈의 새끼 아주 그냥 때려주고 싶은데…….

'이거 큰일 났구나' 하고 있는데 더구나 건물을 기증받으면서 받았다는 증거 하나 받지 않았던 겁니다. 이 노인네들이 참 어수룩하기도 하지. 그래서 어떻게 하느냐, 그때 대법원장 하던 조진만 씨라고 있었는데 그분한테 이야기하니까 재판을 해도 진다는 겁니다. (『8·15의 기억』, 151~153쪽)

이 일이 있었던 시점을 이강로는 정확히 기억하지 못하고 반민특위가 해체된 1949년을 짚어보기도 한다. "친일파들이 다시 득세"한 상황이 그의 기억 속에서는 반민특위 해체와 이어진 것이다. 그러나 이미 1947년에 친일파 득세가 시작되어 있던 사실을 이 사건에서 확인할 수 있다. 친일파 재력가들이 앞 다퉈 회관을 제공하던 시절 같으면 사전 출간사업도 록펠러재단에 의지할 필요가 없었을 것이다.

독립운동가이자 한글학자인 이윤재. 그는 55세의 아까운 나이에 옥사하고 말았지만 사위 김병제가 그 뜻을 이어받았다.

록펠러재단 지원 소식이 전해질 때, 사전 편찬사업의 핵심인물 중 이극로(李克魯, 1893~1978)와 김병제(金炳濟, 1905~1991) 두 사람은 평양에 있었다. 두 사람은 이후 북한의 어문정책에서 중요한 역할을 맡게 된다. 이극로는 1927년 독일 유학에서 돌아온 이후 사전 편찬사업을 열고 이끌어오다가 조선어학회사건으로 투옥되었던 인물이고, 김병제는 그 사건으로 옥사한 이윤재(李允宰, 1888~1943)의 사위로, 다년간 사전 편찬사업의 실무를 맡아온 인물이었다.

정재환은 『한글의 시대를 열다』 제2장 제2절 "이극로와 조선어학회 일부 학자들의 북행"(47~100쪽)에서 이극로와 김병제 등 월북 한글학자들의 월북 경위와 북한에서의 활동 내용을 서술했다. 미군정과 이승만정권에 비해 이북정권이 어문정책에 훨씬 더 큰 비중을 뒀다는 사실을 알아볼 수 있다.

이극로 등의 월북의 계기를 김두봉(金枓奉, 1889~1960)이 만들어준 사실을 정재환은 지적한다. 김두봉은 주시경(周時經, 1876~1914)의 직전(直傳) 제자로서 이극로와 나이는 몇 살 차이밖에 안 되지만 한글운동에서는 대선배였다. 그런 그가 제2인자 역할을 맡고 있던 데서 이북정권이 민족주의 노선을 지향한 사실을 알아볼 수 있다.

분단 이전 조선의 모든 문화 활동 중심지가 서울이었으므로 조선어 연구자도 서울에 집중되어 있었다. 이북정권은 민족주의 노선의 어문정책이 필요했지만 연구자가 충분치 않았다. 그래서 김두봉이 이극로를 초청하게 되었다는 박지홍의 회고를 정재환은 『한글의 시대를 열다』, 59~60쪽에 인용해놓았다.

> "1948년에 남북협상 있기 전에 이극로 박사가 정재표 선생을 만나자고 그래. 그렇게 약속을 해가지고 우리가 책을 같이 내기로 했는데, 내가 북으로 가야 되겠습니다. 그 이유는 김두봉 선생이 편지를 했는데 나라가 두 쪼가리 나더라도 말이 두 쪼가리 나서는 안 된다. 그러니 사전 편찬이 중한데 북에 사람이 없다. 남쪽에는 최현배 선생만 있어도 안 되나? 그러니 당신은 북으로 와달라. 그래서 내가 응낙을 했습니다. 내가 만약 북으로 가게 되면 정 선생님에게는 은혜를 잊지 못해서 내가 이야기하는 거고 아무에게도 이야기하지 않았습니다. 내가 북으로 가게 되면 돌아오지 못할 겁니다. 그래 남북협상 때 안 돌아왔어요. 못 돌아온 게 아니라 벌써 뭐 식구들을 다 보냈다 그러더구먼요. 그래 그분이 정말로 우리 국어학을, 우리 국어를, 우리말을 위해서 갔나? 그게 아니면 북쪽의 정치를 위해서 갔나? 모두 오해를 하고 있거든. 그런데 분명히 북에 갈 때 자긴 정재표 선생한테 얘기할 때 난 오직 거기 가서 조선말 사전을 편찬하기 위해서 간다고."

이극로는 민주독립당(이하 '민독당'으로 줄임)과 민련에 참여해서 남북협상을 제창하는 등 정치활동이 있었고 후에 북한정권에서도 무임소 상을 맡았기 때문에 그의 북행에 정치적 동기를 의심받기도 한다. 그러나 정재환이 밝힌, 이북에서 그의 활동 내용을 보면 한글운동에 큰 뜻이 있었음을 확인할 수 있다.

이극로가 북행을 결심할 무렵 조선어학회가 처해 있던 상황을 돌아본다. 사전 출간의 모든 준비가 되어 있는데도 미군정에 외면당해 미국 민간재단에 손을 벌리고 있었다. 기증받은 줄 알고 있던 회관 건물의 반환을 요구받을 만큼 재력가들에게 무시당하고 있었다. 한글운동의 뜻을 제대로 펼칠 수 있는 물적 지원을 사회로부터도, 정부로부터도 기대할 수 없는 상황이었다. 그런 상황에서 김두봉의 편지가 얼마나 반가웠을까.

9·28 서울수복을 앞둔 1950년 9월 26일 역사학자 김성칠(金聖七, 1913~1951)은 친구인 영화배우를 북쪽으로 떠나보내며 일기에 아래와 같이 적었다. "이 땅의 문화정책이 너무나 빈약함"은 미군정에서 대한민국 초기까지 이어진 현상이었다.

> 이리하여 자꾸만 없어지는 문화인과 기술자들, 몇십 년을 길러야 하는 이들을 하루아침에 다 떠나보내고 앞으로 대한민국은 어떻게 살림을 꾸려나가려는 것인지?
> 글줄이나 쓰고 그림폭이나 그리던 사람들, 심지어 음악가·영화인에 이르기까지 쓸 만한 사람이 많이 북으로 가버렸다. 학계로 말하여도 신진발랄한 사람들이 많이 가고 우리같이 무기력한 축들이 지천으로 남아 있다. 간 그들이 모두 볼셰비끼였다면 또 모를 일이지만 중립적인 입장을 지키던 사람들 또는 양심적인 이상주의자들이 죄다 가버렸음을 생각하면 우리는 깊이 반성하는 바 있어야 할 것이다.

물론 간 그들에게도 잘못이 있을 것이다. 남의 밥에 있는 콩이 더 굵어보이는 심리도 있었을 것이고, 턱없이 현실에 불만하고 이상만을 추구하는 젊음 때문이기도 할 것이고, 그런데다 이북의 선전공작이 강력하고 또 좋은 미끼로서 나꾸었다는 점도 있을 것이다.
그러면 그것뿐일까. 이남의 분위기는 과연 그들에게 유쾌한 기분으로 일할 수 있었을까, 그들의 인권이 보장되고 그들의 생활이 안정되었었나 함을 생각해볼 때, 결국은 그들의 등을 떠밀어서 38선 밖으로 몰아낸 것이나 다름없다고도 볼 수 있을 것이다.
나는 오늘 저녁 한 사람의 양심적인 예술가를 또 북으로 떠나보냄에 있어 그가 이 몇 해 동안 병고와 생활난과 고문의 위협에 허덕이었음을 생각하고 이 땅의 문화정책이 너무나 빈약함을 통탄하여 마지않는다. (김성칠, 『역사 앞에서』, 창비 2009, 1950년 9월 26일자)

1948. 6. 24.

한민당 · 이승만의 대리전, 조병옥의 '장택상 죽이기'

해방 후 미군정은 경찰 인원을 크게 늘렸는데, 총독부 경찰 출신이 그 중핵이 되었다. 해방 당시 조선인 경찰이 8,000명가량이었는데, 그중 약 5,000명이 미군정 경찰에 들어왔다 하니, 이남 지역의 총독부 경찰관은 거의 전원이 미군정 경찰로 이어진 셈이다.

같은 경찰이라도 악질 등급에는 차이가 있었다. 개인 출세를 위해 경찰이 되기는 했어도 눈치 보며 그럭저럭 경찰 노릇 한 사람들이 있는가 하면 혼신의 힘을 다해 일본제국을 받들며 동족을 악착같이 탄압한 자들도 있었다.

경찰 지휘관으로 경무부장 조병옥 다음으로 거물 행세 한 것이 수도청장 장택상이었는데, 장택상 휘하에는 악질 간부들의 존재가 두드러졌다. 노덕술, 최운하(崔雲霞), 최난수 등은 정판사사건과 여운형, 장덕수의 암살사건 등 정치적 사건에서 두각을 나타냈다. 경찰 간부들의 성분 분석을 치밀하게 해보지는 않았으나, 장택상이 악질 간부 챙기는 데 열심이었다는 인상을 한 평범한 경찰관의 회고에서 받는다.

> 재미있는 일이 하나 있어요. 이천에 왔다가 그다음 안성으로 갔는데, 당시 서장이 가창현이라는 분이었어요. 충남 서산 사람으로 마쯔야

마라는 개명을 썼는데, 알고 보니 서대문경찰서 고등계 형사를 했던 사람이었어요. 해방되고 고등계 형사들은 대부분 그만두었는데, 이 사람은 특이하게도 안성경찰서로 왔어요. 알고 보니 고등계 형사를 하는 중에 수도경찰청장 하던 장택상 씨를 붙잡아 고문을 했던 자더라고요. 고문이라고 해봐야 별거 아니고, 취조하다가 얼굴에 침을 뱉는 정도였다고 들었어요.

그런데 해방이 되니까 가창현이 제일 먼저 장택상 씨를 찾아가 큰절을 올렸다고 합니다. 장택상은 역시 그릇이 큰 양반이라 "다 반성하고 잘해봐!"라고 했다고 합니다. 그리고 모가지를 자르기는커녕 그 자리에서 경감 직위 그대로 안성경찰서장으로 보냈어요. 고등계 형사가 다시 발탁되기는 그 사람이 처음일 겁니다. (『8 · 15의 기억』, 228~229쪽, 홍순복 증언)

장택상을 "그릇이 큰 양반"이라니까 좀 우습기는 하지만, 보는 위치에 따라서는 그럴 수도 있겠다. 자기가 필요로 하는 상대에게는 큰 도량을 보여주는 재주도 있었던 모양이다. 가창현(賈昶鉉)은 1952년에 경무관으로 승진, 치안국 정보수사과장을 지냈다.

장택상이 조병옥에 버금가는 위세를 떨친 데는 심복이 된 악질 간부들의 공로가 컸다. 그런데 이게 웬일? 그들 중 하나인 수도청 사찰과장 최운하가 비리 혐의로 경무부 수사국의 수사 대상이 되었다.

(…) 선거를 전후하여 잠잠해졌던 수사국은 수일 내로 근일에 드문 긴장한 공기 속에서 인천여자경찰장을 비롯하여 소금 먹은 경찰간부와 수도경찰청 통신과장 이주호 등을 연속적으로 송청하더니 17일 밤부터 다시 한층 긴장된 속에 돌연 수도사찰과장 최운하와 동대

문경찰서장 박주식 등을 연일 극비밀리에 철야하여 취조하기 시작하였다. 이와 때를 같이하여 한편 수도경찰청에서는 매일 과서장이 구수회의를 열고 있다는 바 통신과장 이주호를 수사국에서 구속 송청한 이래 수사국과 도청 간에는 미묘한 공기가 떠돌아 세인의 주목을 받으면서도 침묵 중의 수사국은 숙청의 속도를 감하지는 않은 모양이다.

탐문한 바에 의하면 전기 최운하와 박주식은 직권을 남용하여 인권을 유린하고 거액의 수회를 한 일대 독직사건으로 수사국 숙청망에 걸려들은 것이라는바 그 내용인즉 작년 10월경 서울 을지로2가 오리엔탈공무사 사장 강태섭(38)과 김용태(40)가 공동출자하여 청부공사를 한 결과 2,000만 원의 이익금을 얻었는데 강태섭은 이것을 혼자 먹을 흉계를 꾸며 수도청 사찰과장 최운하와 당시 종로경찰서장이던 박주식에게 거액의 금품을 주고 공작을 하기 시작하자 이에 매수당한 최운하와 박주식은 이것이 민사사건임에도 불구하고 강태섭의 청탁을 받아 사기죄로 몰아넣고 김용태 외 2명을 종로서 유치장에 20일 이상이나 불법감금하고 게다가 김용태에 이득금 반분의 권리까지 포기하라고 공갈협박하여 권리포기의 서약서까지 받아놓아 2,000만 원을 강태섭에게 독점시킨 후 36회에 걸치는 향응을 받고 11월 14일 최운하는 현금 30만 원, 박주식 25만 원을 받았으며 각각 시가 5만 원의 양복도 한 벌씩 받아 입은 것이라 한다.

수사국에서는 인적 · 물적 증거를 잡고 준열한 취조를 한 결과 죄상이 판명되어 21일 오전 11시에는 민동식 판사로부터 영장까지 교부를 받았으니 송청은 시간문제라 한다. 이에 앞서 수사국장 조병설은 19일 서울지방검찰청을 방문하고 모종 의논을 하는 듯하더니 21일 오전에는 수도청장 장택상이가 역시 지방검찰청 청장과 차석검사를 만나고 돌아가는 등 자못 복잡 미묘한 공기 속에 사건은 진전되고 있는 모양이나 참다운 경찰의 확립을 위하여 모처럼 칼집을 벗어난 전가보도에 기대는 크다. (…)

(「부패경관 ○○에 척결(剔抉)의 '메스', 수도 관내 희유(稀有)의 대독직(大瀆職)?, 수사국서 최 사찰과장 등 취조」, 『조선일보』 1948년 6월 23일)

전형적 비리사건의 하나일 뿐으로 보이지만 뭔가 심상치 않다. 장택상의 심복이 저런 정도 일로 걸려든다? 장택상의 위상이 어떻게 된 것 아닌가?

장택상은 6월 24일 이 사건에 관한 담화를 발표했다.

수도청장 장택상 씨는 24일 기자단과 회견하고 수도청 내 간부 독직사건에 언급하여 다음과 같이 담화를 발표하였다.

"근일 중 각 신문지상에 수도청에 관한 부정확한 기사는 매우 유감된다. 배후에서 고의적으로 수도경찰의 강력한 조직을 약체화하려는 목적으로 이 같은 선전을 하고 있는 것도 잘 알고 있다. 본청 간부 중 독직사건이 엄연히 존재하고 또 취조를 받고 있는 것도 사실이다.

경무부장의 지시에 의하여 당연히 본청에서 취조할 사건으로 현재 취조 중임에도 불구하고 사실 아닌 기사를 과장하고 증거 없는 보도재료를 조작하여 수도청장이 군정장관에게 불리었느니 게재 금지를 강요하였느니 하는 보도로 민중의 이목을 현혹케 함은 무슨 일인가.

법치국에서는 사건 문초가 결말을 짓기 전에는 추측적으로 피의자를 사직의 이목에 불리하게 하지 않는다. 시기심과 인기주의로 이와 같은 정보를 정당한 경로를 피하고 곡선을 밟아 민중의 이목이 될 보도계에 제공함은 매우 유감되고 양해키 어려운 일이다. 본청은 그 사건을 엄밀 조사하여 추호도 사건을 도호치 않고 처리할 것이며 그 사건 내용은 유감없이 우리 보도계에 제공할 예정이다."

(「엄밀 조사 후 규명-최 · 박 양 경관 사건 수도청장 담」, 『경향신문』 1948년 6월 25일)

"시기심과 인기주의" 같은 말은 조병옥을 겨냥한 것으로 느껴진다. 그리고 장택상은 이 사건이 "경무부장의 지시에 의하여 당연히 본청에서 취조할 사건"이라고 주장했는데, 며칠 후 경무부 수사국 이만종(李萬鍾) 부국장이 이 주장을 정면으로 반박한다.

"장 수도청장이 수도청 간부 독직사건에 대하여 지상에 담화 발표한 바에 의하면 그 사건을 엄밀히 조사하여 처리하겠다고 언명한 바 있으며 또한 수도청의 강력한 조직을 약화시키려는 모략이 배후에 개재하였다고 운운하나 동 사건은 상급관청인 수사국에서 적발 문초한 결과 인적 · 물적 증거로써 범죄사실이 역연히 판명되어 이미 검찰 당국에 송청 심리 중임에 불구하고 재조사한다는 것은 하등 법적 근거가 없을뿐더러 더욱이 피의자가 수도청 간부임에 비추어 이해하기 곤란하며 이는 경찰의 명령계통을 문란시키는 동시에 전례 없는 해괴한 일이라 아니할 수 없다. 또한 경찰의 부패한 분자를 단호 숙청함으로써 도리어 명랑하고 강력한 진용이 엄존하는 동시에 민중이 기대하는 민주경찰이 구현될 것을 의심치 않는 바이다."

(「재조사 권한 없다, 부패분자는 단호 숙청」, 『경향신문』 1948년 6월 27일)

같은 날 『조선일보』 기사에는 이만종의 발언에 "서류가 수도청으로 간 것은 지난번 수도청장이 경무부장실에 왔을 때 참고로 본다고 가져간 것으로서 부장이 준 것도 아니요 따라서 사건이 수도청으로 이관된 것은 아니다." 하는 한마디가 더 붙어 있다. 장택상이 조병옥을 찾아가 항의하다가 관계서류를 막무가내로 들고 나왔단다. 장택상이 경무부의 기습을 받고 검찰로 송청된 뒤에 쫓아가 뒷북을 친 것 같다. 아무튼, 경무부에서 이미 수사한 일을 지방경찰청인 수도청에서 조사하겠다니, 장택상은 천하의 웃음거리가 되고 말았다.

그래도 최운하와 박주식(朴朱植)이 불구속 상태로 송청되고(『경향신문』 1948년 6월 25일) 기소 역시 불구속으로 된 것은(『동아일보』 1948년 7월 4일) 그나마 장택상의 힘 덕분이었을까? 그런데 이 독직사건의 파장이 진행되는 동안 이와는 비교도 안 되게 끔찍한 상황이 장택상과 그 심복들에게 닥친다.

> 대 서울 장안 한복판에서 형사사건 혐의자에게 악독한 고문을 가하여 이를 죽인 다음 한강물에 띄워버린 천인공노의 전율할 고문치사 사건이 발생하여 그 책임자로서 수도청 사찰과장 노덕술 등 간부를 경무부 수사국에서 문초 중이라 함은 기보한 바이어니와 이 믿지 못할 사건이 노덕술 등의 자백으로 백일하에 사실화되는 동시에 26일 일건서류와 함께 폭행, 능욕, 상해치사, 사체유기 죄명으로 일당은 구속 송청되었다.
>
> 사건의 내용은 이러하다.
>
> 금년 정월 24일 수도청장 장택상 씨를 저격한 사건이 발생하자 수도청에서는 27일 그 혐의자로 박성근(25)이를 사찰과에서 체포하여 중부서 형사실에서 취조 중 수도청 수사과장 노덕술, 동 사찰과장 최운하는 27일 오전 10시 취조 현장에 출두하여 소위 임화(본명 박성근)의 자백을 강요하기 위하여 노덕술 자신이 곤봉으로 난타 고문하여 중상을 입힌 후 다시 노덕술 지휘로 사찰과 부과장 박사일, 수사과 부

과장 김재곤, 사찰과 경위 김유하, 사찰과 경사 백대봉 등 4명에게 물을 먹이는 고문을 하라고 지시하여 드디어 사망케 하였는데 이 사실을 은폐하기 위하여 노덕술은 김재곤, 박사일을 수도청 관방장실로 불러놓고 3인이 모의하여 도주를 가장키로 하고 박사일 등이 28일 오전 2시경 중부서 형사실 들창문으로 뛰어나가며 저놈 잡아라 고함을 쳐서 다른 직원에게 임화가 도주한 것같이 오인시킨 다음 박사일, 김재곤이는 구급용 자동차에 시체를 싣고 한강으로 가 인도교와 철교 사이의 얼음 파는 구덩이에 집어넣어 버린 것이라 한다.

(「드러난 수도청 고문치사 사건 전모, 장살(杖殺) 후 사체유기, 수사과장 등 어제 송청」, 『경향신문』 1948년 7월 27일)

고문치사 사건에 관하여 수사국장 조병설, 부국장 이만종 양 씨는 26일 오전 11시 기자단과 회견하고 다음과 같은 일문일답을 하였다.

문: 수도청 책임자는 이 사건을 아는가?

답: 알 것이다. 2월 3일 당시 경무부장이 직접 장 총감을 불러 고문 사실을 물었는데 그때 장 씨는 극력 부인하였다.

문: 사건 단서의 경위는?

답: 고문치사 했다는 노덕술의 진술로 취조에 착수했으나 장 청장의 부인으로 지금까지 내사해왔던 것이다.

문: 책임자의 책임규명은?

답: 당연히 인책 사직해야 될 것이다.

문: 고문취조 경관을 수도청에서 치하했다는데 그 내용은 어떤 것인가?

답: 2월 5일 오전 11시 수도청 회의실에서 고문치사에 관련한 직원과 현장을 본 기타 직원 등 14명을 불러 치하 훈시하고 최고 2만 원

최저 5,000원을 주었다.

문: 이런 사건의 빈발을 어떻게 보는가?

답: 고문하지 못하게 지시 단속하고 있는데 말단 제1선에서는 이 지시를 무시하고 있는 곳이 있어 여러분에게 미안한데 앞으로는 이를 계기로 철저 단속하겠다.

(「책임자 인책 필요, 수도청장은 부인해왔다-수사국 조 · 이 양 씨 기자단 회견 담」, 『경향신문』 1948년 7월 27일)

이 고문사건의 수괴라고 할 수도청 관방장 겸 수사과장 노덕술은 그동안 경무부 수사국에 구금 문초 중이던 바 25일 수도청 부청장으로부터 신원은 책임질 터이니 잠시 돌려보내라고 요청한 바 있어 수사국에서도 사건 문초를 다 끝내고 돌려보냈는데 노덕술은 뻔뻔스럽게도 도주하여 종적을 감추었다 한다. 이에 수사국에서는 도주 사실을 탐지한 즉시로 전국 각 관구에 체포령을 내렸다 하므로 체포는 시간문제라고 보고 있다.

(「노덕술 도주」, 『경향신문』 1948년 7월 27일)

한 달 후에 있을 고문치사 사건 탄로 이야기를 미리 꺼낸 것은 지금 진행 중인 최운하 등의 비리 적발과 같은 맥락의 일로 보기 때문이다. 조병옥-장택상 간의 권력투쟁 맥락이다. 조병옥은 한민당 사람인데, 장택상은 이승만에게 매달린다. 한민당과 이승만 사이의 간극이 벌어지고 있는 것이다.

조병설과 이만종은 사건 단서를 묻는 기자들에게 "노덕술의 진술"이라고 대답했다. 짐작건대 노덕술의 진술은 취조해서 새로 나온 것이 아니라 사건 당시부터 주변 사람들에게 자랑삼아 해온 이야기일 것 같다. 사람 하나 죽여도 이렇게 끄떡없다고 자랑했을 것이다. 자기네 세상이라고 생각했으니까. 사건 직후 조병옥이 장택상을 불러 고문 사실을 물었다는 이야기도 위 문답 중에 있다. 소문이 나 있었던 것이다.

경무부 수사국장과 부국장이 장택상을 놓고 "당연히 인책 사직해야 될 것"이라고 장담하는 데서 조병옥의 의지가 느껴진다. 조병옥은 6월 초부터 '독불장군' 장택상의 제거 필요를 느낀 것으로 보인다. 그의 의지가 세워지자 수사국이 수도청을 정조준할 수 있었고, 고문치사 사건 관계자 중에서 진상을 폭로하는 '증인'이 나올 수 있었다.

1949년 1월 25일 새벽 노덕술은 효창동의 한 사업가 집에서 반민특위의 손에 체포되었다. 체포 당시 운전기사와 무장경관이 그를 호위하고 있었다 한다. 반민특위 부위원장 김상돈(金相敦, 1901~1986)은 당시 이렇게 말했다고 한다.

> "고문치사 사건으로 반년을 두고 잡으려던 것을 천하가 다 알고 있는 노덕술에게 무장경관이 공공연하게 배치되었다는 것은 대단히 유감이다. 조사위원회에는 무기와 자동차가 없어 일을 못하고 있는 때, 노(덕술)는 자동차와 권총을 6정이나 가지고 있었던 것이다."
>
> (「특위 활동 본궤도에, 노덕술을 체포, 영등포서에 수감」, 『경향신문』 1949년 1월 26일)

재미삼아 뒷이야기 하나 붙인다. 노덕술이 체포 당시 경찰 자동차에 호위경관 6명을 대동하고 있다는 소문에 여론이 악화되자 서울시장 윤보선(尹潽善, 1897~1990)이 변명이랍시고 했다는 이야기다.

> 내가 듣기에는 노덕술이가 가지고 있던 자동차는 경찰의 것이 아니다. 그 찝차에 '나쇼날 폴리스'라고 써 있어 경찰책임자에게 물어보

반민특위 부위원장 김상돈과 조사위원 사상열. 민족주의 지도자를 자칭해온 이승만의 반민족적 본색은 반민특위 탄압을 통해 여지없이 드러났다.

았더니 그 찝은 노 씨가 경찰에 재직할 때 자기 소유의 찝차였던 것이라고 한다. 그리고 호위경관이 6명이나 있었다는 것은 실은 노 씨가 과거 3년 동안 경찰에 재직하였을 때 좌익을 탄압한 사실이 있어 그의 가족을 보호하기 위하여 경관 1명을 배치한 사실은 있다. 그리고 그 나머지 5명은 아마 사적으로 놀러갔던 것이 아닌가 본다. 어쨌든 그의 진상을 조사하여 발표하겠다.

(「노덕술 호위에 서울시장이 변명」, 『동아일보』 1949년 1월 27일)

결국 이 고문치사 사건은 1949년 4월 29일 증거불충분으로 무죄판결을 받았다. 가장 중요한 증인인 백대봉(白大鳳)이 재판 막바지에 자취를 감췄고, 수사과정에서 백대봉에게 신변 보장과 경위 승진을 약속했기 때문에 그의 증언에는 증거가치를 인정할 수 없다는 이유였다(『경향신문』 1949년 4월 30일). 반민특위에 대한 반격이 준비되고 있을 때의 일이었다.

1948. 6. 26.

45일 만에 저항을 포기한 유엔임시조선위원단

올리버는 1942년부터 1960년까지 이승만의 미국 내 홍보활동을 긴밀하게 도와준 사람이다. 미국인 '심복'이라 할 만한 사람이다. 그가 1990년 낸 이승만 관련 회고록이 『대한민국 건국의 비화』로 번역 출판되었는데 그 속에는 이승만의 속마음을 보여주는 내용이 많이 들어 있다. 선거 직후 올리버가 이승만에게 보낸 편지에서 5·10선거 후 그들이 어떤 생각을 하고 있었는지 살펴본다.

> 선거는 해결지은 문제보다 새로운 문제들을 더 많이 던져놓은 것 같았다. (…) 5월 14일 선거결과에 대한 우리들의 기쁨이 산적한 새로운 문제들 때문에 근심으로 바뀌어가는 가운데 나는 리 박사에게 다음과 같은 편지를 썼다.
> "키프링거뉴스레터와 데이비드 로렌스의 유에스뉴스앤드월드리포트지는 어느 쪽이나 모두 미국이 장차 한국을 소련에게 '포기'하리라는 내용의 보도를 하고 있습니다. 저는 그 기사를 쓴 사람들을 만나 이야기를 나누었는데 이 사람들이 특별한 정보를 가지고 있어서가 아니라 – 다만 이번 선거가 의미하는 바를 자기들 나름대로 해석했다는 것입니다.

당지의 군사지도자들 간에는 박사님이 '반미적'이라는 견해가 확고히 뿌리를 박고 있다는 것입니다. (…) 박사님의 전 생애가 친미로 일관해왔음은 저도 알고 박사님도 다 아는 사실입니다. 박사님의 일생을 통한 한국독립 투쟁이 반드시 미국을 통하여 미국에 의해 이루어져야 한다는 원칙과 또한 소련의 침공을 막는 데 있어서도 미국의 지원 없이는 불가능하다는 사실도 저와 박사님은 잘 알고 있습니다. (…)" (『대한민국 건국의 비화』, 232~233쪽)

이승만의 걱정이 두 가지 점에 있었다는 사실을 알아볼 수 있다. 하나는 5·10선거의 의미가 어떻게 해석되느냐 하는 것이다. 유엔위원회가 보고서 작성을 위해 조선을 얼마 동안 떠나 있겠다고 할 때였다. 5·10선거가 제대로 된 선거로 유엔의 인정을 받을지는 미국의 대조선 정책에도 영향을 끼칠 것으로 이승만 측은 보고 있었다. 또 하나의 걱정은 이승만에 대한 미국정부의 신임 문제였다. 이승만에게는 미국 요인에게 쫓아가 "얘는 뼛속까지 친미"라고 보증해줄 형님이 없었던 것이다.(이명박에게는 있었는데.)

올리버는 6월 7일 이승만에게 편지 보낸 일과 함께 유엔위원회 상황을 적었다. 그와 이승만이 그 무렵 인식하고 있던 상황일 것이다.

유엔한위는 독립된 한국정부가 존재해야 하는가의 여부를 놓고 5 대 3으로 갈라지고 소수파는 정부승인 전에는 앞으로의 국가통일 계획에 관해서 국제연합의 의논 상대가 될 수 있는 '대표기구' 이상의 것이 존재할 수 없다고 주장하는 등 우리를 놀라게 하였다. 이것은 또한 김구와 김규식이 취한 입장이기도 하다. (『대한민국 건국의 비화』, 238쪽)

6월 7일은 유엔위원회 본진이 상하이에서 서울로 돌아온 날이다. 그 무렵부터 위원회의 8개국 대표 사이에 5·10선거에 대한 의견이 "5 대 3"으로 갈라져 있다는 소문이 돌고 있었던 모양이다. 5 대 3 중 어느 쪽이 5고 어느 쪽이 3인지 여기는 분명치 않은데, 5·10선거를 비판적으로 보는 쪽이 다수였음을 6월 23일자 『동아일보』에 실린 오스트레일리아대표 잭슨의 인터뷰 기사 끝머리에서 알아볼 수 있다.

> 또한 씨는 위원단은 5 대 3으로 5·10선거를 부인하였다 하는 소문의 진위 여부에 대하여서는 확답을 회피하고 "어떠한 단체에 있어서라도 만장일치라는 것은 기대할 수 없으며 상이한 의견이 제출됨으로써 더욱 좋은 것이 나올 수도 있다."라고만 대답하였다.

이승만이 6월 21일 올리버에게 보낸 편지에 유엔위원단 상황에 대한 걱정이 담겨 있다.

> 6월 21일 리 박사는 더욱 심난한 사태 진전에 대하여 적어왔다. 유엔한위 위원들은 이렇다 할 공헌을 못하는 스스로의 무능에 대해서 기분이 좋지 않았다. 메논의 후임으로 의장직을 맡은 인도의 씽은 한국사람이 아무도 협의를 위해 사무실을 찾지 않으므로 자기는 소설이나 읽으며 허송세월하고 있노라고 불평이었다.
> 중국과 비율빈대표는 5·10선거의 정당성에 관한 유엔한위 보고서를 즉각 작성하고 싶어 했고 엘살바돌대표는 이러한 조치가 취해진다면 여기에 찬성표를 던지겠다고 하였다. 대다수의 대표들은 보고서를 미리 내는 것은 남북통일회담 가능성에 방해가 될 것이라고 느끼고 또한 남한 단독정부 수립을 늦추려고 아직도 움직이고 있는 김구, 김

규식과 맞서고 싶지 않기 때문에 관망적 태도를 취하였다.

파리 차기 총회에서 국제연합이 선거의 정당성 여부에 대하여 판단을 내리게 될 것이라는 점을 들어 하지 장군은 리 박사에게 유엔한위를 비난하는 성명을 내지 말도록 종용하였다. "한국인은 겸손한 마음으로 최선을 다하고 타협적인 태도를 취해야 합니다." 이에 대해 리 박사는 왜 우리가 늦어지는 것을 반대하는지 설명하면서 "우리는 소련이 반공적인 사람들을 북한에서 몰아내려 하고 있으며 100석을 확보하기 위해 선거 실시를 제안할는지도 모른다는 사실을 알고 있다. 어떠한 연립정부도 한국을 또 하나의 체코슬로바키아를 만들게 될 것"이라고 하였다.

인도가 찬성에서 반대의 입장을 취하게 된 점에 관심을 나타내며 리 박사는 그 이유가 미국이 카슈밀 문제에 인도를 제치고 파키스탄 편을 들고 있기 때문이라고 알고 있노라고 했다. "만일 사정이 그렇게 된 것이라면 국제연합은 작당하는 집단에 불과한 것이고 한국 문제는 이들에게 아무 뜻이 없을 것이오." (『대한민국 건국의 비화』, 245~246쪽)

중국, 필리핀과 엘살바도르 대표는 미국이 원하는, 5·10선거를 긍정하는 보고서를 빨리 채택하려고 일편단심이었다. 그렇다고 다른 5개국 모두가 5·10선거를 부정하는 입장은 아니었다. 시리아대표는 확실히 부정적 입장이었다. 그러나 소총회에서부터 '가능지역 선거'를 분명히 반대했던 오스트레일리아대표 잭슨도 서울을 떠날 때 이렇게 말했다.

"본인이 조선에 와서 제2분과위원회 위원장으로서 각계의 조선인과 협의한 결과 소총회에서의 제1대안 즉 가능한 지역에서의 선거가 조선인을 위하여 현명한 것이라고는 인정할 수 없었으므로 오스트레일리아는 제2대안 즉 협의체를 위한 대안을 제출하여 이 제1대안에 반대하였으며 캐나다 역시 반대하였고 시리아는 기권하였던 것이다. 그러나 이 제1대안이 소총회에서 채택이 되고 또한 이것을 위원단도 채택하였던 것이다.

본인도 그간 선거준비의 경위를 관찰한 결과 선거를 감시하기로 하였던 것이다. 그 전의 상태를 고려치 않고 단지 5·10선거 그것만을 볼 때 그 선거는 비교적 잘되었다고 볼 수 있다."

(「5·10선거는 성공, 조선 문제 해결에 노력」, 『동아일보』 1948년 6월 23일)

5·10선거가 "비교적 잘되었다고" 본다는 것이 내게는 불만스럽다. 현장을 다 다녀볼 필요도 없이, 신문 보도만 보더라도 그 선거가 '자유 분위기' 속에 치러진 것이라고 볼 수 없는 근거가 충분하지 않은가?

그러나 다시 생각해보면, 5·10선거의 자유 분위기를 정면으로 부정하는 주장을 내놓기가 각국 대표들에게는 어려웠을 것이다. 그래서 단독정부 수립으로 흘러가는 사태 진행을 싫어하는 대표들도 선거 자체는 '비교적' 잘된 것으로 인정하는 것이 대세가 되었고, 그저 보고서 채택을 너무 서두르지 않고 남북통일회담의 가능성을 기다려주는 정도의 소극적 저항으로 수렴된 것 같다.

유엔위원단 대표들 입장을 생각해보자. 거의 모두 직업외교관들이었다. 새로 만들어진 유엔 관계 일을 하면서 유엔이란 기구의 성격을 어떻게 받아들여야 할지부터 고심하고 있었을 것이다. 자기들 맡는 일이 인류애와 정의감에 입각해서 처리되기 바라는 마음을 갖고 있다 하더라도, 각자의 결단이 자기 나라에 심각한 피해를 가져오지는 말아야 한다는 걱정이 더 절실했을 것이다.

개표 과정을 감시하는 유엔위원단. 사무직원까지 포함해 20여 명에 불과한 위원단이 선거 '감시'를 어떻게 할 수 있었을까? 선거의 공정성에 대한 위원단의 판단은 정치적 요인에 좌우되지 않을 수 없었다.

그러니 미국에게 의존도가 높은 나라 대표들은 미국이 원하는 방향을 거스른다는 것을 생각도 할 수 없었다. 비교적 의존도가 낮은 캐나다, 오스트레일리아, 프랑스 대표들이 원칙과 상식에 입각한 주장을 내놓을 수 있었고, 미국의 중동정책에 불만을 가진 시리아대표가 가장 완강한 태도를 보였다. 그러나 최종적 결론에서 미국과 정면으로 맞서기는 어려웠을 것이다. 바라는 결론을 얻기 위해 미국이 어떤 구체적 조치를 취했는지는 밝혀낼 수 없지만, 당시 세계에서 미국이 점하고 있던 압도적인 경제적 · 군사적 힘만 고려하더라도 충분히 이해할 수 있는 일이다.

유엔위원단은 6월 25일에 미국이 원하는 결정을 내리고 남조선 국회에 이를 통보했다.

유엔조선임시위원단 위원장 류위완은 25일부로 26일 제18차 국회본회의에 5월 10일 총선거에 의하여 구성된 국회를 정식으로 인정한다는 다음과 같은 서한을 보냈다는데 이로써 항간에 유포되고 있던 유엔위원단 국회 불신임설은 완전히 해소되게 되었다.

"한국 국회의장 이승만 박사 귀하 근계

본인은 귀하께서 1948년 6월 11일부로 발송하신 귀한 즉 국제연합 조선임시위원회 감시하에 1948년 5월 10일에 선출된 귀국민의 대표자들로써 구성된 한국 국회가 1948년 5월 31일 서울시에서 성립되었다는 정식 통고를 접수한 것을 영광으로 생각합니다. 본 위원단은 1948년 5월 31일에 선출된 귀국민의 대표자들로써 국회가 성립된 사실을 인식하오며 이 대표자들이 조속한 기간 내에 귀국의 독립과 통일을 완성시키도록 노력하시기를 간절히 바라는 바입니다.

귀함은 1947년 11월 14일 국제연합총회와 1948년 2월 23일 소총회에서 채택된 결의에 대하여 언급하였는바 본 위원단은 모든 일을 그 결의 지시에 의거하여 행하고 있습니다. 여기 관하여는 1959년 6월 10일 당시 위원장이던 지 에스 페터손 씨가 11월 14일 국제연합 총회에서 채택된 결의에서 명시된 본단 사명을 앞으로 실행함에 있어서 귀 대표자(국회의원)들이 요청하시는 대로 상의할 용의가 있음을 통고합니다. 1948년 6월 25일 국제연합조선임시위원단 위원장 류위완."

(「조위대표 서한 내용, 국회성립 인정」, 『조선일보』 1948년 6월 27일)

6월 11일 이승만 국회의장의 공한을 받은 뒤 두 주일 만의 결정이다. 결국은 피할 수 없는 결정이었다. 남북협상파를 위해 두 주일 기다려준 것이다. 5월 초 평양에서 돌아온 남북협상파가 가까운 장래에 서울에서 제2차 남북회담을 열 전망을 보여줬다면 아마 더 긴 시간을 기다려줬을 것이다. 결국 유엔위원단이 체념하고 말 때까지 달포 동안 남북협상파는 그들에게 무엇을 보여줬는가? 곧 살펴보겠다.

1948. 6. 28.

미국의 횡포가 더 노골적으로 드러난 곳, 팔레스타인

지난 4월 초부터 조선의 여러 신문에 팔레스타인 관계 기사가 자주 나타나기 시작했다. 영국의 위임통치가 5월 14일 자정을 기해 끝났는데, 그 뒤의 상황에 대한 당사자들의 합의가 이뤄지지 않고 있었기 때문에 분쟁이 커지고만 있었던 것이다. 초기의 유엔에서 조선 문제도 중요한 과제의 하나였는데, 팔레스타인 문제는 훨씬 더 논란이 큰 문제였다. 조선에서 유엔의 역할을 이해하기 위해서는 팔레스타인에서 유엔의 역할을 참고할 필요가 있다.

제1차 세계대전 중 시오니즘 운동가들이 팔레스타인을 지배하는 영국정부에 로비를 벌여 유대인을 위한 '민족의 터전(national home)'을 그곳에 만들 방침을 밝힌 밸푸어선언(Balfour Declaration, 1917년)을 받아냈다. '국가 수립'과는 거리가 먼, '자치구' 정도를 바라본 방침이었다. 당시 그 지역 인구는 아랍인 70만 명, 유대인 5만 6,000명으로 집계되고 있었다.

밸푸어선언 이후 10여 년간 유대인의 팔레스타인 이주는 많지 않았다. 1930년대 들어 나치즘의 유대인 박해가 심해짐에 따라 이주가 활발해졌고, 전쟁 중 수용소와 대학살을 겪으면서 유대인 국가 수립 염원이 강렬해졌다. 전쟁이 끝났을 때 수용소에서 풀려나온 유대인 중에는 원래 거주지로 돌아가기보다 유대인의 새 나라를 찾는 사람이 많았다.

전쟁 직전 유대인의 팔레스타인 이주에 대한 영국 정책을 집약한 것이 '맥도널드백서'였다. 1939년 3월 발표된 이 백서는 그때까지 45만 명의 유대인이 팔레스타인에 거주하고 있어서 밸푸어선언이 제시한 '민족의 터전'이 이미 실현되었다고 밝혔다. 그러나 유대인 국가 수립은 영국의 정책목적이 아니며 향후 유대인 이주를 영국 당국의 치안능력 범위 내로 제한한다고 했다. 1940~1944년의 5년간 7만 5,000명이 한도로 설정되었다.

맥도널드백서는 영국이 전쟁을 앞두고 아랍인의 지지를 필요로 하는 상황에서 나온 것이었다. 유대인은 배려해주지 않아도 연합국 편을 들 수밖에 없었다. 그런데 전쟁이 끝날 때는 이 수준으로 대응이 불가능한 상황이 펼쳐지고 있었다. 영화 〈엑소더스〉는 이 상황에서 일어난 갈등을 그린 것이다.

이 문제 해결에 미국의 도움을 얻기 위해 1946년 4월 영·미 조사위원회를 만들었는데, 트루먼 대통령이 조사위원회의 합의 없이 일방적으로 유대인 10만 명의 이주를 지지한다는 성명을 발표했다. 미국의 이스라엘 건국 지원 작업이 여기서 시작되었다.

1947년 봄 영국은 팔레스타인 위임통치를 불원간 끝내겠다는 방침을 발표하고 그 후속 대책을 유엔에 맡겼다. 그래서 1947년 5월 유엔팔레스타인특별위원회(UNSCOP)가 11개국으로 구성되었고, 이 위원회는 3개월간의 조사작업 끝에 가을 총회에 보고서를 제출했다. 이 보고서에는 7개국의 지지를 받은 유대인국가-아랍인국가 분할건국안과 3개국의 지지를 받은 연방건국안이 나란히 들어 있었다.

당시 팔레스타인 인구는 아랍인 120여 만, 유대인 60만 남짓으로

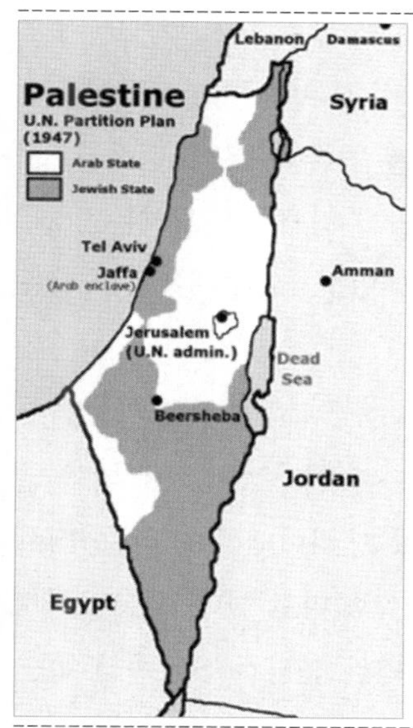

유엔이 제안한 팔레스타인 분할안. 흰색이 아랍인 지역, 회색이 유대인 지역이다. 유대인 인구의 두 배인 아랍인에게 말도 안 되게 불리한 분할이라는 사실을 한눈에 알아볼 수 있다.

약 2 대 1 비율이었다. 연방국가가 되면 유대인이 소수파가 될 것이므로 유대인은 당연히 분할건국안을 지지했다. 유엔은 임시위원회를 만들어 팔레스타인위원회가 작성한 분할건국안을 조정했는데, 그 결과는 영토의 약 60퍼센트를 유대인국가에 주는 것이었다. 아랍인국가 지역의 유대인 비율은 1퍼센트에 불과한 반면 유대인국가 지역은 주민의 절반이 아랍인이 되는 것이었다.

팔레스타인 분할건국안은 총회에서 유효투표의 3분의 2 찬성이 필요한 안건이었다. 1947년 11월 26일 표결이 예정되어 있었는데 명확지 않은 이유로 연기되어 11월 29일 시행되었다. 찬성 33개국, 반대 13개국(기권 10개국)으로 분할건국안이 채택되었다. 11월 26일에 표결했다면 부결되었으리라는 견해와 분할건국안 추진세력의 치열한 로비활동에 대한 지적이 『Wikipedia』 'United Nations Partition Plan for Palestine' 조에 소개되어 있다.

이 지적 중 제일 뚜렷한 것이 필리핀의 경우다. 로물로(Carlos P. Romulo, 1899~1985) 대표가 "안건의 성격은 기본적으로 도덕적인 것"이라며 "팔레스타인 주민의 민족주의 열망에 명백히 역행하는 방침"에 반대하는 뜻을 밝힌 뒤 본국으로 소환되었고, 교체 대표가 찬성표를 던졌다.

인도의 네루(Pandit Jawaharlal Nehru, 1889~1964) 수상도 시오니스트 세력의 뇌물 공세와 동생인 비자야 락슈미 판디트 대사에 대한 암살 위협 등 유엔의 혼탁한 분위기를 불평했고, 라이베리아의 유엔대사는 미국대표단으로부터 원조 삭감 위협을 받았다고 했다. 원조정책에 영향력을 가진 미국 상원의원 26명이 서명한 분할건국안 찬성 촉구 전보가 여러 나라 대표들에게 전해졌다.

투표 내용에서 두 가지 점이 두드러진다. 아시아 11개국 중 필리핀 하나만 찬성했다. 중국이 기권하고 나머지 9개국이 반대했으니 반대표의 3분의 2가 아시아에서 나온 것이다. 분할건국안이 아시아인의 민족주의 원칙을 거스르는 것이었음을 보여준다.

또 하나는 소련 등 공산권이 대거 찬성표를 던진 것이다. 그래서 소련과 미국이 이 무렵 유일하게 유엔에서 죽이 맞았던 사례로 일컬어진다. 두 강대국은 경쟁적으로 이스라엘 건국을 지원하면서 중동 지역에 대한 영향력을 키우려 했다. 공산권 중 유고슬라비아만이 기권을 한 것은 소련과 멀어지고 있는 거리를 보여준 것이다.

팔레스타인 아랍인은 이 결의안 반대에 일치단결했다. 평화공존의 의미에서 분할건국을 수용하려는 사람들에게도 이 결의안의 분할 방식은 너무 불공평한 것이었다. 유엔에서 결의안이 통과되자 팔레스타인은 내전상태에 들어갔다.

유엔결의안 통과 직후 영국은 1948년 5월 15일에 위임통치를 끝낼 계획을 발표했다. 그 후에는 팔레스타인 행정과 치안에 관여하지 않는다는 것이었다. 유대인은 건국 준비와 아울러 군사력 확보에 매진했고, 5월 14일 자정 위임통치 종식과 동시에 건국을 선포했다.

한편 아랍인은 유엔결의안에 반대하는 입장에 머무르며 건국 준비를 진행하지 못했다. 요르단과 이집트 등 인접 아랍국들의 엇갈린 이해관계가 팔레스타인 아랍인에게 영향을 끼쳐 정치조직도 군사조직도 체계적으로 진행할 수 없었다. 영국 군대와 경찰이 손을 떼는 즉시 팔레스타인 안에서는 유대인의 힘이 아랍인을 압도할 것이 분명했다. 따라서 주변 아랍국들이 개입할 것도 분명한 일이었다. 1948년 초의 팔레스타인은 5월 14일 자정에 맞춰져 있는 시한폭탄이었다.

D데이가 왔을 때 아랍 5개국의 팔레스타인 침공에 의한 전쟁 발발보다 더 세상을 놀라게 한 것은 이스라엘 건국 선언 불과 몇 분 후에 나온 미국 트루먼 대통령의 성명서였다.

> 〔워싱턴 15일 발 UP 조선〕 트루먼 대통령은 돌연 미국의 신생 팔레스타인·유대 승인을 발표하였다. 14일 오후 6시 1분에 팔레스타인 유대국가 성립이 선언된 수 분 후 트루먼 대통령은 아래와 같은 성명서를 발표하였다.
> "미국정부는 팔레스타인에 유대국가가 수립되었으며 이에 따라 동 임시정부의 승인이 요청되었다는 통고에 접하였다. 미국정부는 동 임시정부를 사실상의 신생 이스라엘정권으로 승인하는 바이다."
> 금번 미국정부의 승인은 팔레스타인 영국 위임통치의 정식 종결과 동시에 부여된 것이다. 그러나 백악관의 로스 비서관은 금번 유대국가의 탄생과 또한 미국의 동 정권 승인은 유·아 쌍방 간에 평화를 재

래하려는 미국의 노력을 조그만치라도 줄게 하는 것은 아니라고 말하였다.

결정은 지난 2일간 상층부의 비밀에 속하였으며 일단 이가 공표되자 국무성 내부의 하층부조차 일경(一驚)을 금치 못하였던 것이다. 금번 미국정부의 응급조치에 대한 외부의 반향에 의하면 미국은 영국의 팔레스타인 위임통치 종결과 동시에 유대 측에서 신정부 수립을 내외에 공표하자 소련이 이를 급속 승인할 것을 예상하고 그 기선을 제하기 위하여 금번의 행동을 취하게 된 것이라고 한다.

(「미 유대국 승인, 소련 제압이 목적?」, 『동아일보』 1948년 5월 16일)

지난 가을의 유엔총회에서 팔레스타인 분할건국안을 밀어붙인 데서부터 이스라엘 건국에 대한 미국의 뜻은 분명히 드러나 있었다. 하지만 분할건국안의 나머지 반쪽인 아랍인국가의 성립 전망이 보이지 않는 단계에서 기다렸다는 듯이 이스라엘 건국을 승인한다는 것은 미국 외교관들도 예상하지 못한 일이었다.

미국의 전격적인 이스라엘 승인은 유엔을 필요할 때는 이용하지만 유엔 입장에 구애받지는 않는 미국의 태도를 보여준 것이었다. 당시 임시총회에서 팔레스타인의 전쟁 위기에 대한 대책이 토론되고 있었는데, 이제 더 이상의 토론이 필요 없게 되었다.

〔뉴욕 16일 발 AP 합동〕 미 트루먼 대통령의 유대국가 승인 선언으로써 결국 팔레스타인 문제에 대하여 아무런 일도 할 수 없는 실패의 암향(暗響)을 받게 되었다. 과거 4주일간 성지 문제 조정자를 5대 강국이 선정하자는 가결 이외에는 아무런 결실도 없이 토의를 계속하여 온 UN임시총회는 15일 야로써 폐회되었는데 이 총회 폐막의 최

1948년 5월 14일 이스라엘 독립선언서가 낭독됐다. 유대민족의 2,000년 방랑이 막을 내리는 데는 15분밖에 걸리지 않았다. 사진은 텔아비브박물관에서 독립선언서를 낭독하고 있는 이스라엘 초대 총리 벤 구리온.

후 순간에 트 대통령이 유대인국가를 승인하였다는 보도가 전달되어 총회는 일시 혼란 상태에 빠졌었다. 유대 측은 환호성을 올렸고 아랍 측은 "우리는 속았다."고 외쳤었다.

그런데 소련 수석대표 안드레 그로미코 씨 역시 총회에서 "유대국가는 존재한다."라고 언명함으로써 소연방 역시 유대국가를 승인하는 측으로 가담하게 되었다. 여기서 주목할 사실은 청천벽력으로 제시되었던 미 측의 팔레스타인 탁치안이 자태를 감추게 되었다는 것이다. 즉 트 대통령의 유대국 승인으로 미국은 사실상 무언중에 성지 분할안을 재긍(再肯)하는 결과가 된 것이다.

(「소(蘇)도 '유대국 존재' 인정, UN 임총 무위, 성지 결국 분할」, 『경향신문』 1948년 5월 18일)

5월 19일자 『동아일보』 「소(蘇)도 유대국 승인」 기사를 보면 소련도 바로 이스라엘을 승인했다. 이 기사에 미국, 소련과 '파레알라' 세 나라가 유대국을 승인했다고 했는데, '과테말라'의 오기가 아닐지. 그런데 붙어 있는 기사를 보면 영국은 훨씬 신중한 태도다.

〔런던 18일 발 UP 조선〕 영 외무성 대변인은 유대국 승인에 관하여 다음과 같은 성명을 발표하였다.
"영정부는 현 단계의 이스라엘은 국가 승인을 받을 만한 조건을 구비하였다고 생각하지 않는다. 영국정부의 유대국 승인에 필요한 조건은 (1) 국가기능을 개시한 정부의 존재, (2) 명확히 제정된 국경, (3) 국제적 의무를 수락하고 이를 수행할 통치기관의 존재 등이다.
그러나 상기와 같은 조건의 실현은 아직까지 이행되지 않고 있다. 설령 영국의 승인 조건이 미국의 그것과 상위한다 하더라도 영국의 유대국 승인 문제에 관한 태도는 추호도 선입관 또는 편견의 영향을 받은 것은 아니며 다만 법적 고려에 의하여 인도될 뿐이다.

(「유대 승인 조건 불비-영 대변인 성명」, 『동아일보』 1948년 5월 19일)

영국의 신중한 태도는 팔레스타인의 위임통치국으로서 책임이 있는 입장에서 아랍국의 반발을 피하기 위한 것으로 해석되기도 하지만, 외무성 대변인이 내놓은 조건은 국가 승인을 위한 최소한의 형식요건이기도 하다. 미국의 전격적 이스라엘 승인은 국제관계의 상식을 벗어난 것이었다. 안보리 회의에서 시리아대표 앨크리가 미국을 격렬하게 비난했다고 한다. 조선위원단에서 시리아대표가 미국 방침에 가장 비판적인 것도 이해가 가는 일이다.

"여사한 미국의 행동에 관하여 나는 그 합법성을 국제사법재판소의 판단에 위임할 것을 요구한다. 여사한 유대국 선포를 승인하는 것을 볼 때 나는 미국인이 정신결함자가 아닌가를 의심하지 않을 수 없다."

(「미의 유대국 승인으로 안보 논쟁 격화」, 『동아일보』 1948년 5월 20일)

이 회의에서 '이스라엘 임시정부'라는 이름을 써서는 안 된다는 시리아 등 아랍국의 주장에 영국과 중국도 동조해서, 영국 제안에 따라 '팔레스타인 유대 영역 내의 임시행정기관'이란 이름으로 부르기로 했다고 한다. 미국의 독단적 조치에 대한 반발이 대단하다.

이 사태가 많은 조선인이 미국의 정치적 태도와 유엔의 권위를 비판적으로 바라볼 수 있는 계기가 되었다. 다른 신문 아닌 『동아일보』에 이런 기사까지 실렸다.

〔뉴욕 26일 중앙사 공립〕 국제연합은 또 새로운 사태에 의하여 그 위신을 잃은 일에 한 가지를 더 보태게 되었다. 이는 즉 최근 2주일간에 걸쳐서 세계의 이목이 집중되어 있는 성지 문제인데 이 문제는 벌써 전번 총회에서 아랍 측 지구와 유대 지구를 분할하는 데 미 · 소 간에 유엔 창설 이후 최초의 합의를 그때에 큰 성공이라고 일반은 호감을 가지고 보고 있었던 것이다.

성지를 위임통치하던 영군이 5월 15일에 철퇴한 후에는 당연히 총회가 일단 결정한 방침이 적용되어 지금 같은 극도의 혼란을 피할 수 있었을 것이며 또 유엔의 권위도 다소나마 유지되었을 것이다. 이렇던 문제가 미국의 2차에 걸친 돌발적 태도로 유엔은 여지없이 그 권위를 잃어버린 것이다.

즉 1차는 미국이 성지 분할안에 솔선 찬성을 하여놓고 그 후 월여(月餘)가 지나지 않아 이것을 반대하고 성지의 유엔 탁치를 주장하여 각국 대표를 일경(一驚)케 하였으며 이것의 시비가 자자하자 미국은 유엔에 사전 하등 제의도 없이 돌연 5월 19일 소련에 솔선하여 유대국 승인이라는 청천의 벽력을 내린 것이다.

사태가 여기까지 이르매 유엔 안보의 활동이라든가 성지대책위원회의 사업은 전혀 허수아비가 되고 말았으며 유엔은 여지없이 그 무력한 기구인 것을 폭로하였다. 그런데 미국의 이와 같은 정책은 무엇을 의미하는 것인가. 즉 중아(中亞)지방의 석유자원 개발권을 위요(圍繞)하고 아랍 측을 지원하여 이것을 의연히 지배하려는 영국과 새로이 문제에 개입하려고 유대 측을 성원 지지하는 소련 측에 제선하여 미국이 이 지위를 획득하려는 것으로 금후 영·미 간에 이스라엘국 승인 문제를 두고 연출할 외교전의 귀추가 주목되는 바인데 결국 미국의 영국에 대한 압력은 사태가 지연되면 될수록 가중해질 것으로 영국의 양보에 의하여 해결될 것이나 그 밖에는 유대국을 중심으로 전개될 중아에 있어서의 미·소 간의 신 세력균형전이 세계의 새로운 주목을 끌게 될 것이다.

(「2차의 미 태도 돌변으로 국련 면목 상실, 성지 문제」, 『동아일보』 1948년 5월 28일)

이스라엘 독립선언 직전에 유엔 임시총회에서 팔레스타인 분쟁조정관을 임명할 것을 결의했었다. 이에 따라 5월 20일 스웨덴 외교관 베르나도테(Count. Folke Bernadotte, 1895~1948)가 유엔의 첫 조정관으로 임명되었다. 53세의 베르나도테 백작은 오스카 2세 왕의 손자로서 제2차 세계대전 중 독일과 교섭하여 억류자를 구출해내는 인도주의 사업으로 명성을 떨친 인물이었다. 베르나도테가 협상안을 작성해 6월 28일 전쟁 관계자들에게 제시한 내용이 일주일 후에 보도된다.

〔레이크석세스 5일 발 AP 합동〕 UN에서는 4일 UN 팔레스타인 분

스웨덴 외교관 베르나도테. 그는 공정한 입장을 지키려 노력했고, 그의 협상안이 유대인에게 불리한 것이라고 누구도 말할 수 없다. 그럼에도 그가 암살당한 것은 그의 공정성에 만족하지 못하는 이스라엘인들이 힘을 갖고 있기 때문이었다. 그런 이스라엘인들이 지금도 이스라엘의 권력을 지키며 팔레스타인인을 핍박하고 있다.

쟁조정관 폴케 베르나도테 백작이 예루살렘을 아랍 측 영토로 하는 구 팔레스타인 위임통치령을 유대-아랍 양 국가로 하는 안을 제출하였다고 말하였다. 베르나도테 백작의 제안 내용은 다음과 같다.

1. 트랜스요르단을 포함한 당초의 팔레스타인 위임통치령으로써 아랍-유대 양 국가의 연방을 형성할 것.

2. 이 연방은 양국의 외교 국방 정책을 조정하고 공동의 이익을 촉진할 것.

3. 예루살렘은 아랍 측 영토로 하고 동 시 거주 유대인에 대하여서는 자치를 부여하는 동시에 성지에 대하여서는 보호를 가할 것.

(아 · 유대 연방을 형성-UN 베 백작 안 발표」, 『경향신문』 1948년 7월 6일)

두 나라를 세우더라도 연방으로서 연계되지 않고 완전히 따로 세워진다면 분쟁을 벗어날 수 없다는 사실을 베르나도테는 인식한 것이다. 애초의 팔레스타인에서 요르단(당시는 '트랜스요르단')을 떼어낸 것은 영국이 자기네 편의를 위해 저지른 짓이었다. 그리고 작아진 팔레스타인을 완전 별도의 두 나라로 쪼갠다는 것은 미국과 소련이 합작해서 밀어붙인 방침이었다. 그런 조건 위에서는 평화가 불가능하다는 사실이 이제야 확인되었다.

베르나도테는 조정관에 임명된 지 석 달을 못 채운 9월 17일 예루살렘 시내에서 암살당했다. 유대인 극렬단체 레히(Lehi)의 소행이었다. 레히 지도자들이 몇 사람 체포되었지만 아무도 암살로 기소되지는 않았고, 테러단체 조직으로 기소된 자들도 곧 석방되고 사면을 받았다. 공소시효가 훌쩍 지난 1977년에야 사건 진상이 발표되었다.

베르나도테의 죽음은 소신껏 일하던 유엔 관계자들이 겪은 고난과 고통의 한 사례일 뿐이다. 조선위원단의 각국 대표가 조선민족의 장래를 위해 더 좋은 역할을 맡아주지 못한 것이 아쉽게 생각되더라도 그들 모두 주어진 제약 속에서 일하고 있었다는 사실을 생각해야겠다. 사실, 유엔위원단이 5 · 10선거를 비판적으로 보는 의견을 총회에 보고한다 해서 미국이 조선의 분단건국을 포기했겠는가?

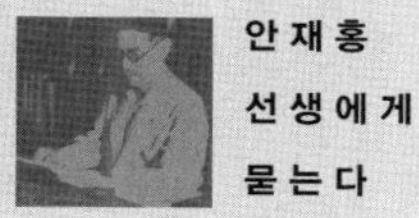

안재홍
선생에게
묻는다

"낙원 건설은커녕 불구덩이 피하기 바빠요"

김기협 | 민정장관직 퇴임 축하드립니다. 이거, 축하드릴 일 맞죠?

안재홍 | 가시방석에서 벗어났으니 당연히 축하받아야죠. 고맙습니다.

김기협 | 그 자리를 맡으실 때 선생님을 아는 사람들은 모두 의아한 마음을 품었습니다. 민족주의자로서 선생님 경륜을 펼칠 수 있는 자리가 아니라고 생각했기 때문이죠. 미군정은 진주 이래 민족주의를 대놓고 탄압은 하지 않았더라도 은근히 억누르는 태도였지 않습니까? 그리고 미군정에 참여한 조선인은 친일세력이라 할 수 있는 한민당과 통하는 사람들이라서 '통역정치'라는 더러운 이름으로 불리고 있었습니다. 어울리지 않는 자리이니 가시방석이 되지 않을 수 없었죠. 그런 자리에 나아가셨던 뜻을 지금 다시 한 번 듣고 싶습니다.

안재홍 | 달이 차면 기울듯이 어떤 추세도 극단에 이르면 돌아서는 것이라고 나는 믿습니다. 미군정이 그때까지 조선인의 민족주의를 억누른 것이 꼭 그래야 할 이유가 있어서 그런 것이 아니라 조선 사정을 잘 모르는 데서 나온 실수라고 나는 생각했습니다. 내가 민정

장관에 취임하기 반년 전부터 미군정이 좌우합작을 지원한 것이 그 실수를 깨달은 결과라고 나는 생각했어요. 그 도중에 10월 소요사태가 터지자 조미공동소요대책위원회(이하 '조미공위'로 줄임)를 열어 민족주의자들의 의견을 경청한 것도 고무적인 현상이었습니다. 미군정의 성공을 위해서는 조선인의 민족주의를 존중해야 한다는 각성이 있었던 것이라고 봤죠.

미군정 행정부에는 혈혈단신의 입성이었지만 김규식 박사가 입법의원 의장을 맡고 꽤 많은 민족주의자가 관선의원으로 입법의원에 들어갔기 때문에 호응이 될 것을 기대했습니다. 당장은 행정부에서나 입법부에서나 소수파지만 좌우합작과 조미공위의 정신에 따라 미군정의 민족주의자에 대한 지원이 늘어나는 과정이라고 판단한 거죠. 그래서 그 과정을 순조롭게 하기 위해 당장의 여건에 구애받지 않고 일단 그 직을 맡기로 했던 겁니다.

김기협 | 그런데 그 판단과 기대가 어긋난 것이었다는 사실을 얼마 지나지 않아 깨달으신 거죠.

안재홍 | 한 석 달 정도는 그 기대에 매달려 있었죠. 그런데 1947년 5월경이 되어, 다른 무엇보다 경찰 개혁이 불가능하다는 사실을 확인하고는 기대를 접지 않을 수 없었습니다.

1946년 11월의 조미공위 때부터 인적 개혁이 모든 개혁의 출발점이 되어야 한다는 점이 분명했고, 인적 개혁 중 첫째가 경찰, 둘째가 중앙청으로 지목되었습니다. 미소공위 재개 전에 경찰 개혁을 완료해 놔야 공위 진행이 순조로울 수 있다는 생각으로 첫 목표로 정했고, 공위 대표 브라운(Albert E. Brown) 소장도 여기에 동의했습니다.

그래서 다른 문제에는 강한 주장을 삼가면서 경찰 문제 하나에만 노력을 집중했어요. 하지 사령관 등 미군정 간부들은 대개 경찰 개혁의 필요를 인정하면서 당장 대안이 없으니 너무 서두르지 말자는 정도 의견이었습니다. 그래서 미소공위 재개 전인 5월을 시한으로 설정하고 추진했는데, 막상 5월이 되어도 개혁 실현 전망이 보이지 않았습니다.

김기협 | 취임 때의 기대감이 석 달 만에 사라졌군요. 그럼에도 불구하고 당장 박차고 나오지는 않으셨는데, 일에 임하는 자세는 달라졌으리라고 생각됩니다.

안재홍 | 달라지지 않을 수 없죠. 해방 조선의 상황을 그때까지 지나치게 낙관하고 있었다는 반성을 하지 않을 수 없었습니다. 이 반성 전에 노력의 목적을 낙원 건설에 두었다면, 반성 후의 목적은 지옥의 불구덩이를 피하는 쪽이 되었습니다.

장관직에 있으면서 넓혀진 견문도 내 마음을 비관 쪽으로 몰고 갔습니다. 우리가 금과옥조처럼 받들던 카이로선언이란 것을 정작 그 선언을 만든 미국인과 소련인들이 어떤 눈으로 보는 것인지 실상을 알게 되면서 충격을 느꼈습니다. 겉으로는 피압박민족을 해방시켜준다며 천사 시늉을 하는 그들이 조선인과 비슷한 처지에 놓인 여러 민족을 대하는 방식을 보며 약육강식의 세상이 끝난 것이 아니구나, 민족의 장래는 민족 자신의 노력에 달려 있는 것이구나 절감했습니다.

일본의 패망이 곧 민족의 해방이라고 생각한 것은 환상이었습니다. 오히려 일본제국의 껍데기에 막혀 있던 온갖 외부의 압력에 조선인이 노출되는 계기입니다. 물론 일본인의 한결같은 억압에서 벗어나 민족의 앞길을 스스로 개척해나가는 기회가 될 수도 있지만, 잘못하면 여

우 피하다가 호랑이 만난 격이 될 수도 있습니다.

성경에서 말하는 '가난한 마음'을 가져야겠다는 생각을 했습니다. 민족자결권이 무슨 천부의 권리인 양 오만한 마음을 먹으면 그만큼 더 참혹한 결과를 맞게 됩니다. 나 자신부터, 하는 일이 마음에 차지 않는다고 걷어찰 생각 하지 말고, 아무리 힘들고 괴롭더라도 내가 할 수 있는 일을 열심히 하는 데 열과 성을 다해야겠다고 마음을 다졌습니다.

김기협 | 장관직에 계신 만큼 민간에 있을 때보다 많은 정보에 접하셨겠죠. 민간의 해외정보는 몇몇 통신사 제공 기사에 한정되어 세계가 돌아가는 모습을 파악하는 데 한계가 있는 상황입니다. 오늘은 세계정세에 대한 선생님 관점을 한 차례 들어보고 싶습니다.

우선 유엔의 권능에 대한 생각부터 말씀해주시겠습니까? 며칠 전 팔레스타인 상황을 정리해보면서 미국의 국제정책에 불합리하고 폭력적인 면이 많고 유엔에게 그런 면을 억제할 힘이 없다는 생각을 했습니다. 지금 남조선에서는 미국의 주도하에 유엔이 관여하는 정부 수립이 진행되고 있는데, 미국과 유엔의 관계에 대한 정확한 이해가 필요합니다.

안재홍 | 유엔은 기본적으로 제1차 세계대전 후에 만들어졌던 국제연맹과 같은 성격의 기구로 봐야겠습니다. 물론 국제연맹에 비해서는 회원국 수가 많아서 안정성이 크게 늘어났기 때문에 그 기능도 앞으로는 발전할 것을 기대할 수 있습니다. 그러나 당장은 강대국의 횡포를 견제할 수 없는 한계가 국제연맹과 큰 차이 없습니다.

유엔이 견제 못하는 힘이 미국과 소련이죠. 유엔이 창설 후 적극 개입한 곳이 그리스, 팔레스타인, 조선의 세 곳입니다. 팔레스타인에서는 유대인국가 수립을 지원하는 소련과 미국의 이해관계가 맞아떨어졌고, 그리스와 조선에서는 미국이 유엔을 활용하고 소련이 이것을 보이콧하는 형세입니다. 두 나라의 갈등에 대한 조정 기능이 유엔에는 없습니다.

유엔은 미국의 꼭두각시 노릇을 하고 있는 것으로 보입니다. 세계경제를 미국이 틀어쥐고 있는 상황에서 어쩔 수 없는 일입니다. 그러나 경제란 물과 같이 낮은 곳으로 흐르는 성질을 가진 것이니, 미국의 경제 독점은 날이 갈수록 풀리게 되어 있습니다.

미국이 강력 추진한 팔레스타인 분리독립안이 아슬아슬하게 총회를 통과한 것을 보세요. 아시아 11개국 중 필리핀 한 나라만이 거기 찬성했죠. 대미 의존도가 높은 중국조차 기권하고 9개국이 반대했습니다. 이런 경험을 통해 약소국들이 자기 입장을 키워나가게 되어 있습니다. 정신적 지도자로서 간디(Mahatma Gandhi, 1869~1948)의 성망을 등에 업은 인도가 이 움직임을 이끌고 있습니다.

김기협 | 조선은 역사를 통해 중국과 일본의 힘에 큰 영향을 받아왔습니다. 비록 앞으로 식민지배나 종속관계를 다시 겪지 않는다 하더라도 두 나라의 존재는 거대한 인접국으로서 조선의 진로에 상당한 영향을 끼칠 개연성이 있습니다.

그런데 두 나라의 장래 전망이 3년 전 일본 항복 당시와 크게 달라졌습니다. 조선과 두 나라 사이의 관계가 어떻게 펼쳐질지 선생님 전망을 듣고 싶습니다. 우선 중국부터.

안재홍 | 중요한 점을 짚어줬습니다. 지금 당장은 미국과 소련이 조선의 운명을 좌우하는 형국이지만, 실제로는 중·일 두 나라의

진로가 조선 상황에 이미 큰 영향을 끼치기 시작했다고 나는 봅니다. 두 나라의 중요성은 앞으로 갈수록 더 커지겠지요.

3년 전에는 장개석(蔣介石, 1887~1975) 국민당정부의 중국 장악을 의심하는 사람이 없었죠. 그런데 지금은 공산당정부의 북중국과 국민당정부의 남중국으로 분리될 것을 많은 사람이 내다보고 있습니다. 심지어 국민당정부의 몰락과 전 중국의 공산화를 점치는 이들까지 있습니다.

나는 이것이 자본주의와 공산주의의 대결 이전에 민족주의의 흐름이라고 봅니다. 일본의 침략 앞에서 중국인들이 염원한 것은 우리와 마찬가지로 민족주의와 민주주의입니다. 그런데 장개석정권은 전에도 항일전쟁에 열성이 없다는 비판을 받아온 터에, 일본 패퇴 이후에도 민족주의와 민주주의 실현을 위한 의지를 보이지 않고 권력에 대한 집착으로 일관하고 있습니다. 그래서 중립적 세력까지 공산당 편에 서게 되었습니다.

공산당이 중국의 북부를 장악하든 전체를 장악하든 그 정권은 공산주의 정권 이전에 민족주의 정권이 될 것입니다. 장개석정권의 실패는 그와 긴밀한 관계를 가졌던 임정 세력의 권위 실추로 이어져왔는데, 중국공산당과 긴밀한 관계를 가졌던 독립동맹이 한·중 간 민족주의 연대에서 부각되겠죠. 김두봉 등 독립동맹 인사들이 이북정권에 참여했는데, 그들의 민족주의 노선이 중국공산당과의 관계를 통해 힘을 얻게 되기 바랍니다.

김기협 | 선생님은 좌우간의 선택보다 민족주의 실현을 조선의 진로에서 더 중요한 측면으로 보시는 것 같습니다. 평등을 중시하는 왼쪽이냐, 자유를 강조하는 오른쪽이냐에 민족사회의 모든 장래가 걸

려 있는 것처럼 좌우 대립에 초점이 맞춰져 있는 상황에서 특이한 관점으로 보입니다.

김기협 | 좌우합작 운동을 함께해온 분들이 모두 동의하는 관점입니다. 역사를 보세요. 열강으로 행세한 나라들이 모두 민족주의에 투철했던 나라들입니다. 인종 구성이 복잡한 미국조차도 애국심 내세우는 데 누구 뒤지지 않습니다. 심지어 민족을 초월한다는 소련까지도 실제로는 일국사회주의라는 이름으로 소련의 국익을 추구합니다. 민족이 세워지지 않은 채로 이념을 가리는 것은 밥그릇도 받아놓지 않은 채 반찬투정하는 격입니다.

조선인만이 아니라 모든 피압박민족의 염원이 민족주의와 민주주의입니다. 그래서 나도 해방이 되자마자 "신민족주의와 신민주주의"를 썼던 거죠. 그런데 지금 와서 생각하면 민족주의 하나만 갖고 쓸 것을, 하고 후회하는 마음이 듭니다. 민주주의라면 자본주의에서 공산주의까지 형태가 많이 있어서 제가끔 주장하는 민주주의가 서로 충돌할 수 있어요. 민족주의에 중점을 두면서 민주주의는 자연스럽게 절충시키는 것이 순탄한 길이라고 봅니다.

김기협 | 일본 사정은 남조선과 같이 미군 점령하에 있다는 사정 때문에 그 변화가 더 예민하게 느껴지고 있습니다. 지난 6월 16일 『한성일보』에 올리신 칼럼을 오늘 살펴보고, 더 듣고 싶은 말씀은 다음 기회에 청하겠습니다.

> 일본인이 조선에 건너온다. 전 일제 침략의 수뇌진의 하나인 미즈타 아무개가 왔다. 아니, 온 것을 꼭 보았다. 보았을 뿐일까? 그 사진을

찍고 그 담화도 들어보았다. 저만 온 것도 아니어서, 후지와라 아무개도 왔고, 재계의 거두이던 아무개도 왔다고 한다. 참인가, 거짓인가. 일제 40년의 침략의 압력에서 간신히 벗어나자 지금 새로운 국제적 중압 속에 숨도 돌려 쉴 나위가 없는 판이다. 그런데다가 그 수뇌진이 또다시 연해 연방 건너온다고 하니, 악령이 되깬 듯이 물정 매우 소연한 것은 괴이치 않은 일이다. 참이라면 해괴한 일이 아닐 수 없다.

그러나 알고본즉 대부분은 사실이 아니라고 한다. 사실이 아니기를 바란다. 8·15 이후 조선 일은 이름 좋은 해방에 실질은 말이 못 되고 있다. 남북통일은 구두선이요, 좌우분열·관민대립은 갈수록 심한 편이다. 전력 사정으로 산업경제 재건설은 암담의 골목에 몰려 들어가려 하고 있다.

이러한 때 일본은 도국(島國)적인 배타적 통일감과 전패국민으로서의 감상적 단결심에서, 굴욕을 뛰어넘은 순종적 일로로 점령국민의 유화(宥和)와 온정에 매달리어, 하루 천추 같은 재기 부흥을 벼르고 있다. 맥아더사령부에 조·일 양 민족의 준 인상은 전자 점점 악조건으로 떨어져 내리고 있는 반면에, 후자 날로 향상 개선되는 상태이다. 조·일 양 민족 자신의, 또는 타고 있는 현상에서, 미 국책의 발동되는 부면에서, 조선은 더욱더 실망적이요 신경질적으로 됨은 개연 또 필연의 일이다. 미즈타 오고, 아리가 왔다고 하고, 아니 다나카 다케오도 온다고 하는 것은 의심암귀인가. 혹 그 사실인가. 키미지마 왔다 간 일 있고, 소수의 기술자 초빙된 일 있으므로, 조선의 불안한 민족심리에는 일인 대거 재진출의 혐의도 생길 수 있다. 그러나 아직은 그 사실 없는 것이 적확하다고 믿으려고 한다.

해방이 미완성되고 통일독립이 요원하게 보이고, 건설이 근심스럽고 생활조차도 빈위(瀕危)상태에 빠져가는 이때, 공일병에 걸림도 당사(當事)일 것이다.

공일은 배일로도 될 수 있다. 배일은 일본을 까닭 없이 밉다고 함이 아닌 것이니, 일의 재침략을 배제하고 스스로의 민족적 안전 자활을 보장하자는 의도인 것이다. 이것은 어느 민족이든지 자위적인 생존권 옹호의 한도를 벗어나지 않는 한 거의 천부적인 정권(正權)이다. 다만 배일은 정상한 의미의 항일로 되는 것이요, 항일은 나아가서 그 침략성의 배제에 있고, 들어와서는 민족 자신의 결합-통일-건설-발전으로써 그 생존권의 확보, 즉 독립의 체세(體勢)를 자주적 확보하는 데 있는 것이다.

그러나 항일은 경일(警日)이 아니다. 일본은 인접한 대민족이라, 그들만일 재침략의 의도를 청산하고 국제 민주주의 노선을 정진(正進)한다면, 우리는 집정(執定)적인 경일의 의사 없는 것이다. 항일적인 그 의식은 민족 호존(互存)의 견지에서 언제든지 다시 화평을 지향하는 것이다. 조선인은 이즈음 민족 통일 독립의 대로를 정진할 것이다. 남조선만에서라도 이 노선을 확립 및 추진할 것이다. 그것만이 자신 있는 자립에서 공일적 배일은 자동적으로 지양하게 될 것이다.

(「공일(恐日)-배일(排日)-항일(抗日)」, 『한성일보』 1948년 6월 16일)

일지로 보는 1948년 6월

- 1일 재일동포 3,800여 명 유골 일본에서 귀환
- 2일 전남 광주, 단정반대 데모 발생
- 3일 록펠러재단, 우리말큰사전 발간비 제공 약속
- 4일 헌법초안 발표
- 8일 미군 비행기의 독도 폭격사건 발생
- 10일 무역물자에 대한 협의회에서 수입물품가격 등 협의 결정
- 12일 제주도 사건 관계 변호사, 사태와 해결책 피력
- 15일 각 가정에 윤번제 송전 실시
- 19일 양주군 수종사에서 금동구층탑과 수정사리탑 발견
  천연두 만연, 사망자 속출
- 22일 미군 당국, 독도폭격사건으로 이후 독도 부근 폭격행위 금지 발표
- 23일 일본 밀항자 격증
- 25일 한중문화교류 위하여 중국 유학생 내한
- 26일 서울지방검찰청, 입학부정 엄단 방침
- 30일 주소 미국대사, 소련 외무에게 남조선으로 송전 요구

3

독재의 길을 닦는 이승만

1948년 7월 3 ~ 29일

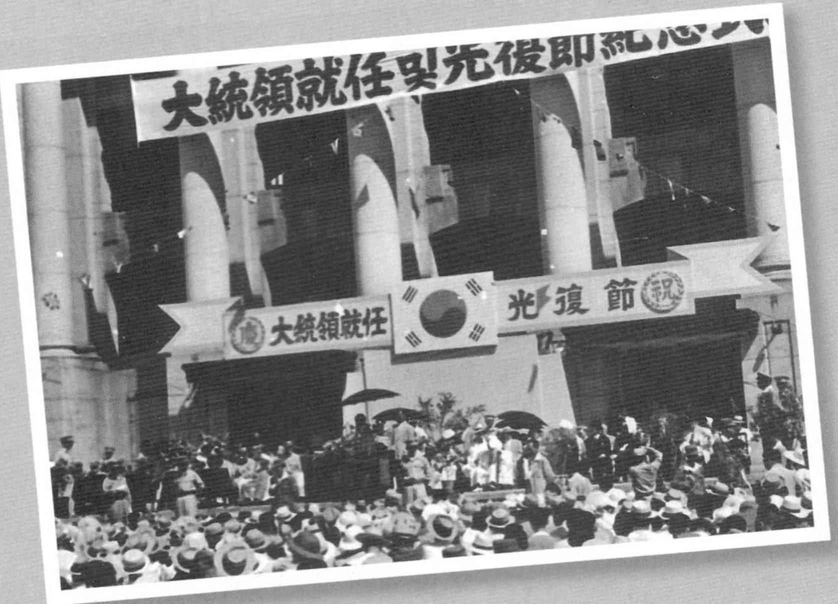

초대 대통령 취임식과 함께 열린 광복절 기념행사. 당시의 단독건국 주도세력도 '정부 수립'이라고 했지 '건국'이란 말은 하지 못했다. 60여 년이 지난 지금 "광복절보다 건국절" 주장이 횡행하고 있는 것은 1948년보다도 민족주의가 더 위축되어 있기 때문일까?

1948. 7. 3.

패망의 길로 일로매진하는 장개석정권

이 작업 구상을 떠올린 지 3년이 되었다. 오는 8월 15일에 연재를 마치려 하니 겨우 한 달 남짓 남았다. 3년 전 막막하던 데 비하면 뭔가 해냈다는 만족감이 든다. 물론 부분적으로는 아쉬운 점이 수없이 많지만, 공부하는 자세를 지켜왔다는 사실에 대한 만족감이다.

세밀하게 살펴봄으로써 막연히 알던 사실들의 미묘한 의미를 포착하고, 그 의미의 집적을 통해 좀 더 현실적인 이해를 얻는다는 것이 이 작업의 기조였다. 이제 작업의 마무리를 바라보며 세계 전체를 바라보는 큰 시각으로 돌아가본다. 지금까지 밝혀온 미세한 사실들이 전 세계적 변화 속에서 어떤 의미를 가진 것인지 확인할 틀을 펼쳐보려는 것이다.

먼저 중국 사정을 살펴본다. 연합국 5대강국 중 역사적 · 지정학적으로 조선에 대해 큰 중요성을 가진 나라인데, 국공내전의 혼란에 빠져 국제적인 힘을 쓰지 못하는 형편이었다. 그러나 중국 사정의 변화는 눈에 덜 뜨이는 가운데서도 조선 사정에 적지 않은 영향을 끼쳐왔고, 앞으로도 그럴 것이다.

장개석과 마오쩌둥. 그들 사이에 엇갈린 명암은 한반도에도 적지 않게 투영되었다.

일본 항복을 앞두고 국공합작은 명목만 남아 있어서 국부군과 공산군 사이에는 직접 대결만을 겨우겨우 회피하는 상황이었다. 일본 항복은 국공내전 대대적 발발의 계기가 될 수 있었다. 중국의 내전 발발을 원하지 않은 미국과 소련은 국민당과 공산당 양쪽에 압력을 넣었다. 그래서 8월 말부터 10월 10일까지 마오쩌둥(毛澤東, 1893~1976)과 저우언라이(周恩來, 1898~1976) 등 공산당 대표가 국민당 아성 충칭에 가서 '충칭회담'을 열었다. 국공합작의 갱신·연장을 위한 시도였다고 할 수 있다.

이 시도의 성공 전망이 최고조에 이른 것이 1946년 1월의 '정치협상회의'였다. 그 전 달 모스크바 외상회담에서 미·영·소 3국이 연합국의 중국 문제 불간섭을 선언하고 중국인 자신의 협상을 촉구한 결과였다. 소규모로 시작되고 있던 충돌을 중단하기 위한 정전협정이 1월

10일 조인되고 22일에 걸친 회의가 시작되었다. 이 회의에는 국민당과 공산당 외에도 중국청년당과 민주동맹 등 여러 정파가 참여했고, 공산당도 만족할 만한 협의안이 이 회의에서 도출되었다. 공산당의 합법적 정권참여를 허용하는 협의안이었다.

국민당은 평화를 원하는 인민의 요구와 미·소 양국의 압력 때문에 협상에 응하고 있었지만 다른 세력, 특히 공산당과 권력을 함께 나눌 마음이 없었다. 국민당 병력은 인원으로도 공산당의 3배가 넘었고 무기 수준은 비교가 되지 않았다. 이렇게 유리한 상황에서 공산당을 제거해놓지 않으면 갈수록 더 어려운 상대가 될 것을 걱정하고 있었다.

1946년 3월에 열린 국민당 2중전회는 정치협상회의 협의안을 거부했고, 이 무렵 소련군의 만주 철수가 시작되면서 국부군과 공산군의 충돌이 늘어나기 시작했다. 미국의 마셜 특사가 내전 확산을 막기 위해 안간힘을 썼으나 국부군의 대규모 작전이 6월 26일 시작되고 말았다. 국공내전의 본격적 시작이었다.

상대가 되지 않는 게임으로 보였다. 국부군의 승리를 막을 수 있는 것은 공산당의 저항이 아니라 미국과 소련의 간섭으로만 보였다. 그런데 미국은 경고만 발할 뿐 국부군을 가로막는 행동을 취하지 않았고, 소련도 개입하려 하지 않았다. 장개석은 두 나라 눈치를 보면서 공격을 계속했고, 1947년 3월 공산당 근거지 연안을 점령하면서는 완전 소탕이 멀지 않다고 생각하고 있었다.

그러나 공산군은 소탕당하지 않았다. 국공내전 내내 공산군이 국부군의 우세한 장비 앞에 엄청난 사상자를 내면서도 병력 충원이 원활했던 것은 농촌의 인구를 확보한 덕분이었다. 1948년 초 중국의 전황은 만만치 않은 것으로 조선에도 보도되고 있었다.

베이징에 들어오는 인민해방군. 40여 년간 "중공오랑캐"라 부르던 적대관계가 지금의 한중관계에 큰 걸림돌이 되지 않는 것을 보면 장래의 남북관계에서도 오랜 적대관계가 큰 앙금을 남기지 않으리라는 희망을 가질 수 있다.

〔북평 4일 발 UP 조선〕 장개석 씨 영도하의 중국 국민정부는 지난 2년 동안에 군사적 실패를 거듭하고 현재 종전 이래로 가장 심각한 난경에 처하고 있다. 지난 1년간 중공군은 주도권을 장악하였는데 거년 말 이래로 중공군은 중국의 전 전선에서 공세를 강화하고 있다.
만주는 이미 중공군의 수중에 거의 함락할 것같이 보이며 화북에서는 도처에 전투가 발생하고 다수 도시가 고립화하고 있다. 그리고 화중에서의 중공군의 세력 흥기는 양쯔강 계곡을 위협하고 있다. 창춘에서 난징에 이르는 각지의 중립관측자들은 중공군이 소모전에 승리를 취하고 있으며 중공군은 완전 승리와 중국 제패를 희망하고 있으며 이는 국부군 측에 중대 환심사(患心事)가 되고 있다는 데 의견이 일치되고 있다. 허베이성 석가장에서의 중공군의 승리는 중공군의 전략이 기습전으로부터 정면공격으로 전화하고 있는 것을 시사한다.
중공군의 성공은 한정이 있는 것이나 건실한 데 의미가 있으며 장개석 씨는 "미국이 원조할 것인가, 하시에 여하히?" 하는 연래의 의문이 아직도 번민의 재료가 되고 있다. 거년 초 국부군은 불원 승리를 희망하고 (…) 서북부에서도 1년 전 국부군은 장대한 철도망을 확보하고 수원성(綏遠省) 내에 세력을 펴고 역사적 장성 관문인 장가구를 중공군에게서 탈회하였다. 그러나 현재의 장가구도 고립상태에 있다. 중공군의 전술은 소모전이며 교통기관을 마비시키고 철도를 폭파하고 산업을 파괴하고 수확을 몰수하고 도시를 질식시켜서 기아 또는 반란으로 패망케 하고 약점을 공격하고 강력한 저항을 회피하는 데 있다. 이 전술은 예상 이상으로 성공하여 국부의 경제생활에 중대 타격을 주고 있다. 그런데 미국은 방관 태도를 지속하고 있으며 충고는 하나 적극적 군사원조는 행하지 않고 있다. 국부 공군도 대체 정비가 없으므로 열악화하고 있다. 대부분 군사소식통에서는 미국의 적극 원조만이 국부군의 금후의 붕괴를 방지할 수 있을 것이라고 말하고 있다.

(「위기에 직면한 중국, 미국의 적극적 원조만이 국부군 붕괴 방지」, 『동아일보』 1948년 1월 6일)

국공내전의 경위를 소상하게 살펴볼 수 있는 책 하나를 소개한다. 현이섭의 『중국지』(2책, 인카운터 2012)는 국공내전만이 아니라 중국공산당사와 중화인민공화국사의 세밀한 서술을 담은 책이다.

중국공산당의 공식적 혁명사 관점에 묶여 있다는 한계가 있다. 예컨대 1947년 연안 함락으로 위기에 몰렸던 공산군이 1948년 여름까지 전세를 만회한 까닭이 이 책에는 공산당 지도자들의 훌륭한 지도와 공산군 지휘관들의 훌륭한 임무수행으로만 설명되어 있다. 그러나 이런 설명을 대다수 중국인이 공유한다는 점을 생각하면 한국사회에도 그런 설명을 이해해둘 필요가 있기는 하다. 그리고 관점이 단순한 만큼 사실 파악에는 유용한 책이다.

중국 내의 중국현대사 서술은 공산당정권과 국민당정권의 관점에 오랫동안 지배되어왔다. 공산당정권의 관점은 계급혁명에 중점을 둔 것이고, 제2차 세계대전 종전에서 중화인민공화국 건국에 이르는 '해방전쟁' 과정 역시 공산주의의 정당성 중심으로 서술된다.

근년 들어 더 넓은 관점이 개발되고 있다. 종전 당시 중국인의 염원이 계급혁명보다 민주주의와 민족주의에 더 쏠려 있었다는 관점이다. 공산당의 승리는 이 염원을 국민당보다 잘 반영한 데 원인이 있었다는 설명이 된다. 이 설명에 따르면 중국의 진정한 공산화는 1950년대 중엽에야 일어난 일이라고 한다(나카무라 모토야(中村元哉),「국공내전과 중국혁명」, 와다 하루키(和田春樹) · 조경달(趙景達) 외,『동아시아 근대통사 7』, 이와나미 쇼텐 2010, 235~254쪽).

제2차 세계대전 종전 시점에서 약소민족(당시에는 중국도 약소민족의 하나로 자타 공히 인식하고 있었다.)의 염원이 민주주의와 민족주의로 집약된 것은 일반적 현상이었다. 그런데 좌우 대립이 더 중요한 문제로 흔히 인식되어온 것은 양대 강국 미국과 소련의 대립이 투영된 까닭이다. 그리고 이 왜곡된 인식이 냉전구도 속에서 수십 년간 지속되었다. 조선 경우에도 해방공간의 실제 상황의 이해를 위해 민족주의 측면의 보강 필요를 느낀다.

장개석은 1948년 5월 중화민국 초대 총통에 취임했다. 헌정 형식을 갖춘 국가체제를 세운 것이었지만, 실제로는 장개석에게 비상대권이 주어졌기 때문에 진정한 헌정 실현과는 아직도 큰 거리가 있었다.

〔난징 20일 발 UP 조선〕 현 국민정부 주석 장개석 씨는 19일 국회에서 거행된 선거에서 압도적인 대다수로 입헌정체하 초대 중화민국 대통령에 당선되었다. 전 투표수 2,734표 중 장 씨는 2,430표를 획득하였으며 유일한 경쟁자인 현 사법원장 거정(居正) 씨는 269표를 획

득하였고 잔여 35표는 무효로 취급되었다.

현재 계획에 의하면 장 씨는 5월 5일에 대통령 취임식이 거행될 것이며 국회 결의에 의하여 비상대권이 부여될 것이다. 국회는 대통령선거 전일에 있어 대통령에게 헌법에 규정된 제한을 받지 않고 국가 안전보장에 대한 중대한 위험을 회피하기 위하여 비상조치를 취할 권한을 부여하는 결의안을 가결하였다.

장 씨는 중화민국 창설자 고 손문 씨 서거 이래로 중국의 제1 실력자로서 1927년 이래로 사실상 중국을 지배하여왔으며 1943년 이래로는 국민당 선거에 의하여 국민정부 주석으로 중국을 통치하여온 것이다. 그는 일찍이 대통령입후보 사절을 선언하였으나 그는 금번 국민당 대표로서 입후보한 것은 아니며 국회의 공선으로 대통령에 당선되는 절차를 취하였으며 입헌하 초대 대통령에 피선됨으로써 그의 수십 년래의 혁명투쟁 생애는 이에 최고 승리를 노리게 된 것이다.

이날 국회 내빈석에는 리턴 스튜어트 미국대사, 레이프 스티븐슨 영국특사, 기타 외국 외교사절도 내림하여 역사적인 중국 국회의 대통령선거 광경을 목도하였다.

(「입헌 중국 초대 대통령 장개석 씨 당선, 국가 안전보장에 최대권한을 부여」, 『경향신문』 1948년 4월 21일)

선거를 앞두고 장개석은 일시 불출마를 선언했다(『경향신문』 1948년 4월 6일). 그러나 그 속셈이 '비상대권' 확보에 있었다는 사실이 곧 드러났다(『경향신문』 1948년 4월 14일). 그리고 대통령선거 전에 비상대권에 관한 국회의 결의를 받아냈다. 대통령중심제라야 출마하겠다고 우긴 이승만이 보고 배운 데가 있었던 것이다.

중화민국의 헌정 체제는 불구인 채로 시작되었다. 국민당과 장개석의 강권통치는 그대로 계속되었고, 최소한의 개혁을 요구해온 미국정부를 만족시킬 수 없었다.

〔워싱턴 4일 발 UP 조선〕 금번 하원 세출위원회는 정부에서 요구한 4억 6,300만 달러의 대중 원조계획을 가결하였다. 그러나 동 위원회는 이에 대한 보고서 중에서 미국은 본 자금에 대하여 철저한 통제를 실시할 것을 요구하였다. 동 위원회는 아래와 같이 강조하였다.

"종래의 대중 원조가 만족한 성과를 거두지 못한 사실에 비추어 본 위원회는 금번의 할당 자금에 대한 전면적 감독으로써 이의 활용을 기하도록 미국정부가 방책을 세울 것을 고집하면서 본안을 지지하는 바이다."

(…) 대중 원조기금 중 1억 2,500만 달러만은 중국정부의 임의로 사용할 수 있게 되었으며 3억 3,800만 달러는 아래와 같이 세분된 것이다. 미곡 8,500만 달러, 목면 7,250만 달러, 석유 및 석유생산품 6,500만 달러, 비료 2,400만 달러, 연초 1,000만 달러, 주요 시설 보충 2,000만 달러, 운영비 160만 달러, 재건비 6,000만 달러.

그리고 기간 비밀에 붙여져 있다가 금번 공개된 세출위원회의 증언록에 의하면 국무성 당국자들은 대중 원조의 성공 여부는 전혀 의문이며 장개석정부의 강화를 위하여 진실로 필요한 것은 토지개혁이라고 증언하고 있다. 또한 동 기록에 의하면 W. 소프 국무장관보는 동 위원회에서 아래와 같이 마셜 국무장관을 대변하였다.

"마셜 국무장관은 중국 사태는 일반대중의 지지를 얻기 위한 경쟁으로 보고 있다. 즉 오늘 다수의 인민은 공산당이 인민을 위한 정강을 더 많이 세우고 있는 때문에 이를 지지하고 있다. 그들은 공산주의 사상은 모르나 토지개혁과 공산지구에 들어갈 때 그들이 받는 전반적 대우는 알고 있다. 그러나 오늘날 중국정부 측에서도 이 점에 착목하여 토지개혁을 위한 준비공작을 진행시키려는 인사가 있는 것을 마셜 장관도 인정하고 있다."

소프 씨는 또한 아래와 같이 증언하였다.

"대중 원조는 즉 중국정부로 하여금 이러한 조치를 강구하기 위한 기회를 부여하려는 것이다. 대중 원조를 단순한 쥐구멍 투자에 그치지 않게 하기 위하여서는 이 기간을 이용하여 국내에 진정한 개혁을 추진시키지 않으면 안 된다는 데 나는 동감이다. 그리고 장개석 씨로 하여금 군사적 목적을 위하여 사용하게 할는지도 모르는 1억 2,500만 달러를 의회에서 따로 계상한 데 대하여 국무성은 약간 불만이다. 국무성에서 최초 본안을 상정하였을 때는 그 전액이 경제원조를 위하여 사용되기를 원하였으나 의회는 하등의 조건도 없이 1억 2,500만 달러를 중국정부에 직접 할당하였다." (…)

(「대중 원조자금 미 하원 세출위원회서 가결, 경제 재건 활용 기대」, 『동아일보』 1948년 6월 5일)

미국의 국제정책 결정에서 외국정부의 로비능력으로 전설적 명성을 떨친 것이 '차이나 로비'와 '이스라엘 로비'다. 국무성에서 엄격한 조건을 붙여 대중 원조안을 작성했는데, 의회에서는 그 조건을 풀어주고 있었으니, 참으로 탄복할 만한 로비능력이다. 세계대전이 끝난 이제 미국에게 중국 원조의 필요가 줄어들고 있는데 장개석정부는 로비능력만으로 상황 변화에 대응하고 있어서 결국 미국과의 관계를 어렵게 만들고 말았다.

서울에서의 중국 사정 보도는 당연히 미국 언론사와 국민당정부 쪽에 의존하는 것이었다. 공산당 쪽 사정의 보도는 원활하지 못했는데,

커밍스(Bruce Cumings, 1943~)는 『The Origins of the Korean War 2』에서 중국공산당 측과 이북정권 사이의 관계를 중시했다. 그 측면은 다음 기회에 다루겠다.

1948. 7. 5.

미군정의 목표는 모든 남북관계의 단절?

사람들이 살고 있는 상황을 전혀 고려하지 않고 직선 하나로 남북을 갈라놓았으니 38선에 걸려 온갖 곤란을 겪게 된 곳이 수없이 많은 중에도 대표적인 곳이 연백, 옹진 등 황해도 남쪽 해안지대였다. 조선 최대의 곡창으로 꼽히는 연백평야의 경우 경작지 대부분이 38선 남쪽에 있는 반면 저수지 대부분은 북쪽에 있어서, 수세(水稅)의 합의가 안 될 경우 농사가 어려운 형편이었다.

1947년 11월 7일자 일기에서 이 문제를 설명한 일이 있다. 북측에서는 수확고 2퍼센트 가량의 수세를 요구했는데, 남측에서는 저수지 관리비만을 지급하겠다든가, 저수지 면적의 수확량(저수지를 만들지 않고 논으로 놔두었을 경우 그 면적의 수확량) 중 절반만을 지급하겠다든가 하는 우스운 주장이 횡행하고 있었다. 그러나 워낙 절박한 문제인지라 북측 요구를 받아들였다. 그뿐만 아니라 경기도 고문 앤더슨이 나서서 북측 인민위원회와 담판을 벌였으니, 인민위원회를 인정하지 않으려 드는 미군정 입장으로는 파격적인 일이었다.

모내기철에 이런 합의가 이뤄져 물을 공급받았는데, 막상 수확철이 되자 남측의 얘기가 달라졌다. 화장실 가기 전과 다녀온 후의 마음은 다른 법인가보다.

〔연안에서 김호진 본사특파원 발〕 곡창 황해도의 연백수리조합 수세 문제는 해방 이후 3개년 동안 남북 간에 수차의 회합이 있었으나 해결을 못 보고 있던 중 지난 19일 하오 0시40분부터 연안군 수리조합 회의실에 북조선 측에서는 캐지쓰 소련군 소좌 외 1명, 이순근 북조선인민위원회 농림부장 외 2명 그리고 남조선 측에서는 경기도 미인 군정관 앤더슨 소좌 옴스테드 고문관 이용근 농림국장 외 수 명의 남북 대표가 모여 토의한 결과 1년분 수세로 소련 측에서 백미 1,500톤(약 1만 석)을 요구한 데 대하여 남조선 측에서는 관리비로 150톤(약 1,000석)을 주겠다고 하다가 200톤까지 남조선 측에서 제의하였으나 끝끝내 북조선 측의 고집으로 회의는 하오 7시 합의를 보지 못한 채 결렬되고 말았다.

(「문제의 연안수조 북조선의 과대 요구로 양측 협의 또 결렬」, 『동아일보』 1947년 9월 23일)

모내기철의 합의는 이남 신문에도 보도된 것이었다(『경향신문』 1947년 6월 6일). 이 합의에 따라 농사철 내내 물을 공급받고 나서 수확철에 와서 딴소리 하다니, 이듬해 농사는 어떻게 지을 작정인가? 반년 후 일은 그때 가서 걱정해도 된다는 배짱이었을까? "군대는 그때뿐이야~" 대한민국 군대의 더러운 풍조 역시 미군에게 배워온 것이었을까?

반년이 지나 송전이 중단될 때 연백평야 물도 당연히 끊겼다. 모내기철이 다 지나갈 무렵 연백평야의 '참상'이 이렇게 보도되고 있었다.

논 35,000정보와 우리나라의 3대 염전인 해남 염전을 가진 연백군은 38선으로 인하여 군민의 생명수인 연백수조 저수지가 원만타협이 안 되어 금년에는 한 방울의 물도 오지 않아 연 백만 석을 산출하는 연백평야는 황폐지로 되고 있다. 지난번 비로 2할의 논모(畓苗)가 되었으나 나머지 8할은 암담하다. 그리고 단전 후 염전작업도 중지되고 양수와 정미도 안 되어 물가는 날로 오르는 형편이어서 이농자가 속출하고 민생은 극도로 도탄 속에 빠지고 있다고 한다.

(「황폐한 연백평야, 수조(水組) 문제로 묘(苗)도 2할뿐」, 『서울신문』 1948년 6월 20일)

그런데 이게 웬일? 위 기사가 나온 며칠 후부터 북측이 물을 보내오기 시작했다. 어떤 교섭 덕분에 취해진 조치인지 기자도 갈피를 잡지 못하고 있었다.

몽리면적 24,700여 정보를 자랑하는 연백수리조합에 대한 북조선 측으로부터 단수 문제는 단전 문제와 아울러 남북 조선 간에 해결지어야 할 긴급한 문제로 되어 있던바 지난 24일 밤부터 북조선으로부터 물이 오기 시작하고 있다. 즉 작년 8월 22일 남북 현지회담이 결렬한 이후 여전히 북조선측으로부터 물이 안 내려와 연백 주민은 비상책으로 곳곳마다 못을 파서 저수한 물을 고이고 간신히 모를 내고 있는 현상인데 아무 통지도 없이 지난 24일 밤부터 갑자기 물이 내리고 있다고 한다.

그런데 그간 남북 간에 별 교섭도 없은 것으로 미루어 연백 주민들은 도리어 의아심을 가지고 있는데 작 26일 경기도 농무국장 이용근은 이 문제를 다음과 같이 말하였다.

"25일 오후에 미인 군정장관 앤더슨으로부터 24일 이후 물이 내려온다는 말을 들었을 뿐으로 앤더슨도 단지 물이 오고 있다는 정보 이외에 아무것도 모른다고 말하였는데 북조선에서 무조건으로 물을 보내준다고는 생각되지 않으며 아마 미군이나 교섭이 있었는지 궁금하기 짝이 없다."

(「연백들에 낭보, 24일부터 이북서 송수, 연락통고도 없어 주민들 의아」, 『조선일보』 1948년 6월 27일)

어찌된 사정인지 며칠 후에야 밝혀졌다.

23만 연백군민의 생명수인 연백수리조합 문제가 38선으로 말미암아 언제나 말썽거리가 되어 그동안 수차 남북 행정 당국자 사이에 회합이 있었으나 아무런 성과를 얻지 못하고 오던 것이 이남 농민대표의 직접 담판으로 마침내 물이 오게 되었다고 한다. 즉 연백 지방에서는 농민들이 구수회의를 거듭한 결과 그들의 대표 두 명 최의수, 김동근 양 씨를 뽑아 양 씨는 김구 씨의 신임장을 가지고 지난 6월 24일 월경하여 평양으로 가서 27일 북조선인민위원회 농림국장과 직접 면담을 하게 되어 북조선에서는 우선 조건 없이 물을 보낼 것을 약속하였다 한다. 양 씨는 임무를 마치고 서울로 향하여 29일 김구 씨를 방문하고 보고를 하고 있는 석상에 "통수 개시"의 전보가 연백수리조합으로부터 날아 들어왔다 한다.

(「이남 농민대표 직접 담판, 연백수리조합 문제 해결」, 『경향신문』 1948년 7월 1일)

6월 24일 월경 전에 월경의 뜻을 북측 어디론가 알려놓았을 것이고, 북측은 이 뜻을 존중하는 표시로 월경과 동시에 잠정적으로 송수를 시작한 것으로 보인다. 연백 농민들에게 김구를 띄워줄 정치적 동기가 특별히 있었을 것 같지 않다. 단수 문제도 단전 문제도 조선인끼리 해결할 수 있다는 김구의 주장에 지푸라기 잡는 심정으로 매달렸을 것이다. 그리고 북측에서는 김구가 이름을 내놓은 일에 호응해주는 것이 선전에 유리한 일이었다.

이남의 협상파를 부추기려는 북측의 의도도 작용했겠지만, 이 통수 조치의 본질은 민생을 살리는 데 있었다. 전 해에 경기도 고문(군정관) 앤더슨이 맺은 합의를 번복했기 때문에 단수 조치를 취한 것인데, 이제 조선인끼리 협약을 맺음으로써 광대한 옥토의 농사를 망치는 말도 안 되는 사태를 피할 수 있다는 북측 주장의 타당성을 적어도 이 일에서는 확인할 수 있게 된 것이다. 그런데 이 일에 어떻게든 재를 뿌리려 하는 조선 신문이 있었다.

> 38선을 가로놓고 물싸움을 거듭하던 연백저수지 통수 문제는 기보한 바와 같이 조선인 간의 교섭으로 배수가 되고 있다. 그런데 현재 구암·예성 양 수리조합 구내의 2만 4,000여 정보에 배수가 되기까지의 내막과 또한 전기를 끊은 북조선 당국이 남조선에 농사를 지으라고 물을 보내준 그 의도가 나변(那邊)에 있나 하고 그 진상을 믿을 만한 소식에 탐문한 바 다음과 같은 흑막이 아롱거리는 것을 알게 되었다. 즉 북조선 측에서는 동 지대에 물을 아니 보내도 금년의 농사는 충분하게 지을 것을 이미 알게 되었던 것이다. 경기도 당국에서는 비상조치로 9만여 포의 금비와 양수용으로 거액의 석유, 중유 등을 동 지대에 배급하고 또한 물을 잡아놓은 것을 북조선 측에서 알게 되었던 것이다. 연백지대에서 금년 농형(農形)에는 별 지장이 없을 것을 안 북조선에서는 부근 농민을 초청하여 솔선해서 조선 사람끼리 물을 보내주는 것과 같은 형식을 취하고는 농민들에게 다량의 양곡을 가지고 오라 하여 이를 받고 이번 물이 내려오게 된 것이라 한다. 그리하여 일부 정치인들은 이를 이용하여 정치적인 연막 속에서 자기네들이 물을 보내게 한 듯이 가장하는 것은 가장 우스운 사실의 하나이다.

(「일부 정치인 모략 분쇄, 연백저수지 통수비화(通水秘話)」, 『동아일보』 1948년 7월 1일)

참 해도해도 너무한다. 위에 인용한 6월 20일자 『서울신문』 기사에서 연백평야 모내기가 2할밖에 안 됐다는 것은 허위보도였단 말인가? 수십만 농민의 생계뿐만 아니라 온 나라 식량 사정이 걸린 일을 정략으로 몰아붙이기 위해 "물을 아니 보내도 금년의 농사는 충분하게 지을 것"이라 우기다니, 65년 후 개성공단을 폐쇄로 몰고 갈 자들과 똑같은 자들이 그때도 있었던 것이다.

"흑막이 아롱거리는 것"을 동아일보 기자에게 알게 해줬다는 믿을 만한 소식통이란 앤더슨 경기도 고문이었던 모양이다. 7월 9일자 『동아일보』「단수해도 별 도리 없어 이북 측에서 통수해왔을 뿐, 연백수조 문제」 기사에 "이에 대하여 침묵을 지키고 있던" 앤더슨의 말이 인용되어 나왔다.

"연백수리조합의 통수는 38 이북에서 물을 보내왔는데 그 진상은 다음과 같다. 북조선 당국은 연백수리조합의 수세로 최초에 쌀 2만 5,000석을 요구하였고 그 다음은 또 25만 석을 요구하였다. 그래 남조선에서는 먼저 약속대로 2만 5,000석이라면 줄 아량이 있으나 25만 석이라면 못 주겠다는 데서 물이 단수되고 만 것이다. 그래 금년에는 경기도에서 비상조치로 다량의 중유, 경유 등 양수용 펌프, 비료 등을 저수지 구내 농지에 특별배급을 하였다. 그래 금년 농사에는 별 지장이 없도록 되었는데 또한 '비'로서 충분한 물을 얻게 되어 북조선에서 물이 아니 오더라도 농사를 지을 것을 안 북조선 당국에서는 그러다가는 2만 5,000석도 받아올 수 없게 되고 단수를 하여도 별

도리가 없음을 알고 물을 보내게 된 것이다. 그런데도 불구하고 남조선의 정객들이 통수를 하게 되었다는 것은 거짓 선전이다."

이건 정말 대화록을 까봐야겠다. 북측의 "25만 석" 요구란 지금까지 언론보도에 나타난 일이 없다. 연백평야 전체 수확량이 80만 석인데(북측 저수지의 몽리지역 아닌 곳까지) 수세 25만 석이란 애초에 말이 되지 않는다. 1947년 봄 합의 수세는 1만 2,000석이었고, 그전에 북측 요구로 3만 2,000석 또는 4만 5,000석이 보도된 일이 있는데, 그것은 1945년 이후 누적된 수세를 말한 것이었다.

앤더슨은 소설을 쓰고 있었다. 두 개의 허구를 중심으로 한 소설이다. 하나는 북측이 황당무계한 요구를 해서 협상이 결렬되었다는 허구이고, 또 하나는 연백평야의 금년 농사를 위한 만전의 준비가 되어 있다는 허구다. 그렇게 준비가 잘되어 있다면 농민들이 힘들여 협상에 나설 필요도 없는 것 아닌가? 앤더슨의 주장 뒤에 붙어 있는 경기도 직원의 보고 내용만 봐도 빤히 드러나는 허구다.

조사원의 보고: 연백수리조합 도수로 제1호 지선은 몽리지 농민이 화양천(38선에서 평균 70간 이북 지점)에서 수로를 만들고자 작업 중이던바 이북 경비대의 습격을 받아 그중 21명이 잡혀 유치당하였다. 이북 보안대의 수리 관계자가 말하기를 이남 농민을 위하여 배수를 할 터이니 농민 관계자가 전부 와서 진정하면 급수하겠다 하기에 제1차에 15명, 제2차에 30명이 갔더니 이남 농민이 수백 명인데 소수밖에 아니 오느냐 하여 그 다음에는 277명이 월북하여 진정하였더니 1정보에 쌀 1두1승을 소위 수세라는 명목으로 이북에 가져가기로 약속하고 6월 18일부터 전기 지선인 추화면 향산, 약현, 월학, 순명

등 4개동 내 297.5정보에 통수를 개시하여 6월 20일에는 농민 관계자 자신이 수집한 백미 30가마를 이북 관헌에게 인도하였다. 그리하여 완전 통수는 28일 상오 8시경에야 겨우 되었던 것이다.

7월 1일자 『경향신문』 기사에서 농민대표 두 명이 평양까지 갔다는 것과는 다른 얘기다. 아마 두 가지 일이 나란히 벌어진 것이 아닐까 싶다. 농민들에게는 워낙 절박한 일이니 온갖 시도를 다했을 것이다.

경기도 조사원의 보고 내용은 38선 100여 미터 북쪽의 물이 철철 넘치는 수로에서 물을 끌어오기 위해 수십 명 농부가 삽을 들고 넘어갔다가 붙잡힌 데서 시작된다. 빤한 사정인데 이걸 시설파괴죄로 잡아넣기도 그렇고……. 그래서 수로 하나로 닿는 범위의 농민들이 수세를 현물로 선불하면 물을 대주기로 길을 열어준 모양이다.

지난 3년간 작업에서 제일 아쉬운 일의 하나가 미군정이 남조선 경제를 어떻게 망쳤는지 충분히 밝혀내지 못한 것이다. 연백평야 물 얘기를 살펴보면 패턴은 알아볼 수 있다. 북측과 무슨 협상이든 협상이 이뤄지지 않는 것이 미군정 당국자들의 목표였던 것이다. 원만한 수세 협상이 북측도 바라는 것이고 '이남' 농민들도 필요로 하는 것이었지만, 미군정이 원하는 것이 아니었다.

쌀 생산은 남조선 경제에서 제일 중요한 일이었고 연백평야는 남조선 전체 생산량의 5퍼센트를 생산하는 곳이었다. 그곳의 생산조건 확보에 미군정이 얼마나 무성의하고 무책임했는지 앤더슨이 단적으로 보여준다. 그리고 그 소설을 열심히 받아 적는 『동아일보』가 조선인을 위한 신문이 아니었다는 사실도 분명하다.

1948. 7. 8.

이승만의 재촉 앞에서 건져낸 '노동자 이익균점권'

7월 7일 제27차 국회본회의 오전회의에서 헌법초안의 제2독회가 끝났다. 오후 회의에서 제3독회에 들어갔지만 토론과 수정의 여지가 거의 없다는 분위기에서 진행을 다음 월요일(12일)로 미뤄놓고 휴회에 들어갔다.

> 26차 회의에서 103조까지의 전문 축조토의를 완료한 헌법안은 27차 오전회의에서 전체적인 재검토를 마치고 드디어 제2독회를 종결하였다. 즉 김동원 부의장 사회로 진행된 동 회의는 전차회의록 통과와 제반 보고에 이어 헌법안 심의를 계속, 먼저 진헌식 의원 외 44인의 제안으로 "제7조에 외국인의 권리를 보장하는 항을 삽입하자."는 동의를 가결하고 또 제41조 조약 조항에 상호원조조약의 문구를 첨가하자는 조병한 의원 외 10인의 수정동의를 채택, 이어서 윤치영 의원 등의 전문(前文) 수정안이 제출되어 여러 의견이 진술되었으나 결국 이 문제는 특별위원 5인(백관수 · 최국현 · 김준연 · 윤치영 · 이종린 의원)을 의장이 선출 그들로 하여금 전문을 재수정케 하여 오후 회의에 제출토록 결정하고 서정희 의원 동의로 헌법전의 명칭을 대한민국헌법으로 하자는 것을 가결한 다음 제2독회 종결을 결정 선포, 제3독회는 오후

회의에서 개시할 것을 가결하였다.

그런데 제3독회에 관하여서는 전문에 걸쳐 문구를 수정할 것이 많을 뿐 아니라 제3독회가 종결되면 헌법은 즉시 통과 제정되어 공포만 하게 되면 직각으로 발효하여 대통령을 선거하여야 할 것이며 정부도 수립할 것이므로 그러기 위하여서는 정부조직법이 제정되어야 할 것이다. 이리하여 일부 의원과 전문위원들 간에는 이러한 절차 문제를 생각하고 헌법안 제3독회는 우선 보류하여 수일간 휴회한 다음 정부조직법이 상정되면 그때에 동법과 함께 제3독회를 진행하자는 의견이 대두되었다. 그리고 이 문제는 오후 회의에 있어서 결국 정부조직법을 초안하기 위하여 11일(일요일)까지 휴회하고 12일 상정하기로 결정되었다.

(「헌법안 제2독회 완료, 12일 정부조직법 상정」, 『동아일보』 1948년 7월 8일)

헌법초안 심의과정에서 가장 열띤 논쟁을 불러일으킨 것은 제17조 '근로조항'이었다. 원안에 비해 노동자의 권리를 확장하는 여러 수정안이 제출되었는데, 노동자의 경영 참여와 사업이득의 노동자 배분이 핵심 문제였다.

헌법안 대체토론에서 이미 상당한 물론(物論)을 일으킨 제17조 근로조항은 24차 본회의 축조토론에 있어서 본격적인 논쟁의 대상이 되었는데 이날 회의에는 동조에 근로이득 배분의 조항을 삽입하자는 7개의 서면수정이 제출되어 종시 이 문제를 중심으로 토의, 원안 지지자와 수정 제안자 간에 진지한 설명 논전이 전개되었었다. 그리고 이 문제는 산업재건과 관련하여 국회 내에서도 양론을 위요하고 논쟁이 격화될 것으로 관측되며 특히 수정 지지자로서 대한노총 및 농총 등

노동단체에서는 이미 수정안을 찬성하는 건의서를 전달하여 수정안의 통과를 촉진시키고 있어 국회 내에서도 상당한 찬성투표를 획득할 것으로 보인다. 그러나 한편 이를 반대하는 세력도 무시할 수 없으며 국내 50여 기업 단체 및 조합에서는 수정을 반대하는 요청서를 국회에 제출하여 국회 내의 원안 지지자를 성원하고 있는 만큼 앞으로 토론은 더욱 격화될 것이며 과연 어느 안이 통과될지 주목되는 바이다.

(…) 먼저 김동준 의원의 국가는 국민에게 직장을 부여할 의무를 가진다는 조문을 16조 다음 조에 삽입하자는 동의가 있었으나 부결되고 17조 근로조항 심의에 들어갔는데 7종의 수정안을 정리하여 두 개로 만들고 먼저 수정제안자로서 문시환, 박해정, 조병한, 윤재욱 의원으로부터 수정 취지 설명 또는 수정안 지지의 발언이 있었고 원안 지지자로서의 김준연 의원의 원안지지의 설명이 있었다. 그리고 원안과 수정안은 다음과 같다.

원안: 제17조 모든 국민은 근로의 권리와 의무를 가진다.

수정안: (1~2항) 모든 국민은 근로의 권리와 의무가 있으며 근로자는 노자협조와 생산증가를 위하여 법률이 정하는 범위 내에서 기업의 운영에 참가할 권리가 있다. (3항) 기업주는 기업이익의 일부를 법률의 정하는 바에 의하여 임금 이외의 적당한 명목으로 근로자에게 균점시켜야 한다.

(「이득균점 문제로 논쟁, 수정-원안 양파 대립」, 『동아일보』 1948년 7월 4일)

7월 5일 제25차 본회의에 제17조에 대한 두 개 수정안이 제출되었다. 문시환 의원 등이 제출한 제1수정안은 노동자의 경영참가권과 이익균점권 양쪽을 명시하는 것이었고 조병한 의원 등이 제출한 제2수

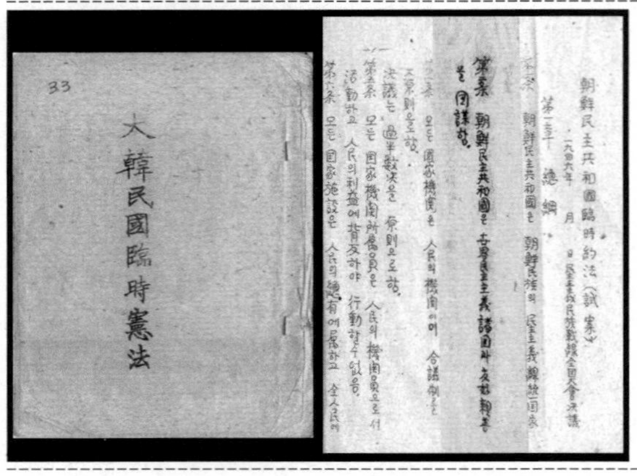
33

大韓民國臨時憲法

朝鮮民主共和國臨時約法(試案)

一九四六年 月 日 民主主義民族戰線全國大會決議

第一章 總綱

第一條 朝鮮民主共和國은 朝鮮民族의 民主主義[illegible]

第[illegible]條 朝鮮民主共和國은 [illegible]民主主義諸國과 友好親善을 圖謀함.

第[illegible]條 모든 國家機関은 人民의 機関이며 合議制는 原則으로 함.

決議는 過半數決을 原則으로 함.

第五條 모든 國家機関所屬員은 人民의 機関員으로서 活動하고 人民의 利益에 背反하야 行動할 수 없음.

第六條 모든 國家施設은 人民의 總有에 屬하고 全人民에

대한민국임시정부 헌법 초안.

정안은 이익균점권만을 규정하는 것이었다. 제1수정안은 81 대 91로 부결되고 제2수정안이 91 대 88로 가결되었다(『동아일보』 1948년 7월 6일, 「근로조항 수정안 통과, 헌법안 토의 신단계에」).

노동권 관계 조항들에 대한 토론은 본회의에서 8시간 동안 진행되었다고 한다. 토의 진행 도중 이승만 의장이 등단해 이렇게 말했다고 한다(같은 기사 내).

> 이 조문은 전 민족에게 관계가 중대한 만치 충분한 토의가 필요하다. 그러나 이로 말미암아 헌법제정이 지연되어서는 안 될 것이다. 헌법은 모세 십계와 같이 만년불변의 것은 아니고 시의에 따라 또한 고칠 수도 있는 것이다. 8월 15일은 며칠 안 남았다. 이날까지 정부를 수립하려면 사소한 것에 구애되어서는 아니 될 것이며 노동자나 자본가는 자기 이익에만 집착되지 말고 조속한 정부 수립을 위하여 호양의 정신이 필요할 줄 안다. 어느 때나 완전무결이란 것은 있을 수 없으니 17조 원문이 지나친 과오만 없다면 표결에 부쳐 속히 통과시키

기 바란다. 미국에서는 이미 대사도 내정되어 대조선 정책도 확립되었다 하니 이 절호의 기회를 놓치지 말고 독립정부 수립에 매진하는 것만이 우리의 임무가 아닌가 한다.

이승만은 6월 19일 기초위원회의 토론이 모두 끝나 6월 21일 본회의 상정이 예정되었을 때 초안의 내각책임제를 대통령책임제로 바꿔 놓기 위해 본회의 상정을 23일로 늦춘 일이 있다. 그런데 이제 노동자의 권리를 규정하는 조항을 놓고는 대충대충 하라고 재촉하고 있는 것이다. 7월 5일 오후 본회의에는 이승만이 사회에 나섰는데, 보도 중에 "특히 이날 회의를 이 의장이 사회한 관계인지 전진한(錢鎭漢, 1901~1972) · 진헌식(陳憲植, 1902~1980) · 이원홍(李源弘, 1903~1976) 제 의원이 수정안을 전부 철회한 것은 주목을 끌고 있다."는 말까지 나왔다(「단원제로 결정, 헌법안 토의 일사천리」, 『동아일보』 1948년 7월 7일).

7월 2일 제23차 본회의에서는 이승만이 서두르는 마음을 너무 과격한 언사로 드러내는 일까지 있었다. 그는 며칠 후 이 발언을 취소해야 했다.

국회 제23차 오전 본회의 석상에서 이문원 의원 외 32인이 헌법 제3독회에서 "의결은 재적의원 3분지 2에 3분지 2 이상 찬성으로써 하자."는 제안을 수정하여 제2독회에서부터 동안을 실시하자는 발언에 대하여 이승만 의장은 다음과 같은 일장의 중대 경고를 하였다.

"여기 지금 이 문제는 국회법 30조에 위반되는 문제입니다. 지금 몇몇 분이 제출한 것은 국회법을 수정하기 전에는 할 수 없는 것입니다. 이 국회 안에 몇 구분이 있어서 헌법을 속히 통과하지 말고 이 방면 저 방면으로 천연(遷延)해서 나아가자는 것이 몇 의원들이 조용히 약속하였다는 것이 나에게 들려옵니다. 나는 여러분에게 보고하는 말이고 나로서는 그런 이야기가 있다는 것도 아니요 없다는 것도 아니고 내가 들은 말만 여러분에게 전할 뿐입니다. 여러분 생각이 어떻습니까. 헌법을 아무쪼록 하지 말고 어떻게 해서 더 길게 나아가서 세계 대세가 어떻게 될는지, 당파가 생겨가지고 어떻게 되든 그럴 때까지 기다리자는 것을 여러분이 찬성하십니까? 만일 여러분이 생각하기를 헌법을 제정해 가지고 정부를 세워서 우리 일을 해 나아가는 것이 불가하다면 그렇게 설명이 되겠지요. 만일 그렇지 않다면 하루바삐 우리 일을 해 나아가야 할 것입니다."

라는 말씀이 계속되는 동안 의장은 죽은 듯이 고요하다가 박사의 말이 끝나자 의장은 물론 방청석에서까지 박수.

(「국회방청석, 헌법 지연책을 밀의(密議)-이 의장 의원들에게 중대 경고」, 『경향신문』 1948년 7월 3일)

취소병(取消病)이 많은 의회라는 것은 이미 김 모 의원이 제24차 회의에서 지적한 바이어니와 드디어 이승만 의장도 발언을 취소한다.

내용인즉 국회 5일 회의에서 노동문제를 조상(俎上)에 놓고 논쟁이 한참 벌어진 틈을 타서 "전일에 내가 국회 내에 몇 갈래로 나뉘어 헌법 지연을 도모하는 사람이 있다는 말이 밖으로부터 들려온다는 말을 오해하신 분이 계신 모양인데 이는 이 국회 내에 있다는 것도 아니요 없다는 것도 아니니 내 말이 잘못된 점은 취소한다."라는 내용의 천명이었다. (…)

(「국회방청석, 이승만 의장도 실언 취소」, 『경향신문』 1948년 7월 6일)

이승만의 재촉 아래 본회의의 헌법안 심의는 일사천리로 진행되어 왔다. 그런 와중에서 노동자의 이익균점권을 수정안으로 채택한 것은 모처럼 제헌국회의 수확이었다. 7월 7일자 『경향신문』 사설은 그 의의를 부각시켰다.

> 국회 제25차 본회의에서는 헌법초안 제17조에 "단 근로자는 이익배당의 균점권을 가진다."는 단서를 추가하기로 의결하였다. 그것이 비록 단서일망정 그것의 입법적 의의는 심대한 바 있어 민주주의적 제헌사상 획시기적 가치를 표현한 것이라고 할 수 있다.
>
> 자본주의체제를 취하고 있는 기성의 모든 국가의 생산 제 관계에 있어서 '자유방임'을 전 세기와 같이 그대로 방관할 수 없는 경제적 현실은 그들 국가로 하여금 그 어떠한 방법으로써라도 기업의 독점을 억제 혹은 금지하고 노자(勞資)의 조정과 협조에 대한 정책을 취하고 있다는 것은 이미 널리 알려진 사실이지만, 그것은 어디까지나 종래에 있어서 노동을 상품시하고 자본기업의 우선적 지위를 전제하는 시책 이상의 것이 아니기 때문에 노동자의 이익과 지위를 옹호한다는 모든 노동법이나 사회정책이 모두 일시미봉, 미온적 무마, 교활한 회유정책에 그치고 만 것이 통례였다.
>
> 이러한 현세로 우리네의 헌법을 비추어볼 때 이익배당의 균점권을 인정했다는 것은 노자를 대립관계에서 협조 혹은 조정하자는 것이 아니요, 그 이상으로 일원적으로 근본적으로 해결하자는 취의이니 그것은 노동도 자본이라는 인식에서 나타난 것이라고 할 것이다. 왜냐하면 이자 이윤은 자본 없이는 생길 수 없는 것이니 노동자가 이익배당을 요구할 권리는 노동을 자본으로 간주하지 않으면 형성할 수 없는 것이라 할 것이다. 이러한 입법 취지를 경제학적으로 이론화한

다면 고전경제학 마르크스학설을 승화시킬 수 있을는지도 모를 것이다. 실로 의의 심절하다고 아니할 수 없다.

끝으로 부언할 것은 아무리 국회에서 이북 동포의 국회 적격적 참가를 요청하고 아무리 양 김 씨가 남북협상을 주창하고 책동한다 할지라도 국민의 가장 중요한 재산권에 대하여 법헌상으로 근본적 조정이 없이는 무가망이라는 점에서도 이번의 노동자 이익균점권 인정이 민주주의적으로나 민족국가의 통일로나 획시기적 의의와 전환적 계기의 충분한 구현을 기하여 일층의 유의와 추진이 있기를 기대하여 마지않는다.

(「이익균점권의 의의」, 『경향신문』 1948년 7월 7일)

끝의 '부언'이 특히 눈길을 끈다. 식자들의 눈에는 정치적 협상을 통해 기대할 수 있는 남북통일의 한계가 보이고 있었던 것이다. 노동자의 이익균점권 같은 사회주의적 원리가 헌법에 자리 잡는다는 것은 정치적 협상의 한계를 넘어 통일을 실현시키는 기반조건이 될 것을 필자는 중시한 것이다.

제헌국회에 좌익은 없었다. 그리고 중간파도 5 · 10선거 보이콧으로 국회에 많이 들어가지 못했지만 중간파 성향의 무소속 의원들이 상당한 역할을 맡게 되는데, 헌법 제17조의 수정안 채택도 그런 역할을 예고해주는 것이다. 중간파는 국회 안에서, 그리고 밖에서 어떤 움직임을 벌이고 있었는지 한 차례 살펴봐야겠다.

1948. 7. 10.

두 개의 '가능지역 정부'를 향하여

민련과 한독당 중심의 남북협상파는 1948년 4월 초 평양행을 앞두고 노선 조율을 위해 통협을 결성했다. 이남의 남북협상 추진세력으로는 2년 전 좌우합작위원회를 중심으로 형성된 중간파와 민전 중심의 좌익이 있었는데 1948년 들어 김구가 이끄는 우익의 한독당이 가담했다. 통협은 중간파와 우익의 연합이었는데 중간파 중 좌익을 일선에서 물러나게 한 것이므로 민족주의 진영 형성의 시도라고 할 수 있다.

5월 초 평양에서 돌아온 후 김구와 김규식을 중심으로 통협 확장을 위한 노력이 있었다. 그런데 두 달이 지나도록 일이 순조롭지 못하자 통협 확장을 포기하고 새 기구를 만드는 쪽으로 방향을 바꾸게 되었다.

> 민련과 한독당에서는 8일 하오 3시부터 동 6시 반까지 경교장에서 연석회의를 열었는데 유림 씨와 타협이 성립되지 못하여 '통협'과는 별개로 새로운 기구 조직을 의논한 결과 '통일독립촉진회'를 구성하고 신발족하기로 되었다 한다. 그리고 동일 발기주비위원회를 구성하고 동 위원으로 김붕준 · 이두산 · 여운홍 · 엄항섭 · 배성룡 · 조헌식 등 6씨가 선정되었는데 작 9일 오전 10시부터 약 3시간 민련 회의실에서 동 위원의 초회합을 하고 '통촉' 발기에 대한 제반 문제를 토의

하였다 한다.

(「양 김 씨의 진영, 통촉(統促)을 신결성」, 『경향신문』 1948년 7월 10일)

독로당 대표로서 통협의 한 축을 맡았던 유림은 우익 지도자들이 이북 측 의도에 말려드는 것을 극단적으로 경계하고, 4월 평양회담 후에는 김구, 김규식 등 참석자들이 '찬탁'으로 돌아섰다고 비난했다. 7월 8일 통협에서 통일독립촉진회(이하 '통촉'으로 줄임)으로의 전환 결정의 계기가 그날 나온 유림의 비타협 선언이었던 것으로 보인다. 통협이 '통일탁치운동자협의회'가 되어서는 안 된다고 주장한 성명서를 유림은 이런 말로 맺었다.

"보살은 아귀를 구하기 위해 지옥에 들어갈 수 있으나 범부 중생은 보살을 따라 지옥에 들어갈 수 없는 것이다. 양 김 씨는 공산당을 선택 수단으로 포용할지라도 나는 무명소졸이라 부지중에 공산당 오열에 징용되지 않도록 부단히 경각을 가지고 싶다.

나는 통일운동을 통해서 사세(私勢)를 확충하려는 심사도 없고 허구 선전으로 모해(謀害) 중상하려는 일체 무치(無恥)행위는 괘치 아니하나 옳다고 생각하는 일에는 최후까지 항쟁할 준비가 되어 있다. 모든 것은 동포들의 혁명 도의와 애국 양심의 판단에 맡긴다."

(「찬탁에 서명한 양 김 씨 통협 영도권 없다-유림 씨, 폭탄성명 발표」, 『경향신문』 1948년 7월 10일)

유림이 양심적 민족주의자라는 사실에는 의문의 여지가 없어 보인다. 하지만 탁치 수용을 주장한 공산주의자들과 타협한다는 이유만으로 동지들과 갈라선다는 것은 지나친 결벽증 같다. 이념으로 뭉치는

붕(朋)이 이익으로 합치는 당(黨)보다 현실 속에서 약한 모습을 보일 수 있는 문제다. 이익은 누구에게나 같은 모습인 반면 이념은 사람마다 다른 모습으로 받아들이는 것이기 때문이다.

소수파 대표인 유림의 반발 앞에서 통협을 포기하고 통촉으로 전환한 이유를 정확히 파악하지 못했으나 당시 지사(志士)들의 서로 존중하는 자세를 보는 것 같다. 상대를 힘으로 억누르거나 몰아내기보다 함께 하던 일에서 물러서는 자세. 유림의 태도에 대한 생각을 묻는 기자의 질문에 대한 조소앙(趙素昻, 1887~1958)의 대답에서도 이런 자세를 느낄 수 있다.

> 유림 씨는 명쾌한 비판을 잘하는 분이다. 그러나 국가의 독립을 완성하는 수단방법으로 민족의 총단결은 물론이며 역사적으로 동일한 궤도에 섰던 민족계열들의 단결을 유효하게 추진하는 것도 비판 이상의 노력이 필요할 줄로 본다.
>
> (「조소앙 씨, 기자와 문답」, 『경향신문』 1948년 7월 11일)

평양회담 이후 김구, 김규식을 중심으로 한 우익 협상파의 세력은 위축되어가고 있었다. 유림처럼 타협을 너무 싫어하는 사람들만 있었던 것이 아니라 타협을 너무 좋아해서 이북에 주저앉은 사람들이 많았다. 미국이 막강한 힘으로 추진하는 분단건국을 막을 길이 없다는 체념으로, 이북에서라도 민족국가의 꿈을 이뤄보겠다는 뜻이었다. 이북 정권은 공산주의와 민족주의의 배합을 지향하는 것이었으므로 민족주의자로서는 합리적 선택이라 할 수 있다.

남북협상에는 비대칭의 구조적 문제가 있었다. 북측은 단일한 대오를 이루고 있었는데, 남측의 협상 추진세력은 여러 갈래로 갈라져 있었다. 남로당과 민전을 중심으로 하는 좌익은 북측 입장에 호응하고 있었고, 민족주의 진영이 통협으로 뭉쳐 있었지만 결속력이 약했다. 민족주의 진영에서 상당수가 이북정권 참여파로 넘어가면서 남북협상은 북측의 명분 확보에 이용되는 결과로 흘러가게 되었다.

이남 민족주의 진영이 통촉 설립의 방향을 겨우 잡고 있을 때 이북에서는 정부 수립을 위한 중요한 절차가 진행되고 있었다. 7월 10일 북조선인민회의 제5차 회의에서 헌법을 공포하고 조선최고인민회의 선거 실시를 결정한 것이다.

이북의 헌법 제정 작업은 이남에 비해 차분한 과정을 거쳤다. 1947년 11월 14일 유엔총회의 조선 관계 결정이 있은 며칠 후 인민회의 제3차 회의에서 헌법 제정 논의가 이뤄지고 31인의 임시헌법 제정위원이 선임되었다. 제정위원회는 11월 20일 첫 회의에서 인민회의 상임위원회 법전부장 김택영, 역사가 이청원과 북조선최고재판소 판사 김윤동 3인을 초안 작성위원으로 임명했다(『북한의 역사 1』, 126~130쪽).

제정위원회는 1948년 2월 초순 인민회의 제4차 회의에 임시헌법 초안을 제출했으나 인민회의는 이 초안을 바로 심의하는 대신 초안의 형태로 공표해서 '전 인민 토의'에 부쳤다. 2개월간 진행된 전 인민 토의 중 제정위원회는 2,236건의 수정안과 첨가안을 접수했다. 이것을 근거로 수정 작업을 진행, 완성된 초안은 4월 29일 인민회의 특별회의에서 만장일치로 채택되었다. 김성보는 이 초안의 성격을 이렇게 설명했다.

> 채택된 헌법 초안은 인민위원회를 국가권력의 기초로 하는 인민적 국가 형태와 인민주권 형식을 담고 있었으며, 특히 경제구성에서 국가소유, 협동단체의 소유, 개인소유를 모두 인정했다는 점에서 '인민

민주주의'적인 성격을 지녔다. 북한 헌법 초안은 소련 헌법의 영향을 받으면서 이를 제2차 세계대전 이후 동유럽과 동북아시아에서 일반화되고 있던 인민민주주의 국가 건설의 틀에서 수용한 것이었으며, 남북분단의 상황 등 한국적 특수성을 반영하고 있었다. (『북한의 역사 1』, 129~130쪽)

6월 3일에야 헌법기초위원회를 구성해서 두어 주일 만에 초안을 작성하고 다시 두어 주일 만에 본회의 심의를 끝낸 이남 국회의 헌법 제정 과정은 민의 수렴도 미흡하고 졸속의 위험을 피할 수 없었다. 미군정이 국가권력을 독점하고 있던 상황에서 빚어진 결과였다. 그리고 미국과 단정 추진세력은 9월의 유엔총회 전에 건국 작업을 끝내기 위해 서둘렀고, 이승만은 헌법 심의를 지연시키는 의원들을 반역세력으로 몰아붙이기까지 했다.

이남의 헌법도 이북의 헌법도 분단국가의 헌법이 아니었다. 이남에서는 국회 정원을 300명으로 하되, '가능지역 선거'에서 선출된 200명 의원으로 개원했다(실제로는 북제주 2명이 빠진 198명). 정원의 3분의 2 이하 의원만으로 헌법 제정 등 가장 중대한 결정을 해야 했다는 문제는 건국의 정통성 확보에 아쉬움을 남기지 않을 수 없었다.

7월 10일 발표된 이북의 선거 계획은 이 문제에 대한 적극적 대응책을 포함한 것이었다. 8월 25일 실시될 이북의 선거 전에 이남에서는 간접선거를 시작한다는 것이었다. 7월 15일부터 남조선 대표자선거를 시작하고, 여기서 선출된 1,080명의 대표자가 38선을 넘어 해주에 집결, 8월 23~25일의 '조선최고인민회의 대의원선거 남조선인민대표자대회'에 참석하게 한다는 것이었다. 이 해주대회에서 선출되는 360명의 대의원이 8월 25일 이북 선거에서 선출되는 212명 대의원과 함께 정원 572명의 '조선최고인민회의'를 구성하게 된다.

실제로는 반쪽 정부면서 서로 전 조선정부라고 우기는 상황 자체가 많은 무리를 낳았다. 적대관계를 취하더라도 반쪽 정부라는 사실만 피차 인정했다면 대립의 양상은 훨씬 완만했을 것이다. 미 · 소의 대리전을 하필 조선이 떠맡는 상황은 피할 수 있었을지도 모른다. 이런 상황을 당시에도 오기영(吳基永, 1909~?) 같은 사람들은 안타까운 마음으로 바라보고 있었다.

> 1948년 5월 10일 남조선에서 시행된 선거는 그것이 북조선의 참가가 없이 남조선에서만 단독으로 시행된 것이니 이것을 일러서 단독선거라는 말은 지당한 말이다.
> 더구나 남조선에서도 각당각파가 모두 다 참가한 것이 아니라 일당일파만 단독으로 참가하였으니 이러한 관점에서 단독선거라는 말은 더욱 지당한 밀이다.
> 그런데 이 선거에 참가한 편에서는 이것을 총선거라고 말한다. 어느 모로 보아도 총선거라고 할 수는 없어야 옳건마는 굳이 이것을 총선거라고 하면 장차 남북이 통일하여 시행할 정말 총선거는 무엇이라 불러야 할 것인지 궁금한 일이다.
> 그야 애꾸도 애꾸라면 싫어하는 모양으로 단독선거도 단독선거라면 싫어하는 심정은 충분히 이해할 수 있다. 결코 그 심정을 모르는 것이 아니다.
> 그러나 애꾸가 아무리 애꾸이기를 싫어할지라도 별 수 없이 애꾸는 애꾸다. 이십세기의 의학발달은 애꾸의 보기 흉한 한쪽 눈에 그럴듯한 가짜 눈알을 해 넣어서 겉으로 보기에 애꾸가 아닌 것처럼까지 만드는 수는 있으나 그러나 실질에 있어서 애꾸는 애꾸라, 그는 한쪽

눈밖에 보지 못하는 것이다.

이번 선거에 대하여 아무리 단독선거라는 말을 싫어할지라도 단독선거는 별수 없이 단독선거다. 모든 정치적 제스처와 미문여구로 합리화할지라도 실질에 있어서 이 나라의 반쪽에서만 시행된 단독선거인 것이다.

나는 이 문제에 대하여 차라리 조선의 정치가들의 협량(狹量)을 슬퍼한다. 이 말은 단독선거를 총선거라고 불러주지 않는 데 대해서가 아니라 단독선거는 단독선거라고 떡 버티고 말하지 못할 것이 무엇이냐 하는 것이다.

정치적 이념이 다르고 견해가 달라서 이번 선거에 찬부(贊否)가 갈렸다. 하다면 찬부에 대한 정부(正否)는 후일의 사필(史筆)에 맡길 일이요, 일단 그 신념대로 행동한 데 대해서 우물쭈물하거나 가장할 필요는 없는 것이다. 그러므로 북이 불참하면 남에서만이라도, 또 각당각파가 불참하면 일당일파 단독으로라도 선거를 행하고 거기 의하여 군정하에서보다는 나은 정치가 가능하다고 믿었으면 그로써 좋은 일이다. 구태여 총선거 아닌 단독선거를 단독선거 아닌 총선거처럼 주장할 필요는 없는 일이다.

그러나 이미 우리가 충분히 이해한 바와 같이 단독선거라는 말이 듣기 좋을 까닭은 없을 것이다. 나도 지금 단독선거라는 말을 여러 번 썼지만 내가 그 편이 되어도 그 말이 굳이 좋을 것까지는 없을 것이다. 그러니까 듣기 좋을 것 없는 말을 구태여 쓸 필요는 없는 일이라고 생각한다.

사실 우리는 지금까지 서로 비위에 거슬리는 용어를 많이 써서 그것이 동족 간에 얼마나 불화를 더하였는지 모른다. 가령 적구(赤狗)라, 매국노라, 극렬분자라 하는 따위 용어의 남용은 쓰는 사람도 옳지 않거니와 듣는 사람으로서도 아무리 정치운동은 감정으로 하는 것이 아니라 하지마는 결국 사람은 감정을 버리지 못하는 것이니 이런 좋지 못한 용어에 감정이 좋을 수는 없는 것이다.

그러므로 앞으로 우리가 동족 상화하여 통일건국을 지향하기 위해서는 피차에 이러한 감정적인 매언(罵言)으로 상대편의 감정을 자극하는 용어는 지극히 삼갈 필요가 절실하다. 뿐만 아니라 우리의 정치운동에 있어서도 높은 교양과 스포츠맨십이 필요할수록 저열하고 속악적인 용어는 일체 사용치 않는 것이 좋을 것이다.

생각이 여기 이르러 우리는 단독선거라는 용어가 상대방의 감정을 자극하는 것을 이해할 때에 구태여 이 용어를 사용하는 것은 삼가는 것이 옳다. 본시 이번 선거는 국제적으로 공식상으로 가능지역 선거라고 되어 있다는 사실에 대하여 나는 주의를 환기하는 바이다.

그렇다. 이번 선거는 가능한 지역에서만이라도 시행하는 것이 좋다는 UN소총회의 권고에 의하여 UN임시조선위원단은 가능지역 선거를 시행토록 하고 그들의 감시가 가능한 지역 내에서 감시한 것이다. 그러므로 엄격히, 정확히 불러서 이번 선거는 단독선거도 아니요 또 총선거도 아니다. 그러면 무엇인가? 가능지역 선거인 것이다.

그러니까 구태여 단독선거라고 꼬집어 뜯어서 상대편의 감정을 자극하는 것은 동족불화를 조장할 위험이 있는 비례적인 소위라고 생각하거니와 동시에 나는 이것을 실질과 달리 총선거라고 하는 가장(假裝)적 허장성세도 그만두기를 요청하는 것이다.

이미 지나간 선거를 가지고 내가 왜 지금까지 잔소리를 늘어놓는 것인가. 내가 이것을 구태여 문제 삼는 것은 본뜻이 여기 있는 것이 아니다. 이번 선거에 의하여 성립되는 정부에 대해서 이제 또 중앙정부라는 말과 단독정부라는 말이 서로 충돌될 가능성이 있기 때문인 것이다. 이 가능성은 결코 기우적인 예측이 아니라 이번 선거에 대한 두 가지 칭호에 의하여 그 실험적 논리하에서 누구나 시인할 가능성을 가진 가능성인 것이다. 그러니까 심각한 문제요 신중히 생각할 문제다.

그러면 이제 성립될 정부를 무슨 정부라고 부를 것인가?

마땅히 가능지역정부라고 할 것이다. 가능지역 선거에 의하여 성립되는 정부이니 가능지역정부요, 그 법률과 행정을 거부할 북조선에까지 시행될 가능성은 없고 가능한 지역 내에서만 시행될 것이니 별수 없는 가능지역정부라 할 것이다.

그런데 이 가능지역정부를 일러서 혹은 중앙정부라, 혹은 단독정부라 하여 피차의 심정을 자극할 가능성이 있다. 이것은 앞날의 통일을 완수하는 데 방해가 되는 동족불화를 조장할 위험스러운 가능성인 것이다. 그렇건마는 이 가능지역정부를 가능지역정부라고 부를 가능성은 지극히 희박하다. 딱한 가능지역이다. (오기영, 「가능지역정부」, 『진짜 무궁화』, 성균관대학교출판부, 1948년 6월 10일, 89~93쪽)

1948. 7. 12.

티토-스탈린 갈등에서 드러나는 소련의 본색

미군정하 남조선 언론은 공산권 동향에 어두웠다. 『네이버뉴스라이브러리』에서 "티토"를 검색해보니 1948년 6월 말까지 『경향신문』과 『동아일보』 합쳐 11회 나타난다. 그런데 7월 초순 열흘 동안에 25회 나타난다. 6월 28일 코민포름의 유고슬라비아공산당 축출을 계기로 스탈린-티토 간 갈등이 표면화된 때문이었다. 7월 9일자 『경향신문』에는 모처럼 큼직한 해설기사도 실렸다.

> 7월에 들어서자 외전은 철의 장막 속에서 돌발한 이변을 연일 전하고 있다. 즉 9개국 국제코민포름은 유고의 티토 수상을 동 코민포름에서 추방하였다는 것을 성명하였고 소련은 동 성명을 지지하고 티토 수상을 배격하였다. 그러나 티토는 유고의 진의는 소련을 배반하는 데 있는 것이 아니라 어디까지나 소·유 친목을 강조, 동구 각국 간의 오해를 풀어달라고 스탈린 수상에게 간원(懇願)하였으나 일척(一擲)당하고 소련은 내 21일 개최되는 유고공산당 전국대회에 사절 파견을 거절하였다. 그뿐만 아니라 알바니아는 유고와의 국교 단절까지 하였다. 이와 같이 공산주의 종가인 소련을 위시하여 동구 제국은 유고를 보이콧하고 있다.

이처럼 진전된 이유로서 외전은 단지 유고의 티토 수상은 마르크스-레닌 노선에 이반된다고 지적하였다. 그러나 유고 인민은 티토 절대 지지의 기치를 내걸고 있다. 제2차 세계대전 후 철의 장막 속에서 일어난 최대의 사건이라 볼 수 있는 동 사건의 귀결에 대하여는 속단하기 어려우나 외전도 전하는 바와 같이 결국 티토는 자기비판으로서 소련 노선을 추종할 것이다. 그러나 이 사건이 일어난 요인을 우리는 그대로 묵과할 수 없다. 국제 문제에 대한 권위자 측의 말에 의하면,

1. 티토 수상의 노선은 소련 측에서도 지적한 바와 같이 마르크스-레닌의 노선이라는 것보다 사회주의 노선이요, 거기다가 '민족'이라는 두 자가 더 있었다. 제2차 세계대전 후 약소민족이면 약소민족일수록 '민족의식'이라는 것이 더 강하였다. 그런데 국제공산주의자들은 '민족'의 관념을 냉대한 나머지 공산주의운동은 실패하였던 것이다. 그 실례를 우리는 조선에서 볼 수 있고 조선공산당이 주의운동에 실패한 것도 이 점에 있다.

2. 공산주의사회에는 헤게모니 장악전이란 격렬한 것이다. 과연 티토는 동구에 있어 혹성(惑星)과 같은 존재였다. 이를 시기하는 제국의 음모가 없을 수 없으니 그러한 예는 능히 조선에 있어서도 발견할 수 있다. 해방 후 남로와 사로의 대립, 장안파 대 대회파 공산당의 알력 등을 우리는 이미 목격하였다.

3. 그 위에 마셜계획의 역할이 있고 또 유고의 국민성 내지 9할을 점하고 있는 종교의 힘도 과소평가할 수 없을 것이다.

이상을 잘라 말하자면 철의 장막 속은 평온무사하고 행복한 것 같지만 기실은 불안과 불행의 지역이라는 것을 재인식할 수 있는 산 자료일 것이다.

(「소련 블록 붕괴의 조짐?, 유고 사태는 비상, 조선공산당에 타산지석」,

『경향신문』 1948년 7월 9일)

수준 높은 해설로 보이지는 않는데, 이런 정도가 일반 조선인들의 공산권 사정 이해를 위해 주어진 자료였다.

해설자의 눈에도 스탈린에 대한 티토의 저항이 당랑거철(螳螂拒轍) 내지 이란격석(以卵擊石)으로 보였던 모양이다. 오래지 않아 진압될 것으로 보고 있다. 조선에서 나타나 온 소련의 큰 힘과 유엔에서 소련의 꽁무니만 따라다니는 동구 공산국의 행태에 비춰보면 당연한 인식이기도 하다.

그런데 유엔에서 유고슬라비아가 '위성국가' 행태에서 벗어난 일은 이미 있었다. 1947년 11월 하순 유엔총회에서 조선 문제와 나란히 상정된 팔레스타인 분리건국 제안에 소련이 찬성하는데 유고는 기권했다. 민족주의와 관련된 사안에서 티토의 유고슬라비아는 소련의 '지령'을 벌써 거부하고 있었던 것이다.

그보다 두 달 전 코민포름 결성 때까지도 유고슬라비아는 누구 못지않게 모범적인 공산국이었다. (1947년 9월의 코민포름 결성 과정은 1947년 10월 5일자 일기에서 설명했다.) 코민포름 본부가 베오그라드에 설치되기까지 했다. 그런데 그 후 몇 달 동안 티토와 스탈린 사이의 신뢰가 사라지고 1948년에 들어서면 유고공산당과 소련공산당 사이에 가시 돋친 편지가 오고가기 시작했다(『Wikipedia』, 「Tito-Stalin Split」).

분쟁의 이유로 유고슬라비아가 독자적 경제정책을 추진했다는 점과 소련이 제창하는 국제공산주의에 순응하지 않았다는 점이 거론된다. 그런데 내가 보기에는 후자가 더 근본적인 문제다. 티토의 경제정책이 마르크스-레닌 노선에서 벗어난 것인지 여부는 논란의 여지가 큰 문제이기 때문에 분쟁의 출발점이 되기 어려웠을 것 같다. 분쟁이 일어나니까 티토 노선을 비난하기 위해 들고 나온 문제일 것 같다.

1947년 3월 12일과 14일, 그리고 1948년 5월 13일 일기에서 그리스 사태를 설명할 때 유고슬라비아의 입장을 곁들여 소개한 일이 있다. 티토는 영국과의 흥정으로 그리스공산당을 배신한 스탈린의 '국제공산주의' 노선에 승복하지 않았다. 그는 '사회주의 발칸연방'을 추구하면서 불가리아와 알바니아의 합방도 추진했는데, 스탈린은 그 취지에 동의하면서도 자기 지도를 받지 않고 서둘러 추진하는 데 분노했다고 한다.

1948년 3월에서 5월 사이에 소련공산당과 유고공산당 사이에 오고 간 몇 차례 편지를 통해 분쟁이 격화되었다. 4월 13일의 유고공산당 편지에는 "우리 모두가 사회주의의 고향 소련을 지극히 사랑하기는 하지만, 아무래도 우리 조국을 그보다 덜 사랑할 수는 없습니다." 하는 말이 들어 있었다. 5월 4일 소련공산당에서 보낸 편지에는 소련 적군이 유고슬라비아를 "파멸로부터 구원"해줬다며 유고공산당의 오만을 질책했다. 유고공산당은 5월 17일 편지에서 소련이 유고슬라비아의 항쟁 성과를 묵살하려 한다고 비판하며 다음 달 코민포름 회의장에서 따져보자고 했다.

이것은 따져볼 필요도 없이 스탈린의 오만이었다. 다른 동유럽 국가들과 달리 유고슬라비아는 소련군의 도움 없이 추축국을 물리쳤다. 마지막 고비에서 소련군이 잠깐 들어오기는 했지만, 일방적으로 쳐들어온 것이 아니라 티토가 이끄는 유고슬라비아정부와 협정을 맺고 들어와 제한적 역할만을 맡은 것이었다. 따라서 다른 위성국의 공산주의자들이 소련의 힘에 의지해 정권을 잡은 것과 달리 티토의 유고공산당은 자기 힘으로 국민의 신뢰와 지지를 확보한 것이었다.

1948년 6월의 코민포름 제2차 회의에 유고공산당은 불참했고, 이

회의에서 유고공산당의 제명이 의결되었다. 소련은 9월에서 10월에 걸쳐 유고슬라비아와의 모든 조약을 파기하고 외교관계를 단절했다. 위성국들도 바로 그 뒤를 따랐다. 스탈린은 유고슬라비아 침공까지 생각한 것으로 알려졌다. 흐루쇼프(Nikita Sergeyevich Khrushchev, 1894~1971)가 이런 말을 한 일이 있다고 한다. "스탈린의 목록에서 티토가 한국 다음이었지." (『Wikipedia』에 이 발언의 출처는 표시되어 있지 않음.)

코민포름과 결별한 후 유고슬라비아에서는 대대적 '코민포름주의' 탄압이 있었고 다른 공산국에서는 '티토주의' 탄압이 있었다. 코민포름주의란 국제노선에 충성하며 조국을 등지는 것이었고, 티토주의란 민족주의에 매달려 국제노선을 거부하는 것이었다.

스탈린에게 버림받은 유고슬라비아는 마셜플랜의 도움을 받으며 활로를 찾았다. 미·소 경쟁에서 이득을 취한 셈인데, 어떻게 이런 입지가 가능했는지는 언제든 더 세밀히 살펴보고 싶다. 경쟁의 중간에서서 이득을 취한다는 것이 말로는 쉽지만, 실제로는 그런 위치에서 양쪽 압력에 치어 패망의 길을 걷기가 더 쉬울 것이다. 티토를 중심으로 한 유고슬라비아의 체제가 튼튼했기 때문에 압력에 눌리는 대신 이득을 취할 수 있었던 것일까?

격화되고 있던 냉전의 와중에서 독자적 입지를 세운 유고슬라비아의 사례는 제3세계 비동맹운동의 깃발이 되었다. 비동맹기구는 1961년 베오그라드에서 설립되었고, 티토는 인도의 네루, 이집트의 나세르(Gamal Abdel Nasser, 1918~1970), 인도네시아의 수카르노(Haji Mohammad Sukarno, 1901~1970), 가나의 엥크루마(Kwam Nkrumah, 1909~1972)와 함께 그 지도자가 되었다. 유고슬라비아는 스탈린이 죽은 후 소련과 화해했지만 위성국의 위치로는 돌아가지 않았다. 나토와 바르샤바동맹 양쪽에 모두 대항하는 국방체제를 유지했다.

유고슬라비아의 코민포름 탈퇴는 당연히 공산권의 구조에 큰 파장을 일으켰다. 소련과 미묘한 관계 속에 '해방전쟁'을 수행하던 중국공산당의 진로에 큰 영향을 끼쳤고, 북한이 중국과 소련 사이에서 취하는 입장에도 작지 않은 영향이 있었을 것 같다. 김성보는 『북한의 역사 1』, 243~246쪽에서 "북한은 소련의 위성국가였는가?" 질문을 제기하는데, 북한이 소련의 절대적 영향을 받은 위성국가였다고 하는 통념에 반성의 여지가 있다. 동유럽 6개 위성국과 유고슬라비아의 노선 차이를 기준으로 하여 초기 중국과 북한의 소련과의 실제 관계를 다시 살펴볼 필요를 느낀다.

스탈린과 티토 사이의 갈등을 살펴보다가 소련이 유엔에서 조선 문제에 대해 취한 태도를 다시 생각해볼 만한 실마리도 떠올랐다. 그리스 문제에 대해 미국 정책을 비난하며 유엔의 개입을 보이콧한 것은 조선 문제에 대해서와 마찬가지였다. 그런데 스탈린은 그리스를 영국 영향권으로 처칠(Winston Leonard Spencer Churchill, 1874~1965)에게 양해한 바 있었고, 실제로 그리스공산당의 항쟁 지원을 거부하고 있었다. 그러면서 유엔에서는 말로만 핏대를 올리며 보이콧으로 미국에게 길을 열어준 것이다.

조선 문제에 대해서도 말로만 미국의 분단건국 제안을 반대하면서 실제로는 보이콧으로 부결의 위험을 없애준 것 아닐까? 조선을 통째로 차지하려고 미국과 극한대립을 벌일 뜻이 스탈린에게 없었다는 것은 분명한 사실이다.

그렇다면 미국이 원하는 대로 절반을 차지하게 하면서 나머지 절반을 챙기는 것이 힘도 안 들고 소련의 이익에 충분히 부합하는 방책으로 생각되었을 것 같다.

그리스에서나 조선에서나 스탈린은 내전의 참극에는 아랑곳없이 자기 알리바이만 챙기고 있었던 것 아닌가. 반공 선전 중 "스탈린의 음흉함"에 대해서는 반론의 여지를 찾지 못하겠다.

1948. 7. 15.

"딘 장관이 카메라를 도둑맞았습니다." 이것이 신문 기사?

7월 15일 딘 군정장관의 기자회견에서 몇 가지 흥미로운 문답이 있었다. 이 문답을 통해 당시 상황에 대한 미군정의 자세를 한 차례 점검해본다. 그런데 딘이 이 무렵 어떤 일을 하고 있었는지 훑어보려고 신문 기사를 검색해보니 좀 우스운 이야기들이 보인다. 7월 15일의 기자회견 문답에 앞서 이 소소한 기사들을 소개한다.

> 군정장관 딘 소장은 수일 전 해방 후 혼란 시기에 수도청장에 취임하여 수차에 걸친 폭탄테러와 갖은 고경을 극복하고 일로 민주경찰 수립에 꾸준한 노력을 다하여온 수도청장 장택상 총감의 다대한 공적에 대하여 미국제 고급 승용자동차(크라이슬러 1947년) 1대를 선사하였다 한다. 군정장관이 조선인 군정관리에게 물품을 선사한 것은 금번 장 수도청장이 최초라 한다.
>
> (「장 청장에 딘 장관이 선사」, 『동아일보』 1948년 7월 11일)

> 12일 장 수도청장은 지난 번 딘 군정장관으로부터 승용자동차를 장 총감에게 선사하였다는 데 대하여 다음과 같이 말하였다. "이것은 과

도정부로부터 관청용으로 본인에게 배당된 것이지 결코 딘 군정장관이 본인에게 준 선물이 아니다."

(「받은 자동차는 과정(過政)서 배당된 것-장 청장 담」, 『경향신문』 1948년 7월 13일)

11일 하오 4시부터 동 30분 사이에 군정청 후정에 정차 중인 딘 군정장관 승용차 안에 두었던 '플렉스' 사진기를 도난당하여 방금 범인을 엄사 중이다.

(「딘 장관 사진기 도난」, 『동아일보』 1948년 7월 13일)

이런 기사들을 통해 당시 사람들이 딘 군정장관에 대해 어떤 인상을 갖고 있었을지 조금은 짐작이 간다. 15일의 기자회견에서는 아래 문답이 오갔다. 번호는 필자가 매긴 것이다.

문 1: 8월 15일까지 대한민국정부가 수립된다고 하는데 미군정에서는 신정부에 모든 권한을 이양할 준비가 되어 있는가?
답: 미군정에서는 어느 때든지 신정부에 모든 권한을 이양할 수 있도록 준비를 가지고 있다.

문 2: 치안부 독립설에 대하여.
답: 이 문제는 대한사람 자신이 정할 문제인 만큼 내가 그에 대한 가부를 말할 일이 아니로되 개인의 견해를 말한다면 기구 문제보다 운영 문제가 더 중요하다고 말하고 싶다.

문 3: 북조선에서는 8월 25일에 선거를 실시한다는데 장관의 견해는 여하?

답: 동 선거는 전형적인 공산주의적 선거라고 본다. 지정된 입후보자 한 사람에 대하여 흑백 2개의 투표상자를 두고 가부를 투표한다는 것은 자유선거가 아니다. 그리고 또 한 가지 유감스러운 것은 그곳에서 자유선거를 해서 이곳 국회의 빈자리를 못 채운 것과 유엔위원단 감시하에 시행되지 못하는 것이다.

문 4: 양 김 씨는 제2차 남북회담을 서울에서 개최하려고 미·소 양군 당국에 교섭 중이라는데?
답: 미군 당국과 그런 교섭이 있는가는 나는 모르는 사실이다. 그러나 앞서 평양에서 행하였다는 전력교섭과 같은 믿을 수 없고 모략적인 회담은 나로서는 도와줄 생각은 없다.

문 5: 전력 문제에 관하여.
답: 발전선을 더 증가시키라는 의견도 있으나 그 운영비용이 막대하므로 더 가져올 의향은 없다. 또 이 전력 문제에 관련해서 전번에 전력대책위원회에서 위원 몇몇 사람이 나를 찾아왔다. 만나지 못하였다고 하였다는데 나는 그들이 찾아온 줄을 전연 모른다. 그러나 설혹 찾아왔다 할지라도 나는 만나지 않을 것이다. 왜 그러냐 하면 그들은 북조선공산당을 지지하는 사람들이라 만났자 그다지 큰 성과를 거두지 못할 것이다. 그런데 일전에 미국에서 온 전기기사들은 아직 계속하여 발전시설에 관하여 조사를 하고 있으므로 그들이 구체적인 대책을 세웠다면 후일 발표하겠다.

문 6: 요즈음 쌀 배급이 줄었는데 그 원인은?
답: 식량보유량이 일정한데다 인구는 점점 늘어가기 때문에 부득이

> 한 조치로 줄인 것인데 앞으로도 유령인구를 철저히 적발하는 한편 식량수집도 강화해서 어쨌든 식량만은 충분히 확보할 예정이다. 그런데 여태껏 적발한 유령인구는 24만 명이나 되는데 월남하는 한인은 6월중에만 해도 약 2만 명이나 된다.
>
> (「이양 준비 완료-딘 군정장관 기자단에 언명」, 『조선일보』 1948년 7월 16일)

정권이양에 관해 이승만은 며칠 전(7월 12일) 기자회견 중 "정부 조직의 순서는 어떻게 하고 있는가?" 질문에 이렇게 답변한 일이 있다.

> "헌법은 이미 통과되었으니 정부조직법만 통과된다면 곧 대통령, 부대통령을 선출하고 외국에 통첩하는 한편 군정을 이양해야 할 것이니까 우리 대표와 군정부에서 대표를 선출하여 이양에 대한 방법 등을 교섭할 것이고 내 생각으로는 8월 15일까지는 이를 완료할 예정으로 있다."
>
> (「군정양수는 8·15까지」, 『경향신문』 1948년 7월 13일)

국회 개원 때 하지 사령관이 의원 전원 앞으로 '사신'을 보냈다가 망신당한 일이 있다. 이제 미군정이 앞에 나서서 움직일 계제가 아니라는 것을 뼈저리게 느꼈을 것이다. 문 1에 대한 딘의 답변에서는 조심스러운 태도를 느낄 수 있다.

문 2의 '치안부 독립설'이란 당시 국회의 정부조직법 심의 중 치안국을 내무부 밑에 두게 되어 있는 초안에 대해 치안부를 장관급 부서로 독립시키자는 한민당 측 주장을 말하는 것이다. 조병옥을 통해 군정청 경무부를 이용해온 한민당 측은 이승만의 대통령 선출이 확실시되는 상황에서 이승만정부에서도 '조병옥의 치안부'가 한민당의 세력

거점으로 지켜지기 바란 것이다.

국회에서 정부조직법을 놓고 세력 간 대결의 대상이 된 가장 큰 안건이 이 치안부 문제였다. 헌법이 통과된 후 정부조직법 외의 국회 안건으로는 정-부통령 선출이 있었는데, 이승만의 대통령 선출에는 의문의 여지가 없었고, 부통령 선출이 대결의 초점이었다. 그리고 초대 국무총리가 누가 될 것인가 하는 것이 또 하나 관심의 초점이었다. 한민당-독촉-무소속 3개 세력의 이 세 가지 안건에 대한 태도를 개관한 기사가 눈에 띈다.

> ● 한민당: 전문위원의 정부조직안을 대체로 찬동하는 바이다. 치안부의 독립과 광공부의 설치를 주장하고 있다. 대통령에 이승만 부통령에 오세창의 출마를 간청하고 있는데 오세창은 이시영을 추천하여 사양하고 있다 하며 국무총리에는 김성수를 추대할 것이라 한다.
>
> ● 무소속구락부: 전문위원의 4처 10부안을 지지하는 동시에 치안부 독립은 절대로 반대하고 있다. 대통령은 이승만 부통령은 이시영 국무총리는 조소앙을 추대할 것이라 한다.
>
> ● 독촉계: 전문위원안을 대체로 지지하고 있으며 치안부 설치에는 반대하고 있다. 그러나 정부조직법에 있어 국무총리의 권한 강화를 주장하고 있다 한다. 대통령은 이승만 부통령은 이시영 국무총리에는 신익희를 추대할 것이라 한다.
>
> (「정 · 부대통령 거의 확정, 총리 선출에 암약(暗躍), 한민 · 독촉 · 무구간(無俱間)에 열전 예상, 한민당, 무소속구락부」, 『조선일보』 1948년 7월 14일)

이승만 추종세력인 독촉계가 한민당의 치안부 독립 주장에 반대한다는 데서 그 사이의 긴장관계가 고착되고 있다는 인상을 받는다. 경찰은 대단히 큰 실력집단이었다. 군 창설 준비를 위해 만들어진 조선경비대는 이름 그대로 '경찰예비대'로서, 아직 경찰과 비교가 되지 않는 미약한 존재였다.

조병옥과 장택상이 키워낸 '정치경찰'은 권력의 중요한 근거가 될 참이었다. 지난 6월 24일 일기에서 장택상의 심복부하들이 연거푸 경무부 수사국에 걸려드는 것을 보며 조-장 간의 권력 암투를 짐작했는데, 장택상은 확실히 한민당을 등지고 이승만에게 달라붙어 있었던 모양이다. 이승만에게 장택상을 내무장관으로 쓸 뜻이 있었다는 사실을 8월 4일자 『경향신문』 기사에서 알아볼 수 있다.

> 초대 국무총리에 이범석 씨가 피임된 당일인 2일 (…) 내무부장관에 모씨에 대한 항간의 물의가 비등해가고 있다. 이에 대하여 부통령 이시영 씨는 3일 오전 11시 명륜동 자택을 방문한 기자에게 확고한 신념을 보여,
> "작일 국회의원들이 자기들의 의사를 전달한 것도 들었거니와 군정관리를 등용하는 데 대하여 극력 반대하고 있다. 민의가 그렇다면 대통령도 참작하리라고 믿으나 만일 이와 반대되는 처사를 한다면 나는 나대로의 이미 결심한 바가 있다."
> 라고 내무 외무 등 조각 문제에 대한 부통령의 반대 태도를 암시한 바 있었는데 만약 이 대통령이 부통령의 의사를 무시하고 기어코 장모 씨로 내무장관을 임명하게 될 때는 이 부통령은 사임이라도 할 강경한 태도로 나아갈 것으로 관측되어 세간의 주목을 끌고 있다.
>
> (「대통령의 내상 임명에 부통령의 태도 자못 강경」, 『경향신문』 1948년 8월 4일)

북조선 선거에 관한 문 3과 제2차 남북회담에 관한 문 4에 대한 대

답은 정치적 주장에 불과한 것이므로 언급의 가치를 느끼지 않는다. 흑백함 선거라는 이유만으로 자유선거가 아니라고 강변하는 유치한 수준이 굳이 지적하라면 지적할 만한 것이다.

전력 문제에 관한 문 5에 대해 '전력대책위원회'를 "북조선공산당을 지지하는 사람들"이라며 그들이 자기를 찾아온 일이 있는지도 모르고, 찾아오더라도 만나지 않을 것이라고 큰소리치는 꼴은 정말 가관이다. "그런 놈들 찾아오면 쫓아버리고, 왔다는 보고도 내게 하지 말라."고 부하들에게 명령해놓았다는 얘기다. 군인이라 예절을 모르는 정도 문제가 아니다. 하기 싫은 일 저렇게 피하는 자라면 전투라고 제대로 하겠는가. 포로 된 것이 우연한 일이 아니었을 것 같다.

발전선은 비용이 높아서 더 가져오지 않는다고 했다. 언제는 발전선이 있으니 이북에서 송전을 끊어도 아무 문제없다고 큰소리치지 않았던가. 5월 14일 단전 이후 이남의 예상 발전량과 실제 발전량 사이에 가장 큰 차질을 가져온 것이 발전선이었다. 배에 실은 발전기가 육상의 발전소보다 비용이 높을 것은 당연한 일이다. 그런데 그 비용을 미군에서 부담한 것이 아니었다. 딘이 6월 24일 기자회견에서 이렇게 말했다고 한다.

> 발전선의 발전요금 문제: 전기요금이 비싼 것만은 사실이다. 그러나 이 요금은 소비자 소비량에 의해 받는데 발전 비용의 기준에서 요금을 작성한 것이다. 거둔 요금은 한 푼도 미국으로 안 간다.
>
> (「기부 강요는 부당, 썩은 쌀 배급 않도록 단속」, 『경향신문』 1948년 6월 25일)

경성전기 등 전기회사에서 요금을 받았을 텐데, 그야말로 "부르는 것이 값"이었다는 것이다. 그 값이 얼마였는지 조사해서 이북에서 들여오던 전기값과 비교해보고 싶은데, 거기까지는 힘이 미치지 못했다. 아마 수십 배 비싸지 않았을까? 이북에 줄 전기값을 주지 않아 단전의 빌미를 주어놓고 큰소리치던 대체전력 요금은 자기네가 '발전비용'이라고 작성한 대로 받다니, 눈 뜨고 있는 사람 코 베어가는 격이다.

문 6의 쌀 배급 문제에 관해 1948년 7월 15일자 『조선일보』에 해설 붙인 기사가 실렸다.

> 혼란된 경제 상태로 민생은 도탄에 빠져 생활의 3대 요소인 의렘캠주 3자를 완전 해결함은 너무도 가망이 없는 일이니 무너진 집에 떨어진 옷을 입고라도 단 한 가지 식생활만은 절대적인 문제이며 위정 당국의 시책 중점도 마땅히 이곳에 있어야 할 것인데 정규배급을 준다 하여도 소위 야미쌀 보충에 시민은 신음하고 있는 이때 연속적으로 쌀 배급량이 감소됨은 웬일인가? 2홉5작을 배급하던 식량은 지난번 배급부터 2홉2작으로 줄어 쌀 시세를 올리더니 16일부터 배급될 제34회 배급은 쌀 1홉2작 잡곡 8작 도합 2홉밖에 안 된다고 13일 서울시식량사무소에서는 발표하였다.
>
> 2일 딘 군정장관은 기자단과의 정례회견 석상에서 쌀값 등귀를 방지하기 위하여 당분간이라도 2홉2작 배급을 계속함이 어떠냐 하는 질문에 대하여 지금 2홉5작 배급을 한다면 앞으로는 2홉2작도 배급하지 못할 것이니 미곡 보유량이 부족하여 더 주는 것을 방지하겠다고 언명한 바 있어 2홉2작만은 계속될 듯하더니 불과 수일을 지나지 못하여 다시 감소된다는 것은 일반으로 하여금 이해키 곤란케 하는 문제요 또한 감배로 말미암아 쌀값은 소두 한말 천원을 돌파하였으니 외국의 식량 원조를 받으니까 실시한다는 식량의 수집과 배급이 이

같이 중심을 잃는다는 것은 식량행정의 모순이 폭로되었다는 것은 물론 비상방법을 강구치 않으면 안 될 막다른 골목에 도달되어 있는 만큼 당국은 미봉책으로 2작을 감배하는 것보다는 불과 얼마 되지 않는 2작 감배가 초래하는 역효과 즉 시민이 그에 의존치 않을 수 없는 시장 쌀값의 폭등을 방지하기 위하여 근본적인 조치가 절대로 요청되고 있다.

(「쌀 배급 공약 휴지화?, 위협받는 식생활, 감배(減配)보다는 근본책 시정이 요망」, 『조선일보』 1948년 7월 15일)

군정을 시작하면서 제일 먼저 망쳐놓은 것이 쌀 문제였는데, 3년이 지나 군정이 끝날 때가 되어서도 이 문제는 여전히 조선 백성을 괴롭히고 있다.

쌀값이 소두 한 말에 천 원을 돌파했다니 한 가마에 만 원이 넘는다는 얘기 아닌가. 마침 독도폭격 희생자에 대한 보상 내용이 보도되었다. 미군정도 맥아더사령부도 이 문제에 대한 정식 사과 없이 미군정에서 '소청위원회'란 것을 만들어 피해자에게 직접 배상에만 나섰다(『경향신문』 1948년 6월 20일). 쌀값 만 원을 염두에 두고 보자니 기가 막힌다.

〔춘천 발 조통〕 울진군 죽변어업조합으로부터 강원도 수산과에 들어온 보고에 의하면 미군 당국에서는 독도사건에 관하여 7월 1일로 피해자에 대한 배상이 지불되었는데 죽변어조 관내 피해어민에 대한 배상액은 유가족 부조료 및 어선 침몰 파선 등 2,484,200원이었다고 하는데 그 내용은 다음과 같다.

죽변리 오종석(선주) 684,300원(기범선 1척, 범선 3척, 로프 2환, 백미 3가마,

중유 반 드럼)

유가족 부조료(사망)

죽변리 권천이 40만 원

동리 김기화 22만 원

동리 이천식 16만 원

온양리 박춘식 34만 원

동리 오재옥 34만 원

동리 조성룡 34만 원

한편 동 보고에 의하면 선주 오종석의 피해는 기범선 경양환(50마력 19톤 86) 파손에 대한 수선료 200만 원, 범선 묵호환 침몰 150만 원, 동 행정환 침몰 100만 원, 동 해양환 파손 70만 원, 합계 520만 원으로 계상되고 있다 한다.

(「독도사건 배상, 죽변어업조합 관내 248만 원」, 『경향신문』 1948년 7월 16일)

1948. 7. 17.

이제는 떳떳해진 제헌절의 의미

제헌절은 개천절, 한글날, 3·1절, 광복절과 함께 국경일의 하나다. '국경일'은 대한민국의 법률적 제도다. 1949년 10월 1일 공포된 '국경일에 관한 법률'이 그 근거다.

민족과 국가를 굳이 구분해서 따지자면 국경일은 대개 국가보다 민족의 경사를 대표하는 날이다. 그중 국가의 경사로서 큰 의미를 가진 것이 제헌절인데, 이것 역시 민족의 경사로서 의미를 더 크게 볼 수 있다. 한민족이 헌법을 갖고 입헌정치를 누리게 된 것은 천여 년 전 민족국가를 갖게 된 이래 국가제도 측면에서 가장 큰 성취임에 틀림없다.

근년 사회 일각에서 8월 15일을 광복절보다 건국절의 의미로 경축해야 한다는 주장이 나오는데, 치졸하고 악의적인 주장이다. 대한민국 건국의 의미는 제헌절에 담겨 있다. 8월 15일의 정부 수립 선포는 헌법 공포에 비해 비중이 작은 하나의 절차에 불과한 것이고, 수립 직후의 대한민국정부도 그렇게 판단했다. 그런 의미에서 "치졸한 주장"이라는 것이다.

"악의적인 주장"이라고 하는 것은 1948년을 내세워 1945년의 의미를 뭉개려 드는 의도를 지적하는 것이다. 1945년에 끝난 일본 식민지배는 한민족의 천 년 민족국가 역사가 중단된 민족사 초유의 이민족

국회의장으로서 제헌헌법에 서명하는 이승만. 그가 그 헌법을 어떻게 능멸할지 예견한 사람이 있었을까?

지배였다. 이민족 지배의 가장 비근한 예로 13세기 중엽 이래 백여 년간의 '몽골 지배'를 들 수 있는데, 일본 식민지배와 비교가 되지 않는 수준의 간접지배였다. 이 점을 강조하기 위해 '지배' 대신 '간섭'이란 말을 굳이 쓰는 학자들도 있다.

나는 1945년의 해방이 진정한 해방이 되지 못했다는 문제를 중시하기는 하지만, 해방의 의미를 무시하는 것이 아니다. 외세의 억압을 벗어나지 못하는 문제가 1945년 이후에도 오랫동안 계속된 것은 사실이다. 그러나 1945년 8월 15일까지 우리 민족사회가 장래를 스스로 결정하기 위한 조건을 거의 아무것도 누리지 못하던 상황에서 벗어난 것은 민족의 경사로서 의미가 큰 일이었다.

'건국절' 주장에 대해 5년 전 이렇게 논평한 일이 있다.

> 뉴라이트는 민족을 부정하며 국가를 내세우지만, 사실 그들은 민족만이 아니라 국가에도 소속감을 가지지 않은 자들이다. 자본계급, 투기세력에게만 소속감을 가진 자들이다. '건국절' 주장을 비롯한 그들의 대한민국 찬양은 민족과 국가 사이의 이간질일 뿐이다. 사람들의

> 민족 사랑과 나라 사랑을 헷갈리게 해놓고 가치관의 혼란 속에서 온 나라를 투기판으로 만들 기회를 얻으려는 교란작전일 뿐이다.
> 광복절은 우리 민족이 현대세계에서 제 발로 첫 걸음마를 뗀 계기였다. 서툴 때 고생도 많았지만, 피땀 흘려가며 여기까지 왔다. 오죽잖은 국가로 출발한 대한민국도 그동안 국민들이 잘 키운 덕에 이제 국가 노릇을 제법 하게 됐다. 오늘의 대한민국이 자랑스럽다고 해서 건국 당시의 대한민국이 저절로 자랑스러운 것은 아니다. 이승만 시대의 대한민국을 부끄럽게 여길 줄 아는 것, 그리고 오늘의 대한민국에 불만을 느낄 줄 아는 것이 대한민국을 더욱더 자랑스럽게 키워나가기 위한 필요조건이다. (김기협, 『뉴라이트 비판』, 돌베개 2008, 35쪽)

한민족이 헌법을 갖게 된 것을 큰 경사로 여긴다고 위에서 말했는데, 헌법을 두 개 갖게 되었다는 것이 또 문제다. 7월 10일 북조선인민회의에서 헌법을 공포한 일을 그날 일기에 적었는데, 이 헌법은 장차 구성될 조선민주주의인민공화국 최고인민회의 제1기 1차회의에서 9월 8일에 '조선민주주의인민공화국 사회주의헌법'이란 이름으로 다시 공포되기에 이른다. 7월 10일의 공포는 북조선의 것이고 9월 8일의 공포는 전 조선의 것이란 주장이다. 이남의 7월 17일 공포 헌법 역시 전 조선의 헌법이란 주장이었다.

7월 10일 일기에서 이북의 헌법 제정은 이남에 비해 차분한 과정을 거쳤다는 점을 지적한 바 있다. 이남 국회에서 헌법 심의 과정을 서둘러 진행하는 이승만의 초조함은 7월 12일 심의가 끝날 때까지 그대로였다. 그 모습이 7월 13일자 『동아일보』 「국회여적」에 희화화되어 그려진 데서도 한민당과 이승만 세력 사이의 갈등이 심화되고 있던 상황을 엿볼 수 있다.

이틀 동안을 휴회하였던 작일의 국회는 헌법안 제3독회를 열어 역사적 제헌의 성문을 완료하는 것이다. 국내외의 정세가 일각의 순준(巡逡)을 허락지 않는 긴박한 국면에 하루가 바쁜 정부 수립을 앞두고 그 기초법인 헌법의 통과를 초조히 생각하는 이 의장, 이날도 몸소 사회를 맡아 의사진행을 집무.

웬만한 것은 이론만으로 시간을 천연할 것 없이 빨리빨리 진행하기를 위주하는 이 의장과 호흡을 같이하여 헌법안의 조문을 낭독하여 내려가는 기초위원장, 숨도 안 쉬는지 낭독의 음조 몹시도 빨라 좀처럼 수정발언의 틈조차 허락지 않는다.

(…) 제6조 '국방군'을 '국군'으로 수정하자는 동의와 제72조 제2항 즉 외국인의 지위에 관한 조항 등에 있어 약간의 의논이 벌어져 시간이 걸린 뒤 제72조 낭독이 끝났을 무렵에 이 의장, "오늘의 오전 회의는 30분을 연장하여 이 독회를 마치도록 한다. 여러분이 발언을 너무 많이 하는 까닭에 벌로써 시간을 연장한다."고 유머 일석.

(…) 12시 20분 헌법안 제103조 전문의 낭독을 완료. 곧 전문을 그대로 통과할 것을 전원 기립으로 가결하자 엄숙한 성의(盛儀). 이리하여 헌법은 드디어 성전(成典). 이 나라의 기초는 이로써 완벽.

그런데 의원 총 기립 중 오직 유아독존(?)인가. 이문원 의원 의연히 그대로 독좌(獨坐). 헌법안 통과 그것을 마다고 함인가, 헌법안 내용에 불만이 있다 함인가. 엄숙(?)한 침묵에 그 의중을 짐작할 바 아니나 총 기립 중에 부화(附和) 않는 것만 가상타 할까.

익산을구 출신의 이문원(李文源, 1906~1969) 의원은 무소속구락부에서 활동하다가 1949년 5월 국회프락치사건으로 체포되었고 전쟁 중 납북된 인물이다. 그는 헌법 심의과정에서 적극적인 행동을 취했다. 6월 26일에는 33인 의원을 대표해서 헌법안 채택 의결에 국회의원 3분의 2 찬성이 필요하게 하자는 동의를 내놓았다가 부결되었다. 6월 30일 본회의에서는 이런 발언을 한 것으로 보도되었다.

> "초안을 전적으로 반대한다. 국회는 양원제이어야 하며 내각제로 할 것을 주장한다. 대통령은 직접선거에 의하여야 되겠다. 그럼에도 불구하고 이러한 모순이 어찌하여 생겼는가. 국가 만년대계의 원칙인 헌법의 제정은 법이론에 입각하여야 한 터인데 이 초안은 너무 현 정세에만 구애된 감이 있다. 이 헌법은 조속한 독립을 원한다는 구실로 일부 간부가 자파 이익에 부합시켜 제정하였다고 본다."
>
> (「대체토의도 한 고비, 격렬히 개진된 찬부론」, 『동아일보』 1948년 7월 1일)

이 발언 중 "일부 간부"란 물론 의장 이승만을 가리킨 것이다. 기초위원회에 대한 이승만의 개입 중 가장 두드러진 것은 초안의 내각책임제를 대통령중심제로 바꾼 것이다. 그는 6월 15일 기초위원회에 임석해서 대통령중심제를 주장했고, 기초위원회가 그에 따르지 않자 6월 21일 예정된 본회의 상정을 23일로 늦추면서 자기주장을 관철시켰다. 이렇게 직접 나서기까지 하지 않으면서 영향력을 이용해 초안을 자기 원하는 방향으로 만든 점이 많았을 것은 당연히 짐작할 수 있는 일이다.

이문원이 이 문제를 지적하자 회의장이 발칵 뒤집힌 것은 말할 필요도 없는 일이다. 7월 1일자 『자유신문』 「국회기자석」 칼럼이 재미있다.

> 헌법 초안에 관한 대체토의란 중요한 것인데 날이 무더워서 그런지 의원 제공들은 신경이 과민해져서 가끔 인간의 일면인 감정을 노출

하여 아는 사람에게는 국회 내의 3-1과 무소속구락부가 드디어 재작일에 합동을 하게 되어 그에 따르는 공기 전환을 의미하는 것이 아닌가도 생각게 된다.

이문원 의원의 헌법 통과에 있어서의 기본태도 문제와 관련된 발언 중 "너무 정세론에 흐르고 있는 듯하여 어떤 간부 의식적인 주장 노력에 의하는 것 같다. 운운"과 이에 대한 변증은 결론도 맺기 전에 고함 노성으로 중지되었는데 과연 결과에 있어 파문은 커서 의원 중 체면불고하고 타인의 발언을 방해 억제하려는 것은 그다지 아름다운 풍경은 아니었다.

이남규, 서우석, 이윤영, 서상일, 조헌영 제 의원이 격분하여 발언취소 요청 또는 징계위원회 회부를 주장하는데 나용균 의원이 "기초위원회에 관한 문제로 과연 기초위원회가 어떤 간부의 의사대로 초안을 작성하였는지 우리 기초위원에게 물어봅시다."라 한 발언은 학(鶴)의 일성(一聲) 같다고나 할까.

국회법 제82조에 의하여 징계 운운이 연발되며 김명동 의원 의분을 느꼈는지 등단하여 국회법 제61조를 인용하여 이남규 의원을 징계위원회에 회부할 것을 동의한 것은 이척보척(以尺報尺)에서 나온 일이라고 할까. 말인즉 의장이 발언 금지를 하였는데도 불구하고 10여 차나 언권 없이 발언한 것이 까닭인 듯도 하였다. (…)

(「모 간부 의식적 주장 설로 개회 이래 초유의 파란 야기」, 『자유신문』 1948년 7월 1일)

당시의 헌법 준비과정을 굳이 비교하면 이남의 절차가 허술했다. 그 후 이남 헌법이 기구한 곡절을 더 많이 겪게 되는 것도 이 출발점의 허술함과 무관하지 않을 것이다. 그래도 그 곡절 속에서 대한민국 헌법은 발전을 거듭해와서 이제 헌법 자체는 어느 나라 헌법 부럽지 않게 훌륭한 모습을 갖추게 되었으니, 그에 따라 제헌절의 의미도 떳떳하게 되었다.

3-1구락부와 무소속구락부의 이름이 위 기사 중에 나온다. 국회 개원 무렵부터 무소속 의원들의 세력 형성이 '구락부'란 이름으로 시도되기 시작했다. 제일 먼저 눈에 띈 것은 6월 1일 조봉암(曺奉岩, 1898~1959)이 주도한 50여 명의 모임이었다(『경향신문』 1948년 6월 3일자). 6월 5일자 같은 신문 보도에는 조봉암과 김약수(金若水, 1893~1964)를 중심으로 한 6-1구락부와 신익희를 중심으로 한 3-1구락부가 거명되었다. 6-1구락부가 무소속구락부의 출발점으로 보이는데, 3-1구락부는 신익희가 독촉 일부의 독자세력화를 시도한 것으로 보인다.

> 조선 독립정부 수립에 중대한 역할을 띠고 전 민중의 기대와 관심이 집중되고 있는 신 국회 내부에 구락부가 족출하여 신국가 건설의 기초가 될 헌법 제정을 비롯하여 제반 법안 제정에 적지 않은 영향을 미칠 것으로 예측된다 함은 기보한 바 있거니와 최근 독촉 출신 신익희 의원을 중심으로 조직된 3-1구락부에 대하여서는 현 독촉 중앙간부진에서는 3-1구락부에 대하여 찬부 양파로 의견이 대립되고 있다 한다.
> 즉 독촉국민회를 순수한 국민운동 단체로 하자는 명제세 이윤영, 양우정, 이활 제 씨들은 국회에서 구락부를 조직하는 것은 당파를 초월하여야 할 국회 내에 파벌대립 관계를 조장할 우려가 있다 하여 독촉 출신 의원에게 구락부에 가담하지 말라는 경고문을 발송할 것을 주장하고 있다 하며 신익희, 전호엽, 남송학 제 씨는 구락부 조직을 강조하고 있다 한다. 하여튼 독촉 출신을 중심으로 조직된 3-1구락부원과 현 독촉 중앙간부와의 관계가 주목을 끌고 있다.

(「3-1구락부 가담, 독촉 중요 간부 반대」, 『동아일보』 1948년 6월 11일)

6-1구락부와 3-1구락부의 통합 가능성에 관한 이야기가 6월 내내 신문지상에 오르내렸는데, 신익희 측에서 독촉에 대해 명분을 세우는 동시에 세력 확장을 꾀하기 위해 퍼뜨린 얘기가 아니었을까 생각된다. 5·10선거의 무소속 당선자 80여 명 중에는 각양각색의 사람들이 들어 있었으므로 일부가 한민당과 3-1구락부로 흡수된 것은 당연한 일이고, 결국 50여 명이 무소속구락부로 남게 된다.

서산을구 출신의 김동준 의원이 1948년 6월 23일자 『경향신문』에 기고한 글 「무속 의원의 각오」가 무소속구락부의 입장을 잘 보여주는 것이므로 길지만 옮겨놓는다.

> 금번 총선거에 당선된 국회의원을 소속정당 별로 분류해보면 무소속 의원이 85명으로 단연 수위를 점하고 그 다음이 독촉계열과 한민당의 순위로 되어 있다. 총선거의 이 숫자적 결과로 추측컨댄 일반 국민이 기존 단체나 기존 정당에 소속된 의원에게보다도 정당적으로 아무 연계도 없는 소위 무소속 의원들에게 더 많은 기대와 촉망을 가지고 있음을 규지할 수 있다.
> 기존 정당들이 각각 정강정책을 중외에 분명히 선명하였음에도 불구하고 일반 국민이 정당인에게보다 무소속 의원에게 더 많은 기대를 가지는 것은 무슨 이유이며 우리 무소속 의원들은 또 무슨 까닭으로 무소속을 표방하고 국회의원으로 출마하였던가?
> 입헌정치에 있어 정치적 활동을 강력히 전개하려면 그리고 또 정치인으로서의 영달적 야망을 만족시키려면 무엇보다도 정당적 배경이 있어야 한다는 것은 적어도 국회의원으로 입후보한 인사들에게는 초

보적인 상식일 것이다. 그럼에도 불구하고 우리들이 정당적 배경을 거부하면서 무소속을 표방하고 나선 것은 장래할 국회 의장에 있어서의 우리들의 정치적 활동에 아무런 구속도 받지 않기 위해서였다. 무릇 정당이라는 것은 정강정책을 같이 하고 또 이해(利害)가 일치되는 정치인사들의 규합체임은 부정할 수 없는 사실이다. 그러므로 해서 정당인은 정치적 활동에 있어서 필연적으로 소속 정당의 대변자적 역할을 띠게 되는 것이다. 우리들 무소속 의원은 그러한 제약을 받지 아니하고 진정한 의미에 있어서 지공무사하고 공명정대한 정치적 공도를 걸어 나가기 위하여 무소속으로 나왔고, 일반 국민들이 무소속 의원들에게 격별한 기대를 부치고 있는 것도 또한 그 점에 있으리라는 것을 나는 확신하여 마지않는다.

즉 환언하면 '무소속' 3자는 국회에 임하여 우리는 하등의 단체적 약속이나 정당적 제약을 받지 아니하고 진실로 초정당적인 입장에서 자율적인 태도로 멸사봉공을 다하겠다는 것을 일반 국민에게 서약하는 무언의 맹서였던 것이다. 무소속으로 입후보하여 당선된 국회의원 중에는 반드시 순수한 무소속만이 아니라 개중에는 당선의 영예를 획득하기 위한 기만적 가면을 썼던 인사가 전연 없다고는 말할 수 없다. 그러나 그런 가면을 썼거나 어쨌거나 무소속 입후보자는 정치활동에 일체의 외적 구속을 배격하겠다는 묵계만은 있었고, 일반 국민이 신성한 한 표를 우리에게 던진 것도 그러한 약속 밑에서였다.

이에 85명의 무소속 의원들 간에는 일반 국민에게 무언으로 맹서한 내용이 동일함을 깨달을 수 있고 무소속 의원들의 공통된 정치이념이 여기에 있음을 발견할 수 있다. 출마 당시의 유권자 제위와의 묵계를 배반하지 않는 이상 그 이념은 확고부동 영구불변의 것이어야 할 것이다.

혹은 말하기를 "국회 내에는 국회의원만이 있을 뿐이지 정당인은 있을 수 없다."고도 하지만 그러나 돌이켜 생각건댄 도대체 정당이라는 것은 정치활동을 위한 단체요, 정치활동은 국회를 통하여 비로소 전개되는 것일진댄 의회에 있어서의 정당의 존재라는 것은 무시할 수 없을 것이다. 총선거 이후 각 정당들이 무소속 의원을 포섭하려고 맹활동을 하고 있는 사실 자체가 이미 그것을 무언으로 증명하고 있지 않는가?

5월 31일 국회 개회 이래 각 정당에서는 무소속 의원 포섭에 다방면 다각적으로 맹렬한 활동을 개시하고 있다. 그리하여 심하면 무소속 의원이란 마치 필연적으로 어느 정당에 가담하지 않으면 안 될 부동(浮動)적 존재인 것 같은 인상을 주고, 더구나 놀라운 것은 일부의 무소속 의원들 자신까지가 그렇게 생각하고 있는 점이다.

거듭 말하거니와 무소속이란 일체의 정치적 연계를 배격하고 자유자재한 입장에서 정치적 활동을 실천할 것을 일반 국민에게 맹서한 지공무사한 존재일 따름이지 풍세에 맹종하여 우왕좌왕할 부동적 존재는 결코 아닌 것이다. 그러므로 우리 무소속 의원은 국민에게 대한 공통적인 묵계에 따라 무소속 의원끼리 일치단결할 필연성은 잠재하여도 그 외의 어느 기존정당에 편승할 아무런 근거도 없는 것이다. 만약 기존하는 어느 정당이나 단체에 가담한다면 가담하는 행동 그 자체가 이미 국민과의 약속을 배반하는 결과가 된다고 하겠다.

무소속 의원들의 이제부터의 거취는 지금 대다수 국민의 주시의 적(的)이 되어 있다. 우리들의 금후의 일거수일투족이 일반 국민의 신뢰와 실망을 직접 좌우할 것을 생각할 때 신체는 비록 개인일지나 우리의 쌍견에 부하된 책임이 중차대함을 자각하여 일시적인 개인 감정이나 개인 이해로 경솔한 행동을 취하지 않도록 심신(深愼)의 주의를 다해야 할 것이다.

그러면 무소속 의원들은 의회활동에 있어서 앞으로 어떤 태도로 나가야 하겠는가? 이미 위에서도 말한 바 있거니와 우리들 본래의 이념은 국정에 대한 일당전제를 견제함으로써 정치를 국민 본위로 운영하는 데 있는 것이다. 사상의 좌우와 정당의 갑을을 막론하고 그 정책이 국가의 장래에 유익한 것이라면 용감히 이를 취하고 국민의 복지에 해로운 것이라면 결사적으로 이를 배격할 기동적 지반에 입각한 의원은 오직 무소속 의원들뿐이요, 그것의 승리를 위하여 최후까지 투쟁할 수 있는 사람도 역시 무소속 의원들뿐인 것이다.

실로 무소속 의원들의 무소속다운 진면목도 여기에 있고 그 점이 무소속 의원의 공통된 임무인 것이다. 우리가 만약 이러한 지상임무를 망각하고 일시적인 사정이나 일신상의 명리에 현혹된다면 우리를 무소속인 까닭에 국회 의장에 내보낸 유권자 제위를 후일에 무슨 면목으로 접대할 것인가?

이에 무소속 의원들은 각자 간에 공통된 지상임무의 완전 수행을 위하여 대동단결의 필요성을 절실히 느끼게 된다. 우리가 만약 금후로도 기왕과 같이 분산적인 태도로 나간다면 무소속 의원들은 공통된 이념 아래 공통된 임무를 띠고 있음에도 불구하고 소기의 사명을 충분히 완수하기는 도저히 불가능할 것이다. 더구나 현하 국회 내의 분위가 반드시 순조롭다고만 보기 어려운 형편이니 차제에 우리는 대동단결로써 행동통일을 꾀하지 못한다면 건국 대업에 천추의 유한을 남기지 않는다고 누가 감히 단언할 수 있겠는가?

그러나 내가 여기서 무소속 의원의 대동단결을 고조하는 것은 그러한 단결을 통하여 정당적 색채를 띠자거나 혹은 의회 내에 있어서의 세력체를 조성코자 함이 아니라 그 목적은 진실로 무소속 의원들 본래의 공통적인 사명을 다하자는 데 있는 것이다. 말하자면 애국적 지성(至誠)에서 우러나온 자연발생적인 결론인 것이다.

이상과 같은 전제하에서 개회 이래의 무소속 의원들의 향배를 관망할 때 우리는 반성치 않을 수 없는 점이 반드시 없다고도 하기 어렵다. 무소속 의원의 단결은 물론 필요하다. 그러기에 이미 무소속 결합체로서 3-1구락부와 무소속구락부가 생겼다. 그러나 상기 두 결합체를 두고 볼 때에 마땅히 한 덩어리로 뭉쳐야 하고 무소속 의원들이 두 개의 결합체로 나누어졌다는 것은 이유 여하를 막론하고 분열이라고 보지 않을 수 없는 것이다.

무소속 의원의 결합의 의의가 공통 임무 달성을 위한 행동 통일에 있다고 할진댄 같은 무소속으로 두 개의 결합체를 이루었다는 것은 그 어느 하나는 이미 진정한 무소속적 임무를 포기한 것이라고 보아도 그리 과오는 아닐 성싶다. 지방에 있는 유권자 제위가 이 소식을 들었다면 얼마나 낙망할 것이며 그들은 우리를 얼마나 원망할 것인가? 결합을 빙자하여 분열을 초래할진댄 차라리 각자각출로 개별적인 행동을 취하는 것이 나을 것이다.

다시 말하거니와 무소속 의원들은 공통 사명 달성에의 행동 통일을 위하여 대동단결하자! 도원의 결의를 맺어 나아가되 보조를 같이하고 물러가되 행동을 같이하자! 의회장을 우리의 결전장으로 알고 공생공사의 각오로 매진하자. 오직 그 길만이 우리 85명 무소속 의원들의 걸어갈 공도요, 또 그러는 것만이 신성한 임무를 다하는 유일한 방도인 것이다.

(「무속(無屬) 의원의 각오」, 『경향신문』 1948년 6월 23일)

1948. 7. 19.

초기 북·중 관계를 밝혀줄 '류연산 자료'

1947년 3월 중국 국부군이 공산당의 오랜 근거지 연안을 탈취하면서부터 잘만 하면 공산군의 완전 박멸에 성공할 수도 있겠다는 상황이 꽤 오래 계속되었다. 그러나 해가 바뀔 무렵에는 국민당 지지자들도 그런 희망을 지키기 힘들게 되었고, 여름에 와서는 국민당과 공산당의 중국 양분을 점치는 사람이 많을 정도로 공산당의 위세가 자라났다.

장개석의 국민당정권은 일본과의 전쟁 중부터 미국의 지원에 의존해왔다. 일본 항복 후 유리한 조건을 누리게 된 국민당정권의 원조 수요는 줄어들어야 마땅했다. 그런데도 국민의 지지를 얻는 데 실패하고 미국의 원조를 더 많이 요구하는 상황이 계속되자 미국 여론이 돌아서고 그에 따라 미국정부와 의회의 태도도 갈수록 엄격해졌다.

〔워싱턴 27일 발 UP 조선〕 상원 외교위원회는 중국에 대한 4억 6,300만 달러 원조안을 가결하였는데 동시에 장개석 영도하 국민정부를 신랄하게 비난하는 보고서를 발표하였다. 13명으로 구성된 동 위원회는 원조 계획을 전원 일치로 승인한다는 보고서를 발표하였는데 이 보고서는 중국 내의 민간 파업, 경제적 혼란에 언급한 후 장개석정부에 관하여 다음과 같이 비난하였다.

"비능률, 부패, 관료적 폐해는 혼란과 인플레이션 시기에 더욱 파괴적 효과를 내고 있다. 군사 지도의 부적당한 것과 군 지휘관 사이의 부패는 국부군대의 저열한 사기의 주요한 원인이 되고 있다. 미국은 중국에 깊은 동정을 가지고 있으나 미국의 원조는 중국의 자조 노력을 조장하지 못한 것이 상례였다. 현재 계획은 중국 인민 자신이 장 정부를 신임하지 않고 있으므로 미국 측에 유망한 열의를 일으킬 수 없을 것이다.
(…) 대중 원조 계획은 중국 내 건설적이고 민주주의적 분자를 격려하기 위하여 채택하여야 한다. 그리고 중국 지도자들은 현재 차별대우로 부진 상태에 있는 미국 실업가의 활동을 조장하기를 바란다."

(「미 대중(對中) 원조 결정, 동시 장정권 부패상 통격」, 『경향신문』 1948년 3월 28일)

미국 여론을 만족시키기 위해 국민당정부는 1948년 봄에 입헌정부 수립의 절차를 밟았다. 그러나 장개석의 '비상대권'이 유지되었으므로 '장개석정부'의 성격을 바꿀 수는 없었다. 공산군(인민해방군)과의 내전은 점점 수세에 몰리고 있었다. 그런 와중에서도 장개석은 조선에 대한 영향력을 확보하려는 노력을 미약하게나마 보이고 있었다.

정부 탄생 전야의 국내 정계는 아연 활발히 움직이고 있음은 물론이려니와 조선 독립에 지대한 성원과 관심을 아끼지 않는 우방 중국의 열의는 최고조에 달하고 있다. 즉 지난 15일 상하이에서 발행된 화문지 신문(申聞)보(報)에 의하면 김구 씨 영도하의 단체의 인물을 정부에 포섭하기를 종용하고 있을 뿐 아니라 최근 유 영사의 경교장 방문은 이를 반영하는 것으로 보이며, 또 국내에서는 혁명애국지사의 포섭이 필요하다는 여론이 비등하고 있다.

이러한 순간에 있어서 일찍 이승만 박사와 김구 씨와는 망명시대부터 친교가 있고 현재는 장개석 대통령의 고문으로 있는 남경 우(于)빈(斌) 주교는 17일 여(呂)자(子)훈(勳) 씨를 통하여 친서를 양 영수에게 각각 전달하였다 하는데 동 주교의 서한은 정부 수립을 목첩에 둔 이때 의의가 깊은 것이며 이 박사에게는 정부 조각에 큰 참고가 될 것이라 한다. 그리고 북조선에서 단정을 수립하려는 때이니만큼 김구 씨 본연의 노선에 환원하는 데 지대한 역할을 할 것으로 보고 있다.

(「장개석 씨의 고문 우 주교, 이승만·김구 양씨에 친서, 정부조직 앞두고 의의 심대」, 『경향신문』 1948년 7월 18일)

김구의 "본연의 노선"이라 함은 1948년 들어 남북협상에 나서기 전까지의 '반공반탁' 노선을 말하는 것이다. 이북의 정부 수립 추진이 7월 10일의 총선거 계획 발표로 분명해진 이상 남북협상은 물 건너가 버렸고, 이제 이승만 대통령 아래 국무총리를 맡는 것이 그에게 유력한 진로일 것으로 관측되고 있었다.

중국 땅에 있으면서 국민당정부의 보호와 지원을 받던 임시정부에 경력의 근거를 둔 이승만과 김구 두 사람이 손잡고 한국정부를 이끌게 되면 그 정부에 대한 영향력을 갖게 될 것으로 장개석은 기대했을 것이다. 그런데 두 사람 누구도 장개석의 권유에 따르지 않았다. 장개석의 권위가 떨어지고 국민당정부의 장래가 어두워진 것도 원인의 일부였을 것이다.

한민족의 역사는 2천 년 이상 중국의 상황을 중요한 배경으로 삼아 전개되어왔다. 개항기 이후도 마찬가지였다. 식민지시대에도 한민족의 해외 항일운동이 대부분 중국 땅에서 펼쳐졌고, 국민당정부와 공산당의 영향을 많이 받았다. 그런데 이제 국민당정부의 영향력이 임시정부 출신 인사들에게도 잘 먹히지 않게 된 것은 한중관계의 역사상 공식적 관계가 이례적으로 약화된 상황이다. 미국과 소련의 힘이 너무 크기 때문이었다.

국민당정부의 영향력이 이처럼 약화된 상황에서 중국공산당의 역할은 어땠을까? 이북정권과 중국공산당 사이에 긴밀한 관계가 있었을 것을 여러 가지 여건으로 짐작할 수 있다. 독립동맹과 조선의용군 출신의 연안파는 물론이고 김일성 등 빨치산파 지도자들도 중국공산당 당원이었다. 그리고 이북정권은 만주의 '해방전쟁'을 적극 도와주고 있었으며 조선인의 참여가 인민해방군에게 큰 힘을 보태주고 있었다.

그런데도 초기의 이북정권과 중국공산당 사이의 관계는 별로 드러난 것이 없다. 지금까지도 밝혀진 것이 많지 않고, 당시에도 미군 첩보기관에 포착된 것이 별로 없었다. 커밍스는 한국전쟁이 터질 때까지도 미군이 북·중 관계의 중요한 사실 세 가지를 파악하지 못하고 있었다고 한다(『The Origins of the Korean War 2』, 350쪽).

1. 이북에서 소련의 영향보다 중국의 영향이 우월했다는 사실.
2. 조선인과 중국인이 혁명의 협력관계로 연대되어 있었다는 사실.
3. 역사가로서 돌이켜볼 때 중국이 한국전쟁에 참여하지 않았다면 이상한 일로 생각해야 할 만큼 그 연대관계가 강력한 것이었다는 사실.

커밍스는 이어서 이후 북·중 관계의 중요성이 제대로 연구되지 못한 이유를 설명한다.

1. 북한 학자들은 김일성의 권위를 강조하기 위해 이것을 감추려 들었다.

류연산의 노고가 빛을 볼 때 초기 북 · 중 관계가 많이 밝혀질 것이다.

2. 소련 측은 중국의 영향력을 배제하기 위해 이것을 묵살했다.
3. 남한 학자들은 북한이 '소련 괴뢰'라는 주장에만 집착했다.
4. 1970년대까지 미국 학자들은 공산권을 한 덩어리로 보는 관점에만 매달렸다.

커밍스의 설명에는 중국 학계의 입장이 빠져 있다. 이 빈틈을 내 추측으로 메운다면, 중화인민공화국에서 지나친 좌경노선으로 학술연구가 원활하지 못한 기간이 많았다는 점을 지적하겠다. 1980년대까지 중국 역사학계에서는 외부 학계에서 참고할 만한 연구 성과를 거의 내놓지 못하고 있었다. 문화대혁명으로 인한 학술계의 공황상태가 대단히 심각한 것으로 보였다.

초기 북·중 관계에 대한 연구의 중요한 실마리를 10년 전 옌볜에 체류할 때 감지한 것이 있다. 조선족 연구자 류연산의 구술자료 수집 작업이다. 류연산(柳燃山, 1957~2011)은 당시 옌볜인민출판사 편집원

이자 작가로 활동하고 있었고, 그 후 옌볜대학 조선어문학계 교수로 부임했다가 연전에 작고했다.

류연산은 1990년대 초부터 조선족사회의 역사 탐구를 위한 구술자료 수집 작업에 매진했다. 이 작업에 초기 북·중 관계가 상당히 포함되었다. 중국 해방전쟁과 한국전쟁에 연이어 참전했던 사람들을 포함해 당시 상황을 여러 위치에서 겪은 많은 사람의 증언이 그가 수집한 자료에 들어 있다. 그 자료가 제대로 활용된다면 초기 북·중 관계를 비롯한 많은 주제의 연구에 큰 도움이 될 것이다.

류연산은 타계를 앞두고 녹음테이프 400여 개를 비롯한 수집 자료를 옌볜대학에 남겼는데, 그 자료의 원활한 처리를 위해 한국 학계에서도 관심을 갖고 협력을 제공할 여지가 있지 않을까 하는 생각이다. "해방일기" 집필을 끝내면 옌볜을 방문할 예정인데, 그 길에 그 자료가 처해 있는 상황도 알아보고자 한다.

1948. 7. 20.

남조선을 암흑상태에 남겨놓고 물러나는 미군정

5월 14일 북으로부터의 송전 중단 이전에도 이후에도 미군정은 북조선인민위원회와 송전 문제 의논할 것을 일관되게 거부했다. 북조선의 통치권은 주둔소련군에게 있으므로 그 밖의 어떤 상대와도 교섭할 수 없다는 것이었다. 회담의 격을 따지는 것은 회담을 회피하고 싶은 축에서 상투적으로 쓰는 수법이다.

소련군사령관은 진주 당시의 치스차코프(Ivan Mikhailovich Chistiakov, 1900~1979) 대장이 1947년 4월 코르토코프 중장으로 바뀌었다가 1948년 6월초에 멜쿠로브 소장으로 다시 바뀌었다. 계급장이 작아지는 것을 보더라도 주둔군의 역할이 줄어들고 있었던 것이다. 멜쿠로브 사령관 취임 후 송전 문제와 관련된 회답을 하지에게 보냈다.

> 지난달 14일 북조선으로부터의 송전이 단절된 후 하지 중장은 누차에 걸쳐 전력대금으로 지불할 물자를 준비한 것과 새로운 협정을 체결할 회의를 열 것을 소련사령관에게 제안한 바 있었으나 하등의 소식이 없더니 지난 15일부로 대요 다음과 같은 내용의 회한이 도착하였다.
>
> "남조선에 대한 송전의 중지는 미·소 당국의 전력협정 불이행에 기인한 것이며 남조선의 선거와는 하등의 관련성이 없다. 북조선에서

는 특히 전력시설을 포함한 국유화산업의 운용 권한이 인민위원회에 속하고 있으므로 동 위원회와 직접 교섭하여야 한다."

(「인위와 교섭하라, 전력 문제에 대하여 소련 측에서 회한」, 『동아일보』 1948년 6월 19일)

6월 말에는 주소 미 대사를 통해 소련 외무성에도 하지의 요구가 전달되었다(「즉시 송전을 요구, 남조선 단전에 주소 미 대사 항의」, 『경향신문』 1948년 7월 1일). 그 직후 북측에서 상당히 친절한 제안이 들어왔다.

2일 북조선 공산주의자들은 미국이 1947년 6월까지의 전력대금을 지불하는 즉시로 미군 점령지역 내에 전력을 보낼 것을 제의하였다. 그러나 하지 중장에 대한 소련 측의 제의는 미국이 북조선인민위원회에 그 대금을 지불할 것을 요구하고 있다. 미군사령관은 수차 북조선인민위원회를 승인 또는 이와 교섭하는 것을 거부하여 온 만치 금번 신 제안으로 인하여 즉시 남조선에 대한 송전이 재개될 희망은 박약하다. 공산주의자들은 하지 중장의 형용에 의하면 미군 점령지역의 재건사업에 지장을 주고 남조선 주민들을 공갈하기 위한 압박 공작의 일단으로 지난 5월 4일 이래 송전은 중지되었던 것이다.

(「소 측, 송전을 제안, 단 전력대는 인위에 지불해야만」, 조통 제공)

〔주 서울 AP특파원 무어 제공〕 북조선 소련 측은 만일 미국 당국이 전력대를 지불하기 위하여 미군사령관이 수집하였다는 물자를 북조선인민위원회에 넘겨준다면 남조선에 대한 전력공급을 부활하겠다고 제안하였다. 평양방송은 북조선 소련사령관 멜쿠로브 소장으로부터 하지 장군에게 보낸 서한 속에 동 제안이 포함되었다고 하였는데

이에 대하여 하지 장군은 동 서한을 아직 받지 못하였다고 말하였으며 이에 대하여 하등 비판도 하지 않았다. 그러나 조선 전력 문제 해결을 미 국무성이 소련 외무성에 대하여 요구하였다는 사실은 이미 6월 30일 발표되었던 것이다.

멜쿠로브 소장은 인민위원회가 전력 대상물자를 받고 남조선에 대한 협정을 짓고자 그 대표를 서울에 보내기로 결정하였다고 말하였다. 하지 장군은 인민위원회와의 교섭을 거절하여 왔다. 1947년 6월 30일 이전에 사용한 약 600만 달러의 가격의 물자를 포함한 전력대금 지불에 관한 협정은 양 사령부 간에 행하여진 것이다. 그 후 사용한 전력대금 지불 교섭에 수련 측이 참가하라는 그의 초청은 소련 측에 의하여 이는 인민위원회의 소관사항이라는 제의에 봉착하게 된 것이다.

(「전력대 지불하면 곧 송전, 소 인민위 대표 파견을 결정」, 『경향신문』 1948년 7월 3일)

소련군사령관이 보낸 편지에 들어 있는 제안이라고 평양방송에서는 말하는데, 하지는 그 편지를 받아보지 못했다고 말하고 있다. 그런데 7월 23일자 『동아일보』 기사 「미 · 소군 사령부 승인하 조선인 대표 협상 용인, 미측 태도」에 붙어 있는 "미 · 소 교한(交翰) 내용"을 보면 멜쿠로브 소장의 편지는 6월 25일부였다. 그리고 이에 대한 하지의 답장은 7월 2일부로 되어 있는데, 이런 말로 시작한다.

"친애하는 멜쿠로브 장군, 7월 2일 나에게 전달된 1948년 6월 25일부 귀하의 서한은 확실히 받았습니다."

평양방송으로 멜쿠로브의 제안 내용이 발표될 때, 하지는 편지를 받지 못했다고 말했다. 그리고 그날 편지를 전달받았다며 그날로 답장을 보냈다. 내 짐작으로는 자기 사무실에 이미 와 있는 편지를 하지가 열어보지도 않고 있었을 것 같다. 그랬다가 평양방송에 나오니까 얼른 열어보고, 수세에 몰린 입장이니까 얼른 답장을 보냈을 것 같다. 이미 읽은 편지를 받지도 못했다고 새빨간 거짓말을 한 것은 아니라고 믿어주고 싶어서 하는 짐작이다.

7월 23일자 『동아일보』 기사는 모처럼 전력 문제에 돌파구가 생길 듯한 희망적 기사였다. 그런데 이런 기사가 "AP 특파원 제공"으로 나온다는 사실이 또한 씁쓸하다.

〔주 서울 AP 특파원 무어 씨 22일 제공 합동〕 남조선미군사령관 하지 중장은 미·소 양 사령부에 의해 승인된 전력 문제 협상을 용인할 용의가 있다고 발표하였다. 소련사령부는 종래 동 문제는 공산괴뢰 정부인 북조선인민위원회의 소관사라고 주장하여왔던 것이다. 북조선으로부터의 송전이 단절된 5월 14일 이래 하지 중장은 미군사령부는 송전 복구 문제에 관하여 인민위원회와 협의하라는 소련 측의 제안을 거절하여 왔었다.

(「미·소 군사령부 승인하 조선인 대표 협상 용인」, 『동아일보』 1948년 7월 23일)

그 발표 내용인즉 6월 25일부 멜쿠로브의 편지와 7월 2일부 하지의 편지뿐이다. 특파원이 물어보니까 이 편지 내용을 보여줬는데, 특파원이 보기에는 "조선인 대표 협상 용인"이라는 것만 해도 대단한 발전으로 보여서 이 희망적인 기사를 만든 것 같다.

7월 17일 대한민국 헌법과 정부조직법이 공포되고 7월 20일 대통령과 부통령 선출로 정부 조직이 시작되었다. 몇 주일 내로 행정권을 이양해야 하는 시점에서 미군정의 잘못 중 무엇보다 두드러진 것이 송전 중단 사태였다. 이제 송전 협상의 남쪽 주체도 미군정 아닌 대한민국정부가 될 참인데, 북측 대표로 조선인을 인정하지 않는다는 지금까지의 자세가 어색하게 되었다. 그래서 미·소군 사령부가 지명한 대표라면 조선인이 협상에 나서도 좋다고 한 7월 2일부 편지 내용을 대단한 입장 변화라도 되는 것처럼 내놓은 것으로 보인다.

1주일 전에 보낸 편지를 아직 받지 못했다고 우기는 배짱이 참 대단하다. 7월 15일 딘 군정장관이 기자회견 중 전력대책위원회 사람들이 자기를 찾아온 일이 있는지도 모르고, 찾아온다 해도 만나지 않을 것이라고 대답한 것과 같은 수준이다. "그들은 북조선공산당을 지지하는 사람들이라 만났자 그다지 큰 성과를 거두지 못할 것"이라고 딘은 말했다(1948년 7월 15일 일기).

북측과의 적극적 협상을 주장해온 전력대책위원회에서 발끈하지 않을 수 없었다. 위원회는 7월 21일부로 딘 장관에게 공개편지를 보냈다.

"가지가지로 불안한 중에 있는 남조선사태는 전력 문제로 더욱 절박한 양상을 띠고 있습니다. 이때에 각하의 구체적 방안과 그 성산의 유무를 듣는 한편 민의의 일단을 개진하려 함은 각하의 치하에 있는 국민으로서의 당연한 의무요 권리인 것으로 믿는 바입니다. 이리하여 전후 다섯 번이나 배방하였으나 놀란 것은 7월 16일부의 각하의 담화였습니다. 면회하려 온 사실이 없다고 단언한 각하의 안하무인적 담력에 대하여 위선 경의를 표합니다.

각하는 우리를 가리켜 북조선정책을 지지하고 미군정을 비판 반대하는 까닭에 만나지 않겠다 하였습니다. 각하께서도 지적한 바와 같이 발전선은 비용 과대로 유해무익입니다. 요컨대 남조선 단독조치로는 해결의 길이 용이치 아니합니다. 그러니까 대북해결의 일로가 있을 뿐입니다. 이 길을 생각하는 사상이 곧 공산주의요 북정(北政) 지지라 할진대 실로 전력에 지질린 남조선 사람은 모두 공산주의자요 북정 지지자가 되지 않을 수 없는 실정입니다.

전력 문제의 해결 여하는 사상적 차이를 캐고 정략적 기교를 따질 성질이 아닌 것입니다. 내조한 미국 기술자들도 하등의 대책을 세우지 않았다고 언명한 각하의 말씀은 너무도 무책임한 것으로 느끼어집니다. 우리는 예를 갖추어 언사를 삼가리다. 다못 바라는 것은 전력입니다. 철의 장막도 우리끼리라는 자주적 원칙하에서는 통할 수 있는 것이니 연백의 통수(通水) 문제가 이것을 입증하는 것입니다."

(「단전 문제 대북 해결뿐, 전력 대위에서 '딘' 장관에 공한」, 『조선일보』 1948년 7월 22일)

전력대책위원회의 공동대표 이종만과 설의식의 프로필을 통해 위원회의 성격을 가늠한다면 좌익은 아니다. 이종만(李鍾萬, 1885~1977)은 후에 월북하기는 했지만 광산업자이면서도 문화 · 교육 · 언론 분야의 공로가 큰 인물로서, 당시 조선산업건설협의회 회장을 맡고 『독립신보』를 경영하던 인물이었다. 설의식(薛義植, 1900~1954)은 일제강점기 『동아일보』 명기자의 하나로 해방 후 주필과 부사장을 지냈으나 1947년 『동아일보』를 떠나 『새한민보』를 창간한 인물이었다. 그런 인물들을 모두 종북주의자로 만드는 판이었다. 공개편지 끝의 "연백의 통수"란 7월 5일자 일기에 나온 연백평야 수리(水利) 문제 해결을 가리킨 것이다.

결국 미군정은 송전 문제를 해결하지 못한 채 물러났다. 남북이 각기 정부를 세운 뒤에는 송전 문제가 다시 나오지도 않았다. 1948년 연말까지 남조선 사회가 전기 부족에 시달리는 모습을 그린 칼럼을 하나 옮겨놓는다.

> "딱!" 5월 14일 정오 고압전화로써 북조선 산업국장 이문환 씨와 과정 오 상무부장 사이에 통화 중 전화는 끊어지고 북조선에서는 급기야 단전하였다. 그 후부터 남한에서는 날로 전력 사정이 악화되어 공업 농업 등 제 부문을 비롯하여 생활양식에까지 심각한 영향을 받게 되었다. 다행히 영월 청평 당인리 인천 부산 등지의 발전소에서 발전하고 있는 전력으로 인하여 완전 실명의 위기는 면하였으나 이즈음 전력 사정은 석탄 부족과 수위 저하로 지난 15일 현재 4~5만 킬로와트를 넘지 못하는 형편으로 앞날이 매우 우려되는 바이다.
>
> 단전 이래 7개월이 경(經)통(通)하였음에도 불구하고 이처럼 전력 사정이 암담함은 당국자의 격별한 조치가 부족한 탓일는지 모르나 한편 노력을 하고 있는 것만은 사실이나 디젤엔진 수입발전소에 대한 특수한 배려, 미인 전력기술자의 초빙 등 제 조치를 열거할 수 있으나 결과적으로 보아 신통한 효과를 내지 못하고 있는 현상임은 속일 수 없는 사실이다.
>
> 이로 말미암아 경제 민생에 미치는 악영향이란 더 말할 것 없을 것이다. 현재 남한에서 초소한도로라도 필요한 양을 13만 킬로와트로 추산한다면 방금 발전량은 그 4분지 1밖에 되지 않는 형편. 이러고서야 어찌 산업의 발전은커녕 복구도 꾀하기 힘들 것이다.
>
> 본래 북한에서 송전을 중단한 것은 대상물자를 주지 않아서 그런 것이 아니고 여기에는 좀 더 정치적 이유가 있었다. 5·10선거가 실시되고 머지않아 국회와 정부가 수립될 것을 앞질러서 단전하였던 것

> 이다. 이를 좀 시야를 넓혀서 본다면 냉정전의 한 도구로 사용하였던 것이다. 즉 다시 말하자면 정부 수립에 대한 소의 보복수단이었던 것이다. 이와 같이 미 · 소 냉정전 틈에 끼어서 시달리는 것은 우리뿐, 이제 대한민국도 들어섰으니 당국자의 좀 더 적극적인 전력 시책이 긴급히 요청되는 바이다.
>
> 아! 전력 문제는 해결을 짓지 못한 채 무자년을 보내고야 마는구나.
>
> (「해를 넘기는 과제 1-실명(失明)의 7개월간, 언제나 해결되려나」, 『경향신문』 1948년 12월 21일)

비교적 중립적 신문인 『경향신문』에 실린 글에도 송전 중단을 '소련의 일방적 횡포'로 보는 반공 선전이 투영되어 있다. 건국 반년도 안 된 시점인데, 남북협상에 의한 전력 문제 해결은 말도 꺼낼 수 없는 일이 되어 있었다. 조선인끼리 해결하면 좋을 일을 해결하지 못하게 한 것이 미군정이었고, 미군정이 물러난 뒤에도 해결하려 들지 않는 것이 분단건국이었다.

1948. 7. 24.

책략가 대통령 곁에 선 선비 부통령

1948년 7월 24일 오전 비가 부슬부슬 내리는 중앙청 앞마당에서 이승만 대통령과 이시영(李始榮, 1869~1953) 부통령의 취임식이 거행되었다. 이승만의 취임사에는 참 좋은 말씀이 많이 들어 있었다. 사심 없는 노 애국자의 입장에 어울리는 아름다운 말씀 가운데 이따금 숨은 가시처럼 그의 정치관이 드러난다. 두 대목만 짚어본다.

> "그 결과로 국회 성립이 또한 완전무결한 민주제도로 조직되어 2·3 정당이 그 안에 대표가 되었고 무소속과 좌익 색태로 지목받은 대의원이 또한 여럿이 있게 된 것입니다. 이왕 경험으로 추측하면 이 많은 국회원 중에서 사상충돌로 분쟁 분열을 염려한 사람들이 없지 않았던 것입니다. 그러나 중대한 문제에 대하여 종종 극열한 쟁론이 있다가도 필경 표결될 때에는 다 공정한 자유의사를 표시하여 순리적으로 진행하게 되므로 헌법 제정과 정부조직법을 다 민의대로 종다수 통과된 후에는 아무 이의 없이 다 일심으로 복종하게 되므로 이 중대한 일을 조속한 한도 내에 원만히 처결하여 오늘 이 자리에 이르게 된 것이니 국회원 일동과 전문위원 여러분의 애국성심을 우리가 다 감복하지 않을 수 없는 것입니다."

"이북동포 중 공산주의자들에게 권고하노니 우리 조국을 남의 나라에 부속하자는 불충한 사상을 가지고 공산당을 빙자하여 국권을 파괴하려는 자들은 우리 전 민족이 원수로 대우하지 않을 수 없나니 남의 선동을 받아 제나라를 결단내고 남의 도움을 받으려는 반역의 행동을 버리고 남북의 정신통일로 우리 강토를 회복해서 조상의 유업을 완전히 보호하여 가지고 우리끼리 합하여 공산이나 무엇이나 민의를 따라 행하는 것이 좋을 것입니다.

기왕에도 누누이 말한 바와 같이 우리는 공산당을 반대하는 것이 아니라 공산당의 매국주의를 반대하는 것이므로 이북의 공산주의자들은 이것을 절실히 깨닫고 일제히 회심 개과해서 우리와 같이 같은 보조를 취하여 하루바삐 평화적으로 남북을 통일해서 정치와 경제상 모든 복리를 다 같이 누리게 하기를 바라며 부탁합니다."

(「조국을 만 년 반석에-이 대통령의 취임사」, 『동아일보』 1948년 7월 25일)

위 대목은 국회 내의 반대세력에 대한 그의 시각을, 아래 대목은 이북정권에 대한 그의 시각을 보여준다. 좋은 말씀을 열심히 엮어 내놓는 취임사에서도 감출 수 없는 반대세력에 대한 그의 적개심이 장차 그가 대통령직을 수행할 자세를 예고해준다.

이승만이 어떤 인물인지는 그동안 질릴 정도로 많이 봐왔고, 부통령에 취임한 이시영에게 한 차례 주의를 돌려본다. 이승만과 김구보다 6~7세 연상인 그는 임정 최고 원로였다. 나이로만 원로가 아니라 독립운동의 공로가 엄청나게 큰 인물이었다. 합방 전 평안도 관찰사와 한성재판소장 등 대한제국 고관을 지냈고, 합방 후 이회영(李會榮, 1867~1932) 등 6형제가 함께 망명해서 신흥무관학교를 세우는 등 재중 항일운동의 종갓집 노릇을 했다.

탁월한 경력과 지대한 공헌에 걸맞은 자리를 임정에서 차지한 일이 없고 어떤 분규에도 두드러지는 일이 없었다는 사실로 보아 특출한 인품의 소유자였던 것으로 생각된다. 자리를 탐내지 않을 뿐 아니라 자기 주견을 내세울 때도 겸양의 자세를 지킨 분 같다. 주견이 약한 것이 결코 아니다. 당당히 내세우되 남에게 강제하려 하지 않은 것이다.

귀국한 뒤의 행적도 그렇다. 1947년 9월 26일자 일기에 그가 세 차례 '퇴진' 성명을 발표한 일을 적었다. 1946년 8월 독촉 위원장직 사퇴, 1947년 9월 국민의회 국무위원직과 의정원 의원직 사퇴, 그리고 1951년 5월의 부통령직 사퇴다.

이시영은 사퇴할 때마다 사퇴 이유를 얼버무린 일이 없다. 완곡하면서도 분명하게 이유를 밝혔다. 1946년 8월 독촉 위원장직 사퇴 때의 성명서에는 이런 대목이 있었다.

> "이 민족적 중대위기에 임하여 민주주의국가 건설이란 동일한 정치이념에도 불구하고 각 지도자들의 파지(把持)하고 있는 그 구구한 정견과 방략의 사곡 고집을 볼 때에 끝없는 환멸을 느끼지 않을 수 없으며 아울러 합류불능을 통감하는 바이다. 특히 대한독립촉성국민회 중앙간부로 말하면 다 당시 준초인물(俊楚人物)이라 한다. (…) 그러나 가끔 그들의 동작이 법규나 조리에 맞지 못하는 표현이 있을 때에는 물의가 훤등하여 나로 하여금 극도 불안을 느끼게 할 뿐이요 광정할 도리가 없으므로 결연히 일절 공직을 탈리 사퇴하고 동시에 3천만 형제자매에게 사과하여 마지않는다."
>
> (「동지의 반성 촉구, 이시영 씨 공직 사퇴」, 『서울신문』 1946년 8월 18일)

독촉은 이승만의 사조직이었지만 명분은 그럴싸하게 내걸고 있었다. 그 잘못된 행태가 드러날 때 자기로서는 "광정할 도리가 없으므로" 물러난다는 것이었다. 이듬해 9월 국민의회와 의정원으로부터 물러날 때의 성명서에서도 그는 쓴소리를 아끼지 않았다.

> "해방 후 정부책임자들은 국제의 무리 압박으로 부득이 사인 자격이라는 수치스러운 걸음으로 귀국하여 떳떳치 못한 형편도 불무하였으나 지켜온 법통 정신만은 그다지 손상이 없었다고 생각한다. 그러나 금회에 소위 43차 회의가 진정한 혁명자의 집단으로 개편치도 않았고 특히 국무위원회의 결재와 지시도 없이 상임위원회에서 권리를 남용하여 몇 개인이 자의자상(自意自想)대로 제반 사항을 결정하였다.
>
> 이는 30년 전래의 신성한 법통을 유린하였을 뿐 아니라 대한임정의 위신을 잃게 한 일대 유감사라 아니할 수 없다. 그 하자와 부당성은 차치하고라도 그들의 망행(妄行)은 용서할 수 없는 위헌행동이다. 30여 년간 법통과 고절(苦節)을 지켜온 본인의 입장으로서는 도저히 은인 묵과할 수 없는 바이다. 이에 임시정부 국무위원과 의정원의원을 다 탈리하는 바이다. 다만 직무의 불충실한 과오를 일반 동포 앞에 사과할 뿐이다."
>
> (「이시영 씨 국의(國議)」, 『동아일보』 1947년 9월 26일)

독촉과 달리 국민의회와 의정원은 임정의 연속선상에 있는 기구들이었다. 이로부터의 탈퇴는 모든 공적 활동으로부터의 완전한 은퇴를 뜻하는 것이었다. 그때 이시영의 나이는 79세였고, 공로만 있고 허물은 없는 깨끗한 은퇴였다.

그렇게 은거한 80세 노인이 왜 부통령으로 나서게 된 것일까? 이승만의 뜻이었다고 생각된다. 어떤 반대도 없을 만한 훌륭한 후보이면서

마곡사에서 이시영 부통령과 김구. 마곡사는 김구에게 인연이 큰 곳이다. 두 사람 사이가 개인적으로 그리 친밀한 것은 아니었지만 '동지' 관계는 변함없이 유지된 것으로 보인다.

자신의 권력에 도전할 위험이 없는 인물. 그리고 독립운동가로서 권위가 김구에게 떨어지지 않는 인물. 김구가 단정 반대에 나선 것이 이승만에게는 큰 정치적 부담이었다. 자기 노선을 김구가 지지해주지 않는다면 김구에 못지않은 권위를 가진 인물의 존재가 필요했다.

이승만의 뜻이 그렇다면 이시영은 왜 호응했을까. 나는 진퇴에 대한 선비의 자세로 이해한다. 주어진 역할이 대의에 맞는 것이라면 취향이나 의심 때문에 외면해서는 안 된다는 것이다. 대의가 지속하는 한 최선을 다해 임해야 한다는 것이다. 감투가 욕심나서 나섰다고 볼 만한 꼬투리는 그의 일생을 통해 보이는 것이 아무것도 없다.

1947년 9월 이후 이시영의 은거는 철저했다. 기념행사나 유엔위원단 환영 등 의전적인 일 빼고는 그의 이름 석 자가 신문지상에 나타나는 일도 없었다. 그러다가 정부 수립을 눈앞에 둔 1948년 7월 들어 그의 존재가 언론의 각광을 받게 되었다.

재작년 가을 국민의회, 한독당 등 임정 계통의 모든 정치단체와 관계를 끊는 비장한 성명을 발표하고 초야에 나려 묵묵히 새로운 독자적 건국 구상에 잠기고 있던 성재 이시영 옹의 최근 동향은 정계의 변화와 함께 크게 주목받고 있거니와 정부 수립을 앞두고 이 박사와 이 옹 간은 물론 기타 정계 요인들의 내왕이 빈번한데 정부가 수립되면 이 옹이 부통령으로 출마하리라는 설이 유포되고 있는 때인 만큼 옹의 거취는 더욱 일반의 시선을 끌고 있다. 옹은 그동안 경춘선 마석 향촌에 가서 일삭이나 정양을 하다가 지난 30일 귀경하였는데 옹은 3일 왕방한 기자와 옹과 이 박사와의 관계, 김구 씨와 김 박사의 태도 및 서 박사 추대운동 등 제반 시사 문제에 대하여 80 노령에 정정한 기력으로 대요 다음과 같은 일문일답을 하였다.
문: 이 박사가 대통령으로 피선된다면 옹은 부통령으로 입각하게 되리라는 설이 있는데?
답: 나로선 금시초문이다. 나보다 얼마든지 훌륭한 사람이 있는데 나 같은 노후한 인물이 나가서 뭣하겠는가. 그러나 일생을 조국 광복에 바쳐 이 몸이 이렇듯 늙어빠진 만큼 앞으로도 건국에 여생을 바칠 각오이다.
문: 이 박사 개인에 대한 옹의 기대와 요망은?
답: 이 박사는 좀 양보성이 있어주길 바란다. 정부가 서더라도 태산과 같은 중임을 지고 나가는 데는 좀 벅찰 것이다.
문: 이 박사와 김구 씨는 합작할 가능성이 있겠는가?
답: 합작? 좀 어려운 일이다. 그러나 이 박사는 조각(組閣) 일보 전에 듣고 아니 듣고 간에 김구 씨에게 최후로 협조를 요청하게 될 것인데

글쎄…… 김구 씨가 들을라구?

문: 선거 국회는 물론 정부 수립까지 보이콧하는 김구 씨의 태도를 어찌 보는가?

답: 나는 여러 번 김구 씨더러 그러지 말고 마음을 돌려 반쪽 정부나마 세우는 데 협력하는 것이 어떠냐고 권해보았으나 결국 도로(徒勞)였다.

문: 그러면 김규식 박사는?

답: 물론 김구 씨와 함께 훌륭한 분이나 좀 더 견고한 의지의 소유자가 되었으면 좋겠다.

문: 서(재필) 박사의 신당설에 대한 소감은?

답: 서 씨는 늦게 귀국하여 현재 군정청 최고의정관 자리에 앉아 있는 만큼 해방 이래 3년 가까이 남들이 애써 만들어놓은 뒤에 참섭(參涉)하여 뭣이니 뭣이니 한다는 것은 자미없는 일이라고 본다. 그리고 또 새로운 파당을 짓는다는 것은 불찬성이다.

문: 38선은 언제나 터질 것이며 남북통일은 가능한가?

답: 38선이 터지는 것이라든가 또는 남북통일 등의 문제는 국제간에 해결할 성질의 것이요, 우리 독력으로는 좀 어렵지 않을까 한다. 그러나 우리는 그렇게 하려고 애는 써야 할 것이다.

(「침묵을 깨뜨린 노 혁명가 이시영 옹 담, 이 박사 · 김구 씨 타협 곤란」, 『경향신문』 1948년 7월 4일)

보름 후에 있을 부통령 출마설을 "금시초문"이라는 것이 웬만해서는 곧이듣기 어려운 이야기인데, 워낙 어떤 일에든 원칙에 투철한 인물이라서 이것까지 곧이들릴 지경이다. 이 기자회견 중에도 이승만을 비롯한 여러 사람에 대한 의견을 내놓는데, 정치적 입장이 표현에 영향을 끼친 흔적이 전혀 보이지 않는다.

이승만에 대해서는 "좀 양보성이 있어주길" 바란다며, "태산과 같은 중임을 지고 나가는 데는 좀 벅찰 것"이라고, 직격탄을 날린다. 김구에 대해서는 드러내 악평을 하지는 않지만 김구의 고집이 잘못된 것이라는 비판을 분명히 한다. 김규식에 대해 "좀 더 견고한 의지의 소유자가 되었으면" 좋겠다는 의견은 김규식의 노선에 찬성하면서 추진력에 대한 아쉬움을 표한 것으로 보인다. 그리고 서재필에 대해서는 그 위치부터가 마땅치 않다고 한다.

기자가 서재필에 관한 질문을 한 것은 얼마 전의 '서재필 추대 운동' 때문이었을 것이다. 서재필의 귀국은 그를 이승만의 대항마로 삼으려는 하지의 의지에 따른 것이었는데(1947년 4월 27일자 일기), 서재필 본인은 권력투쟁에 아무 관심이 없었다. 그는 조선 사람이 될 생각도 없이 미국인으로만 행세했다. 그런데 정부 수립과 이승만의 권력 장악이 목전에 닥쳐오자 이승만 반대자들이 서재필에게 매달린 모양이었다.

> 방금 국회가 소집되어 국가 백년대계를 세울 헌법을 신중 기초 중에 있는 이때 지난 총선거에 낙선된 일부 인사들이 정일형 박사를 회장으로 서재필 박사를 정계 최고지도자로 추대하여 독립협회를 확대하여 새로운 정치운동을 전개하려는 기색이 농후하여오던 바 지난 11일 제1차, 또 17일 하오 2시 제2차로 시내 남대문로5가 명신백화점 3층에서 최능진, 백인제, 안동원, 김붕준, 이용고, 노진설, 여행열, 정인과, 윤석진 등 30여 인이 회합하여 동회의 사옥 문제 재정 문제와 서재필 박사에게 보낼 간원문을 토의하였다 하는데 (…) 서 박사에게 보내려던 간원문의 내용은 다음과 같다.

"경애하는 서재필 박사, 조국과 그 인민은 선생을 지도자로 부릅니다. 지금 조국이 요구하는 사람은 명령하는 독재자가 아니라 인민의 뜻을 알아서 이를 충실히 순종하는 정직한 민주주의적 지도자입니다. 이 나라에는 그러한 인격자 한 분이 있으니 그는 서 박사이십니다. 그러므로 하명 등은 선생께서 정계의 최고지도자로 출마하시기를 간청하기로 결심하였사오니 선생은 우리 한족의 건국 초두에 그른 길에 끌지 않고 참된 민주주의의 직로(直路)를 걷도록 노에 응하여 주시기를 간원하나이다."

(「2차 회의에 벌써 파란, 문제의 '독립협회'」, 『동아일보』 1948년 6월 19일)

그러나 이 움직임이 허황한 것이라는 사실이 바로 이튿날 신문에 밝혀진다.

서재필 박사를 최고 정치지도자로 추대하여 새로운 정치운동을 전개하려는 흥사단계 독립협회에서는 서 박사에게 간원문을 보냈으나 서 박사는 조국의 독립이 되느냐 안 되느냐의 위기에 서 있는 이때 이러한 정당조직을 하는 것은 우리나라를 더욱 혼란케 할 뿐이요 아무 효과가 없는 것이라는 말로 이를 거절하였다 하며, 한편 정일형 · 백인제 · 장도빈 · 이용고 · 안동원 제 씨는 이 독립협회와는 아무런 관계도 없을 뿐 아니라 그런 단체에 아무 관심도 가지고 있지 않다고 각각 작일 표명한 바 있었고 이분들의 이름을 남용하여 모략을 하려는 것이 판명되었는데 이 회합에 참석하였던 백영엽은 회합 내용에 관하여 다음과 같이 말하였다.

"이 독립협회의 책임자는 정인과 씨와 최 모이며 나는 여러 번 간청을 받아 2차나 출석하였으나 정일형 · 장도빈 · 안동원 · 노진설 · 백인제는 본 일이 없다. 그리고 후 이러한 책동은 하등의 성과도 없을 것 이다."

(「정계 혼란을 초래할 뿐, '독협' 간원(懇願)을 서 박사 거절」, 『동아일보』 1948년 6월 20일)

인용된 백영엽의 발언 중 "최 모"란 최능진을 가리킨 것이다. 경무부 수사국장으로 있다가 1947년 12월 조병옥-장택상과 충돌하고 파면당한 최능진은 5·10선거에서 이승만의 지역구에 도전하다가 등록을 취소당했다. 그는 김구 노선 추종자로 알려졌고 여순사건에도 연루될 사람이다. 미군정 지도자들과도 상당한 교분을 갖고 있어서 이승만에 대한 하지의 적개심과 결탁해 이승만의 권력 장악을 저지하려고 온갖 방법을 찾은 것으로 보인다. 조병옥-장택상에게 대항할 때는 투철한 민족주의자가 아닌가 생각되었는데, 미군정을 업고 계략을 꾸미는 모습에는 수단방법을 가리는 자세가 보이지 않는다.

서재필 추대운동은 큰 힘을 가진 것이 아니었고 서재필 자신도 시종일관 추대 거부 의사를 분명히 했다. 그런데도 독촉에서 이에 대한 반대운동을 결의하고 나서는 것을 보면 이승만에 대한 '충성 경쟁'이 이미 시작된 것을 알 수 있다(「서 박사 추대운동에 대항, 독촉 산하 전적 반대운동」, 『동아일보』 1948년 6월 27일). 서재필은 7월 4일 '피 졔이손'의 이름으로 성명을 발표, "나는 미국 시민이며 미국 시민으로 머무를 작정"이라고 선언했다(「서 박사 추대 거부 성명」, 『경향신문』 1948년 7월 6일).

7월 20일 오전의 대통령선거에서 이승만은 180표를 얻어 바로 당선이 확정되었다. 그 밖에 김구 13표, 안재홍 2표, 서재필 1표가 나왔는데, 서재필은 미국인이므로 무효로 해야 한다는 주장이 나와 표결로 무효처리했다. 오후의 부통령선거에서는 이시영이 1차투표에서 최다

득표를 했으나 3분지 2 지지에 미달하여 2차투표에서 133표로 당선되었다. 김구에게 1차투표에서 65표, 2차투표에서 62표가 나온 것은 무소속구락부의 투표로 보인다.

한민당과 독촉계열은 부통령선거까지 보조를 맞췄다. 그런데 문제는 이제부터다. 대통령으로서 이승만이 첫 번째로 할 일인 국무총리 임명을 둘러싸고 한민당은 이승만과 정면으로 부딪치게 된다. 이익으로 뭉친 사이는 이익을 함께하는 동안 꿀처럼 달콤하다. 그러나 이익은 언젠가 갈라지게 되어 있다.

1948. 7. 26.

국무총리 임명권으로 주도권을 쥔 이승만

헌법 제정 과정에서 이승만이 가장 집착했고, 결국 관철시킨 것이 대통령중심제였다. 기초위원회 참석 자격이 없는 의장으로서 초안이 완결될 단계에 회의에 '임석', 내각책임제로 준비되어 있던 내용을 바꾸도록 압력을 행사했다. 다 만들어놓은 초안에서 한 대목만 바꿔놓으니 다른 조항과 모순을 일으키지 않을 수 없었다. 때문에 초안 작성의 중심 역할을 맡았던 유진오가 6월 30일 국회 본회의에 출석해서 필요한 추가 수정에 대한 의견을 진술하지 않을 수 없었다.

> "국가비상사태를 수습하기 위한 대통령의 긴급명령권은 그르치면 독재적인 경향으로 흐를 염려도 없지 않으니 추상적인 조문보다 구체적으로 명기하는 것이 좋을 것 같다. 즉 비상사태는 내란, 외환, 천재, 경제상 중대한 위기 등을 말함이라고 예거하면 될 것이다.
> 다음 대통령중심제가 독재적으로 될 우려가 있지 아니하냐는 것이다. 국회와 대통령 간의 알력을 조정하기 위하여 제 68조의 대통령이 국무총리 및 국무위원을 임면한다는 것을 국무총리의 임면은 국회의 동의가 있어야 하며 국무위원은 대통령과 국무총리의 동의로써 임면한다고 수정하면 좋을 것이다. 국무위원의 임면을 국회가 간섭하게 되면 정부조직에 있어 통일을 가져오기 곤란하기 때문이다."

(「유 위원 중대발언」, 『동아일보』 1948년 7월 2일)

이 의견이 채택되어 완성된 헌법에는 대통령의 국무총리 임면에 국회의 동의가 필요하게 되었다. 기초위원회에서부터 이승만의 대통령 중심제 주장이 쉽게 통하지 않은 것은 한민당의 반대 때문이었다. 좌익을 탄압하고 중간파를 배제하면서 반동세력의 정권을 만드는 데까지는 이승만과 한민당의 이해관계가 일치했다. 그러나 만들어놓은 정권을 운용하는 데서는 양측의 이해관계가 충돌하기 시작했다.

한민당은 경쟁력 있는 대통령후보를 내놓을 수 없었다. 민족주의를 외면하거나 거스르는 본색이 드러나 있었기 때문이다. 그래서 허울로라도 독립운동에 평생을 바쳐온 이승만을 대통령으로 밀지 않을 수 없었다. 그러나 실권은 대통령에게 바치지 않고 국회를 통해 자기네가 지키고 싶었다. 의회 운용에서는 막강한 자금력을 가진 자기네가 유리했기 때문이다.

이승만은 대통령중심제를 관철하기 위해 극한적인 수단까지 써야 했다. 한민당이 어쩔 수 없이 물러나면서 끝까지 지킨 마지노선의 핵심이 국회의 총리 임면동의권이었다. 연로한 대통령의 권력 행사에 큰 제약을 가할 수 있으리라고 생각한 것이었다.

7월 들어 이시영의 부통령 추대설이 나오자 국무총리 자리가 더욱 부각되었다. 명망과 평판으로 보아 이시영의 부통령 당선은 어찌할 수 없는 일인데, 정치세력을 갖지 않은 팔십 노인이 권력의 무대에서 맡을 역할은 클 수 없었다. 그렇다면 국무총리가 정권 운용에서 중요한 변수가 되지 않을 수 없는 일이었다.

헌법 공포를 목전에 둔 7월 16일 기자회견에서 질문이 국무총리 임명에 집중된 것은 새 대통령이 첫 번째로 할 중요한 일이 그것이었기 때문이다.

정부 수립을 목첩에 둔 국내 정국은 국무총리와 및 기타 각료자리 문제를 싸고 활발한 공작이 전개되고 있는데 16일 오후 1시 국회의장실로 의장 이승만 박사를 방문한 기자에게 이 박사는 격무 중에도 시간을 내어 당면 정국 문제에 대한 기자의 질문에 다음과 같은 1문1답을 하였다.

문: 최근 국무총리에 김성수 · 조소앙 · 신익희 등 3씨의 설이 있는데?

답: 이는 나 개인의 생각인데 우리는 아직도 할 일이 많은데 총리 같은 것이 선결문제가 아니다. 총리 문제로 말하면 3천만이 다 되었으면 좋을 것이다. 그러나 먼저 사심을 버리고 우국심을 발휘해야 할 것이다.

문: 이 박사의 '의중'의 총리는?

답: 지금 나로서는 대답할 수 없다.

문: 15일부 중국지의 조선 문제에 관한 평에 의하면 김구 씨 영도하의 단체를 신정부에 포섭하였으면 하는 의견이던데.

답: 그것은 그럴 수 있다. 미국은 미국의 입장에서, 중국은 중국의 입장에서, 또 소련은 소련의 입장에서 그러한 의견을 말할 수 있을 것이다. 그러나 그것은 하나의 의견일 뿐이지, 꼭 그렇게 돼야 한다는 것은 아니겠지.

문: 8월 25일의 북조선 선거에 대한 감상은?

답: 공산주의자들의 선거이다. 그것은 소련에서나 북조선에서나 똑같은 방법으로 하는 것이다.

(「총리 문제는 불급(不急)-이승만 의장 기자회견 담」, 『경향신문』 1948년 7월 17일)

아직 대통령이 되지 않은 단계에서 지금 대답할 수 없다는 것은 이해가 가지만, "총리 같은 것이 선결 문제가 아니"라는 것은 이상한 소리다. 정부조직에 임해 총리 임명이 선결 문제가 아니라면 무엇이 선결 문제란 말인가? 이제부터 진행을 보면 알겠지만, 이승만은 총리 임명을 자기 권력 확대의 계기로 삼으려 하고 있었다. 총리 임명보다 '국회 길들이기'를 선결 문제로 보는 그의 속마음이 이 대답에 드러난 것일까?

이 무렵 국회에는 한민당, 독촉, 무소속구락부 3개 세력의 분립이 뚜렷해져 있었다. 총리 자리를 놓고 한민당은 김성수, 독촉은 신익희, 그리고 무소속은 조소앙을 미는 형세로 나타났다. 그런데 이 무렵 장개석이 사절과 편지를 보내 이승만과 김구의 합작을 권한다는 소식이 전해져, 김구가 국무총리로 정부에 참여할 가능성도 사람들의 입에 오르내리고 있었다.

위의 문답 중 이승만과 김구의 합작을 바란다는 중국 측 의향에 대해 "중국은 중국의 입장에서, 또 소련은 소련의 입장에서" 의견을 말할 수 있는 것이라며 일축하는 '자주적' 태도가 참 인상적이다. 지난해 4월 미국에서 돌아오는 길에는 일부러 중국에 들러 장개석과의 관계를 돈독히 하려 애쓰던 이승만이…… 참 많이 컸다.

이승만의 대통령 취임이 확실시되는 상황에서 과연 그가 누구를 국무총리로 임명할지, 관측기사가 나왔다.

> 헌법 발포와 더불어 정부 수립을 목전에 둔 국내 정정은 더욱 긴장의 빛을 보이고 있으며 불일내로 실시될 대통령선거에 따르는 초대 국무원의 조직은 앞으로 조선의 운명과 관련하여 일반의 지대한 관심사가 되어 있다. 즉 국회에서 선출되는 대통령은 이승만이 당선될 것

이 확정적이라고 하나 대통령이 임명할 국무총리 또는 국무위원은 과연 누가 될 것인지 내외의 시청은 여기에 집중되고 있는데 각 방면의 정보를 종합해 보면 총리의 결정은 현재 국회 내 3세력을 구성하고 있는 한민, 독촉, 무소속관계를 대표한 인물들이 물망에 오르고 있는데 이러한 관찰은 현 정세에서 귀결되는 상식적인 것으로 볼 수 있다.

그러나 한편 의외의 결과가 나올는지도 모른다고 보는 편도 없지 않다. 즉 과반 남북협상을 주장하고 총선거에 의한 독립정부 수립을 반대한 김구 씨 등은 최근에 이르러 정부 수립을 중심으로 미묘한 동향을 보이고 있다. 권위 측에서 전하는 바에 의하면 최근 장개석 씨는 김구 씨에게 사적 사절을 보내어 금번 탄생되는 정부에의 참가를 극력 종용하고 있다고 하며 한편 이 박사는 모 측근자에 대하여 양김 씨와의 합작은 양김 씨가 과거의 노선을 청산하고 독립노선에 매진할 것을 성명해야만 될 것이라고 언명하였다고도 전해지고 있어 앞으로의 귀추가 자못 주목되는 바 70평생을 조국광복의 독립투쟁에 바쳐온 이승만 박사의 투쟁의 결정도 머지않아 탄생될 국무원의 구성원 선출에 달려 있는 만큼 요즈음 전 민족은 모든 혼선을 정리 극복하고 민족정기에 입각한 순화된 강력내각이 구성될 것을 갈망하고 있다.

(「정계 동향 아연 활발, 임정 협상파 입각설 대두」, 『동아일보』 1948년 7월 17일)

그런데 이승만은 대통령 당선과 취임 중간인 7월 22일, 국무총리 인선에 대한 기자의 질문에 묘한 대답을 했다.

국무총리는 아직 지정한 사람은 없으나 발표될 때에는 다 놀랄 것이다. 각 정당 사회단체가 다 소망대로 되기를 기대하는 중에도 이번에 여러 가지로 발표되고 낭설이 유행되었으나 나의 생각에는 이와 같이 되지 않을 것으로 모든 사람이 다 놀랄 것으로 본다. 내가 또 믿는 것은 모든 정당과 국체가 자기 사람을 추천하는 것은 자기들의 믿는 사람이 정당한 자리에 앉아야 나라일이 잘될 줄 알고 기대하는 것뿐이니 어쨌든지 자기들의 의외의 사람이 나서 일을 잘 될 줄 믿게 되는 때에는 일심으로 복종할 줄 안다."

(「8 · 15 전에 정권 이양, 총리 발표하면 놀랠 사람, 신정부 조각 등-대통령과 기자 문답」, 『서울신문』 1948년 7월 23일)

이승만의 정치 감각은 정말 탁월하다. 관심이 집중된 문제를 손에 쥔 입장에서 며칠 전에는 "선결 문제가 아니"라며 대답을 아끼더니 이제 "모든 사람이 다 놀랄 것"이라며 약을 올리고 있다. 모든 이목이 그에게 집중될 수밖에. 7월 24일자 『동아일보』 「총리 문제에 정-부통령 합의, 의외 인물은 누구?」 기사의 한 대목을 옮겨놓는다.

지난 22일 이승만 대통령은 기자단과의 문답에서 국무총리는 의외의 인물이 등장할 것이라고 언명하였는데 이는 조각을 목전에 두고 국내외에 다대한 센세이션을 일으키고 있다. 즉 이 발표는 현재 항간에 구구한 억측을 빚어내고 있으며 이로 말미암아 국회 내 각파 세력은 당황하여 미묘한 동향을 보이고 있는데 여하간 동 담화에 대해서는 이를 하나의 복선으로 취급하고 총리는 역시 의외의 인물이 아니요, 국회 내 세력을 대표하고 현재 물망에 오르고 있는 인사 중에서 임명되리라고 보며 따라서 현재 국회 내의 3대 세력인 한민-독촉-무소속 중 한민계를 대표한 인물로서 김성수 씨, 독촉 무소속계를 대표한 조

> 소앙 씨가 유력하다고 보는 편도 있으나 (…) 앞으로 임명될 의외의 인사가 어떤 인물일는지는 모르나 적어도 그것이 건국 벽두의 초대 내각을 담당할 만한 거물의 등장이 아닌 이상에는 국회에서는 이를 헌정의 상도에 배치된 것이라 하여 인준을 거부할 것으로 각파 간에 보조가 일치되고 있다고 한다.

이시영이 부통령이 된 것처럼, 확고한 명망을 가진 인물이 나선다면 국회에서 어느 파도 저항하지 못할 것이었다. 그러나 그런 슈퍼거물이 아니라면 3개 파 중 둘을 만족시킬 만한 인물이라야 국회 승인을 바라볼 수 있는 상황이었다. 2개 파를 만족시킬 수 있는 인물은 조소앙이었다. 독촉계에서 신익희를 민다고 하지만, 국회 제1부의장 신익희는 이승만을 이어 의장 자리를 맡을 위치에 있었다. 이승만이 조소앙을 임명한다면 독촉계도 이에 반대하지 않을 전망이었다. 7월 23일자 『동아일보』의 아래 기사에는 이런 전망에 대한 한민당 측의 우려가 반영된 것으로 보인다.

> 국회 무소속구락부에서는 22일 국무총리에 조소앙 씨를 임명할 것을 국회의원 백여 명의 서명을 받아 이 대통령에게 제출하였다 한다. 그런데 정계 옵서버 측에서는 무소속 측의 이러한 공작은 앞으로 수립될 안정성을 가진 정부를 방해하려는 획책이 아닌가 보고 있다.
> 즉 이 대통령은 20일 기자단 초회견에서 김구 씨와의 합작 불가능한 이유로 정부에 있어서 의사가 맞지 않는 사람이 있으면 정부가 흔들려서 안정성을 잃어버린다는 것을 지적한 바와 같다면 조소앙 씨 역시 동일한 규범에 속한다 하지 않을 수 없다.
> 즉 조소앙 씨는 한독당 부위원장 당시에 한민, 독촉 등 주류 민족진

> 영 대부분을 제외한 소위 13정당협의회를 조직하여 좌우합작 재판(再版)을 기도하였으며 또한 남북협상에 있어서는 양 김 씨와 함께 주동이 되어 총선거를 반대하였을 뿐만 아니라 금일에 있어서도 자기의 과오를 청산하여 민족진영 주류에 환원하는 하등의 의사표시가 없다.
>
> 그런데 부통령에 있어서도 합작 불가능을 지적한 이 대통령으로서 이제 대통령을 보필하여 각부 장관을 통솔할 국무총리를 이와 같은 남북협상파로 임명하여 달라고 하는 것은 북조선 총선거 등을 비추어볼 때 이것은 완전히 앞으로 수립될 정부 구상을 혼탁케 하려는 공작이라고 간파하지 않을 수 없다. 그런데 무소속 측의 이러한 공작은 주로 한독당 계열 의원이 주동적인 역할을 하고 있다 한다.
>
> (「협상파 추대는 신정부에 혼탁 가할 뿐」, 『동아일보』 1948년 7월 23일)

참 심하다. 행여 이승만이 잊어버렸을까봐 조소앙의 이력까지 들춰내주고 있다. 김성수가 총리 자리에 앉아 국회의 한민당 세력과 손잡고 한민당의 지분을 지켜주기 바라는 간절한 염원이 녹아든 정도가 아니라 철철 넘치는 기사다.

국무총리 임명 동의안은 7월 27일 국회에 제출될 참이었다. 그런데 이승만은 그 이틀 전까지도 기자들의 궁금증을 풀어주려 하지 않았다. 즐기고 있는 기색이 완연했다.

> 국무총리 인선에 대하여 하등의 발표가 없어 세간에는 억측이 구구한데 조각 제5일째인 25일에 기자단은 하오 7시 이 문제에 관하여 이 대통령과 다음과 같은 문답을 하였다.
>
> 문: 국무총리 인선은 완료되었다고 하는데 여하?

답: 국무총리가 누가 될지는 아무도 모를 것이다. 오는 화요일 국회에서 알게 될 것이다. 모든 풍설이 어떠한 의도에서 나온 것인지 모르나 공연히 인심을 현혹케 할 뿐이니 이러한 낭설은 중지해주었으면 좋겠다.

문: 대통령은 누차 의외의 인물을 국무총리로 임명하리라고 언명하였는데 지금까지 물망에 오르는 인물이 선정되었다고 보아도 좋은가?

답: 내가 일전에 발표할 때에 모든 사람이 놀래리라고 한 말이 유행하는 말은 낭설이니만치 주의하라는 의미로 한 말이요, 세상에 특출한 사람을 선정한다는 말이 아니다.

문: 국무총리 임명과 동시에 국회에 승인을 요청한다면 국회의원들이 이에 대하여 심사숙고할 시간적 여유가 없다고 생각하는데 이 점은 여하히 생각하는가?

답: 그것에 대하여는 국회에 제출하면 국회에서 참고할 일이 있으면 시간을 만들 것이니 이것은 국회에 달린 일이다.

문: 국회에서 인준 안 한다면 다른 인물을 선출하겠는가?

답: 그것은 물론이다.

(「국회 인준 않으면 기외 인물 선정-이 대통령, 기자에 언명」, 『경향신문』 1948년 7월 27일)

그런데 이 문답이 있던 전날인 7월 24일 이승만과 김성수가 함께 참석한 만찬에서 오고간 이야기가 새어나오면서 김성수 임명설이 유력하게 떠올랐다. 이 설을 보도한 기사가 『동아일보』에도 실렸지만, 얼마나 유력한 설이었는지 확인하기 위해 『경향신문』 기사를 본다.

문제의 국무총리 인선은 재작 25일 오후에 인촌 김성수 씨를 임명할 것을 정-부통령 간에는 합의를 보았다 한다. 즉 이시영 부통령은 동일 오후 2시30분부터 동 4시까지 장시간에 걸쳐 이승만 대통령과 이화장에서 회담하고 현하 시국을 수습하고 국제관계를 보아 역시 김성수 씨를 지명하기로 되었다 한다. 그런데 총리에 김성수 씨를 지명하기까지에는 우여곡절이 많았는데 그 경위를 살펴보면 이승만 대통령은 취임한 후로도 조각 제3일이었던 지난 23일까지에는 "의외의 인물을" 등용하려고 하였으나 부통령과의 합의를 얻지 못하자 국회의원 간에 이 문제를 둘러싸고 미묘한 대립을 보이게 되었다.

그리하여 이 대통령은 국제관계도 고려하여 단안을 내리지 못하고 있던 중 지난 24일 대통령 취임 당일 오후 6시 30분부터 수도호텔에서 UN조위 측으로는 필리핀대표 루나 박사를 비롯하여 각국대표와 미군정 당국 측으로는 하지 사령관, 제이코프 씨, 노블 박사가 참석하고 그 위에 이 대통령 및 동 부인과 김성수 씨 및 동 부인이 출석하여 만찬회를 열고 간담을 한 후 동 10시 20분에 폐회하였는데, 동 석상에서 화제가 총리 문제에 언급되자 외국인 측에서 총리 김성수 씨에 대하여 축배가 있자 이승만 대통령은 "김성수 씨로 말하면 비록 한민당에 당적을 가지고 있으나 국사를 위하여는 초당파적 인물이니 김 씨는 총리 이상의 중요한 포지션에 있어야 할 분이다."라고 대화한 데 대하여 외국인 측에서는 "총리보다 더 중요한 포지션이 어디 있겠는가." 하는 반문이 있었다고 한다. 그리고 김성수 씨는 모종의 요담을 하고 오후 12시 30분에 귀가하였다.

그러므로 동 석상에서 이 회합을 계기로 총리 인선에 대한 이 대통령의 의중의 인물이 결정되었는데 상기한 바와 같이 25일 이 부통령은 김성수 씨를 추천하고 동 4시부터 하지 중장 고문 제이코프 씨가 모종의 의사를 이 박사에게 전달하였고 26일에는 오전 4시경 류위완

총영사가 이화장으로 이 대통령을 방문하고 중국의 입장을 천명하였다 한다. 이상 경위에 대하여 25일 오후 7시30분 무교동 부통령 저택을 방문한 기자에게 측근자가 자기의 성명을 발표하지 않을 것을 조건으로 하여 이를 증언하였다. 이로써 김성수 씨에게 총리 지명이 갈 것은 확실무의케 되었다.

(「총리는 비(非) 의외 인물, 돌연 김성수 씨 설 유력」, 『경향신문』 1948년 7월 27일)

조간신문에서 이런 기사를 보고 국회에 등청한 의원들, 이승만이 밝힌 지명자를 보고 얼마나 놀랐을까? 한마디 붙여둘 것은, 이 시점에서 국무총리라는 자리가 지금과는 비교가 안 되게 어마어마한 주요성을 갖고 있었다는 사실이다.

1948. 7. 29.

협력을 모르고 경쟁에만 매몰된 지도자

윤창중 전 청와대 대변인의 성희롱 사건은 일단 당사자의 개인 문제다. 하지만 부수적 피해(collateral damage)가 너무 크다. 그 자신과 범행 피해자의 피해보다 국가사회의 피해가 더 크다. 그를 임명한 사람의 권위와 신뢰성에 입힌 상처가 무엇보다 큰 피해다. 박근혜 대통령이 임명한 누구에게든 뭔가 마뜩치 않은 느낌이 들 때마다 국민의 마음에는 "저놈도 윤아무개 식으로 임명된 거 아냐?" 하는 생각이 스쳐가지 않을 수 없게 되었다.

대한민국에서 대통령은 많은 인사권을 쥔 자리다. 인사권 행사 방식에는 여러 갈래가 있는데, 기본적으로는 폐쇄주의와 공개주의로 갈라진다. 양쪽 득실이 엇갈리고, 폐쇄주의는 능률 측면에서, 공개주의는 안전 측면에서 장점을 가진다고 볼 수 있다.

지나친 공개주의는 불필요한 논란이 일어날 틈을 만들어 인사권의 적정한 행사에 지장을 줄 염려가 있다. 적절한 인물인데도 말이 너무 많다 보면 별로 중요하지 않은 문제로 낙마할 수 있는 것이다.

그러나 지나친 폐쇄주의의 심각한 위험성에 비하면 공개주의의 폐단은 가벼운 것이다. 윤창중 사건의 피해가 큰 것도 이 폐쇄주의 때문이다. 그의 기용이 공론에 합당한 것으로 사회에서 인식되고 있었다면 임명자의 책임과 그에 따른 피해가 그토록 크지 않았을 것이다. 그런데 그 기용이 너무나 자의적인 것이었기 때문에 책임과 피해가 큰 것이다.

폐쇄주의의 유혹은 권력의 극대화에 있다. 여론에 구애받지 않음으로써 인사권자의 의지를 최대한 관철한다는 것이다. "소경 제 닭 잡아먹기"와 같은 환상이다. 당장은 권력자 마음대로 하기에 편할지 모르지만, 신뢰의 상실이라는 보이지 않는 손실이 더 크기 마련이다. 더구나 개인의 신뢰 상실보다 시스템의 신뢰 상실이라는 문제를 생각하면, 이런 유혹에 약한 권력자는 공인의 자격을 의심받게 된다.

지금까지 살펴본 이승만의 권력에 대한 집착을 놓고 본다면, 그가 인사권을 쥐게 되었을 때 폐쇄주의로 빠지게 될 것은 당연한 일이다. 인사권의 첫 행사인 국무총리 임명에서부터 드러나는 사실이다.

이승만의 대통령 취임 당시 사람들은 대통령의 권력이 국회를 압도하게 될 것을 예상하지 못하고 있었다. 헌법을 대통령중심제로 갑자기 바꾸기는 했지만, '제왕적 대통령' 관념은 아직 떠오르지 않고 있었다. 그래서 대통령의 총리 지명도 국회 세력분포에 따를 것으로 기대했고, 한민-독촉-무소속을 대표하는 김성수-신익희-조소앙이 물망에 올랐던 것이다. 7월 23일자 『경향신문』의 「난중난(難中難), 총리 적재(適材), 김성수-조소앙-신익희 씨 등 외 이윤영 씨 아연 물망에」 기사에는 "국민 일반 일치된 관점"이라 하여 두 가지 전망을 내세웠다.

> * 한민당 인물이 나오면 어떤 의미로 보면 강력한 내각이라고 볼 수 있으나 반 한민계 측의 반정부운동이 대두되고 따라서 정부는 불안한 가운데 있게 된다.

* 한독당계 인물이 등장하게 되면 국내 여론은 수습하게 되나 정부 운영상 세력 대립으로 일대 지장이 있을 것임은 명약관화하다.

국회의장 자리를 확보해놓은 신익희를 제외하고 김성수와 조소앙을 놓고 저울질한 것이다. 한민당이 이승만과 협력해온 자취를 보면 김성수가 나설 경우 정부의 결속력이 강하겠지만 반대 여론이 거셀 것, 반대로 조소앙이 국무총리가 될 경우 여론은 만족시킬 수 있겠지만 이승만과 보조 맞추기 힘들 것을 내다보고 있다.

그런데 이 기사에서 제4의 인물로 이윤영을 지목했다. 이승만이 그를 "지명할 기색이 농후"하다고 했다. 부통령선거 때 이승만이 조민당 당수 조만식을 거론했었는데 그가 이북에 있어서 안 됐으니, 대신 이남에 와 있는 부당수 이윤영을 국무총리로 기용하리라는 뜻이다. 그러나 그의 임명이 국회에서 통과될 전망에 회의를 표했고, 이윤영 이야기는 7월 27일까지 다시 나오지 않았다.

감리교 목사인 이윤영은 신탁통치 문제가 터져나온 직후인 1946년 2월 월남해서 조민당을 군정청에 등록하고 계속 부당수로 활동했다. 이남에 세력근거가 없는 만큼 독자적인 힘을 가질 수 없었고, 독촉 부위원장 등의 위치에서 분단건국 추진세력이 원하는 방향으로 이북 주민을 대표하는 역할을 맡아왔다. 5·10선거에서는 김성수가 출마를 양보하고 지원해준 덕분에 종로갑구에서 당선되었다. 이북 우익을 대표한다는 간판 덕분에 대접을 받아왔을 뿐, 국정을 이끌 경륜이나 정치력은 기대할 수 없는 인물이었다.

7월 27일 오전 제35차 국회 본회의에 출석한 이승만은 이윤영을 국무총리로 임명했음을 밝히면서 대한민국정부공고 제1호를 공개했다.

> "헌법 제 69조에 의하여 이윤영을 국무총리로 대한민국 30년 7월 27일에 임명하였음을 공고함." 대한민국 30년 7월 27일 대통령 이승만

이 정부공고 제1호는 며칠간의 국무총리서리를 임명하는 효과에 그치고 말았다. 이윤영 임명 발표 직후의 국회 상황이 7월 28일자 『경향신문』 「총리 재지명은 누구에? 승인 부결까지의 35차 국회 경과」 기사에 이렇게 그려져 있다.

> 이때 의장(議場)은 폭풍전야와도 같이 공기 험악하여졌으며 각 의원들은 숨소리조차 죽이고 의아한 낯으로 서로 얼굴들만 쳐다보고 있었는데 돌연 정준 의원이 발언을 청하여 "너무나 돌연히 듣는 일이라 결정을 짓기 곤란하니 이로써 오전 회의를 일단 휴회하고 신중한 심사를 한 다음 오후 회의에서 이를 결정하자."는 동의가 있자 뒤를 이어 이원홍 의원이 "즉석에서 표결로 결정하자."는 개의를 하였다. 그리하여 이 동의와 개의를 표결한 결과 즉석에서 무기명투표로 표결할 것을 가결하고 11시 30분부터 무기명투표를 시작하여 12시 5분 투표를 완료하고 개표한 결과 이윤영 씨 총리 인준은 부결되고 말았다.

인준 여부를 토론 없이 즉각 표결하자는 이원홍의 제안은 재석 194인 중 찬성 133표, 반대 26표였고, 인준 표결은 재석 193인 중 찬성 59표, 반대 132표였다. 이원홍의 즉각 표결 제안은 "말도 안 되는 후보니까 토론해도 입만 아프다."는 뜻을 품은 것이었다. 이 제안에 찬성하고 인준에 반대한 132~133표는 대략 한민당과 무소속의 범위로 보인다. 이승만을 추종하는 독촉은 고립되었을 뿐 아니라 전술도 전혀 준비되어 있지 않았다.

이승만은 이윤영 임명에 관해 독촉계 의원들과도 의논하지 않았던 것이다. 이윤영의 하마평이 언론에 오르내리기는 했지만, 의원들은 설마설마 하고 있었다. 이승만은 이윤영 임명의 이유로 남북통일을 내세웠는데 노일환(盧鎰煥, 1914~1982) 의원은 발언권을 얻어 이렇게 반박했다.

> "이 대통령의 처사는 잘못된 줄 생각한다. 대통령은 남북통일의 정신에서 이 의원을 총리에 임명하였다고 하였는데 그렇다면 이 의원이 이북을 대표한다는 말인데 그것은 잘못된 생각이다. 그뿐만 아니라 동 임명은 민주주의 상도(常道)에 배치된 줄 아니 제 의원의 숙고를 촉구한다."
>
> (「이윤영 씨 총리 인준 요구 132표로 부결」, 『동아일보』 1948년 7월 28일)

5·10선거로 구성된 국회는 당시 정치계의 정당구조를 제대로 반영하지 못하고 있었다. 대정당 중 좌익의 남로당은 물론이고, 우익의 한독당과 중도우익의 민독당, 중도좌익의 근로인민당(이하 '근민당'으로 줄임)이 선거에 참여하지 않았기 때문에 정당세력 그대로 국회에 진입한 대정당은 한민당뿐이었고, 정당 형태를 취하지 않고 있던 독촉계가 또 하나의 큰 세력이었다. 그리고 한독당, 민독당 또는 근민당 노선에 공감하는 의원들이 무소속구락부를 형성하고 있었다. 3대 세력이 적어도 원내에서는 정당정치를 전개할 태세를 갖추고 있었다.

5·10선거를 치르고 정부를 수립하는 노선에 한민당과 독촉계가 협력해왔다. 정부 운용에서도 두 세력이 연합을 계속하는 것이 상식적으로 예상되는 진로였다. 한민당 역시 이 진로를 기대하고 정·부통령 선거에서 이승만의 구상을 지지하면서 국무총리 자리는 자기네에게

줄 것을 바랐던 것이다.

이승만이 택할 수 있는 또 하나의 진로는 무소속을 포섭해서 한민당을 고립시키는 것이었다. 앞에 인용한 7월 23일자 『경향신문』 기사의 전망처럼 여론을 만족시킬 수 있는 길이라는 것은 강력한 토지개혁과 친일파 척결을 기대할 수 있는 진로이기 때문이다. 허울로나마 민족주의를 표방해온 이승만 입장에서 선택이 가능한 길이었다.

조소앙의 존재가 이 가능성을 뒷받침해줬다. 조소앙은 당시 우익 정치이념의 표준으로 부각되던 삼균주의의 제창자였으며 한독당 제2인자로서 나름대로 일관성 있는 자기 길을 지켜온 인물이었다. 독촉계 중에서도 그에 대한 반감이 약했다. 현실적 힘을 가진 김성수와 폭넓은 명망을 가진 조소앙이 유력한 총리 후보가 된 것은 국회 내 독촉계-한민당 또는 독촉계-무소속의 연합 가능성을 배경으로 이뤄진 일이었다.

이승만은 이런 상식적 전망을 벗어나 인준 부결이 확실한 이윤영을 임명하고 인준을 위해 아무런 노력도 하지 않았다. 그의 목적은 인준 부결에 있었던 것이 분명하다. 자기 발등을 자기가 찍은 것이었을까? 왜 그런 짓을 했을까?

당시 사람들로서는 이해하기 힘든 일이었을 것이다. 나는 지금까지 "해방일기"에서 당시 사람들의 현실 인식을 복원하는 데 중점을 두어왔지만, 이런 일을 놓고는 그 후에 일어난 일을 참고해서 설명을 좀 보충해야겠다.

이승만은 '독재'를 원한 것이었다. 자기가 차지하는 대통령 자리를 견제할 만한 다른 자리가 없게 될 것을 그는 획책한 것으로 보인다.

행정부에서 대통령 다음으로 큰 권위를 가지는 자리로 부통령과 국무총리가 있었다. 이승만은 이시영이 초대 부통령을 맡도록 이끌었다.

명망은 높지만 정치적 세력을 갖지 않은 노인을 앉힌 것이다. 이시영이 참다 참다 못해 1951년 사임하자 어쩔 수 없이 김성수를 부통령으로 받아들여야 했다. 그 뒤에는 역시 노령인 함태영(咸台永, 1872~1964)을 앉혔고, 1956년에는 추종자 중에도 평판이 시원찮은 이기붕(李起鵬, 1896~1960)을 내세웠다가 민주당의 장면에게 부통령 자리를 빼앗기기까지 했다. 4·19의 도화선이 된 3·15부정선거 역시 주목적이 이기붕의 부통령 만들기에 있었다.

국무총리 자리는 임명권을 통해 권위를 죽여버렸다. 1954년 11월 사사오입(四捨五入) 개헌으로 없앨 때까지 다섯 사람이 국무총리 자리에 앉았다. '서리' 또는 '임시' 국무총리는 열 차례 임명되었다.(그중 네 차례가 이윤영이었다.) 이 시기 국무총리들의 능력과 인품을 도매금으로 평가한다는 것은 내가 감히 할 수 없는 짓이지만, 정부 수립 당시 국무총리의 역할에 대한 사회의 여망과 거리가 크다는 사실만은 분명하다. 이승만이 국무총리 선택에서 국정수행 능력보다 자기 권력에 대한 위험이 없는 인물 위주로 선택했다는 사실 또한 분명하다.(이범석, 장면, 장택상, 백두진, 변영태가 정식 국무총리를 지냈고, 이윤영, 신성모, 백낙준, 허정, 이갑성, 백한성이 서리 또는 임시 국무총리를 지냈다.)

대통령의 독재를 일컬어 '제왕적 대통령'이란 말을 흔히 쓰는데, 적절한 표현이 아니라고 나는 생각한다. 근대 이전 군주제 시대의 진짜 임금은 무책임한 독재자가 아니었고, 전근대시대의 군주제를 모두 비민주적 전제정치로 보는 근대인의 통념은 현실에서 벗어난 하나의 '신화'라고 생각하기 때문이다. 중국과 한국의 군주제는 공공성의 원리에 입각한 것이었고, 비록 상하관계가 있다 하더라도 윗사람이 아랫사람에게 책임을 갖는 상당 수준의 민주적 원리가 포함되어 있었던 것이다.

규모가 큰 사회는 소수 집단의 전횡을 억제하는 공공성의 원리를 가진다. 이 원리 없이는 내부 질서의 유지도 어렵고 다른 사회와의 경쟁에서도 불리하게 된다. 근대와 전근대의 구분 없이 국가란 공공성의 원리를 보장하는 제도다. 나는 『망국의 역사 조선을 읽다』(돌베개 2010)에서 조선 후기 권력의 과도한 사유화로 인한 공공성의 증발을 조선 망국의 근본적 원인으로 지목했다. 왕과 신하가 모두 '분수'를 잃고 권력에만 집착하던 풍조가 유교국가의 원리에서 벗어나 있었기 때문에 일본 침략에 관계없이 왕조 멸망의 조건이 되었다고 본 것이다.

일본 지배에서 해방되어 민족국가를 다시 세우기 위해서는 문자 그대로 '공화(共和)'의 원리가 필요했다. 국가사회에 대한 시대의 요구를 순조롭게 받아들이기 위해 여러 위치의 사람들이 각자 공헌할 수 있는 '협력'의 체제를 만들어야 했다. 그런데 이승만은 '경쟁'의 대상으로서 권력만을 생각하는 사람이었다. 행정부 안에서조차 국무총리가 자기 권위를 갖고 자기 몫의 공헌을 하도록 놓아두지 못하는 사람이었다. 이후 십여 년간 대한민국 역사가 어둡고 괴로운 길을 걷게 되는 데는 물론 많은 요인이 뒤얽혀 작용했지만, 이승만처럼 공공성 의식이 없는 인물이 큰 권력을 쥐고 있었다는 사실이 그중 중요한 이유의 하나였다.

안재홍
선생에게
묻는다

"홍명희의 '선택'을 어떻게 보십니까?"

김기협 | 며칠 전 선생님이 당한 '망신' 얘기부터 하고 싶네요. 너무 우스워서요. 7월 22일 이화장에 갔다가 대통령을 만나지 못하고 돌아오신 일 말씀입니다. 미리 연락이 없었기 때문에 면회가 안 되었다고 신문에는 나왔더군요.

안재홍 | 민망스러운 일이지만, 얘기 꺼내는 뜻을 알겠으니 솔직하게 대답하죠.

"미리 연락"을 한다면 내가 이 박사랑 직접 통화를 하겠습니까? 비서들 사이의 일이죠. 내가 이 박사를 찾아간다면 아무 연락 없이 불쑥 쳐들어가겠습니까? 당연히 "미리 연락"을 하죠. 연락을 했는지 안 했는지 무슨 증거가 있겠습니까? 설령 연락 사실이 그분에게 전해져 있지 않다 하더라도 만날 만한 사람이 찾아와 있다면 못 만날 이유가 없죠. "당신은 내가 만나고 싶은 사람이 아니야." 하는 뜻을 밝히신 겁니다.

그분은 면회 거절을 통해 내게 창피를 주려 한 건데, 나는 창피할 것 하나도 없습니다. 그저 나라 일이 걱정될 뿐이죠. 새 정부의 수반이 된 이제 사사로운 감정을 스스로 억누르며 여러 사람의 협력을 이끌어내야 할 그분이 오히려 득의양양해서 평소 감정을 저렇게 앞세운다면 많은 일에 지장이 클 겁니다.

김기협 신문기사에 나타난 당시 상황을 보면 일부러 망신주려는 뜻이 분명합니다. 10시부터 와 있던 한민당 의원 몇 사람이 10시 반에 나가고, 선생님과 이청천(李青天/池青天, 1888~1957) 씨가 와 있었는데 이 씨만 만나고 선생님 면회는 거절했더군요. 달포 전까지 과도정부 수반 자리를 지킨 선생님이 안 찾아온다면 청해서라도 만나야 할 이승만 씨가 찾아온 선생님의 면회를 거절했다는 이야기에 사람들이 혀를 찹니다.

이승만 씨의 선생님에 대한 평소 감정이 어떠한 것일지 세상 사람들이 모두 짐작하는 것이지만, 그와의 관계에 대한 선생님 생각도 한 차례 듣고 싶습니다. 협력관계와 적대관계를 두루 거친 그 관계에서 그 사람의 정치스타일을 알아볼 수 있으니까요.

안재홍 3년 전 그분 귀국 때 나는 그분 역할에 큰 기대를 걸고 성심껏 그분을 위해 일했습니다. 그분 지지 세력의 간판이 된 "독립촉성"이란 말도 내가 제안한 것이었지요. 그리고 그분을 중심으로 추진한 비상국민회의에도 내가 주비회장을 맡아 앞장섰습니다.

그런데 몇 달 후 비상국민회의 최고정무위원회, 즉 민주의원을 만들 때 나는 빠질 생각을 했습니다. 민족 독립운동을 위한 기구가 미군정 자문기관 노릇을 한다는 것이 떳떳치 못하다는 생각이었죠. 그런데 내가 빠지겠다는 것을 만류하려는 그분 말씀이 내 마음에 걸렸습니다. 최고정무위원 자리가 머지않아 세워질 새 정부의 '대신(大臣)' 자리로 이어질 것이라며 유혹하는 그분 태도를 보며 존경심을 잃었습니다.

다시 몇 달 후 '정읍 발언'을 보면서는 민족사회에 대한 그분의 공헌에 대한 기대보다 그분의 해악에 대한 걱정이 더 커졌습니다. 내가 역시 큰 기대를 걸었던 백범 선생께도 적지 않은 실망을 겪어왔습니다만, 백범 선생께는 "좀 더 해주셨으면" 하는 아쉬움의 마음이라면 이 박사에게는 "저렇게 좀 안 해주셨으면" 하는 두려움의 마음입니다.

그분이 나를 원수처럼 미워하게 된 것은 무엇보다 내 민정장관 역할 때문이죠. 자신에게 유리한 조치를 취해달라는 그분의 온갖 부탁을 내가 물리쳤을 뿐 아니라, 경찰 개혁, 인사 개혁에서 미소공위 추진까지 내 모든 정책이 자신에게 불리한 것이라고 그분은 생각했습니다. 좌우합작과 남북협상을 지지해온 중간파 노선도 물론 그분과 맞서는 것이었고요.

김기협 | 다들 '중간파'란 말을 쓰는데, 중도우익에서 중도좌익에 걸쳐 좌우합작과 남북협상을 지지하는 노선을 말하는 거죠. 그런데 가만 생각하면 '중간파'보다 '민족주의'가 더 적합한 표현일 것도 같습니다. 극우와 극좌가 아니라는 뜻에서 '중간파'라는 것인데, 계급에만 매달리는 극좌나 반공에만 매달리는 극우와 달리 민족의 입장을 중시하기 때문에 좌우합작과 남북협상을 하자는 것 아닙니까?

금년 들어 김구 선생이 남북협상을 지지하고 나오면서 '협상파'란 말이 쓰이게 되었는데, 협상파 안에서 극우파, 즉 한독당과 중간파 사이의 단층이 많이 의식되어왔습니다. 협상파를 단일 세력으로 보지 않고 두 세력의 일시적 연합으로 보는 거죠. 하지만 지금 결성되고 있는 통촉에 이르기까지 두 세력의 보조가 잘 맞춰져 오지 않았습니까? 그렇다면 이것을 두 세력의 연합이 아니라 하나의 '민족주의 세력'으로 통합하는 것이 민족통일의 목적을 추구하는 데 더 강력한 길이 될 수 있지 않을까요?

안재홍 | 좋은 말씀입니다. 단정 추진세력에서 '민족진영'의 이름을 참

칭하면서 반민족적 노선을 걸어온 것을 응징할 필요가 있습니다. 민족통일을 원하는 여러 세력이 조그만 차이를 접어놓고 '민족주의' 깃발 아래 뭉치면 그것이 가능하겠지요.

그런데 중간파의 한독당에 대한 의심을 해소시키기가 쉽지 않습니다. 극우의 특징인 패권주의 성향에 대한 의심이죠. 나 자신 국민당을 한독당에 합당시켰다가 결국 견디지 못하고 빠져나오는 과정에서 뼈저리게 느낀 문제입니다. 지금처럼 민족주의 세력이 위기에 빠져 있는 상황에서도 그 의심을 나 자신 거두지 못합니다. 남북협상이라는 당장의 목표 때문에 세력을 통합할 경우, 중간파가 한독당에게 이용당하다가 자기 입지마저 잃어버리게 될 것을 걱정하지 않을 수 없습니다.

김기협 | 선생님은 한독당에서 나온 후 홍명희 씨 등과 함께 민독당에 참여했습니다. 애초에 이끄시던 국민당과 성격이 비슷한 중도우익의 민족주의 정당이죠. 대표를 맡은 홍명희 씨도 선생님과 오랫동안 함께 일해온 분일 뿐 아니라 정치적 입장도 아주 가까운 분으로 보입니다. 불후의 명작 『임꺽정전』 탄생에도 연재 초기에 선생님이 조선일보 경영진에서 힘을 많이 쓰셨죠.

그런데 홍 씨가 4월에 평양회담에 갔다가 돌아오지 않고 있죠. 그곳에서의 행보로 보나, 가족을 모두 데려간 사실로 보나, 북쪽에 눌러앉기로 작정한 모양입니다.

민독당을 비롯한 민련의 기본 노선은 남조선만이 아니라 북조선의 단독정부 수립에도 반대하는 것입니다. 그런데 홍 씨가 북쪽에 눌러앉는다는 것은 북조선정부 수립에 참여하거나 최소한 방조하는 결과가 됩니다. 정치적 입장을 많이 공유하는 선생님께서는 그분의 선택을 이해할 수 있나요?

안재홍 | 이해가 가는 측면도 있고 가지 않는 측면도 있습니다. 북조선 지도자 중 김두봉 선생은 내가 무척 존경하는 분입니다. 투철한 민족주의자일 뿐 아니라 욕심이 없고 품성이 원만한 분이어서 지도자의 자격이 훌륭한 분입니다. 김일성 씨는 직접 알지 못하지만 김두봉 선생과 두터운 신뢰를 나누는 것을 보면 그 역시 민족주의자로 인정됩니다.

그들이 이끌어온 북조선인민위원회의 정책을 보면 물론 기본적으로 사회주의 노선이지만 민족주의 노선 또한 분명합니다. 민족진영을 자칭하는 반공주의자들은 공산주의가 민족을 팔아 소비에트를 섬기는 반민족주의라고 선전하는데, 과장된 선전입니다. 공산주의자가 계급을 중시하면서 민족을 경시하는 경향이 있기는 하지만, 일부 극좌 외에는 민족과 민족주의를 어느 정도는 존중하는 것이 보통입니다. 지금 이북 지도부는 극좌노선이 아니고 민족주의와 사회주의를 결합한 통일전선 노선으로 보입니다.

홍 선생이 한 개인으로서는 이북정권에 참여하는 것이 합리적인 길일 수 있습니다. 그런 점에서는 이해가 갑니다. 반민족적 파시스트 세력이 판치는 이남에서 뜻을 펼치기는커녕 생명의 위협까지 겪는 것보다 민족주의 이념 실현에 더 적합한 길일 수 있습니다. 이북의 통일전선 노선이 민족주의 이념에 더 충실하게 되도록 이끌어주는 것도 중요한 일입니다.

그러나 개인의 득실만으로 거취를 결정할 수는 없는 일이라고 나는 생각합니다. 홍 선생의 선택은 본질적으로 '투항'입니다. 자기 길을 버리고 남이 열어주는 길로 뛰어든 겁니다. 협상파 민족주의자들은 남북의 단독정부 수립을 막는 '최선'의 목표를 위해 어느 쪽에도 협력하지 않는 자세를 지키고 있습니다. 그런데 홍 선생은 이 최선의 목표를 포기하고 '차선'의 길을 고른 것입니다.

김기협 | 저는 홍명희 씨의 선택을 긍정하는 생각이 큽니다. 무엇보다, 여운형 씨의 불행을 생각할 때 그렇습니다. 좌우합작과 남북합작을 위해 불요불굴의 자세를 지키던 그분이 어느 날 테러의 마수에 목숨을 잃었는데, 1년이 지나도록 그 책임조차 밝혀지지 않고 있습니다. 지금 민족주의를 지키고 있는 분들 중에 누가 언제 그 뒤를 따르게 될지 알 수 없는 것이 남조선 상황입니다.

도처에서 대규모 검거가 꼬리를 물고 있습니다. 아무런 범죄 혐의 없이, 남로당 당원이라는 사실 자체가 내란음모죄라도 되는 것처럼 공권력의 처단을 받고 있습니다. 극우테러는 말할 것도 없고요. 미군정이 대한민국으로 바뀌면 이런 상황이 개선은커녕 더 악화될 것이 명약관화합니다. 한민당과 독촉에서는 벌써 중간파를 공산당 앞잡이로 몰아붙이고 있지 않습니까? 선생님 신변부터 누가 장담하겠습니까? 이승만 씨가 선생님 면회를 거부한 것도 선생님은 대한민국의 보호 대상이 아니라는 신호 아닐까요?

홍명희 씨가 남조선 상황을 체념한 것이 냉철한 판단으로 보입니다. 망나니 같은 테러 위협 아래 가족들까지 고통을 겪게 하기보다 조금이라도 뜻을 펼 수 있는 길을 찾아 자기 할 수 있는 일을 하는 것이 민족사회에 더 잘 공헌할 수 있는 길이라고 생각됩니다.

안재홍 | 분단건국을 가로막음으로써 당장 통일건국을 이룬다는 최선의 목표가 현실적으로 불가능한 것이 아닐까 하는 생각은 나도 합니다. 여운형 씨의 운명을 누가 언제 따라가게 될지 모른다는 사실도 인정합니다. 분단건국을 가로막을 수가 정녕 없다면, 오늘을 사

는 민족주의자에게는 민족과 민족주의가 최소한 무시당하고 거부당하지는 않는 북조선정권을 선택하는 것이 현명한 자세라고 할 수도 있겠습니다. 그런 의미에서 나도 홍 선생의 선택을 긍정합니다.

그러나 현명한 선택이 선비의 도리를 다하는 것일 수는 없습니다. 제(齊)나라 진항(陳恒)이 임금 간공(簡公)을 죽였을 때 공자께서 임금 애공(哀公) 앞에 나아가 진항을 정벌할 것을 청했죠. 임금이 들어주지 않자 물러나면서 말했다고 합니다. "내가 대부의 반열에 있으니 감히 아뢰지 않을 수 없었다." 들어주지 않을 것을 알면서도 아뢸 수 있는 데까지 아뢰는 것을 대부의 도리로 여긴 겁니다. 후세 선비들이 이것을 선비의 도리로 받아들였습니다.

홍 선생이 현명한 선택을 하더라도 나는 미련한 선택을 하렵니다. 공자의 뜻이 당장 이뤄지지는 않았지만, 그분은 도리를 다함으로써 후세에 가르침을 남겼습니다. 분단건국이 지금 내 노력에 관계없이 진행되더라도, 선비의 마음이 이것을 받아들이지 못했다는 기록은 남겨야 하겠습니다. 지금 이뤄지지 않는 일이 후일에라도 이뤄지기 위해서는 꼭 필요한 일이라고 믿습니다.

그렇다고 홍 선생의 선비로서 자세를 내가 탓하지는 않습니다. 그분은 순국한 분의 자제입니다. (홍명희의 아버지 홍범식이 금산군수로 있다가 경술국치 때 자결했다.) 홍 선생이 선친의 뒤를 그대로 따르게 할 수는 없습니다. 그분은 그분 입장에서 최선을 다하고 나는 내 입장에서 최선을 다할 따름입니다. 내가 내 길에서 겪는 괴로움을 그분도 동정할 것이고 그분이 그분 길에서 느끼는 상심을 나도 함께 슬퍼할 것입니다.

일지로 보는 1948년 7월

7월

- 1일 제22차 국회본회의, 국호 대한민국으로 결정
- 5일 수도경찰청 출입기자단, 영화 속의 기자 등장장면 삭제 요구
- 7일 서울시, 사설 강습소와 학원의 규제방침 천명
  서울시, 사이비종교 감독 철저 다짐
- 9일 중국인 불법입국과 밀무역에 대한 조치 필요
- 10일 의료품 도소매상과 의사회 대표 등이 약가의 인상 반대 진정
- 15일 서울시내 미용요금 일률화
- 17일 대한민국헌법과 정부조직법의 공포식 거행
- 18일 겨울 전력문제 해결 위한 배전망 정비 시행
- 20일 중공당과 북조선이 군사협정 체결한 것으로 보도
- 21일 여권옹호연맹, 축첩자 입각 반대 성명 발표
- 22일 노덕술 등 고문치사사건 혐의로 취조
  프란체스카, 이승만의 대통령 당선소감 등에 대해 기자회견
- 24일 필리핀, 대한민국 최초 정부승인
- 30일 조선방송협회, 라디오 청취료 인상 결정
  AP 시사평론가 화이트, 조선 문제 논평

4

독립 아닌 건국

1948년 8월 2 ~ 14일

1948년 대한민국 정부 수립을 기념하는 국군의 행진.

1948. 8. 2.

윤치영이 드러내는 대한민국 초대 내각의 본색

8월 2일 오전 국회 제37차 본회의에서 이범석의 국무총리 임명이 인준되었다. 재석 197인 중 찬성 110표, 반대 84표였다. 국회가 열리기 전에 이미 예상되고 있던 결과였다.

> 명 2일 국회에서는 신 총리 승인 문제를 토의하기 위하여 오전 10시부터 제37차 본회의를 개회하기로 되었다. 이날 대통령은 신 총리를 지명하여 국회에 제출하기로 되었는데 금번은 국회 내외의 공기로 미루어보아 대통령이 지명한 인물이 그대로 통과되리라고 관측하고 있다. 즉 지난 30일에 열렸던 제36차 국회본회의를 계기로 국회의원 간에는 당파관념과 자아고집을 포기하고 정부 수립을 촉진시키고자 초당파적 입장에서 "이번엔 대통령이 지명하는 인물이면 무조건 승인할 운동을 전개하고 당일 정오 국회 산업노동위원회 회의실에서 64명의 찬성자를 획득하고 동 석각에 이르러 국회 각도대표자는 백표 이상을 확보하기 위하여 동 운동을 추진시키고 있다." 한다.
> 한편 한민당에서도 자당의 확집을 버리고 총리 문제에 있어서는 각자의 행동자유를 묵인하였다 하는데 30일 오후에 이 의사를 이화장에 전달하였다 한다. 이로써 총리 즉결 운동은 착착 성과를 거두고

있는데 무소속 측에서도 기보한 바와 같이 조소앙 씨를 총리에 고집하지 않는 만큼 2일의 국회에서는 대통령이 누구나 지명하든지 무난히 통과되리라고 보고 있다. 이로써 정부 수립의 최대 난관이던 총리 문제는 이제 일단락을 짓게 되었다.

(「총리 문제 명일로 최후결정 단계, 무조건 승인할 기세, 의원 간 양보 태도 농후」, 『경향신문』 1948년 8월 1일)

해방 당시 임정에서 이범석의 직책은 광복군 3개 지대 중 제2지대장으로서 별로 두드러진 것이 아니었지만, '청산리대첩'의 후광을 가진 그는 사령관 이청천에 버금가는 위망을 갖고 있었다. 귀국 후 그가 벌인 족청 사업을 1948년 1월 18일 일기에 소개했다. 이청천이 이끌던 대청이 독자적 이념을 갖지 않은 행동조직에 불과한 데 비해 족청은 미군정의 지원 아래 상당한 독립성을 가진 하나의 세력으로 자라났다.

이범석의 국무총리 기용은 족청을 이승만의 친위세력으로 삼는다는 양해를 바탕으로 한 것으로 보인다. 이윤영을 먼저 지명한 것은 이범석의 길을 닦아주기 위한 술수로 해석된다. 김성수와 조소앙을 내세우는 한민당과 무소속구락부의 예봉을 꺾어놓고 나서 이범석을 내세웠을 때, 지나친 비협조의 혐의를 피하기 위해 조직적 반대가 없을 것이고, 각개 의원은 족청이란 독자세력을 가진 이범석을 반대하는 데 부담감을 느꼈을 것이다.

헌법에 국무총리의 임면에는 국회의 동의가 필요하고, 국무위원의 임면은 대통령과 국무총리의 동의로써 이뤄진다고 되어 있었다. 국무총리 임명이 인준을 받은 이제, 대통령은 국회의 간섭 없이 국무총리의 동의만으로 정부를 구성할 수 있게 되었다.

미국 전략정보국(OSS) 요원들과 함께 한 이범석(맨 앞줄 가운데). 그는 일본 항복 당시 OSS와 합작하여 국내 진공작전을 준비하고 있었다. 장준하와 김준엽 등이 이 작전에 대원으로 참가하고 있었다.

국무총리의 동의만 필요하지, 부통령의 동의는 필요 없었다. 8월 4일자 『경향신문』「대통령의 내상 임명에 부통령의 태도 자못 강경」 기사 중 "만약 이 대통령이 부통령의 의사를 무시하고 기어코 장 모 씨로 내무장관을 임명하게 될 때는 이 부통령은 사임이라도 할 강경한 태도로 나아갈 것으로 관측"된다는 말이 있다. 장택상의 내무장관 임명설이 떠돌고 있었고 이시영 부통령은 이에 반대 입장이었는데, 이 시점에서 사임도 고려할 정도라면 여간 강경한 것이 아니다. 본인에게 전혀 없는 뜻을 기자가 만들어낸 것 같지 않다.

1948년 6월 24일 일기에서 노덕술, 최운하 등 수도경찰청 간부들의 고문치사 및 사체유기 사건을 조병옥과 장택상 사이의 파워게임으로 설명한 바 있는데, 7월 하순에 터져나와 지금 한창 진진하게 진행되고 있는 일이다. 7월 25일자 『동아일보』에 「고문치사? 수도청의 관계관 구금」 기사가 나온 데 이어 7월 27일자 『경향신문』에 「드러난 수도청 고문치사 사건 전모, 장살(杖殺) 후 사체유기, 수사과장 등 어제 송청」 기사가 대문짝만 하게 나왔다. 기사 중 경무부 조병설 수사국장과 이만종 부국장의 기자회견 내용에 이런 대목이 있다.

> 문: 수도청 책임자는 이 사건을 아는가?
> 답: 알 것이다. 2월 3일 당시 경무부장이 직접 장 총감을 불러 고문 사실을 물었는데 그때 장 씨는 극력 부인하였다.
> 문: 사건 단서의 경위는?
> 답: 고문치사 했다는 노덕술의 진술로 취조에 착수했으나 장 청장의 부인으로 지금까지 내사해왔던 것이다.
> 문: 책임자의 책임규명은?
> 답: 당연히 인책 사직해야 될 것이다.

'책임자'란 장택상을 말하는 것이다. 노덕술이 "빨갱이 하나 죽여도 아무 문제없다."고 이 사건을 떠벌렸기 때문에 사건 발생 직후에 조병옥이 장택상에게 물어보았던 것이고, 장택상이 잡아떼니까 '내사'만 해온 것인데 조병옥이 장택상 공격의 무기로 들고 나온 것이다.

7월 26일 경무부 수사국의 담화 발표와 기자회견이 있자 즉각 시내 도처에 수사 담당자들을 비방하는 벽보가 나붙었다고 한다(「부패 경관 숙청」, 『동아일보』 1948년 7월 28일). 그리고 수도청 부청장 김태일(金泰日)은 이튿날 이렇게 말했다고 한다.

> "26일 경무부 수사국장 동 부국장의 담화는 남조선의 엄연한 국립경찰을 파괴하고 신정부 수립을 목전에 두고 혼란을 일으킬 악질적 모략분자의 소행이라고 보는 동시에 동 담화는 전적으로 허위 날조임을 언명한다.
>
> (「고문치사는 무근」, 『동아일보』 1948년 7월 28일)

수도경찰청 간부가 상급기관 핵심 부서를 "악질적 모략분자"로 몰아붙이다니, 가관이다. 김태일은 7월 25일에 취조 중인 노덕술을 신원을 책임질 테니 잠깐 보내달라고 했고, 노덕술은 그 길로 도주, 잠적했다. 장택상이 정말 꼼짝 못하게 됐다. 핵심 피의자부터 빼돌려놓은 다음 처리 방법을 협상하려 했을 텐데, 진술과 증거를 다 확보해놓고 노덕술이 도망하자마자 터뜨려버렸으니……. 장택상이 범인들을 비호해온 사실이 그대로 들통 나버렸다.

미군정하의 남조선은 경찰국가가 되어 있었다. 이남의 경찰 인원은 해방 당시의 세 배로 늘어나 있었다. 이승만은 일찍부터 경찰을 적극적으로 이용할 생각을 갖고 경찰 간부들과의 스킨십 확보에 공을 들여왔다. 이제 권력을 쥔 그에게 경찰은 권력을 휘두르는 데 가장 중요한 무기가 될 참이었다. 경찰을 장악하는 자는 형식적 위계에 관계없이 이승만 권력체제의 제2인자가 될 수 있었다.

7월 31일자 『동아일보』에 「이 부통령과 부수사국장 요담」이란 짤막한 기사가 실렸다. 이만종 부국장이 "이시영 부통령의 수차 요청에 의하여" 7월 30일 정오부터 한 시간 동안 만났다는 이야기다. 이시영이 왜 만나자고 했는지, 만나서는 어떤 얘기를 나눴는지, 가히 짐작이 간다. 경찰을 포괄한 내무부장관 자리에 장택상이 앉는 것을 이시영이 극력 반대한 이유도 충분히 짐작이 간다.

김태일 수도청 부청장은 노덕술을 풀어준 일 등을 이유로 7월 28일 경무부에서 정직처분을 받고 그 이튿날 경무부 사문위원회에 회부되었다(「수도청 부청장 정직처분, 금일 사문위원회 회부」, 『동아일보』 1948년 7월 29일). 그런데 그날 이승만은 김태일을 불러서 만났다(「김성수 씨 등 대통령 요담」, 『동아일보』 1949년 7월 30일). 이승만의 마음이 어디에 있는지 족히 알아볼 수 있다.

결국 장택상은 외무부장관에 임명되고 내무부장관은 윤치영(尹致

暎, 1898~1996)에게 맡겨졌다. 이승만의 심복 윤치영은 8월 2일 한민당에서 탈당했다. 당시 한민당 의원이던 노일환의 국회 발언을 문제 삼아 한민당의 당리당략적 편견을 비판한다는 이유였다(『서울신문』 1948년 8월 3일). 경찰 경력의 장택상이 외무부로, 자칭 외교전문가 윤치영이 내무부로 가게 된 상황을 『경향신문』 논객 우승규(禹昇圭, 1903~1985)는 이렇게 꼬집었다.

> 내무에 조병옥이냐? 장택상이냐? 몇 날 동안을 두고 항간에서는 멋대로들 떠들어오다가 막상 조각 뚜껑을 여는 마당에 조·장 양씨가 모두 미끄러진 것을 보고 우리는 놀랐다. 더구나 기상천외로 윤치영 씨가 임명되었다는 호방(呼榜)을 듣고 나선 두 번 놀랐다.
> 대체 이 대통령은 무엇을 보고, 또 누구의 천거로 초대 조각에 있어 이런 조각을 하는 것이냐? …… 하고 사회 각계는 물론 심지어 병문(屛門)-행랑(行廊)-주방(廚房)에서까지 기이경동(奇異驚動)의 희희(唏唏)하는 소리가 들려 나왔다. 윤 내무는 언필칭 국제외교법을 연구했다고 말한다. 더구나 지난번 총선거 때엔 입후보 선전삐라에 이것을 유일한 자가(自家)의 보도(寶刀)인 양 내세웠다. 그리하여 씨는 세간에 외교가로서 제1인자인상 싶은 인상을 주었다. (…)
>
> (「초대 이범석 내각의 해부, 각료들의 인물로 본 전도(前途)의 전망」, 『경향신문』 1948년 8월 8일)

이승만은 경찰 장악력을 가진 장택상을 내무부장관에 앉히고 싶어 했다. 한민당에 등을 대고 있는 조병옥은 장택상만큼 고분고분할 것 같지 않았다. 그런데 장택상은 너무 평판이 나쁜데다가 경찰로는 최악이라 할 고문치사 사건의 배후라는 사실이 드러나고 있었다. 눈 딱 감

1948년 7월 22일 초대 내각 구성 후 회의 장면. 중앙 이승만, 좌측 이범석, 우측 첫 번째 윤치영, 우측 두 번째 김도연. 이승만의 자의적이고도 수준 이하인 장관 인선 때문에 이시영 부통령이 사임을 진지하게 고려한 것으로 알려졌다.

고 임명하려 하니 부통령 사임설까지 흘러나올 정도였다.

그래서 차선책으로 심복 윤치영에게 내무부장관을 맡겼다. 경찰을 직접 장악하겠다는 뜻이었다. 제 딴에 열심히 키워놓은 경찰을 윤치영에게 넘겨주라니 조병옥이 불만을 품지 않을 수 없다. 몽니를 부린다. 그런데 조병옥은 뛰어난 싸움꾼이다. 대의명분을 싸움에 이용할 줄 안다. 경찰 지휘권 이양 과정의 갈등을 그린 1948년 8월 31일자 『민주일보』 기사가 길기는 하지만 뜯어보면 참 재미있다.

> 경찰행정권 이양 문제를 싸고 과정(過政) 조 경무부장과 신정부 윤 내무장관 사이에는 일종의 확집(確執)이 있는 듯한 공기가 있어 일반의 주목을 끌어오던 바 수일 내 윤 장관은 "경찰행정은 이양 완료되었다."고 공식 발표를 하는가 하면 한편 조 부장은 "이양 완료란 허위 발표"라는 반박담화를 발표하여 백성으로 하여금 의아를 느끼게 하여오더니, 30일에 이르러 양 고관은 드디어 정면으로 충돌하여 조 부장은 "윤 장관은 이양받을 용기(容器) 준비 없다."고 하고 윤장관은 "조 부장은 과거 군정 3년에 무엇을 하였느냐?"고 서로 매도하기까

지에 이르렀다. 경찰계에는 물론 일반의 큰 주목거리가 되어 있다.

● 조 경무부장 담화: 본 문제에 대하여 사실을 왜곡한 담화가 계속적으로 보도되어서 일반사회로 하여금 경무부에 대한 의아를 가지게 하고, 타방 국립경찰의 명령계통을 혼란케 하며 경찰의 사기를 저하케 하는 결과를 초치함은 천만한 인사이다. 원래 행정권 이양이란 과도기의 행정상 진공상태를 제거하기 위하여 대한민국정부와 군정 당국 사이에는 용의주도한 행정이양 원칙이 합의 결정되었는바, 그 주요한 부문으로서는

(1) 8 · 15는 대한민국정부 존재를 국내 · 국외 선포하여 군정이 소멸되는 동시에 군정이양을 인수할 그 정부를 인정한다는 것,

(2) 대한민국 및 미국 대표들은 군정 이양에 관한 교섭을 개시하여 그 합의를 볼 것,

(3) 각 부처의 신부(新部) 책임자들은 미인 고문 연석 하에 행정사무인계에 관한 개별적 협의를 거친 보고서를 미군주둔군사령관에게 제출하고 그 선포로써 행정권 이양의 효력이 발생한다는 것 등이다.

경무부 내에서는 전기 원칙에 준거하여 경찰행정 이양수속에 만반 준비를 하여왔던 것으로 지난 24일 내무부 경무부 책임자들은 미인 고문 연석하에 경찰사무 인계에 관한 사무를 교섭하여 우선 인계에 관한 원칙의 합의를 보고 조인하였던 것이다. 그러나 사무인계에 관한 조선인 및 미 주둔사령관에 대한 보고절차가 아직도 남아 있다. 그럼에도 불구하고 윤 내무부장은 24일부로 경찰권의 이양이 완료되었다는 공식발표를 하였고, 여하간 내각조직 이후 4주일의 시간을 통하여 경찰행정권을 받을 용기(容器)와 받을 사람, 즉 조직과 인사 등 긴절한 문제는 신비의 영역에 부치고 오로지 경찰의 붕괴작용을 유치하고 경찰조직 및 인사가 홍수같이 발표되었던 것이다.

경찰행정상 인계의 지연되는 이면상이 이러함에도 불구하고 장관은 그 인계의 지연됨이 경무부장에게 있는 것처럼 사실을 왜곡하여 지난 28일 경성역에서 거행된 제주응원대의 송별식에서 경무부장에게 지연의 책임을 지우고 본인을 군정연장자 즉 반역자로서 체포하겠다고 폭언을 발하고 그리고 그 귀결은 본인이 알 바 아니나 동 장관은 지난 28일 각의에서 "경무부장을 반역자로 체포하자."는 발의를 하였다는바, 이는 해방 직후 건준(建準) 도배가 일제행정기관을 접수하던 정신과 태도의 전철을 밟아온 것으로 생각한다.

경무부로서는 하루바삐 그 행정 이양을 하도록 만반준비 되었고 그런 의도 이외에는 다른 것이 없다. 경무부 유일 최대한 관심은 그 이양방법에 있어서 치안에 이상이 없도록 하려는 그 점에 집중되어 있는 것이다. 그러므로 경찰관의 이양이 완료될 때까지는 국립경찰의 지휘권은 경무부장의 장중(掌中)에 있다는 엄연한 사실을 경찰이나 일반은 인식하라. 동일한 시간과 장소에 경찰이나 군대에 지휘자가 두 사람 있을 수 없다. 각종의 정보와 과거 3년간의 치안책임자의 판단으로써는 앞으로 닥쳐올 2, 3개월의 치안사업은 용이한 것도 아니다. 바라건대 정부는 경찰 인계에 있어서 적절한 조치를 취하여 정부 보호를 위한 충성스럽고 능률 있는 경찰을 재편하기를.

● 윤 내무장관 반박: 한편 조 경무부장의 담화발표가 있은 30일, 윤 내무부장은 조 부장의 담화에 격분한 어조로 책상을 두드리며 이를 반박하여 다음과 같이 말하였다. "도대체 이양받을 용기가 없느니 인물이 없느니 함은 한낱 구실에 지나지 않는다. 이와 같은 언사는 대한국민으로서 감히 있을 수 없는 폭언이다. 경찰행정의 이양에 있어서 나는 임시 편법으로 내가 공안국장으로 이에 당하고자 한 것만으로도 증명되는 것이다. 그들은 군정 3년에 우리 민족 앞에 무엇을 해

놓았다는 말인가? 그 태도부터 불유쾌하기 짝이 없다. 여하간 조부장의 금번 담화를 나는 일소에 붙인다."

윤 장관이 국무회에서 조 부장을 군정연장자 즉 반역자로 규정하여 체포한다고 하였다는 데 대해서는 "어떤 놈이 그 말을 전하였으리라는 것도 나는 짐작하고 있다."라고 말하였다.

이 공방전의 여파 속에 윤치영의 인품과 아울러 대한민국 초대 내각의 성격까지도 여실히 보여주는 상황이 벌어졌다. 9월 6일 국회에서 조병옥을 "민족반역자"로 매도한 발언을 따지자 윤치영은 자기가 그런 말을 한 일이 없고 언론에서 지어낸 말이라고 우겼다. 중앙청과 국회 출입기자단이 즉각 연명으로 아래와 같은 항의문을 국무회의와 국회에 제출했다.

8월 31일부 도하 각 신문에 보도된 경찰권 이양에 관한 조 경무부장과 귀관의 담화에 대하여 귀관이 6일에 국회에서 행한 답변은 심히 유감되지 않을 수 없습니다.

귀관은 조 경무부장을 반역자라고 한 것은 신문기자의 무한한 날조보도라고 말함으로써 이에 대한 일체의 책임을 신문기자에게 전가하였습니다. 이 얼마나 놀랍고 불행한 사실입니까? 전 민족이 관심을 집중하고 있는 행정권 이양이라는 중대한 문제에 대하여 한두 기자도 아니고 다수한 기자를 앞에 두고 귀관의 공공연한 담화가 한낱 신문기자의 날조보도로 그 책임이 전가된다는 것은 오직 조국독립과 민주건국의 성스러운 일념에서 분투하고 있는 우리 신문인 전체에 대한 모독일 뿐 아니라, 신생정부의 책임 있는 장관으로서 취할 바 아니며 더욱이 일반 국민에게 미치는 영향도 적지 않으므로, 여기 그

전말을 밝히는 동시에 이에 대한 귀관의 책임 있는 조치를 엄숙히 요망하는 바입니다.

주지하는 바와 같이 조 경무부장은 6월 30일, 신문기자단 회견석상에서 "윤 장관은 제주응원대 송별석에서 경무부장에게 경찰권 이양 지연 책임을 지우고 군정연장자 즉 반역자로 체포하겠다고 폭언을 발하고 28일 각의에서는 경무부장을 반역자라고 체포하자고 발의하였다."는 공식담화를 발표하였던 것입니다.

여사한 조 부장의 담화 직후 기자 일행은 귀관을 장관실로 방문하고 이에 대한 귀관의 의견을 물었던 것입니다. 동 석상에서 귀관은 흥분된 언조로 그러나 신문지상에 보도된 그대로 조 경무장관을 반역자라고 확인하는 동시에 군정 3년간에 있어서 그들의 죄상을 폭로하여 달라는 것까지 부연하였던 것입니다. 신생정부의 책임을 맡은 귀관에게 국민의 일원이요, 보도의 중책을 맡은 신문기자가 무엇 때문에 날조기사를 쓴단 말입니까. 더욱이 귀관의 담화는 한 기자, 한 신문도 아니요 도하의 각 신문이 같은 내용으로 보도하지 않았습니까?

불리한 처지에서도 물러가지 않는 책임수행의 정신이야말로 과거 군정 3년에 통절히 느껴온 신생정부에 대한 국민의 요망인 것입니다. 그리고 설사 백보를 양보하여 귀관이 조 부장에게 반역자라고 신문기자에게 말하지 않았다 하더라도 이에 대한 귀관의 책임은 면제된 것이 아닙니다. 제주도응원대 송별석상에서 또는 각의에서 반역자라고 말하였다는 조 부장의 공식성명에 대한 귀관의 태도가 표명되지 않은 이상, 귀관이 반역자라고 하지 않았다는 사실은 표명되지 않았습니다. 이에 본기자단은 언론의 권위를 위하여 귀관의 무책임하고도 회피적인 태도에 항의하는 동시에 이에 대한 귀관의 선처하기로 속히 사회에 표명되기를 바라는 바입니다.

(「조 씨 반역자 문제, 책임전가는 부당」, 『경향신문』 1948년 9월 9일)

윤치영 애기 꺼낸 김에 이 무렵 터진 일 하나 더 내놓자. 9월 8일자 『성조기』에 실린 윤치영의 인터뷰 기사 내용이 전해졌는데, "2주일 이내에 전 북조선을 점령할 수 있는 강력한 국방군을 창설하기 위하여 금후 최소 3년간 미군의 계속 주둔을 요청" 한다는 것이었다(「미군 3년간 주둔을 요청, 윤 내무장관 담 『성조기』지 보도」, 『동아일보』 1948년 9월 11일).

이에 대한 당시 몇 사람 국회의원의 논평을 훑어본다. 제헌국회에 민족주의 기운이 그리 강하지 못했지만, 그래도 우리 상식에도 대략 부합하는 반응에 마음이 놓인다. 그런데 윤치영이란 인간은 머릿속이 어떻게 되어먹은 인물인지, 그런 인물에게 최강의 요직을 맡기는 이승만의 속셈은 무엇인지, 상식으로 이해하기 힘들다. 1948년 9월 14일자 『호남신문』에 관련 기사가 있다.

〔서울 11일 발 조선〕 9월 8일부 성조기에 보도된 내무부장관의 국방군 창설을 위하여 미군이 3년간 계속 주둔하기를 요청하였다는 보도에 대하여 윤 장관은 이 보도가 사실이 아니라고 부정하고 있는데, 국회에서는 그 진부를 철저히 규명하지 않으면 안 된다고 주장하고 있어 주목된다. 국회의원의 반향을 들어보면 다음과 같다.

● 조헌영 씨: 윤장관이 그런 말을 안 했으리라고 믿는데, 말한 사람과 듣는 사람 간에 오해가 있는 것이 아닌가 한다. 중대한 문제인 만큼 언급할 수 없다.

● 박윤원 씨: 자주독립은 외군이 하루바삐 철퇴함으로써 달성할 수 있다고 보는데, 외군의 주둔을 원한다는 것은 남북통일을 방해하고 민족을 분열시키는 일방적 배경에서 나온 것이며 특권계급정치의 발

동이라고 할 것이다. 사실이 아니기를 바란다.

● 장홍염 씨: 신생 대한민국의 내무장관으로서 그러한 발언을 했으리라고는 믿지 않는다. 그러나 만약 그 발언이 진언이라고 하면 이는 자주독립을 방해하는 매국행위라고 인정한다. 그것은 UN결의에도 90일 이내에 철퇴하기로 되었음에도 불구하고 자진하여 3년을 요청한 것은 언어도단의 매국행위이기 때문이다.

● 노일환 씨: 현 사태를 수습하기 위해서는 UN결정의 90일보다 다소 지연된다는 것은 시인한다. 그러나 민주정치는 방송(放送)정치가 아니고 책임정치이므로 정부 측에서는 마땅히 필요한 주둔기간을 민중 앞에 명시하고 그 기간 안으로 모든 문제를 해결하고 인민과의 약속을 실현해야 한다. 그러므로 막연히 미군의 계속주둔을 요청하거나 혹은 윤 장관과 같이 3년간의 장기간 주둔을 요청하여 자기의 정치적 실패를 무력으로 해결하겠다는 것은 전 인류의 평화와 자유를 교란하는 군국주의의 재현을 꿈꾸는 침략사상의 노골적인 표현이니 그 발언에 대해서는 민족 장래를 위하여 철저히 규명하지 않으면 안 될 것이다.

● 윤재욱 씨: 윤 장관이 그러한 발언을 안 했으리라고 믿는다. 만약 사실이라면 책임을 져야 하는 동시에 철저히 규명하지 않으면 안 될 것이다.

● 김인식 씨: 그런 발언을 안 했기를 원하는 바이나 만약 했다면 그야말로 반민족행위라 아니할 수 없을 것이다.

1948. 8. 5.

8월 4일 저녁, 부통령은 어디에 있었나?

> 11부 장관과 2처장의 조각 인선을 완료한 이승만 대통령은 4일 하오 5시 50분 부인 동반하여 혜화장으로 이시영 부통령을 취임 후 처음으로 방문하고 6시 10분 이화장으로 돌아왔다.
>
> (「대통령 부인 동반, 이 부통령을 방문」, 『경향신문』 1948년 8월 6일)

5시 50분에 혜화장으로 갔다가 6시 10분에 이화장으로 돌아왔다? 앉았다가 바로 일어섰단 말인가? 같은 날 같은 신문 다른 기사를 보면 사정을 알 수 있다.

> 부통령 이시영 씨는 돌연 지난 4일 하오 7시 반경 당지에 도착하여 시내 차준담 씨 댁으로 향하였는데 동 일행의 자동차는 3대이며 내원(來原)의 목적은 아직 알 수 없다 한다.
>
> (「부통령 수원에」, 『경향신문』 1948년 8월 6일)

7시 반경 수원에 도착했다면 이승만이 찾아오기 전에 혜화장을 떠났다는 이야기다. 이 움직임에 어떤 뜻이 있었는지 보여주는 기사 또한 같은 신문에 실려 있다. 관련된 기사들이 갈팡질팡 실린 것으로 보아 돌발사태 앞에 편집진이 당황한 것 같다.

> 조각 인선에 있어 이대통령의 지나친 독단적 처사에 함분(含憤)한 나머지 앙앙불락 외부와의 접촉을 일체 끊고 혜화장에서 굳은 침묵과 명상에 잠겨있던 이시영 부통령은 지난 4일 모종의 중대성명을 발표할 것으로 예측되던 중 돌연 이화장 측의 만류로 이것을 중지하고 동일 오후 수원 수 명을 대동 혜화장을 떠나 모처로 사관(舍館)을 옮기어 새로운 구상에 들어갔다. 그런데 측근이 전하는 바에 의하면 이번 조각에 있어 내외상을 필두로 각 각료의 전형을 대통령 일개인의 자의로 했을 뿐 아니라 이 부통령에게 사후 각료의 명부를 보내어 '이리이리 결정했다'는 정도의 통지에 불과한 데 이 부통령은 극도로 분개하여 사의를 굳게 가지고 이것을 성명하려던 것이라 한다.
> 이 부통령의 그 같은 심경은 5일 초 국무회의에 궐석한 것을 보거나 또는 지난 3일부 본지에 보도된 바와 같이 "나는 나대로 이미 결심한 바가 있다."고 본보 기자에게 강경 심사를 암시한 것으로 보더라도 넉넉히 규지할 수 있는 일로서 만일에 이 부통령이 공식으로 사의를 천하에 표명하는 경우엔 이 대통령을 비롯하여 현 내각은 어떤 딜레마에 빠질는지 그야말로 일촉즉발의 위기에 있어 일반 민중으로부터 약체내각의 빈축을 받느니만치 크게 주목을 끌고 있다.
>
> (「조각 인선 문제에 불만, 이 부통령 일간 사직?, 중대성명 보류, 초각의(初閣議)에도 불참」, 『경향신문』 1948년 8월 6일)

8월 6일 대법원장 김병로(金炳魯, 1887~1964)와 체신부장관 윤석구

(尹錫龜, 1892~1950)가 수원으로 이시영을 찾아갔다(『조선일보』 1948년 8월 8일). 윤석구는 새 정부의 유일한 한독당계 국무위원이었다. 두 사람은 이시영과 30분간 이야기를 나눴다고 한다. 그런데 그 이튿날 찾아간 국회의장 신익희는 불과 10분간의 요담을 나눴다고 한다. 이시영이 신익희와는 별로 할 얘기가 없었던 모양이다. 오히려 비서를 7일 밤 보내 이시영 가까이서 하룻밤 자고 오게 한 국무총리 이범석이 소통을 위해 더 실속 있는 노력을 한 셈이다.

결국 이시영은 뜻을 굽힐 수밖에 없었다. 8월 9일 서울로 돌아왔는데, 이승만을 만나기보다 먼저 경교장을 방문하고 김구와 요담한 사실이 눈길을 끈다. 그리고 이튿날 제5차 국무회의에 처음으로 참석했고, 그에 앞서 기자회견에서 "그동안 몸이 괴로워서 정양하고자 시골에 가 있었다."고 하면서 "내 언동으로 돕지는 못하나마 파괴 같은 것은 하여서는 안 될 것"이라고 했다(「몸 괴로워 정양, 난관 있어도 밀고 가자」, 『경향신문』 1948년 8월 11일).

이승만의 처사를 마음으로는 용납할 수 없지만, 이승만이 못할 짓을 한다 해서 자기까지 못할 짓을 할 수는 없다는 것이다. 부통령을 사임함으로써 새 정부가 깨어질 때 책임질 만한 대안이 없기 때문에 부득이하게 자리를 지킨다는 것이다. 같은 날 『동아일보』 「우선 정권회복-귀경한 이 부통령 담」 기사 끝에는 이범석 총리가 이 부통령 기자회견에 앞서 기자단에게 질문은 하지 말 것을 요청하고 부통령의 담화 발표 후 기자들의 질문을 가로막은 사실이 적혀 있다. 부통령이 새 정부의 잠재적 '내부고발자'가 되어 있는 것이다.

언론인 우승규는 조각 인선에 대한 이시영의 불만이 특히 총리, 외무, 내무의 세 자리에 초점을 둔 것으로 파악했다(「초대 이범석 내각의 해부 1」, 『경향신문』 1948년 8월 7일). 이시영이 경무부 수사부국장 이만종을 불러서 만난 사실만 봐도 고문살인 연루 혐의가 있는 장택상의 기용에 반대했을 것은 분명하다. 윤치영에 관한 이야기는 이 일기에서 많지 않았지만, 며칠 전(8월 2일) 일기만으로도 그에 대한 당시 여론이나 이시영의 의견을 충분히 짐작할 수 있을 것이다. 이시영이 수원으로 가던 날 아침 윤치영이 방문했으나 면회를 거절했다는 기사도 보인다(『조선일보』 1948년 8월 5일).

이범석에 대해서는 이시영이 근본적인 반감을 갖지 않았을 것으로 우승규는 보았다. 국방장관이 그의 적임이라고 인정했으리라는 것이다. 그러나 무인(武人)인 이범석이 정치적 책임을 더 크게 갖는 자리에는 맞지 않는다고 보았을 것이라 한다. 장택상과 윤치영의 기용 등 이승만의 말도 안 되는 조각 방침에 이범석이 동의한 것을 정치인 아닌 무인으로서의 한계로 이해할 수도 있는 일이다.

새 내각의 인선 내용에 불만을 가진 것은 이시영만이 아니었다. 가히 거국적인 불신과 비판의 대상이었다. 8월 6일자 『경향신문』의 「초대 내각과 각 정당 반향」 기사를 보면 이승만의 직계세력인 독촉마저 흔쾌한 지지를 못하고 있고, 대부분 우익단체도 비판적 태도다.

● 독촉: 독립 완수의 현단계적 목표는 미군정으로부터 하루바삐 행정권 이양을 받아 유엔의 승인을 받는 데 있으나 국부적인 내각 구성원에 대한 불만은 없는바 아니나 대국적 견지에서 금번 초대내각을 지지하는 것이 우리 국민의 당면한 임무일 줄 안다.

● 대청: 뜻밖이다. 민생 문제라든가 기타 제 문제를 타개할는지는 두고 보아야 할 것이다.

● 서북청: 섭섭하다. 초당파적이라고 내걸고도 오히려 편파적인 결과를 냈다는 것을 부인할 수는 없다. 더구나 이번 조각에 서북인이

한 분도 선출되지 않은 것은 유감이다.

● 이북인대표단: 무엇이라고 말할 수 없으나 월남동포의 사활 문제를 해결 못하는 정부는 단명일 것이라는 점만을 지적해둔다.

● 독로당: 자주성 없는 정부에 대한 시시비비를 말할 흥미조차 도무지 없다.

● 신진당: 무엇이라고 말할 수 없다.

● 한독당: 관심이 없으므로 말하기 싫다.

● 민련: 처음부터 민심을 안 가지고 있다.

● 여자국민당: 기대와는 어긋나는 점이 있으나 왜정의 혹독한 경험이 있는 우리는 불평불만은 안 하겠다.

● 조민당: 초대조각이 너무 의외에 감이 없지 않다. 그중에 여자장관이 선임되었다는 것은 여권 옹호의 선진국에서도 보기 드문 일로 우리나라 민주주의국가로서의 비약적인 발전일 것이다.

● 민독: 우리 당으로선 거기에 대하여 언급할 수 없다.

● 한민: 후일 이에 관해 정식 담화를 발표하려 한다.

같은 날 『조선일보』에는 조각 내용에 대한 여러 개인의 논평이 실렸는데, 재미있는 내용이 많다. 국회의원 중에서는 이청천의 "비평하려 들자면 여러 가지로 말 할 수 있으나 일절 언급하고 싶지 않다.", 김약수의 "내각이라기보다는 이 박사 비서진이라 말하는 사람이 많은 듯하다.", 이남규(李南圭, 1901~1976)의 "초당파적 내각이라 하나 현실을 무시한 데 실망했다. 이러한 조각을 한 뜻이 어디 있는지 알 수 없다.", 김영동(金永東, 1906~?)의 "대통령의 독재도 좋으나 민의에 이반된 데 실망했다." 등 논평이 있었고, "이번 조각은 전체로 보아 국내세력을 소홀히 한 감이 불무하며 (…) 백성은 실질적인 것을 바라는데 너무 형식만 갖춘 것 같이 인상을 줌은 유감"이라는 변호사 정순석(鄭順錫)의 논평, "금번 조각은 너무나 정실관계로만 되어 있으며 정실로 하더라도 강력한 조각이나 되었으면 좋을 것을 그렇지도 않고 (…)" 하는 대법원 이아무개의 논평(이상기 대법관으로 필자는 추측), 그리고 "하고 싶은 말을 하지 못할 바에야 차라리 아무 말도 하지 않겠다." 하는 정보국장 김광섭의 논평이 있었다.

어떤 인물들이 각료로 임명되었기에 그토록 세간의 평이 나빴을까? 당시 신문에 보도된 장관-처장들의 경력을 뽑아본다.

● 김도연 재무장관

서울 출신 당년 55세 한민당 중위/ 1919년 3월 일본 게이오대학 경제학과 졸업/ 1927년 8월 뉴욕콜롬비아대학 경제학사 획득/ 1931년 아메리카대학 경제학박사학위 획득/ 1931년 6월 연희전문학교 강사/ 1935년 4월 조선잠사회사 감사역/ 1946년 5월 민주의원 의원/ 동 10월 입법의원 의원/ 1948년 5월 대한민국의회 의원

● 이인 법무장관

경북대구 출신 52세/ 일본 메이지대학 법과 졸업/ 경성법학원 강사, 물산장려회장, 어학회 간부 등 역임/ 어학회사건으로 3년간 집행유예, 석방 후 총무 겸 부장 등 역임/ 현재 과정 대검찰청장

● 조봉암 농림장관

경기도 강화 출생 50세/ 1921년 중앙대학 정경과 졸업/ 1920년 3·1운동사건으로 서대문감옥에서 1년 징역/ 1925년 27년 양차에 걸쳐 조공 대표로 모스크바 코민테른에 파견/ 1934년 중국 상하이에서 활

약 중 일본영사관 경찰에 체포되어 신의주감옥에서 7년 징역/ 1945년 1월 해외연락 관계로 인천에서 일본헌병대사령부에 체포되었다가 8·15해방으로 출옥/ 1946년 민전에 참가 후 동년 이탈/ 1947년 3월 민주주의독립전선 의장단 참가/ 1948년 5월 대한민국 국회의원

● 민희식 교통장관

본적 서울시 계동67의22/ 1908~1911년 중국 연대명 법학당 재학/ 1911~1915년 귀국 후 가정에서 학업습득/ 1915년 9월 도미/ 1918년 5월 콜로라도주 골덴고등학교 졸업/ 1922년 5월 콜로라도주 광산학교 입학/ 1922년 9월 네바다주립대학 경제과로 전학/ 1924년 5월 동 교 졸업/ 1924년 5월 캘리포니아 하계대학 동양무역 및 국제통상과 수료/ 1925년 9월 귀국 후 조선총독부 철도국 취직/ 1928년 의원퇴직/ 1945년 8월 한국인 직원 요청에 의하여 교통국에 재취직/ 1945년 12월 운수국장 고문을 원명/ 1947년 2월 운수부장 취임

(「4장관 약력」, 『경향신문』 1948년 8월 4일)

● 윤치영 내무부장관

서울 출신 당 51세/ 일본 와세다대 법과 졸업/ 미국프린스턴대학에서 3년간 국제법 및 외교 연구/ 콜롬비아대학 연구과에서 1년간 국제법 및 외교 연구/ 조지워싱턴대학 국제법 및 외교 연구과에서 BA의 학위 수득/ 아메리칸대학 학사원에서 국제법 및 외교학으로 MA 학위 수득/ 조지워싱턴대학 법과에서 국제법으로 LLB 학위 수득/ 카네기국제평화재단 국제법 및 외교 연구부에서 5개년간 연구/ 대한민국임시정부 워싱턴 주재 구미위원부 위원/ 하와이동지회총본부 이사 겸 재무부장/ 제2차 태평양대회 한국대표로 출석/ 경성중앙기독교청

년회 부총무/ 민주의원 비서국장/ 국제법 및 외교연구회 이사장/ 조선민족청년단 이사/ 주간태평양 주필 겸 이사/ 국회의원

● 안호상 문교장관

경남 의령 출신 48세/ 중동학교 수료 후 일시 도쿄에 유학, 중국에 건너가 상하이오송동제대학 예과(독일인 경영) 필업 후 독일에 유학, 뮌헨대학 철학과 졸업 · 철학박사 학위 획득/ 귀국 후 보전 교수 역임/ 서울대학 교수 및 건국실천원양성소 교원으로 현재에 이름

● 전진한 사회장관

강원도 고성 출신 48세/ 1928년 와세다대학교 정경학부 졸업/ 1926년 협동조합운동사 조직위원장 피임/ 1928년 사상범으로 1년간 복역/ 1939년 금간산중에 은거/ 1945년 전국협동조합총본부 위원장, 민통 노농부장, 대한노총 위원장 역임/ 1948년 국회의원 피선

● 윤석구 체신장관

충남 서천 출생 57세/ 한영중학교 중업/ 도만(渡滿)하여 독립단에 참가/ 군산메리벌덴여학교서 교육에 종사/ 한약업에 종사/ 해방 후 군산건준위장, 독촉군산지부장, 비상국민회의 대의원, 한독당군산위원장 입의 의원 등 역임/ 현 국회의원 무소속구락부 간사장

● 임영신 상공장관

전주 출생 48세/ 미국 남가주대학 졸업/ 중앙보육학교장/ 중앙여자전문대학교장 역임/ 해방 후 여자국민당 당수, 민주의원 의원을 역임/ 재작년 민주의원 대표로 도미하여 국련에서 활약하고 현 중앙대

학 학장

● 장택상 외무장관

경북 칠곡 출신 56세/ 에든버러대학교 졸업/ 파리강화회의 임정구미위원부 조선대표/ 고 이관용 씨 수행 귀국 후 교육계 종사/ 해방 후 국민대회준비회 외교부 피임/ 현재 서울시 상임고문, 제1총감부경무총감 겸 수도경찰청장

● 유진오 법제처장

서울 출생 44세/ 경성대학 졸업/ 보전 교수 겸 법정대학장/ 국회 헌법기초위원회 전문위원

● 김동성 공보처장

개성 출생 1909년/ 중국 쑤저우 둥우대학 유학 / 1912년 미국 아칸소주 칸웨이시 헨드릭스 · 아카데미 졸업/ 1915년 오하이오주립대학 3년 수료/ 1918년 귀국/ 1920년 동아일보사 입사/ 1921년 하와이에서 열린 만국기자대회 출석/ 1921~1922년 동아일보 특파원으로 워싱턴군축회의 출석/ 1924년 조선일보 편집인 취임/ 1932년 조선일보 편집국장/ 1945년 합동통신사 사장 취임 금일에 이름

(「각 장관 · 처장 약력」, 『동아일보』 1948년 8월 5일)

안호상(安浩相, 1902~1999), 전진한처럼 중량감이 떨어지거나 검증 안 된 느낌이 드는 인물에 대해서도 불만이 있었지만, "말도 안 된다!" 하는 손가락질을 모은 것은 장택상, 윤치영, 임영신(任永信, 1899~1977)의 세 사람이었다. 장택상은 최근 터진 고문치사 사건까지, 지난

대한민국 초대 내각 사진. 사진 뒷줄 왼쪽에서 일곱째가 농림부장관 조봉암이다. 앞줄 한가운데 이승만 대통령을 중심으로 왼쪽에 이시영 부통령, 오른쪽에 이범석 국무총리 겸 국방부장관이 앉아 있다.

3년 동안 너무나 악명을 떨친 사람이었고, 윤치영과 임영신은 아무 주견 없는 이승만의 '비서'였다. 김약수의 "이 박사의 비서진" 논평이 그래서 나왔다.

8월 4일 국회에서 새 의장단이 선출되고 이튿날 김병로 대법원장 인준안이 통과됨으로써 새 정부의 윤곽이 확정되었다. 국회의장 선거에서는 신익희가 재석 176인 중 103표를 얻어 56표의 김동원을 눌렀다. 신익희가 비운 부의장 자리를 놓고는 경쟁이 치열해서 2차투표까지 과반수 득표자가 없었고, 결선투표에서 87표를 얻은 김약수가 74표의 김준연(金俊淵, 1895~1971)을 겨우 따돌렸다. 두 차례 선거에서 모두 한민당이 패퇴한 사실이 눈길을 끈다. 한민당이 부의장 자리 하나(김동원)를 이미 확보한 탓이기도 하겠지만, 독촉계와 무소속이 힘을 합쳐 한민당을 견제하는 경향도 있었던 것이다. 제헌국회에서 무소속(소장파)이 상당한 역할을 맡을 수 있었던 것은 한민당과 이승만 사이의 대립관계 덕분이었다.

1948. 8. 7.

혼란과 분열에 빠져드는 통일건국 추진세력

헌법이 반포되고 대한민국정부 조직 작업이 진행되는 한편에서 통일건국 추진세력도 통촉 조직을 진행하고 있었다. 애초에 그들은 4월의 평양회담을 앞두고 결성한 통협의 확대·강화를 시도했으나 문제가 생겼다. 드러난 문제는 유림의 반발이었지만(1948년 5월 24일, 7월 10일 일기), 겉으로 드러나지 않은 문제도 많았을 것 같다. 통협의 진로가 순탄한 전망이었다면 유림이 같은 불만을 가졌더라도 그토록 격렬한 표현은 삼갔을 것이다.

통일건국 추진세력의 진로는 유림을 떼어놓고 통촉으로 방향을 바꾼 뒤에도 순탄치 않았다. 통촉이 7월 21일 결성된 후 8월 1일까지 선임된 간부진의 면면을 보면 몇 달 전의 통협보다 훨씬 빈약한 감이 있다. 평양회담 후 이북에 주저앉은 민련의 주요 인물들이 빠졌기 때문이다. 8월 5일 제1차 중앙상무위원회가 경교장에서 열렸지만, 주석 김구가 결석한 이 회의에서는 유엔 파리총회 대표단 파견 등 준비되었던 안건조차 처리하지 못했다.

8월 11일자 『조선일보』에 통촉의 지리멸렬한 상황을 지적한 기사가 나왔다. 중립적 언론에서도 통촉의 행보를 석연치 않게 보고 있었던 것이다.

남조선 신정부 수립에 따르는 정계의 동향은 미묘한 바 있어 여당 격으로 신당운동이 대두하고 있는 반면에 기성정당 단체에도 불원하여 재편성이 예상되는 바인데 세칭 중간파의 연맹체인 통일독립촉진회가 분열 위기에 직면하고 있다.

즉 동 촉진회는 제2차 남북협상 지지파와 현상유지파와 남조선신정부 참여파의 3파로 분열될 위기에 직면하고 있는데 그 단적 표현으로 김규식 박사는 별항과 같이 UN총회에의 파견대표를 거부했고 제2차 남북협상조차 부인하고 이에 참여한 자를 처단할 것까지 언명하였다. 그리고 이에 대하여는 전혀 부지의 사실이라고 언명하였는데 기실은 제2차 남북회담의 개최 경위는 6월 29일부터 7월 4일까지 평양에서 제1차 회담에 참여했던 민연 산하 제 정당단체 대표는 공식 비공식 여하를 불구하고 참여했으며 한독당 대표만 불참하였던 것이다.

그런데 이에 앞서 북조선 측으로부터 김일성, 김두봉 양 씨의 6월 10일부 서한으로 양김 씨에게 제2차 회담을 6월 23일 만주에서 개최하자고 제시하였던 것이다. 그런데 김 박사는 회한으로 남조선 현실에 감하여 북행이 곤란하니 북조선에서 선거를 실시하여 남조선 국회에 남겨둔 의석 백 명을 파견하여 이를 중심으로 남북회담에 대행하여 통일책을 협의하자는 것이었다. 이로 보아서도 김 박사가 제2차 남북회담 개최에 관하여 공사한의 접촉이 없다고 부인하는 것은 민중에 대한 기만이라 하여 동 촉진회 간부 측에 물의가 되어 있으며 또한 UN참여 문제도 김구와의 주장과는 모순되고 있음을 여실히 입증하였다.

더구나 통일촉진회 구성에 있어서도 70~80 정당 단체를 망라 운운하나 기실은 통일독립운동자협의회 추진에 있어 독로당 유림 등과 대립되자 이 계열을 제외하고 통촉을 결성했으나 근민, 민주한독당 등은 형식상으로 1~2개인을 포섭한데 지나지 않으며 간부인 선거에 있어 상무위원 13명의 명단은 과연 남북통일을 운위하고 각 정당 단체를 망라하였다는 기구의 대표인물로는 도저히 볼 수 없으며 양 김씨의 비서진에 불과하다는 것이 또한 일부에서 지적 비난이 되고 있다. 여하간 이렇게 통촉은 확고한 당면목표가 없이 오늘날에 이르러 분열위기에 직면한 것이며 그의 금후 귀추가 주목되는 바라 한다.

(「통촉 분열 위기에 직면, 3개 파로 대립, 내부모순성 점차 표면화」, 『조선일보』 1948년 8월 11일)

기사 끝에서 통촉에게 "확고한 당면목표"가 없다는 점을 지적했다. 통렬한 지적이다. 통촉의 노선은 남북 어느 쪽의 단독건국에도 반대하는 것이었는데, 남북 모두 정부 수립이 맹렬하게 진행되고 있는 것이 현실이었다. 현실을 받아들이는 사람들은 어느 쪽에라도 참여해서 다음 단계에서라도 통일건국의 길을 바라보려고 했다. 홍명희, 이극로 등 흠 잡을 데 없는 민족주의자들이 이북 정부 수립에 참여한 것도 그런 뜻이었고, 조소앙이 평양회담 후 이남 정부 수립에 대해 온건한 입장을 취한 것도 그런 뜻이었다.

통촉 참여자들은 현실이 요구하는 정부 수립의 과제를 외면하고 있었기 때문에 "확고한 당면목표"를 가질 수 없었고, 민족주의자 동지들을 잃을 수밖에 없었던 것이다. 좁은 길을 고른 것이다. 좁은 길 안에서도 합쳐지지 못하는 문제가 있었다. 7월 21일 통촉 결성대회에서 김규식의 치사 중 이런 대목이 있었다.

"어제 남조선 국회에서 대통령이 선출됐는데, 나는 과거에 나의 성명과 같이 반대도 안 하고 참가도 아니하는 동시에, 그것나마도 잘돼나가기를 바라며, 그것이 정부가 아무렇든 간에 외국인의 군정부보다는 낫게 되기를 바란다. 동시에 북에 또 하나 정부가 선다면, 그 북정부와 남정부가 한데 합하여 우리가 살길을 얻기 바란다. 여러분은 앞으로 속히 다 같이 중간이고 좌이고 우이고 할 것 없이 문자 그대로 통일을 완수하여 도탄에 빠진 민생을 구해주기를 바란다." (『남·북협상-김규식의 길, 김구의 길, 우사 김규식 생애와 사상 2』, 245쪽에서 재인용)

김규식의 단독정부 반대는 소극적 반대였다. 바람직한 길이 아니기 때문에 참가하지 않지만 적극적 반대는 하지 않고, 그 길을 통해서라도 최선의 결과를 얻기 바란다는 뜻이다. 8월 11일자 『조선일보』 위 기사 뒤에 실린 김규식의 기자회견 내용 중 이런 문답이 있다.

문: UN총회에 통촉대표로 참석한다는데 언제쯤 출발할 것인가.

답: 이 문제는 통촉 결성대회에서 결의되었지만 제1차 중집회의에서 나는 남조선의 민중대표가 가기 어려우리라는 것을 역설하였음에도 불구하고 본인을 수반대표로 선임하였으나 기후 제1차 상위회의 석상에서 거부하는 의사를 표시했기 때문에 더 말할 필요가 없다.

문: 그러나 김구 씨는 부산에서나 인천에서 귀하가 파견된다고 언명하였는데?

답: 그것은 제1차 중앙위원회에서 결정한 것만 알고 그 후 내가 불접수한다고 말한 것을 몰랐던 까닭일 것이다.

(「국련행을 거부, 출석 불가능성에 입각」, 『조선일보』 1948년 8월 11일)

유엔총회 대표 파견은 통촉의 가장 중요한 투쟁방법으로 제기되어 있었다. 경력으로 보나 능력으로 보나 김규식이 맡을 일이었다. 그런데 그는 가고 싶지 않아했다. 왜였을까?

그 뒤의 상황 진전을 통해 짐작할 수 있다. 유엔총회 개회에 임박해 통촉에서는 9월 23일 리 사무총장 앞으로 편지를 보냈는데, 뒤이어 한독당에서 김구 주석의 명의로 별도의 편지를 유엔위원단 앞으로 보냈다. 두 편지의 내용과 성격을 서중석은 이렇게 설명했다.

> 이 서한에서 통촉 주석 김구와 부주석 김규식은 유엔 총회가 유엔 감시하의 남·북 총선거를 결의한 1947년 11월 14일부의 정신을 관철할 것, 유엔 총회에서 한국 문제의 정당한 해결을 얻기 위하여 한국인의 의사를 충분히 청취할 것, 본회는 유엔 총회에 절대다수의 한국인의 통일 열망을 대변하고 있는 본회의 대표를 참가시킬 것을 강력히 요청함 등을 주장하였다. 매우 온건한 주장이었는데, 김규식이 서명을 하지 않겠다고 버티며 그와 같이 주장하였기 때문이었다.
>
> 그래서 한독당에서는 중앙집행위원회 결의에 의해 한독당 주석 김구의 명의로 9월 29일 또 한 통의 서한을 유엔임시위원단에 보냈다. 그 서한에는 미·소 양군은 즉시 철퇴하고 그 진공기간의 혼란을 방지하기 위하여 유엔에서 치안을 책임질 것, 남북지도자회의를 초집하여 남·북을 통한 임시중앙정부 수립방안을 작성할 것, 유엔 감시하에 절대 자유 분위기를 보장하고, 새로운 남·북 총선거를 시행할 것 등이 쓰여 있었다. 철저한 유엔 중심의 통일방안으로, 남의 정부에서는 물론이고 소련과 북에서도 용납할 수 없는 주장이었다. (『남·북협상-김규식의 길, 김구의 길, 우사 김규식 생애와 사상 2』, 263~264쪽)

김규식은 1947년 11월 14일 유엔총회 결의만이 아니라 1948년 2월 26일 소총회 결의도 존중하고, 소총회가 결의한 '가능지역 선거'를 통해 성립된 대한민국정부도 인정하는 입장이었다. 대한민국정부를 인정하면서 통일운동에 그 정부의 역할도 요구하는 그의 입장은 정부 참여도 마다하지 않겠다는 조소앙과 근본적인 차이가 없는 것이었다. 다만 그는 정부 밖에서 민련과 통촉을 통해 자기 역할을 맡겠다는 것이었다.

1947년 여름의 미소공위 좌초 이래 1년 동안 많은 정치인이 건국방안에 대한 입장을 바꿨다. 현실조건의 변화가 컸기 때문에 입장의 변화도 부득이한 것으로 대개 이해할 수 있다. 그런 가운데 김규식은 이례적으로 일관된 입장을 지킨 소수 인물 중 하나였다. 그래서 그의 입장이 당시의 변화를 비춰볼 수 있는 거울로서 가치가 있는 것이다.

김규식이 어떤 일에든 감정적 반응을 보인 일이 별로 없었다. 그런데 8월 10일 북조선정권 수립설을 어떻게 생각하느냐고 묻는 기자들의 질문에 대한 그의 답변은 신경질적인 것이었다고 서중석은 평했다.

> "김구 씨와의 공동성명(7월 19일)에 충분히 지적, 발표한 바도 있지만, 북조선의 일은 지금도 전혀 모르며, 소위 제2차 남북협상인지 하는 사한이나 공한의 통지를 개인으로나 또는 따로 받은 일이 없다. 그러므로 본연맹 산하단체이고 맹원들이 참가한 일이 있다면, 나로서는 누가 어느 때 어떻게 갔는지도 모르고 또는 위임장이나 대표증을 발행한 일이 없다. 그러므로 북조선에 따로이 정부가 서는 데 본맹 산하단체나 개인은 심사 처분하기로 되었다." (『남·북협상-김규식의 길, 김구의 길, 우사 김규식 생애와 사상 2』, 258쪽에서 재인용)

4월의 평양회담을 잇는 제2차 남북지도자회의가 7월 초순에 열렸는데 김구와 김규식은 참가하지 않았다. 평양회담 이후 현실화된 남조선정부 수립 작업에 대응해서 북측도 정부 수립에 나서려는 의지가 분명했기 때문이다. 평양회담에서 김구와 김규식이 주장한 '전 조선 정치회의' 소집을 북측에서 외면한 상황을 이신철은 이렇게 설명했다.

> 1차 지도자협의회에서는 단독선거가 성공할 것에 대비해 공동성명서 마지막 조항에 단독선거와 그 결과 수립되는 단독정부를 인정하지 않는다는 조항을 삽입했었다. 2차 지도자협의회 결정에서도 이 조항을 근거로 단독정부를 인정할 수 없음이 천명되었다. 그렇다면 당연히 공동성명서 3항에서 규정한 전조선 정치회의를 진행해야 했다. 그러나 북측은 3항의 규정 중 필요한 부분만을 골라 선택했다. 3항을 다시 상기해보면, 이 조항은 크게 두 부분으로 이루어졌다. "외국 군대 철수 후 제정당 공동명의의 전조선 정치회의를 소집하여 민주주의임시정부 즉시 수립"이라는 부분과, 임시정부 주도 아래 "총선에 의한 조선입법기관 선거 후 조선헌법 제정하고 통일적 민주정부 수립"이라는 부분이다. 앞부분은 김구와 김규식의 주장이었고, 뒷부분은 북측의 입장이었다. 그런데 북은 앞부분은 정세 변화로 실현할 수 없지만 뒷부분은 실천해야만 한다는 결정을 한 것이다. (이신철, 『북한 민족주의운동 연구』(역사비평사 2008, 88쪽)

남쪽의 '총선거'는 이북의 100개 선거구를 보류해둔 채 '가능지역'의 200개 선거구에서 시행되었다. 북측에서는 이것보다는 '총선거'에 가까운 선거를 통해 전 조선의 최고인민회의를 만들고, 그를 통해 '조선민주주의인민공화국'을 세우겠다고 나섰다. 제2차 지도자협의회가 끝난 이튿날인 7월 6일 열린 북조선인민회의 상임회의와 북조선민전 중앙위원회를 거쳐 7월 9~10일 열린 북조선인민회의 제5차 회의에서 헌법 시행과 최고인민회의 선거 실시가 결정되었다.

북측의 선거 '가능지역'은 남측보다도 좁았다. 그 제약을 넘어서기 위해 '불가능지역'의 선거까지 시행할 방침을 세웠다. 공작원들이 유권자에게 일일이 투표와 서명을 받는 '지하선거'였다. 비밀선거, 직접선거 등 선거의 기본 원칙이 지켜질 수 없는 선거였지만, 부득이한 상황에서 민의 수렴을 위한 최선의 노력이라는 명분이었다.

7월 15일부터 시행된 지하선거의 결과는 해주에서 8월 23~25일간 개최된 조선최고인민회의 대의원선거 남조선 인민대표자대회에서 채택된 "남조선 인민대표자대회 대표 선거 총화에 관한 결정"으로 공식화되었다. 이 결정에 따르면 유권자 868만 1,746명 중 673만 2,407명이 투표, 77.48퍼센트의 투표율이다.

이 선거로 선출된 대표자 1,080명 중 1,002명이 해주 인민대표자대회에 참석했고, 여기서 360명의 조선최고인민회의 남조선 대의원이 선출되었다. 그들은 8월 25일 선거로 선출된 212명의 북조선 대의원과 함께 최고인민회의를 구성했다.

남조선 지하선거는 선거의 기본 원칙들을 지키지 못했다는 점에서 정권의 정통성을 뒷받침해줄 수 없는 선거였다. 5·10선거도 문제가 많은 선거였지만 지하선거의 문제점은 그와도 차원이 다른 것이었다.

그러나 이신철이 『북한 민족주의운동 연구』, 101쪽에 올린 "표 4"에서 1,080명 대표자가 남로당 137명을 비롯해 민독당 53명, 근민당 62명, 인민공화당 68명, 전국노동조합평의회 66명, 전국농민조합총동맹 70명 등 꽤 고르게 갈라졌다는 사실, "표 3"에서 노동자와 농민이 55퍼센트를 점했다는 사실 등을 보면 지하선거에 5·10선거보다 나름대로 뛰어난 점이 있었다는 생각도 든다.

기본 원칙 준수 여부 외에도 선거의 정치적 성공을 가름하는 여러 조건을 생각할 필요가 있다.

1948. 8. 9.

미군정이 대한민국에 물려준 최대의 유산, 경찰

8월 9일 김동성(金東成, 1890~1969) 공보처장이 이승만 대통령의 조치 두 가지를 발표했다. 대한민국정부가 8월 5일에 조직되었다는 사실을 8월 6일 남조선 주둔 미국사령관과 조선위원단에 정식 통고하였다는 것이다. 하지 중장에게는 8월 15일을 기하여 행정권 이양을 개시할 것을 요청하고 유엔조위에 대하여는 1947년 11월 14일부 유엔총회 결의에 의거하여 협상할 것을 요구했다고 발표했다(「미 주둔군사령관에게 각 행정기구 접수 준비 교섭 요구」, 『경향신문』 1948년 8월 10일).

미군정에서 대한민국정부로 이양될 일이 수없이 많지만, 그중 핵심이 경찰이었다. 미군정도 경찰력으로 지탱해왔고, 대한민국정부도 다른 무엇보다 경찰력에 의존할 것이기 때문이다. 8월 7일 대한민국 내무장관 윤치영과 과도정부 경무부장 조병옥이 공동담화를 발표한 것도 경찰권 이양의 중요성 때문이었다.

> 군정 이양을 계기로 하여 경찰권의 이양에 따르는, 그리고 대한민국 정부조직법에 의한 경찰행정의 이속 및 경찰의 재편 문제가 박두한 사실 및 정부 수립 직후의 치안유지의 완벽을 기할 필요성에 비추어

미군정하 치안을 담당했던 군정경찰. 남한 지역 경찰 인원이 미군정 3년 동안 3배로 늘어난 것은 미군정이 일본 통치보다도 경찰력에 더 많이 의존했다는 사실을 단적으로 보여준다. 이승만정권 역시 경찰력에 대한 의존이 미군정에 못지않았다.

> 경찰권 이양 및 재편에 관한 경무부의 헌책을 내무부의 자료로 남조선 과도정부 경무부장 조병옥은 대한민국 대통령 이승만 박사에게 제출하기로 공식으로 요청하였던바 이 대통령은 자기 자신, 내무부장관 윤치영 및 법무부장관 이인 양 씨를 위원으로 하여 경무부장 및 경무부차장과 6일 오후 3시 대통령실에서 연석회의를 개최하고 경무부 개편안을 심사한바 대체로 경무부안을 채택하기로 동의하였으므로 앞으로 경찰의 기구 및 인사 문제에 있어서 급격한 변동이 없어야 할 것으로 결론을 보았다. 그리고 이 문제에 관한 결론은 내무부장관 및 경무부장의 공동담화로써 발표하기로 합의를 보았다.
>
> (「급격한 변동 없다, 경찰권 이양에 경무부안을 기초」, 『경향신문』 1948년 8월 8일)

조병옥이 아직도 칼자루를 손에서 놓지 않고 있었던 것이다. 대한민국 경찰을 어떻게 조직하고 어떻게 운영할지 미군정 경무부장이 대한민국정부에게 합의를 요구했고, 대통령 이하 대한민국 측은 이에 응해 내무부장관이 공동담화에 나섰다. 무엇이든지 제 맘대로 하고 싶은 이승만이 얼마나 약이 올랐을까.

3년 가까이 경찰을 키우며 장악해온 조병옥은 큰 자부심과 자신감

1948년 8 · 15 대통령 취임식 후의 서울 시내 농악대 축하공연에서 기마경찰이 질서 유지를 하고 있다.

을 갖고 있었다. 민심의 이반과 중간파의 공격 등 어떤 상황에서도 하지 사령관은 자기를 버리지 못했다. 모든 권력과 함께 막강한 군사력을 가진 하지도 자신에게 의지하지 않을 수 없었는데, 힘도 없는 이승만이 어떻게 자신에게 경찰을 맡기지 않을 수 있단 말인가? 대안으로 삼을 유일한 인물 장택상까지 고문치사 사건에 연루되어 있어서 도저히 등용될 수 없을 것이라고 그는 생각했을 것이다.

그런데 뜻밖에도 윤치영이 내무부장관을 맡아 경찰을 넘겨달라고 나섰다. 조병옥은 그런 똘마니를 상대하지 않겠다고 이승만에게 요구를 제출했고 이승만은 그에 응했다. 그러나 속으로는 조병옥을 요리할 궁리를 하고 있었다. 그 요리방법 중 하나는 조병옥의 대항마인 장택상을 지키고 키워주는 것이었다. 장택상을 내무부장관으로 차마 발탁하지는 못했지만, 슬쩍 외무부장관으로 집어넣었다. 그리고 장택상의 심복들도 풀어주기 시작한다.

사람을 죽인 해적단을 빨갱이를 죽인 것이니 용서한다고 석방하고 압수 물품을 팔아 썼으며 홍삼 밀조범을 잡고도 물건과 현금만 압수하고 석방하고 생고무 사정가격을 위반한 상인을 협박하여 금품을 받고는 석방한 등등의 혐의로 중부서 이구범 서장, 현을성 형사주임 외 2명의 경관이 지난 7월 23일 불구속으로 수사국에서 송청되었다 함은 기보한 바이나 9일 서울지방검찰청에서는 전기 이구범 서장을 불기소하고 현을성 형사주임 외 2명을 기소유예 처분에 붙이기로 결정하였다는바, 담당 검찰관인 이원희 검찰관의 보고서에 의하면 이구범 서장은 그런 사실이 없다고 본다는 것이며 현을성 형사주임 외 2명은 사실은 있으나 이미 현직에서 물러났을뿐더러 편취했던 금전을 반환하였으며 또 국립경찰의 공로자인 까닭에 관대히 처분한 것이라 한다. 그리고 특히 서장에 관한 살인범 은닉 혐의사건에 대하여서는 상사의 명령에 의한 것이니 본인들에게는 죄가 없다는 것이 검찰청의 견해이며 상사는 누구냐 하는 데 대해서는 답변을 피하고 있다.

(「상사 명령이라 무죄?, 이구범 불기소, 기타 기소유예」, 『조선일보』 1948년 8월 11일)

이구범(李九範)은 7월 15일에 독직 혐의로 체포되었는데, 그 정도 혐의로 수도청장 장택상의 심복 부하가 체포된다는 것이 놀라운 일이었다. 그 후 노덕술, 최운하 등이 고문치사 사건으로 걸려들면서 장택상에 대한 조병옥의 공격이라는 사실을 세인들이 짐작하게 되었다. 그런데 이제 이구범을 풀어주는 데서 고문치사 사건도 장차 어떻게 처리될지 가늠할 수 있게 되었다. 이승만은 장택상 비호에 발 벗고 나선 것이었다.

이런 상황에서 수도경찰청 간부들의 수사에 앞장섰던 경무부 수사국의 조병설 국장과 이만종 부국장이 8월 10일 사표를 제출했다. 그 사표에 이렇게 적혀 있었다고 한다.

> "민족 전체의 시대적 요청 아래 책임을 완수하고자 시간과 정력과 정렬을 경주하여 최대한도의 노력은 하였으나 완전한 성과를 거두지 못하고 선량한 국민의 기대에 어그러졌음에 자책의 감을 금치 못하는 바이다. 금번 조각의 인물구성을 일별하고 우리의 양심을 살리기에는 너무나 환경과 조건이 불리하다는 것을 자각하기 때문에 사임을 결의하였다. 실례를 들면 전일 수사국에서 적발한 수도청 고문치사사건에 있어 군정의 책임자도 아닌 신정부의 일원이 불필요한 간섭과 제약을 가함으로서 사건 취급상 중대한 지장을 초래하였다는 전례에 비추어 직접 권한이 없는 군정에도 간섭함으로서 부패분자의 구명운동에 동분서주하였거든 하물며 자기 권한 하에 있는 신정부에 있어서는 가히 추측할 수 있다고 인정되는 까닭이다. 또한 당해사건의 최고 책임자의 1인이 각료의 일원이 되었다는 사실에 비추어 앞으로 정의감을 살려서 정열과 양심을 발휘하기에는 객관적 제약성이 강압할 것을 자각한 나머지 금일 정식으로 사표를 제출한 바이다."
>
> (「제약에 못 이겨, 수사국 조, 이 정 · 부국장 사임」, 『조선일보』 1948년 8월 11일)

"군정의 책임자도 아닌 신정부의 일원"이란 윤치영을 가리키는 것이겠지. 아직 미군정 산하에 있는 경찰에 저렇게 막 달려드는데, 내무부 밑으로 들어가면 어떤 꼴을 볼지 안 겪어도 훤하다는 얘기다. "당해사건의 최고 책임자의 1인"이란 물론 장택상 얘기다.

그런데 두 사람이 사표를 내고 이렇게 나온다는 게 이상한 일이다. 지금까지 수도청을 뒤집어놓은 것이 조병옥의 지지 없이 가능한 일이 아니다. 윤치영이 간섭하고 나서고 이구범이 풀려나는 상황에서 두 사람은 조병옥과 함께 항전에 나서야 하는 것 아닌가? 왜 사표를 낸단 말인가?

바로 이튿날 두 사람의 사표를 수리하면서 조병옥이 발표한 담화를 보면 완전히 꼬리를 내린 것 같다. 두 사람이 "새 정부의 위신을 손상"한 것이 마땅히 처벌할 일이지만 그동안의 공적에 비추어 처벌만 보류하고 사표를 수리하였으며 이에 대해 대통령에게 '진사'를 했다는 것이다.

> "수사국장 조병설, 부국장 이만종 양인은 작일 오전 본관에게 사표를 수교하였으나 군정이양이 완료될 때까지 계속 복무하기를 요청하였고 또 본인들도 쾌락하였던 것인데 그 발표 내용이 경찰관의 신분으로 대한민국 각료를 비난하고 새 정부의 위신을 손상케 함에 이르렀으므로 경찰복무규정에 의거하여 처단할 것이나 그 공적에 비추어 처벌만은 보류하였으나 사표는 수리하였다. 그리고 각료 비난에 대해서는 이 대통령에게 정통한 진사를 하였으며 일반 경찰관에게 경고하노니 개인적으로나 집단적으로 정국에 비난을 가하거나 신정부의 위신을 손상케 하는 언동을 하는 자는 엄중 처단할 것이다."
>
> (「각료 비난 때문에 진사-조 · 이 양 씨 성명에 조 부장 담」, 『조선일보』 1948년 8월 12일)

조병설과 이만종은 사표에 적은 사유를 마치 담화문처럼 언론에 발표했던 것이다. 자기네 입장을 조병옥이 지켜줄 것으로 기대하지 않았다는 뜻이다. 그들은 사표 내기 전에 당연히 조병옥에게 윤치영과 장택상에 맞서 싸우기를 청했을 것이다. 그런데 조병옥이 호응하지 않으니까 사표를 낸 것으로 보인다.

조병옥이 대통령의 구미 방면 특사로 지명되었다는 소식이 같은 날 전해졌다. 이승만은 윤치영을 통해 경찰을 장악하는 동안 조병옥을 국외에 내보내놓기로 한 것이다. '특사' 자격은 타협일 것이다.

> 이승만 대통령의 구미특사로 지명된 조병옥은 11일 기자단과 회견하고 그 소신을 다음과 같이 말하였다.
> "특사로 지명은 받았다. 그러나 출발은 아직 미정이다. 그 이유는 정국의 추이와 나를 대통령이 특사로 지명한 연유를 잘 모르기 때문이다. 그리고 8월 15일경에 출발한다는 것도 준비상 곤란한 일이다. 또 항간에는 내가 국회의원 보선에 시내 모구(某區)에서 출마하리라는 말도 있으나 이것은 아직 말할 때가 아니라고 본다."
>
> (「구미 특사 지명은 모호, 국의 보선 출마도 미지(未知)」, 『경향신문』 1948년 8월 12일)

"시내 모구"라 함은 이승만이 비운 동대문갑을 말하는 것이다. 조병옥을 회유하기 위해 온갖 얘기가 다 나왔던 모양이다. 8월 15일경 출국설까지 나왔다니 얼른 내보내려고 마음이 바빴나 보다. 위 기사에 인용된 말은 썩 내키지 않는 기색으로 보이지만 이 시점에서 특사로 나가 미국 고위층과 안면 틀 기회를 가진다는 것은 야심가에게 너무 큰 유혹이었다. 조병옥은 결국 9월 9일에 특사만이 아니라 '유엔대표단 고문'의 직함까지 쥐고 출국한다.

이렇게 조병옥을 설득해놓고도 경찰 인수인계가 순탄하지 못했다는 사실은 8월 2일자 일기에 이미 적은 대로다. 조병옥이 인수인계를 서둘러주지 않는다고 조병옥을 민족반역자로 체포해야 한다는 주장을 윤치영이 공개 장소에서도 하고 국무회의에서도 했다는 것이다. 조병옥은 8월 30일 윤치영을 비판하는 담화문을 발표했고, 윤치영은 9월 6

일 국회에서 이 문제를 추궁받자 거짓으로 대답했다가 기자들에게 망신까지 당했다.

8월 15일자 『서울신문』에는 과도정부 요인들이 지금까지 맡아온 역할을 회고하고 새 정부에 당부하는 말을 모아 실었다. 그중 조병옥의 새 정부에 대한 당부는 이런 것이었다.

> "신정부에 부탁하고 싶은 말은 이것이다. 대한민국의 일부 영토가 상실된 채 또는 천만에 가까운 동포가 총선거에 참가치 못한 채 대한민국정부를 수립함은 결국 현하 국제적 정세에 제약되어 남북통일을 바랄 수 없는 비참한 민족적 운명에 직면한 조선민족이 남북통일을 꾀하고 주권을 완전히 회복하려는 초비상적 대치인 것을 인식하여야 된다. 이 조치의 결실은 안으로 국력을 육성하고 밖으로 국제여론을 환기하여 조선의 자주독립을 방해하는 국제적 요소를 대한의 정의 앞에 굴복시키는 데 달린 것이다. 그러므로 신정부는 반드시 강력한 정부라야 한다. 정부의 수립과 북한공산계열의 음모에 기한 소위 8 · 25 총선거를 계기로 하여 남조선의 치안은 극도로 우려되는 바이다. 요컨대 현 정부는 태평천하의 정부가 아니다 남조선의 사태는 정상적이 아닌 것을 철저히 인식하여야 한다. 그러므로 신정부는 강력한 경찰 제도를 당분간 유지하는 데 착안하기를 바란다. 중앙집권제의 현 국립경찰 제도를 인계함에 있어서 그 조직 그 인사에 있어서 격변함이 없는 경찰행정을 바란다."
>
> (「강력한 경찰제도 필요」, 『서울신문』 1948년 8월 15일)

대한민국정부가 "초비상적 대치"의 상황에 처해 있음을 전제로 이 "정상적이 아닌" 사태 앞에서는 "강력한 경찰 제도를 당분간 유지"하기 바란다고 했다. 무엇보다 국가경찰 제도의 유지를 조병옥은 주장했다. 자신이 당장 내무부장관을 맡지 않는다 해도 경찰이 지금 모습을 바꾸지 않고 있으면 그만큼 자신의 영향력은 유지되리라고 기대했을 것이다.

일제강점기에도 없었던 국가경찰 제도는 미군정하의 남조선을 경찰국가로 만드는 핵심 조건이었다. 정부 수립 후에도 국가경찰 제도가 지켜져야 한다는 조병옥의 주장에 얼마만큼의 타당성이 있었을까? 1947년 가을까지 경무부 차장으로 있다가 그 후 변호사로 활동하고 있던 최경진(崔慶進, 1908~?)은 조병옥과 가장 가까이서 일한 사람이다. 1948년 8월 7일자 『조선일보』에 실린 그의 의견은 조병옥과 영 다르다.

> "제일 먼저 경찰의 지도이념을 근본적으로 변경하여야 한다. 해방 후 혼돈된 사회를 정리하겠다는 것은 그 공은 매우 큰 것이었으나 '치안, 치안'하는 구호로 인권을 유린하여 가면서도 치안 지상주의로 나가 권력의 무제한의 감을 일반에게 주고 있는데 경찰 권력은 국가 권위의 표현이니 민중을 위한 치안이 되어야 할 것으로 민중의 공복이란 뚜렷한 지도이념을 내세워 치안과 인권옹호가 평행하여야 할 것이다.
>
> 둘째로 조직의 재편성이 있어야 한다. 이제까지 치안군의 역할까지 하여온 경찰은 강력하고 또 단일조직이 필요해서 국립경찰이란 경찰국가를 만들었으나 앞으로는 일반 행정권이 각 도에 위양되는 것과 같이 경찰시정도 각 도로 위양되어 지방자치제를 실행하는 것이 민주경찰로 전환하는 데 절대 필요하다. 그리고 경무총감부나 감찰서를 폐지하고 그 반면 수도는 치안의 중요성에 비추어 특별한 기구가

필요하다.

셋째는 인적 재편성인데 경찰의 공로는 위대한 것이 있었으나 지식 수준이 얕으니 간부부터 순경에 이르기까지 새로운 지도이념 아래 재훈련할 것이 필요하다. 특히 간부 등용에 있어서는 교양과 덕망이 높은 인물을 선택하여야 할 것이다. 그리고 제일 중요한 것은 모당(某黨)의 배경으로 들어온 사람들은 자기반성을 하여 이 기회에 용퇴하기 바라며 전직 경관도 역시 그러하다. 끝으로 권력에다가 총칼까지 겸하였으니 이를 남용하지 못하게 하기 위하여 생활 안정이 있어야 할 것은 두말할 것도 없다."

8월 16일자 『국제신문』의 한 기사에는 3년간 수도경찰청의 검거 실적이 소개되어 있다. 장택상 지지자들이 그의 업적을 과시하기 위해 홍보작업에 나선 것으로 보인다. 그런데 검거 실적의 분류를 보며 미군정기 경찰의 역할을 다시 확인하는 기분이 든다.

지긋지긋한 일제의 식민정책으로 이루어진 일제의 경찰제도가 만 3년 전 8·15를 분수령으로 허물어져간 후 과도적이지만 우리 국립경찰이 수립되어 혼란된 해방 3년의 치안유지의 업적은 소홀히 볼 수는 없을 것이다. 때로는 폭탄을 무릅쓰고 사선을 돌파하여 가며 혼란을 수습한 것은 약간 탈선은 있다 하더라도 그 공적은 무시할 수 없을 것이다. 그런데 해방 이래 국립경찰이 수립된 후 1945년부터 작 8월 15일 내무부에 이양할 때까지의 수도청에서 취급한 검거통계를 살펴보면 포고령 위반이 수위를 점하고 있으며 검거자의 중요한 것만도 다음과 같다.

△ 내란죄 83명 △ 포고령위반 13,395명 △ 군정법령위반 2,657명

> △ 소요죄 10명 △ 선거법위반 156명 △ 불법체포 350명 △ 폭행죄 177명 △ 살인죄 345명 △ 방화죄 47명 △ 통화위조 25명 △ 주거침입죄 176명 △ 사기공갈 93명 △ 절도 19명 △ 강도 15명 △ 행정령 제1호 위반 19명 △ 기타 1,141명으로 총인원 1만 9,000명의 불순분자를 검거하여 치안유지의 공헌을 남기고 신정부에 이관하게 되었다.

'포고령 위반'과 '군정법령 위반' 중에도 경제사범 등 일반범죄가 어느 정도 포함되어 있기는 하겠지만 대부분은 치안범이다. 이 두 항목이 전체 검거자의 80퍼센트 이상을 점하는데 주거침입 176명, 사기공갈 93명 등 민생사범 수가 너무 적은 것을 보면 남조선에 왜 그렇게 많은 경찰이 필요했는지, 그 많은 경찰이 어떤 일을 열심히 했는지 한눈에 알아볼 수 있다.

1948. 8. 12.

친일파 처단의 때가 아직도 안 되었다는 이승만

8월 4일 이승만이 비운 국회의장 자리에 신익희가, 신익희가 비운 부의장 자리에 김약수가 선출되었다. 8월 5일에는 대법원장 김병로의 인준안이 국회를 통과했다. 7월 20일 정-부통령 선거와 8월 2일 이범석 국무총리 인준안의 통과에 이어 새 정부의 3부 수뇌부가 모두 짜인 것이다.

정부 조직의 큰 틀이 짜인 뒤 국회가 첫 번째로 착수한 과제가 친일파 문제였다. 8월 5일 제40차 본회의는 민족반역자 등을 처단할 특별법안 기초를 위한 특별위원회를 구성했다. 헌법 제101조 실행을 위한 첫 조치였다. 각도에서 3인씩(제주도는 1인) 뽑아 28인으로 기초특위를 만들었고, 8월 6일 첫 회의에서 김상덕(金尙德, 1892~1956)과 김상돈이 위원장과 부위원장으로 뽑혔다(「친일 · 반역자 처단의 날은 온다, 특위 28명 선정」, 『경향신문』 1948년 8월 7일).

8월 6일 이후 12인 소위원회가 6인 전문위원의 도움을 받아 자료를 검토하여 8월 12일 특위 전체회의에 보고했다. 친일파 처단 문제는 그 실행이 미군정에 가로막혀 있을 뿐 민족사회의 가장 급하고 중요한 문제로 걸려 있던 것이기 때문에 법안 작성을 위한 준비는 실제로 다 되어 있는 셈이었다. 1947년 7월 20일 입법의원에서 통과시켰으나 미군정에 묵살당한 "부일협력자 등에 관한 특별법" 법안이 일차적 기준으로 고려되었다.

> 국회 특별위원회에서는 12일 오전 10시부터 중앙청 제1회의실에서 전체회의를 개최하고 부일협력자 민족반역자를 처단하기 위한 법안의 최후적인 토의를 하였다.
>
> 동 법안 기초에 있어서는 그간 재경 위원들은 수차에 걸쳐 회합 토의한 결과 전 과도입법의원에서 제정 통과를 본 그 안을 수정하여 채택하기로 의견의 일치를 보았었으나 12일에 개최된 전체회의에서 다시 토의한 결과 동 특별위원회 전문위원인 고병국 의원의 초안인 "반민족행위처벌법"을 채택하기로 가결하였다.
>
> 그런데 동 법안은 전문 13조로 되어 있으며 부칙으로 특별조사위원회 및 특별재판소를 설치하기로 되어 있다. 그리고 처벌의 종류로는 징역, 공직추방, 재산몰수, 공민권 박탈, 벌금형 등으로 구별되어 있으며 과거 입의 안과 같이 직위 또는 지위에 중점을 두지 아니하고 직위나 지위의 상하를 불문하고 반민족적 행동을 감행한 자는 전부 처벌하기로 되어 있는데 동 안은 내 16일부터 속개되는 국회 본회의에 정식 상정하여 토의하리라 한다.
>
> (「직위 여하를 불문, 반민족행위 처벌, 친일 반역 도배 처단 법안 내용」, 『경향신문』 1948년 8월 13일)

기초특위에서 8월 13일까지 확정한 본회의 제출용 초안은 3장 32조로 구성되었다(『조선일보』 1948년 8월 16일). 원래의 초안에서는 부칙에 들어가 있던 특별조사위원회('반민특위')와 특별재판소에 관한 내용

1948년 10월, 반민특위 투서함. 해방 후의 가장 긴절한 과제였던 친일파 정리를 3년이나 늦춰온 이제, 칼자루는 친일파의 손에 쥐어져 있었다.

이 제2장 "특별조사위원회"와 제3장 "특별재판부 구성 및 수속"으로 확충된 것이다. 본회의에서는 약간의 수정만을 가해 9월 7일 통과시키게 된다(『경향신문』 1948년 9월 8일).

반민족행위처벌법(이하 '반민법'으로 줄임)이 처단 기준에서는 관대한 편이라는 세평이었지만, 반민특위와 특별재판부 등 강력한 실행수단을 확보했다는 데 두드러진 성취가 있었다. 반민특위가 정권의 심한 비협조와 방해에도 불구하고 상당한 업적을 낳을 수 있었던 것은 강력한 실행 수단이 법적으로 확보되어 있기 때문이었다. 1949년 6월 이승만정권이 반민특위를 무력화하기 위해서는 법치를 정면으로 뒤집는 조치를 거듭 취해야 했다.

해방 3년 만에 제정된 반민법은 어떤 의미를 가진 것이었던가. 친일파 처단은 두 개 차원에서 의미를 가진 과제였다. 나쁜 행위를 응징한다는 정의 차원과 식민통치체제를 청산한다는 정치 차원이다. 정의 차원의 처벌은 형벌불소급의 원칙에 저촉될 수 있다. 행위 당시에 존재하지 않던 법률로 처벌할 필요는 정치 차원에서 나오는 것이다.

뉘른베르크와 도쿄 등지의 전범재판에서 소급처벌의 정치적 필요가 확인되어 있었다. 법학자가 이 필요를 인정할 수 있는지와 관계없이 이 필요는 매우 중대한 것이었다. 국가 규모로 일어나는 범죄를 규제하기 위해서는 국가 차원에서 제정하는 법률이 충분한 수단이 될 수 없다는 것이 분명한 사실이기 때문이다.

해방된 조선에도 친일파 처단을 위한 정치적 필요가 컸다. 일본의 식민통치가 빚어놓은 엄청난 규모의 구조적 문제들을 해소·극복하기 위해서는 실정법 차원을 넘어서는 혁명적 조치가 필요했다. 외세에 의지해서 민족사회를 해치는 행위가 당시의 실정법을 어기지 않았다는 이유만으로 면죄받을 수 없는 상황이었다. 당시의 실정법 체계라는 것은 일본에게 강요당한 것이며, 민족사회의 기준으로 정당성을 인정할 수 없는 것이었다.

친일파가 친일행위를 통해 구축해놓은 재산·학력·경력에 견제를 가할 실제적 필요가 있었다. 아무런 견제 없이 자유경쟁을 펼칠 경우 친일파 집단은 조선사회의 모든 부문에서 우위를 점하게 되어 있었다. 친일을 통해 확보한 우위를 이 집단이 그대로 유지한다면 친일의 정신이 이 사회를 지배하게 될 것이었다. 그 집단 구성원들이 갖춘 '실력'은 활용하더라도, 그 집단이 똘똘 뭉쳐 하나의 이익집단으로서 활보하게 놓아둘 수는 없는 상황이었다. 식민지배에서 정말로 벗어나려면.

당시의 일반인에게는 너무나 명쾌하고 단순한 과제였다. 지금까지

1949년에 있은 반민특위 재판 광경. 이승만은 아직도 "친일분자 처벌보다 더 급한 문제"가 있다고 주장하고 있었다. 그 급하다는 문제를 그는 1960년 쫓겨날 때까지도 처리하지 못하고 있었다.

겪어온 식민지배라는 '나쁜 시대'를 벗어나 민족독립이라는 '좋은 시대'를 맞으려면 나쁜 시대에 대한 나쁜 놈들의 책임을 따지는 것이 너무나 당연한 일이었다. 엄격하고 너그러운 것은 둘째 문제였다. 따질 것은 따진다는 것이 무엇보다 중요한 문제였다. 일본인 섬기며 민족사회를 괴롭히던 자들이 아무런 반성 없이 계속해서 거들먹거린다면 '해방'에 무슨 의미가 있단 말인가!

미군정은 조선인을 해방된 민족으로 인정하지 않았다. 일본인 대신 자기네들이 조선인을 지배하러 와 있는 것이었다. 일본인 잘 섬기던 자들은 이들을 섬기는 데도 솜씨가 좋았다. 그래서 이들은 3년간 친일파 처단을 극력 가로막았다. 일본제국주의 추종자에 대한 처단이 세상에서 제일 철저하게 가로막혀 있던 곳이 남조선이었다.

1946년 말에 개원한 입법의원에는 미군정의 지원과 보호를 받는 친일파 집단이 큰 세력을 이루고 있었다. 그러나 그런 입법의원에서도

"부일협력자 등에 관한 특별법"을 제정하지 않을 수 없었던 것은 민심의 압력 때문이었다. 민족주의 세력 주류가 외면한 제헌국회도 친일파 처단을 향한 민심을 충분히 반영하지 못하는 구성이었다. 그러나 민심이 워낙 압도적인 것이기 때문에 반민법 제정을 첫 번째 과제로 삼지 않을 수 없었던 것이다.

이승만은 반민법을 서명하지 않고 국회에 돌려보낼 기색을 보이다가 9월 22일에야 서명하고 공포했다. 그에 앞서 9월 14일 전 공무원을 중앙청광장에 모아놓은 자리에서 이승만의 훈시 중에 이런 대목이 있었다.

> "내가 1945년 10월에 귀국하자 각 방면으로부터 제일 먼저 제시된 것이 이(친일파 숙청) 문제였다. 그러나 그때 나는 이런 문제는 외정하에서는 해결키 곤란한 문제이니 우리 정부가 수립된 후에 우리끼리 해결짓자고 말하여두었던 것이다.
>
> 그러므로 해서 일반은 이제 우리 정부가 섰으니 이 문제를 해결하자는 여론이 또다시 있는 듯하나 친일분자 처벌 문제보다 더 급한 문제가 있으니 그 문제를 해결 후에 하는 것이 좋을 줄 안다. 급한 문제라는 것은 다른 게 아니라 우리나라의 토대를 든든히 해야 한다는 것이다. 일반 국민은 참은 김에 좀 더 참아주어야 하겠다."
>
> (「탐관오리 숙청, 친일파 처벌 서서히-이 대통령 훈시」, 『동아일보』 1948년 9월 15일)

"토대를 든든히" 한다는 것이 '반공'을 완성한다는 뜻일 텐데, 과연 이 나라를 어떻게 만들어놓으면 든든한 토대에 안심하고 친일파 처단을 할 수 있다는 말일까? "떡 하나 주면 안 잡아먹지~"로 시작해서 "하나만 더~, 하나만 더~" 하다가 결국 할머니까지 잡아먹었다는 호랑이가 생각난다.

김구가 반탁운동에 집착한 것이 민족주의자로서 큰 실수였다는 의견이 많이 있다. 그런데 그만큼 두드러진 일이 아니지만 민족주의자로서 김구의 자격을 더 깊이 의심케 하는 발언이 있었다. 귀국 직후 기자회견에서 문답 중에 이런 대목이 있었다.

> 문: 통일전선에 있어 친일파와 민족반역자에 대한 문제는?
>
> 답: 통일전선을 결성하는 데 있어 불량한 분자가 섞이는 것을 누가 원하랴. 그러나 여기에는 두 가지 길이 있을 줄 안다. 위선 통일하고 불량분자를 배제하는 것과 배제해놓고 통일하는 것의 두 가지가 있을 것이므로 결과에 있어 전후가 동일할 것이다.
>
> (「판단은 실정 안 연후, 민족반역자 처결은 신중 고려, 김구 선생 기자단 첫 회견」, 『자유신문 1945년 11월 25일)

A+B = B+A. 수학에서 교환의 법칙이라 하던가? 셈본에서는 통할지 몰라도 인간사회와 같은 복잡계에서는 경로의존(path dependency)의 법칙에 밀리게 되어 있다. 정부 수립 과정에 친일파의 참여를 허용하느냐 여부는 수립된 정부가 친일파 처단에 대해 취하는 태도를 크게 좌우하지 않을 수 없는 것이다. 민족주의 태두로서 권위가 쨍쨍하던 김구가 이렇게 석연치 않은 태도를 보이는 바람에 친일파 척결이 좌익의 구호처럼 되어버렸다.

이승만이 도덕성은 형편없지만 정치 감각만은 뛰어난 대중정치가로 평판을 누린다. 그런데 정부 수립 시점에서 친일파 처단을 바라는 민심에 편승하지 않은 것은 이 작업을 마무리하는 지금까지도 잘 이해되지 않는 일이다. 장택상 계열의 악질 경찰을 앞세워 반민특위를 박

살내는 대신 마음에 없는 민족주의 깃발이라도 열심히 휘둘렀다면 최대의 경쟁세력인 한민당을 가볍게 누르고 최고권력자의 위치를 더 편안하게 누릴 수 있지 않았을까?

이승만은 도덕성만이 아니라 정치 감각에도 심각한 문제가 있었던 것 같다. 이후 12년간 그의 정치적 선택을 보면 도덕적 기준만이 아니라 실용적 기준에서도 사실 납득할 만한 것이 잘 보이지 않는다. 그가 12년간이나 그 자리를 지킬 수 있었던 것은 (그를 몰아낼 수 있는 유일한 존재였던) 미국에 다른 대안이 없어서였다고밖에 생각할 수 없다.

1948. 8. 14.

이승만 지지자들도 "이건 너무하다!"

이승만정부의 구성 내용에 대한 당시 언론의 비평 중 가장 치밀한 것이 7월 29일부터 8월 10일 사이에 우승규가 8회에 걸쳐 『경향신문』에 실은 논설이다. 7월 29일과 30일 「국무총리 임명과 조각에 붙여」란 부제를 붙인 "이 대통령에게 역이(逆耳)의 일언(一言)" 상 · 하편을 올렸고, 8월 1일, 3일, 4일에 「친일-역도-모리배 문제에 대하여」로 부제를 바꾼 "역이의 일언"을 3회 올렸다. 그리고 8월 7일, 8일, 10일에 「초대 이범석 내각의 해부」를 3회 올렸다.

「이범석 내각의 해부」를 3회로 그칠 생각이 아니었다. 그는 실제로 제4회분 원고를 써냈고 조판까지 확인했는데, 당시 편집국장이던 그가 모르는 채로 그 글이 사라져버렸다. 대한민국 언론탄압 제1호로 보이는 이 일을 그는 27년 후 이렇게 회고했다.

> 그처럼 나도 모르게 7회나 연재된 글이 8회째 가서 쥐도 새도 모르게 갑자기 둔갑을 하자, 나는 그것이 공보처 당국의 언론 탄압하는 시초임을 직감했다. 분통이 치받쳤다.
>
> 그때 K신문의 경영 주체는 모 종교단체. 아마 당국으로부터 그 기관

으로 직접 내 글을 중단시키라는 지령이 내렸던 모양이다. 그러한 비밀 내용은 그날로 바로 드러났지만, 처음엔 그 교(教)에서 자제하는 뜻으로 자율하는 게 아니라 노엽게도 생각됐다.

앞서 말했듯이 편집국의 누구나 나를 국장으로 상대하지 않자, 나는 완전히 바지저고리가 돼버렸다. 로봇이란 이런 것일까. 이처럼 '등신 국장' 노릇을 하면서 하루 이틀, 나는 여전히 매일 출근하면서 내 자리를 지켰다. 사(社)로부터 어떤 이유로 나가달라는 말이 떨어질 때까진 버텨보자는 속심이었다. 말하자면 '언론자유 수호의 양심적 반항'이다.

하루같이 사에 나가 빈 의자만 빙글빙글 돌리면서 국원들과 사 간부들의 태도만 살피고 눈치작전 하기 여러 날, 하루는 공보처로부터 내게 전화가 걸려왔다. 내가 신문 선배로 존경하던 K차장이 좀 와달라는 것이었다.

내깐엔 작전계획을 머릿속에 단단히 그리면서 K차장을 공보실로 찾았다. K씨는 직접 아무 말도 없이 K처장에게 데리고 가서 소개했다. 그는 외관으론 단아한 선비요, 또 몸맵시가 신사풍의 '외래형.' 장차 무슨 소리가 나올까 하고 그의 입만 쳐다보기 몇 분 만에 K처장은 자기 할 일을 다 마치고 나서 비로소 말문을 열었다. 처장의 위신을 보이려는 듯한 태도였다.

그는 수인사 하자마자 알 수 없는 편지쪽 하나를 불쑥 내밀었다. 거기엔 국무총리의 직인이 찍혀 있었다. 그것을 내겐 펼쳐 보여주지 않았지만, 곁눈질해 보기엔 'K신문'이니 '나절로'니 등의 문자가 산견(散見)됐다. 묻잖아도 그동안 내가 써내려온 「이 대통령에 역이의 일언」과 「이범석 내각의 해부」에 대한 어떤 조치를 담은 철기(鐵驥)의 친서임이 분명했다.

K처장은 단도직입적으로 "K신문에 여러 회 실어오는 귀하의 글은 총리실로부터 '게재 억제'의 지시가 내렸으니 그런 줄 알라."는 단지 한마디뿐. 마치 법정에서의 재판관의 준열한 선언 같은 형식이었다. 이런 판국에 나도 할 말은 해야 되겠다고, 어느 날치 신문의 어떤 부분이 '기휘'에 저촉됐느냐고 따지자, "그건 묻지 말라."고 어물쩍하지 않나. (…)

K처장에게 정필(停筆)(사실은 퇴사) 명령을 받고 나와서도 나는 전이나 다름없이 K사에 출근했다. 내깐엔 배짱이다. 내 등을 밀어 내몰기 전엔 죽어도 못 나간다는 침묵의 저항이었다. 이렇게 되자 K사의 입장은 딱해졌다. 내가 그 글을 씀으로써 신문의 인기는 올라갔다. 부수가 부쩍부쩍 올라갔다.

그러한 터에 감탄고토(甘呑苦吐)라니, 편집국장을 나가 달랄 아무런 근거도 없다. 오직 집권자의 압력에 눌린 국무총리와 공보처장의 명령이니 내보내긴 해야 되겠는데 당자 되는 내가 끝내 태산부동(泰山不動)의 자세다. 병신 구실을 하면서도 외로우나마 제 자리에서 꼼짝달싹 떠날 체를 않으니 어쩌랴. (…)

(「나절로 만필 '67', 등신 된 편집국장」, 『동아일보』 1975년 3월 21일)

글 속의 "K처장"이란 김동성 공보처장 얘긴데, "K차장"이란 누구일까. 당시 대통령공보비서관으로 있던 시인 김광섭(金珖燮, 1905~1977)일 것 같은데 두 살 연하의 김광섭을 "신문 선배"라 한 것은 어떤 연유인지 확실치 않다. 「성북동 비둘기」의 시인과 어릴 적 즐겨 읽던 『삼국지』 번역자를 이런 장면에서 마주치는 것은 참 뜻밖의 일이다.

우승규는 이 일련의 논설이 누린 인기를 자랑스럽게 생각했다.

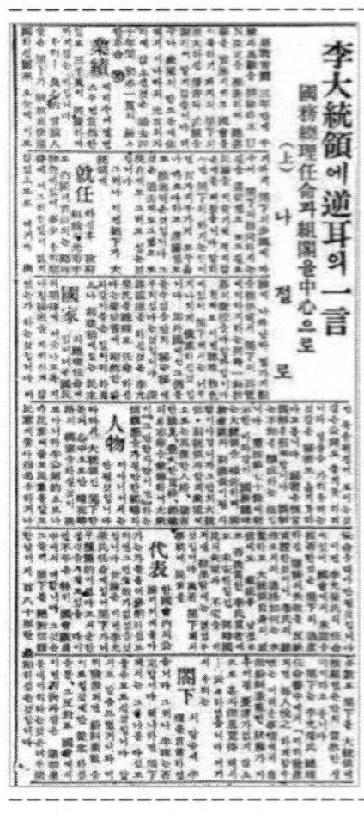
李大統領에逆耳의一言
國務總理任命과組閣을中心으로
(上) 나 절 로

우승규가 쓴 "이 대통령 귀에 거슬릴 한마디"(『경향신문』 1948년 7월 29일). 그때까지 이승만을 지도자로 인정하고 있던 보수적 민족주의자들도 등을 돌리지 않을 수 없었다.

1961년 10월 6일자 『경향신문』 15주년 특집에 보낸 글 「대공(對共)투쟁의 기록」에서도 "내가 편집국장으로 있을 때의 경향은 그 부수가 매일 올라가서 8만 5,000부 대까지 나갔다는 지나간 날의 기록"을 말했다. 온건하면서도 예리한 해학을 담은 그의 글이 당시 허용되던 범위의 논설 중에서는 발군의 인기를 누렸을 것이 분명하다. 그 정도 우호적 비판도 허용되지 않는다는 사실이 밝혀지고 말았지만.

우승규는 분명한 반공의 입장에서 5·10선거를 통한 정부 수립을 전면적으로 지지한다. 그런 입장에서조차 비판하지 않을 수 없었던 문제라면 변명하기 힘든 문제라 할 것이다. 이승만의 1인 독재 경향이 우승규의 글에서는 벌써 분명히 지적되고 있었다. 친미파를 친일파와 같은 '반역자'의 범주에 넣는 시각이 두드러진다.

> (…) 저 민족의 공적(公敵) 되는 친일도당은 지방 정계 이 귀퉁이 저 귀퉁이에 숨어 우국지사니 혁명가니 하는 허울 좋은 위장을 하고 지

도자연 오만방자 추썩들 대고 있습니다. 저들은 합하 문전을 찾고 합하의 안전(眼前)에 나타나 가진 요사를 피우는 것입니다. 도생(圖生)을 비는 것도 오히려 대담하거늘 환로(宦路)를 얻으려고까지 온갖 농간을 부리는 데는 가증가오(可憎可惡) 분격을 금할 수 없습니다.

저들은 언필칭 "자기가 합하와 제일 접근하는 사이며 또 합하의 두터운 권애(眷愛)와 신임을 받는다."고 호언들을 하면서 그것을 미끼로 대중을 농락하여 울거먹고 있습니다. 합하께서는 어인력(御人力)과 포용성이 원체 크고 넓으신 지라 웬만한 데는 유념도 않으시고 치지도외하실지 모르나 그것이 큰일입니다. 합하께서는 좀 더 작은 데 큰 관심을 가지셔야 합니다. 호환(虎患)도 무서우려니와 그보다도 서질(鼠疾)을 더욱 조심하셔야 될 것입니다. 지대(地臺)를 아무리 굳게 닦고 지은 누각이라도 '나나니' 같은 미충(微虫)의 힘으로 족히 도괴될 수 있다는 가장 범속한 진리를 잘 파악하셔야만 될 것입니다.

친일파라면 왜적에 붙어서 왜적을 위해서 진충갈력한 무리들을 일컬음이요, 민족반역자라면 그것보다도 테두리가 커서 외세에 아부하여 동포를 팔고 민족을 해쳐서 외인에게 이익을 준, 그야말로 나라의 역적을 범칭하는 것입니다. 여기엔 엄지손가락에 친일파가 꼽힐 것은 물론이려니와 그 속엔 친X파도 친X파도 모두 끼어들어가야 될 것입니다.

이렇듯 친일파와 반역자를 분간해서 볼 때 반역배 수는 해방 전과 해방 후가 거진 비등비등해가고 있습니다. 이것을 생각하면 우리는 그들의 처단의 한 때가 바쁘게 기다려지는 것입니다.

(「이 대통령에게 역이(逆耳)의 일언 1」, 『경향신문』 1948년 8월 1일)

이 글에도 이승만의 "어인력과 포용성"을 칭송하는 대목이 있거니와, 그의 논설에는 거의 '아첨'으로 보이는 대목들이 있다. 수십 년 후의 회고를 보더라도 그런 칭송은 '반어법'이 아니었다. 우승규는 이승만이 표방해온 노선을 진심으로 지지하며 그 성공을 빌고 있었다.

> 합하, 여기서 필자가 친일 반역 도배 처단의 긴급성을 강조하는 것은 저 좌익계열이 덮어놓고 합하를 비난하는 것과 같은 정치적 저의는 추호도 없다는 것을 알아주시기 바랍니다. 북한 측과 및 그쪽에 기맥을 통하고 있는 사람들은 이 문제를 가지고 합하를 유실무실 간에 악평하고 중상합니다. 그들의 말에 의하면 합하는 친일 반역배의 아유구용(阿諛苟容)에 현혹되시고 교언영색에 실총(失聰)하신다는 것입니다.
> 합하를 존경하는 필자는 이것을 굳게 부정합니다. 도리어 저들의 혹평에 분개하고 있습니다. 그러나 합하는 어느 정도까지 이 점에 마음의 무장을 하셔야 될 것입니다. 앞서도 말씀드린 것과 같이 합하의 문전엔 적지 않은 불순분자들이 자천타천으로 찾았을 것입니다. 그것은 과거뿐 아니라 현재도 그렇고 미래에도 그럴는지 모릅니다. 만약에 있다면 야(野)에 계신 과거보다 조(朝)에 계신 현재나 미래가 우심할 것입니다. (…)
> 이같이 함으로써만 해방 4년간에 해이해진 기강 퇴폐된 민심을 돌이켜 바로잡으실 수 있을 것이요, 또 저 공산계열의 합하를 주상(呪傷)하는 소리와 북한 측에서 언제나 "친일 반역배의 도피 소굴"이라고 남한을 조롱하는 따위의 누명을 깨끗이 씻을 것입니다. 말하자면 그들은 남한의 이 약점을 가지고 적화공작의 한 큰 선전 자료로 삼고 있는 것입니다. 이 말을 들을 적마다 우리는 현실을 뚫어지게 보고 자기성찰을 한 나머지 얼마쯤 얼굴이 붉어지는 것입니다. 아무리 군

이승만과 맥아더(1948 대한민국 정부수립기념식). 점령군사령관으로서 맥아더가 일본에 베풀어준 가장 큰 은혜가 이승만을 앞세운 한반도의 분단건국 아니었을까?

정 아래 있다지만 이다지도 소소(昭昭)한 천일(天日) 아래 그 같은 도배가 거리낌 없이 호세(豪勢)를 뽐낼 수 있을까 상도(想到)할 때 천도가 무심함을 다시금 개탄 않을 수 없는 것입니다. (…)

(「이 대통령에게 역이의 일언 2」, 『경향신문』 1948년 8월 3일)

독촉을 비롯한 이승만 지지세력 중에 우승규와 같은 입장이 상당히 있었을 것 같다. 미국이 남조선의 진로를 장악한 현실 위에서 이승만처럼 독립운동가로서 명망도 갖고 미국 사정도 잘 아는 사람을 앞세우는 것이 민족사회의 진로를 위해 순탄한 길이 될 것이라는 생각을 합리적 민족주의자가 가질 수 있었다. 이승만에 비해 김구는 독단적이고 편협하다는 인상을 준 일이 여러 번 있었고, 좌익은 음모를 좋아하는 성향을 많이 보여왔으며, 중간파는 좌익의 음모에 놀아나는 허약한 존재로 우승규 같은 사람들 눈에는 보일 수 있었다.

이승만 지지세력 중 '청류(淸流)'라 할 수 있는 온건한 민족주의자들은 정부 수립에 이르는 과정에서 이승만의 친일파 포용을 현 단계에서 불가피한 '권도(權道)'로 이해하려 애썼다. 좌익의 교란을 물리치고 정부 수립을 이루기 위해서는 경찰과 반동세력의 힘을 이용할 필요가 있다고 인정했다. 그러나 이제 정부가 세워져 '본색'을 드러낼 수 있게 된 단계에서 이승만이 드러낸 '본색'을 보고 납득할 수 없었다. 이승만의 주변 사람들보다 자신이 이승만에게 더 충성스럽다고 생각한 우승규 같은 사람은 붓을 빼앗겨야 했다.

"이범석 내각의 해부" 제1회에서 우승규는 이범석 총리를 다루고 제2회에서 윤치영 내무와 장택상 외무를 다뤘다. 제3회에서는 국방장관으로서 이범석을 다시 다뤘고, 지면에 오르지 못한 제4회에서는 임영신 상공을 다뤘다고 한다. 이범석에 대해서는 국방장관으로는 적격이지만 국무총리로서는 문제가 있다는 의견을 내놓았다.

우승규가 이범석 외에 윤치영, 장택상, 임영신을 제일 먼저 다룬 것은 가장 물의가 많은 인물이기 때문이었다. 발표된 글에서도(『경향신문』 1948년 8월 8일) 윤치영과 장택상을 거칠게 공격하지 않았다. 윤치영에 대해 "씨는 매우 사물에 밝고 처세술에 능하다 한다."며 이승만의 권총(眷寵)으로 발탁된 모양이라 하고 "극도로 혼탁하고 문란해진 이 나라의 기율과 질서를 바로잡아 놓을 치안의 총책임자로서의 윤씨"는 커다란 의문부 속에 잠겨 있다는 정도 표현으로 비판했다. 장택상에 대해서는 노리던 내무장관 자리를 잃은 것이 "평일의 인기는 높아도 덕망이 적은 때문"이 아닌가 하며 외무장관으로서는 "일국 외교의 담당자로까지 한 사람 몫을 할 수 있을까 하는 질문에 대해서는 아무도 쾌답을 하는 사람이 없는 것이 유감"이라고 했다.

우승규는 꽤 점잖은 말로 문제를 살짝 지적했지만 윤치영과 장택상은 비열한 인품으로 악명이 높던 사람들이었다. 임영신은 직함에 관계없이 이승만의 비서로 이미지가 굳어진 사람이었고 좋지 않은 소문의 주인공이기도 했다. 그래서 '여성 입각'이라는, 당시로서는 매우 진보적인 의미가 잘 부각되지 못했다. 이들은 능력과 적성 이전에 인품 수준에 문제가 있었기 때문에 그 초대 내각 입각을 여론이 개탄했던 것이다.

초대 장관 중 개별적으로는 상당한 기대를 모은 인물도 있었다. 예컨대 안호상 문교장관은 학계와 교육계에서만 활동해온 인물이기 때문에 참신한 문교정책을 기대하는 사람들이 있었고, 대한노총을 이끌어온 전진한 사회장관도 나름대로 노동 전문가로서 역량을 인정받는 편이었다. 가장 큰 기대를 모은 인물은 단연 조봉암 농림장관이었다. 8월 6일자 『경향신문』 「새 정부에 보내는 말」 중 대한농총 이평림(李平林)은 이렇게 말했다.

> "우리는 조봉암 농림부장관 취임을 환영한다. 그것은 그분의 과거 경력으로 보아 능히 혁명적으로 토지 문제를 해결할 수 있을 것이라고 기대되기 때문이다. 그리고 우리의 토지개혁에 대한 주장은 변함이 없이 유상몰수 유상분배를 요구하나 과정 중앙토지행정처의 입안인 현물세 2할 15년 연부에는 반대하며 우리는 현물세 2할5부로 5년 연부제를 요구한다."

같은 기사 안에서 상공회의소 전용순(全用淳) 회두(會頭)가 임영신

상공에 대해 "이 방면에 전혀 경험이 없는 분이 상공부장관으로 취임하게 된 데 대해서는 우리는 크게 낙담하지 않을 수 없다."며 "이러한 국사다난한 시절에 그런 분을 우리의 장관으로 모시게 된 것은 그분들은 무슨 생각이 있어서 그렇게 하였는지 몰라도 참으로 의외의 일"이라고 푸념한 것과 대조된다.

토지개혁은 '건국 주도세력'이 원하지 않는 것이었지만 회피할 수도 없는 과제였다. 새 정부의 가장 중요한 과제로 민생 안정, 남북통일, 친일파 척결과 함께 꼽히는 것이 토지개혁이었고, 조봉암은 그 과제에 적합한 인물로 널리 인정받는 사람이었다. 그는 불과 반 년 만에 장관직을 떠나게 되지만, 그사이에 토지개혁의 기초를 닦아놓았다. 1950년 전쟁 발발 직전에 시행된 토지개혁의 한계와 문제점이 많이 지적되어왔으나 그 정도 개혁을 이승만정권처럼 비개혁적인 정권에서 시행했다는 것은 기특한 일이라고 생각한다.

농림부장관으로서 조봉암의 존재감은 대단했다. 1948년 9월 14일 국회에 제출된 양곡매입법안은 정부 수립 후 가장 큰 국민의 지지를 받은 정책이었다. 아무리 엉터리 정부라도 우리 정부가 미군정보다 못할 수는 없다는 사실을 확인한 일이었다.

> 종래 일본 제국주의 착취의 발악인 미곡 공출제도가 해방 후 3년간 군정 아래 그대로 계속되었었는데 이번에 새 정부를 수립함을 계기로 이 공출제도를 그대로 계속하느냐 폐지하느냐 하는 문제로 사회에 큰 화제를 던져주고 있던바 새 농림장관으로 취임한 조봉암 씨는 소비자, 생산자, 학계 등 각 방면의 의견을 듣는 한편 신중히 이 문제를 검토한 결과 공출제도를 폐지하기로 결정하고 별항과 같은 양곡매입법안을 작성하여 14일 국회에 회부하였는데 이것이 통과되면 과

거 10년 동안 계속되던 강제공출제도는 완전히 자취를 감추게 될 것이다.

이번에 정부에서 제출한 양곡매입법안의 정신은 종래 실시하였던 일정한 수량을 할당하여 어느 날까지 내지 않으면 강제로 빼앗아가는 것과 같은 공출제도를 전폐하고 농민으로 하여금 자유로 언제든지 팔고 싶으면 팔도록 하며 값도 억울하지 않을 정도로 정부에 팔게 하며 소비자도 암취인(闇取引) 안 하고 배급쌀만 가지고 넉넉히 먹고살 수 있도록 하자는 데 있다고 한다. 그런데 정부에서 사들이는 값은 벼 일등미 한 가마에 1,200원에 보상물자까지 배급할 것이라고 하며 소비자는 3홉까지는 배급받을 수 있을 것이라 한다.

(「공출제도 드디어 폐지, 농민의 원성도 종차(從此)로 해소」, 『경향신문』 1948년 9월 15일)

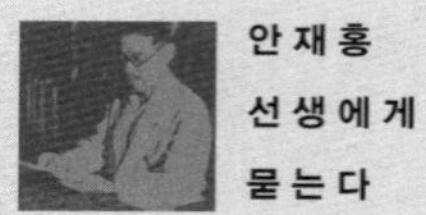

안재홍
선생에게
묻는다

'21세기의 민족주의'는?

김기협 | 지난 3년간 50회 가까이 선생님을 만나 좋은 말씀 많이 들었습니다. 고맙습니다. 이제 이 작업을 끝내면 그동안처럼 자리 갖춰 선생님 모시는 일은 그만두겠지만 남겨주신 글을 통해 계속 배우겠습니다.

안재홍 | "좋은 말씀"이라니, 당치도 않아요. 3년 동안 어두워지기만 해온 내 마음을 털어놓은 것이 어떻게 "좋은 말씀"일 수 있겠습니까. 김 선생이 꾸준히 들어준 덕분에 답답한 심중을 스스로 한 차례 차분히 들여다볼 수 있었던 것이 내게 고마운 일입니다.

김기협 | 마지막으로 모시는 자리니까 지난 3년을 전체적으로 돌아보고 장래를 전망하는 말씀을 듣고 싶습니다. 선생님의 가장 간절한 염원이 늘 민족국가를 세우는 것이었습니다. 8월 15일 대한민국 정부가 공포됨으로써 선생님의 염원이 이뤄진 면도 있고 그렇지 못한 면도 있는 것으로 보입니다.

안재홍 | 사람의 일이 어떻게 완전할 수 있겠습니까. 역사 공부에서 제일 먼저 깨우쳐야 할 것이 역사는 하나의 흐름이라는 사실입

니다. 거기에는 '완성'이란 것이 있을 수 없어요. 이뤄지는 것과 이뤄지지 못하는 것 사이의 긴장관계로부터 흐름이 일어나는 거죠.

3년 전 일본의 패망을 맞을 때도 우리 민족사회의 모든 문제가 완전히 해결될 수 있다는 환상을 가진 것은 아니었습니다. 하지만 지금 돌아보면 그 순간에는 역시 현실의 엄혹함에 대한 인식이 많이 마비되어 있었다는 생각이 듭니다. 원하는 것을 말조차 못하던 오랜 상황이 풀리는 그 순간의 황홀함에 도취되어버렸던 거죠.

김기협 | 그 당시에 충분히 인식하지 못했던 현실의 엄혹함을 그동안 확인해오면서 마음의 괴로움을 많이 겪으셨죠. 인식의 허점 중 어떤 것이 그중 심각한 것이었는가요?

안재홍 | '해방'이란 것이 일본의 패망이라는 한 가지 조건만으로 이뤄질 수 없는 것이라는 사실이 지금은 너무나 당연하게 보입니다. 그런데 당시에는 진정한 해방을 위한 조건이 안팎으로 미흡하다는 사실을 제대로 파악하지 못했어요.

외적인 문제부터 말하자면, 세계정세를 너무 몰랐어요. 카이로선언의 조선독립 약속이 어떤 뜻을 가진 건지 모른 채, 마치 불의의 시대가 가면 정의의 시대가 온다는, 무슨 유사종교 광신도 같은 믿음에 빠져 있었죠.

역사 공부한 사람으로서 그런 믿음에 조금이라도 빠졌다는 사실을 부끄럽게 생각합니다. 하지만 일본과 독일 제국주의의 죄악이 너무나 극심한 것이었기 때문에 인류 전체가 어느 정도 반성을 할 계기가 되지 않았나 하는 희망을 나도 가졌던 것입니다.

김기협 | 연합국으로 어깨를 나란히 하던 미국과 소련이 지금 서로 으르렁대는 모습을 보면, 지난 세계대전이 정의로운 연합국과 사악한 추축국 사이의 전쟁이었다는 생각은 할 수 없죠. 각자 자기네 국익을 추구하다가 추축국이라는 공동의 적 앞에서는 연합하고, 공동의 적이 사라진 뒤에는 조금의 양보도 없이 서로 싸우게 된 것일 뿐입니다.

세계대전의 성격을 그렇게 본다면 두 나라의 조선 점령도 조선 인민의 해방을 위한 것으로만 볼 수 없는 거죠. 결국 전쟁 때까지는 일본의 국익을 위한 일본 지배를 받다가 일본이 패망하자 미국과 소련의 국익을 위한 두 나라의 점령을 당하게 된 셈입니다.

그런데 두 나라의 조선 점령에는 큰 차이가 있었습니다. 남조선의 미군정은 총독부의 지배를 물려받아 일방적 통치로 일관한 반면 소련은 조선인의 자치 노력을 지원해주며 최대한 서둘러 통치권을 넘겨주었죠. 그 덕분에 북조선에는 남조선에 비해 민족주의자들이 마음을 붙일 만한 정권이 세워지고 있지 않습니까? 토지개혁과 민생 안정, 친일파 척결과 자주독립 등 여러 중요한 과제에서 이북이 앞서 있습니다. 그렇기 때문에 선생님이 누구보다 믿고 좋아하는 홍명희 선생, 이극로 선생 같은 분들이 넘어간 것 아닙니까?

선생님은 북조선이 민족국가 건설의 길을 잘 찾아가고 있다고 보십니까? 그리고 소련과 미국의 점령 방식 차이를 어떻게 보십니까?

안재홍 | 이남에서 잘되지 않는 일이 이북에서라도 잘되기를 바라는 마음은 간절합니다. 그리고 저만큼이라도 되어가는 것을 반갑게 생각하는 일들도 분명히 있습니다. 하지만 아무래도 마음이 놓이지 않는 문제가 있어요.

이북에서 여러 일이 잘 풀리는 가장 큰 원인이 통일전선, 즉 좌우합작의 성공에 있습니다. 김두봉 씨가 상징하는 민족주의 진영과 김일성 씨가 대표하는 공산주의 진영 사이의 협력이 원만하게 이뤄져 왔어요. 그런데 겉보기로는 원만하지만, 합작의 원칙이 분명하지 못합니다. 나는 어디까지, 너는 어디까지 양보한다는 원칙이 세워져 있지 않으면, 지금 당장은 원만하게 보여도 상황 변화에 따라 언제든지 무너질 수 있는 거죠.

공산주의자들이 술수와 책략을 너무 좋아한다는 신간회 이래의 내 인상이 지나친 편견일지도 모르죠. 일제의 모진 탄압 아래서의 지하운동 성향을 이제는 벗어나게 될지도 모르죠. 하지만 금년 들어 남북회담 과정을 봐도 그들의 책략지상주의는 별로 변한 것이 없습니다. 홍명희, 이극로 선생 모두 이북 정부 수립 앞에서 벌써 괴로운 입장에 빠져 있습니다.

소련과 미국의 점령 방식에는 분명히 차이가 있는데, 소련이 자기 국익을 양보하는 착한 나라라서 그런 것은 아니라고 봅니다. 이런저런 형편 때문에 그런 길을 택한 것일 뿐이죠. 흔히 '미 · 소 대결'이라 하지만 힘의 차이가 압도적입니다. 미국이 택하는 노선에 소련은 소극적으로 대응할 뿐이죠. 조선에서도 미국은 자기 힘으로 남조선을 지키겠다는 결연한 의지를 가진 반면, 소련은 북조선 확보에 국운을 걸 생각 없이, 조선인들에게 맡겨놓고 자기편에 붙어주면 좋겠다는 정도의 소극적 입장입니다.

김기협 | 진정한 해방을 위한 조건이 안팎으로 미흡하다고 하신 뒤에 외적 문제를 먼저 말씀해주셨습니다. 이번에는 내적 문제를 말씀해주시지요.

안재홍 | 인간사회의 어떤 현상도 내적 요인과 외적 요인이 얽혀서 일어나는 거죠. 40년 전 조선 망국도 그랬습니다. 일본의 침략이 결정적인 외적 요인이었죠. 당시 조선인이 시대 변화에 따라가지 못하고 있었다는 내적 요인은 그에 가려져 충분히 검토되지 못했습니다.

식민통치의 피해로 쌀을 빼앗기고, 노동력을 착취당하고 하는 식의 물질적 피해를 먼저 생각하기 쉬운데, 나는 조선인으로 하여금 과거를 반성하고 미래를 구상하지 못하게 한 정신적 피해가 더 크다고 봅니다. 어떤 사회든 자기 역사를 공부함으로써 과거를 반성해야 미래의 구상을 빚어낼 수 있습니다. 일본의 식민통치는 그런 노력을 철저히 틀어막았습니다.

3년 전 해방 때 조선사회가 미래에 대한 구상을 키워놓지 못하고 있었던 것이 그 결과였습니다. 40년 전 망국의 원인도 제대로 반성하지 못하고 있었고요. 나도 그제야 "신민족주의와 신민주주의"를 열심히 썼지만 역부족이었습니다. 지금 분단건국이라는 서글픈 결과에 이르기까지, 나쁜 뜻을 가진 자들이 너무 많았다는 문제보다 좋은 뜻을 가진 사람이 너무 적었다는 생각을 합니다.

김기협 | 분단건국은 민족 구성원 대다수가 원하지 않는 길입니다. "민심이 천심"이라는 말이 있는데, 어떻게 민심에 역행하는 일이 벌어지고 있는 걸까요? 일단은 정부가 갈라져 세워지더라도 통일의 길을 앞으로 찾아나갈 수 있을까요?

안재홍 | "천도(天道)는 무심(無心)"하다는 말도 있어요. 인민이 원하는 일이라 해서 저절로 이뤄지는 것이 아닙니다. 충분한 노력이 있지 않으면 천도는 그저 무심할 뿐입니다. 인민의 염원이 실천으로

나타날 때라야 민심이 천심일 수 있는 겁니다.

미국과 소련의 힘은 과거의 일본보다도 강합니다. 그래도 희망을 가진다면, 두 나라가 일본보다 멀리 떨어져 있기 때문에 일본처럼 악착스럽지는 않을 수 있다는 점과, 두 나라의 힘이 얽혀 있기 때문에 우리가 자세를 잘 잡기만 하면 그 힘에 휘둘리는 피해를 줄일 수 있다는 점을 생각할 수 있습니다.

지금까지 분단건국을 향해 걸어온 자세는 좋지 못했습니다. 두 나라의 힘으로 인한 피해를 최대한으로 받아들이는 자세였어요. 오히려 두 나라의 대결을 더 격화시키는 역할을 조선인이 맡아왔다고까지 할 수 있어요. 정부 수립 절차의 완결로 소소한 문제들이 정리된 뒤에는 자세를 바짝 가다듬으며 지금까지와 다른 길을 찾아야 합니다.

김기협 | 민족사회의 득실을 앞세워 생각하는 민족주의자의 입장이 현실에 제대로 반영되지 못한 것이 이 사회의 자세를 제대로 세우지 못하는 문제를 가져왔다고 봅니다. 그런데 단독정부 수립으로 민족주의자의 입장은 더욱 위축되지 않겠습니까? 이남의 경우 새 정부에서 반민족적 반동세력이 미군정 때보다도 더 큰 힘을 갖게 될 것 같습니다.

정부 요인의 면면만 봐도 그렇습니다. 이시영 부통령 외에는 민족주의 지도자가 보이지 않아요. 김병로 대법원장이 민족주의자로 꼽을 만한 인물이지만 그보다 합리주의자의 면모가 더 큰 분이죠. 신익희 국회의장과 이범석 국무총리는 임정에 종사하기는 했어도 지도자보다 야심가로 평판을 가진 인물들입니다. 더구나 이승만 대통령이 이시영 부통령의 의견을 조각에 전혀 참고하지 않아 그 점잖은 분이 화가 나서 사임을 생각할 정도였다니…….

안재홍 | 고르고 골라 최악의 상황을 벌이고 있습니다. 이런 상황에서는 민족주의가 악용될 위험까지 있어요. 인민의 통일 염원을 권력자들이 대결정책에 이용할 수 있다는 겁니다. 분단건국의 가능성이 떠오를 때부터 민족 간 내전의 위험을 생각하지 않을 수 없었습니다. 합쳐져 있어야 할 민족을 억지로 떼어놓았을 때, 그 합치려는 힘을 제대로 풀어내지 못하면 전쟁 같은 형태로도 터져나올 수 있는 거죠.

북쪽으로 간 분들은 그쪽 정부가 반민족적 노선으로 나가지 않도록 힘을 써야 할 것이고, 남쪽에 남은 우리는 이쪽 정부의 반동성을 견제해야 합니다. 그런데 저쪽 사정도 만만치 않겠지만, 이쪽 사정이 참 난감해보입니다.

민심이 정부에 비쳐지는 길이 너무 좁게 되어버렸어요. 국회에서 무소속구락부가 반민족행위처벌법을 추진하는 등 민심 반영에 나서고 있지만, 그 범위가 너무 좁습니다. 인민의 90퍼센트 이상이 바라는 일을 국회에서는 겨우 30퍼센트 의원들이 짊어지고 있으니…… 남북협상에 나선 분들의 5 · 10선거 보이콧에 아쉬움을 느낍니다. 선거의 정당성을 따지는 명분만이 아니라 어떤 상황에서라도 민심을 힘껏 받드는 성심도 중요한 것인데.

김기협 | 마지막 질문을 드리기 전에 가상 인터뷰의 규칙을 어기는 한 가지 고백을 하겠습니다. 지금으로부터 65년 후인 2013년 8월 15일까지도 민족통일이 이뤄지지 않고 있다는 사실입니다. 한 차례 전쟁으로 많은 희생과 고통을 겪고도 통일은 이뤄지지 않았고, 분단건국의 배경인 미 · 소 대결이 해소된 뒤로도 남북 간의 단절은 20년 이상 계속되고 있습니다. 요즘은 관계의 돌파구로 겨우 만들어놓은 개성공단조차 폐쇄 위협에 시달리고 있습니다.

지금의 분단건국이 앞으로 65년 이상 계속될 수 있으리라고 지금은 누구도 상상하기 어렵겠지요. 그러나 선생님은 역사를 공부한 분이니까 사실을 사실 그대로 받아들이실 수 있으리라 믿습니다. 분단의 시작을 목격한 입장에서 그 긴 분단을 겪은 후손들에게 당부하고 싶은 말씀을 부탁드립니다.

안재홍 | 65년…… 정말 상상하기 어려운 세월이군요. 그 세월의 의미를 잠깐 마음속으로 더듬어보겠습니다. (잠시 침묵)

지금으로부터 65년 전이라면 1883년. 임오군란, 갑신정변 시절이군요. 그때부터 지금까지 강산이 몇 번 변해왔는데, 그와 같은 세월을 분단 상태로 지낸다니……. (또 침묵)

65년 후의 세상에도 민족주의자들이 있겠죠. 통일이 안 되어 있다니 더더욱 마음이 뜨겁겠죠. 내가 65년 후 사람들에게 말을 건넨다면 다른 사람보다 그들에게나 건네야겠습니다.

마음을 누그러뜨릴 것을 권하고 싶습니다. 그들은 '통일'을 열망하겠죠. 그보다 '통합' 정도를 생각하라고 권하고 싶습니다. 65년은 결코 만만한 세월이 아닙니다. 그 세월을 필요한 만큼 존중해줘야 한다는 말씀입니다. 같은 시대를 사는 많은 사람이 분단 상태에 익숙해져 있을 것 아닙니까? '통일'을 불편해 하는 그들을 버리거나 맞설 생각을 한다면 '분단' 위에 '분열'까지 겹쳐질 겁니다.

한 차례 전쟁을 겪는다고 했지요. 조짐이 벌써 나타나고 있어요. 북쪽에서는 '국토 완정(完整)'을 말하기 시작했고, 이쪽 정부의 '남북통일'도 협상 아닌 무력에 의한 통일로 뉘앙스가 쏠리고 있습니다. 민족주의가 대결에 이용되는 거죠. "저쪽의 우리 동포들이 나쁜 정권 아래 신음하고 있으니 우리가 힘으로라도 풀어줘야 한다!"고. 단절이 계속되고 있다면 그런 식의 민족주의 이용도 틀림없이 계속되고 있을 겁니다.

지금의 민족주의자도 식민지시대와는 다른 민족주의를 생각할 필요가 있습니다. 그래서 '신민족주의' 얘기를 꺼낸 거죠. 제국주의시대 민족주의는 경쟁과 대결의 민족주의였고, 조선의 민족주의는 식민지 상태의 피해의식 때문에 그런 경향이 특히 심했습니다. 65년 후의 사람들은 민족 아끼는 마음을 우리보다는 조화와 협력을 중시하는 민족주의로 풀어내기 바랍니다.

김기협 | 네, 저도 '21세기의 민족주의'를 열심히 생각하겠습니다. 고맙습니다. 편히 쉬십시오.

일지로 보는 1948년 8월

- 1일 우편요금 인상
- 2일 식량배급의 감축으로 미가 앙등
- 5일 공보처장 김동성, 경무대를 대통령 관저로 사용한다고 발표
  제1차국무회의, 구미지역 대통령특사로 조병옥과 김활란 임명
- 6일 중앙선 열차전복 사고로 사상자 발생
- 10일 미터제 실시로 종래의 도량형기 사용 금지
- 11일 제6차 국무회의, 유엔 파견대표로 장면, 장기영, 김활란 결정
- 12일 군정장관 딘, 행정권이양 등 제반 문제 답변
  중국 국민정부 외교부장, 대한민국정부 승인 성명 발표
- 13일 하지, 미 국무성의 한국정부 승인 성명 전문 발표
- 15일 경전, 정부 수립 축하 꽃전차 운행
  로마교황 비오 12세, 정부 수립 축하 메시지 전달
  신정부 수립 기념우표와 담배 발매

연재를 끝내며

내일의 민족주의를 생각한다

연재를 끝내며*

내일의 민족주의를 생각한다

역사 공부의 목적은 역사를 잘 보기 위한 것이고, 잘 보는 데는 넓게 보는 길과 깊게 보는 길이 있습니다. 저는 넓게 보는 길을 좋아해서 지역과 시대에 구애받지 않고 문명의 흐름을 살피는 쪽으로 공부를 해왔습니다. 그런데 요 몇 해 동안 한국근현대사에 바짝 매달려 문명사 쪽 공부를 덮어놓고 지냈습니다. 좀이 쑤시기는 하지만, "해방일기" 작업 하나 제대로 해놓은 뒤에 보자고 꾹 참고 지냈죠.

그러다가 얼마 전 중등교원 상대의 강연에 초빙받아 오늘의 민족주의에 대한 생각을 한 차례 정리해봤습니다. 그러면서 문명의 흐름에 대한 생각이 몇 해 전보다 탄탄해진 것을 깨닫고 스스로 놀랐습니다.

어찌된 일일까 생각해보니, 제가 해방공간의 복원에 매달려 문명의 흐름을 의식에 떠올리지 않고 있는 동안 의식의 밑바닥에서 생각은 자라나고 있었던 겁니다. 해방공간을 바라보는 제 시선 밑바닥에도 문명의 흐름에 대한 생각이 늘 깔려 있었던 거죠.

공부가 깊으면 폭을 필요로 하고, 공부가 넓으면 깊이를 갖게 되는

---

* 이 글은 저자가 2013년 9월 2일 "해방일기" 독자를 대상으로 강연하고, 한국 현대사 연구자 후지이 다케시 선생과 토론한 내용을 정리한 것입니다.

것이 자연스러운 이치죠. 깊이에서 뒤처졌던 제 공부가 "해방일기"를 계기로 폭과 깊이의 균형을 어느 정도 갖추게 된 것이 아닌가 생각합니다.

그래서 "해방일기" 연재를 끝내는 인사로 그동안 자라온 민족주의에 관한 제 생각을 한 차례 정리해 독자들께 올릴 생각을 했습니다. 독자 여러분이 교사로서, 또는 어버이로서 다음 세대를 길러내는 역할에 도움을 드리고 싶다는 마음으로 정리했습니다.

민족주의 비판은 한민족의 실체를 부정하지 못한다

약 20년 전 '세계화'란 말이 부각되면서 '국가'와 '민족'을 낡은 개념으로 보는 풍조가 일어났습니다. 세계화는 거스를 수 없는 변화의 추세이며, 이에 저해되는 국가와 민족의 틀을 얼른 벗어나는 것이 이 변화 속에서 성공을 거두는 길이라는 인식을 많은 사람들이 갖게 되었죠. 그래서 자기가 속한 사회를 아끼는 마음을 가진 양심적 지식인들 중에도 '탈민족'을 바람직한 진보를 위한 과제로 여기는 이들이 나타났습니다.

그래서 "상상의 공동체", "발명된 전통" 같은 말이 유행했습니다. 1983년 출간된 두 권의 책에서 나온 말입니다. 베네딕트 앤더슨(Benedict Anderson)의 『상상의 공동체』(*Imagined Communities*)와 에릭 홉스봄(Eric Hobsbawm)과 테렌스 레인저(Terence Ranger)가 엮은 『전통의 발명』(*The Invention of Tradition*)입니다.

이들의 민족주의 비판은 중요한 담론입니다. 우리가 민족주의를 생각할 때도 꼭 염두에 두어야 할 것입니다. 그러나 그 비판의 대상과 논점을 정확하게 이해하지 않고 마구잡이로 받아들일 경우 폐단이 클 수 있습니다. 이들 서양 학자들의 비판이 서양 민족주의를 대상으로 한 것이라는 사실을 무엇보다 먼저 생각해야겠습니다.

근대 이전의 유럽에서는 '민족'에 큰 의미가 없었습니다. '국가'라 할 만한 대형 정치조직은 봉건적 계약관계로 맺어진 것이어서 언어와 문화를 공유하는 '민족'과 별 관계가 없었죠. 한 왕실이 여러 언어 쓰는 여러 민족을 지배하는 것도, 같은 언어 쓰는 같은 민족이 서로 다른 왕실의 지배를 받는 것도 중세유럽에서는 흔한 일이었습니다. 민족보다는 '기독교인'이란 정체성이 더 중시되었습니다.

그런데 17세기 이후 국민국가의 급속한 발달에 따라 각 민족의 문화와 전통을 서둘러 정비할 필요가 일어났습니다. 국가권력이 이 정비 작업을 서둘러 이끌어가는 과정에서 없는 것을 만들어내는 '발명'에 비슷한 무리한 작업이 진행되었지요. 무리하게 빚어진 민족주의가 제국주의시대에 들어와 많은 갈등의 촉매가 되고 심지어 유대인 대학살 같은 비인도적 현상까지 일으키자 그에 대한 반성으로 민족주의 비판이 일어나게 된 겁니다.

우리 민족의 역사와 전통을 여기에 비교해보세요. 정복자 윌리엄(William The Conqueror)이 잉글랜드를 정복할 무렵 한반도에는 민족국가 고려가 자리 잡고 있었고, 이 민족국가가 천 년 가까이 한반도 전역에 안정된 질서를 유지했습니다. 한민족은 세계에서 가장 길고 튼튼한 민족국가를 누려온 민족입니다.

이 민족국가의 존재가 민족문화의 발전을 뒷받침해주었습니다. 무엇보다도 15세기 초의 한글 창제에 깊은 뜻이 담겨 있습니다. 나는 한글이 세계에서 가장 일찍 만들어진 '근대적 민족문자'라고 생각합니다. 인구의 대다수가 문자를 향유하게 한다는 점에서 근대적인 것이고 민족문화를 담는 민족 고유의 문자라는 점에서 민족문자라고 하는 것입니다.

한민족의 문화는 민족문화로서 뚜렷함과 단단함이 매우 뛰어난 문화입니다. 근대에 들어와 갑자기 "발명된 전통"이 아니고, 이 문화를 공유하는 민족은 "상상의 공동체"가 아닙니다. 오래된 전통이고 실존의 공동체입니다.

하지만 그렇다 해서 한민족의 민족주의에 대한 반성이 전혀 필요 없는 것은 아닙니다. 『전통의 발명』에 다뤄진 메이지시대 일본의 사례를 살펴보면, 오랜 전통인 신도(神道)가 국가신도로 변형되는 과정에 분명히 '발명'의 의미가 있었습니다. 신도는 오래된 전통이지만 서양에게 배운 일본 '내셔널리즘'의 주축이 된 국가신도는 전통 신도와 크게 다른 것입니다. 메이지시대 이후 국가주의 형태로 표현되어온 일본인의 민족의식에는 유럽인의 내셔널리즘과 마찬가지로 조작되거나 과장된 점이 있습니다.

한민족의 민족의식도 마찬가지입니다. 물고기가 물을 의식하지 않고 사는 것처럼 민족의 의미를 크게 의식하지 않고 살던 한민족의 민족의식이 일본 내셔널리즘의 침략에 자극받아 갑자기 강렬한 표현의 필요를 느끼면서 근대 내셔널리즘의 형태를 받아들이게 되었습니다. 근대 내셔널리즘은 정상적 민족의식에 비해 현실을 왜곡하고 과장하는 특성을 가지는데, 조선에서는 침략당하는 입장의 피해의식 때문에 그 특성이 더욱 강했습니다.

근대 내셔널리즘의 가장 뚜렷한 특징은 '경쟁' 지향성이었습니다. 근대 이전 사람들은 인근의 다른 민족을 '우리와 다른 사람들'로 인식하면 됐지, 꼭 '우리보다 열등한 존재'로 볼 필요가 없었죠. 그런데 내셔널리스트는 다른 민족을 우리보다 우월한 존재나 열등한 존재로 파악해야만 직성이 풀립니다. '우승열패'의 근대적 인간관이 민족의식에도 적용된 겁니다.

식민지배로부터 해방될 때 식민지시대의 민족주의와는 다른 형태의 민족주의가 필요하게 되었다는 인식으로 '신민족주의' 이야기가 나왔습니다. 1945년 9월에 발표된 안재홍의 「신민족주의와 신민주주의」가 대표적인 논설이었죠. '경쟁'과 '정복'의 민족주의에서 '협력'과 '공존'의 민족주의로 나아간다는 지향성이 이 글에 나타났습니다.

그러나 반도 남북에 독재정권이 자리 잡음에 따라 민족주의의 자연스러운 발전이 다시 막혔습니다. 독재정권이 이용하기에는 편협하고 배타적인 민족주의가 편리했고, 그 때문에 한국 민족주의는 시대상황의 변화에 맞춰 발전하지 못했습니다. 그 결과 한국사회의 민족주의에는 '상상의 공동체'나 '발명된 전통'으로 반성할 요소들이 아직도 남아 있습니다. 남북 어느 쪽이나 마찬가지입니다.

오늘날 세계정세의 변화 추세에 비추어볼 때 근대 내셔널리즘의 경쟁적 · 독선적 세계관을 벗어날 필요는 분명합니다. 이 측면이 1970년대 이후 많이 이야기되어왔습니다. 그런데 다른 한편으로 근대적 개인주의를 넘어설 필요가 있으며, 민족주의와 같은 '네트워크 속의 소속감' 확충이 그를 위해 좋은 방도라는 점을 저는 생각하게 되었습니다. 요컨대 근대 내셔널리즘의 거품을 빼면서 자연스러운 수준의 민족주의를 살려내는 것을 진행 중인 세계적 변화 앞에서 우리 사회의 중요한 과제로 보는 것입니다.

개항기의 과제 '개화'는 부국강병형 근대화를 바라본 것이었다

이제 백여 년 전 망국의 상황을 한 차례 돌아보겠습니다. 망국의 원인으로 우리 사회에서는 흔히 쇄국정책 등 '개화'의 부진을 지목해왔습니다. 개화, 즉 서양식 근대화가 당시의 절대적 과제였는데 우리 선조들이 그 과제를 제대로 수행하지 못했기 때문에 일본의 침략을 당하게 되었다는 생각이 우리 사회를 오랫동안 지배해왔습니다.

그런데 서양식 근대화에 대한 반성이 1970년대 이후 서양에서 대대적으로 일어났습니다. 위에 소개한 앤더슨 등의 민족주의 비판도 그 맥락 속에서 나타난 것이죠. 특히 주목할 만한 것으로 에드워드 W. 사이드(Edward Wadi Said)의 『오리엔탈리즘』(*Orientalism*)이 있습니다. 근대 유럽의 가치기준이 지나치게 위세를 떨쳐온 현상을 지적한 것인데, 이 가치기준이 침략 대상자의 의식 속에 내면화되는 '거울 속의 오리엔탈리즘' 현상까지 지적했습니다. 우리 사회에서 개화를 절대적 과제로 생각해온 것도 이 현상에 포함되는 것이겠지요.

유럽의 근대화는 산업혁명을 주축으로 일어난 변화입니다. 산업혁명은 제조업의 급격한 발달을 중심으로 하는 현상입니다. 그런데 '근대화'가 꼭 그런 식이어야만 하는 걸까요? '근대화'란 중세적 질서의 해체에 대응하는 변화입니다. 꼭 산업혁명 방식이 아니더라도 중세적 질서를 대치하는 새로운 질서의 형성 방법에는 여러 가지가 있을 수 있는 것 아닐까요?

'자본주의 맹아론'이란 연구 분야가 있습니다. 중기 이후의 조선에서도 자본주의 원리의 발달 현상이 일어났다는 연구 결과가 제시되어왔는데, 조선뿐 아니라 유럽의 침략을 당했던 다른 지역에서도 자본주의적 현상이 많이 지적되어왔습니다.

'자본주의체제'란 자본의 힘이 질서의 중심축 노릇을 맡는 체제입니다. 극단으로 갈 경우 신자유주의체제처럼 자본의 힘을 사회질서의 거의 유일한 근거로 여길 수도 있는 겁니다. 그러나 자연스러운 사회형태 안에서는 자본의 힘이 사회질서를 구축하는 여러 힘 중 하나로서 다른 힘들과 어울리는 관계를 통해 작용하게 됩니다.

산업혁명 후의 서양사회에서는 자본의 힘이 차지하는 비중이 매우 커져서 자본주의체제가 성립했습니다. 10, 11세기의 중국이나 12, 13세기의 이슬람세계에서도 자본의 역할이 상당히 커진 일이 있었습니다. 유럽의 근대자본주의처럼 자본의 힘이 압도적인 역할에 이른 것은 아니었지만, 나름대로 '탈중세'의 의미를 가진 현상이었습니다.

중세에서 근대로의 변화는 한마디로 유동성의 증가입니다. 문명 발달은 인구 증가를 몰고 오는데, 인구밀도가 높아질수록 더 많은 사회 유동성이 필요합니다. 말하자면 사회구조가 고체 상태에서 액체 상태로 옮겨가는 거죠. 자본의 역할은 사회구조를 액체화하는 '용매'와 같은 것입니다. 일본의 중국사학자 미야자키 이치사다(宮崎市定)가 당나라를 무력(武力)국가, 송나라를 재정(財政)국가로 보는 관점을 제시한 것은 10세기를 전후한 중국사회의 탈중세 현상을 보여주는 것으로 이해됩니다.

그런데 고체의 액체화에도 여러 방식이 있는데, 1천 년 전 중국이나 이슬람세계에서 일어난 일은 빽빽한 반죽에 물을 조금씩 더 넣어 서서히 유동성을 늘리는 방식이었습니다. 반면 3백 년 전 유럽에서 산업혁명을 앞세워 일어난 근대화는 훨씬 격렬한 변화였죠. 반죽에 물을 넣는 게 아니라 물에 반죽을 넣는 격이었습니다.

중세체제에서 근대체제로 옮겨가는 여러 방식 사이의 경쟁에서 유럽의 '산업혁명형 근대화'가 압도적 우위를 보인 것이라 할 수 있습니다. 그 방법의 채택 여부에 따라 생산력과 군사력에서 엄청난 차이가 일어났기 때문에 지구상의 모든 사회가 패망과 순종 사이의 양자택일을 강요받는 상황이 벌어졌습니다. 그래서 '부국강병'을 내세우는 산업혁명형 근대화가 근대화의 유일한 방법처럼 인식되기에 이르렀고요.

개항기 조선의 절체절명의 과제처럼 여겨지는 '개화'도 이 산업혁명형 근대화를 말하는 겁니다. 일본은 개화에 성공해서 강국이 되었고 조선과 중국은 실패해서 침략 대상이 되었다는 인식이 아직까지도 강고하게 남아 있습니다.

완전히 잘못된 인식이라고 생각지는 않습니다. 단기적으로는 그런 개화가 분명히 중요한 과제였지요. 그러나 시각을 더 넓혀본다면 개화의 성패만으로 설명할 수 없는 일이 많아요. 제국주의 시절 일본 인민이 겪은 피해와 고통은 침략 대상인 조선과 중국 인민보다 덜하지 않았습니다. 그리고 뒤늦게 근대화에 '성공'한 한국의 경우, 바로 그 '성공' 때문에 더 큰 곤경에 처하게 되었다고 저는 봅니다.

이런 역설적 현상의 근본 원인이 자본주의체제의 모순에 있습니다. 유동성 극대화를 위해 개인을 파편화하고 그 사이의 경쟁을 극한으로 몰고 가는 자본주의 원리에는 낭비적 속성이 있습니다. 적정 수준을 넘어서는 경쟁은 낭비를 일으키니까요. 기술 발달로 인해 자원 공급이 급격히 늘어나는 상황에서는 이런 낭비적 구조가 허용되었습니다. 그러나 1970년대 이후 자원과 환경 문제가 심각하게 제기되고 있는 것은 그 한계를 말해주는 것입니다.

이렇게 변화의 큰 굴곡을 살피면서 백 년 전의 망국을 단순한 우발적 사고처럼 볼 일이 아니라는 생각을 합니다. 을사오적이니 뭐니 매국노 몇 놈에게 책임을 지울 일도 아니고 일본의 침략성만 탓할 일도 아닙니다. 세상이 변해가고 있는데, 그 변화가 어떤 변화인지 제대로 파악을 못하고서야 왕인들 왕 노릇 제대로 할 수 있고 신하인들 신하 노릇 제대로 할 수 있었겠습니까?

어찌 보면 세상의 변화를 제대로 읽지 못해 길을 잘 찾아나가지 못하는 문제는 지금까지 계속되고 있는 일일지도 모릅니다. 세상의 변화에 능동적으로 대응하지 못하는 문제가 20세기 초 망국의 장면에서만 한 차례 나타난 것이 아니고 세기 말 경제 고속성장에 집착하는 자세에 이르기까지 계속된 것이 아닌가 하는 생각이 지난 몇 년간 20세기 한국사를 살펴보면서 들었습니다. 어느 한 시점에 국한해서 그 자세의 타당성 여부를 따지기보다 100년간 이어져온 측면을 살핌으로써 그 의미를 더 잘 파악할 수도 있을 것 같습니다.

문명 전통의 단절은 소유의 상실을 넘어 존재의 상실이었다

백 년 전의 망국이 우리 민족사회에 실제로 어떤 변화를 가져왔는지 한 번 따져보죠. 당시 사람들에게는 조선이라는 왕조의 멸망이 제일 큰일로 보였겠죠. 왕조가 수백 년 동안 국민 생활의 모든 면에 작용해 온 역할을 생각하면 당연한 일입니다. 그래서 합방 당시 제일 뚜렷한 저항은 '대한제국'을 지키려는 방향으로 나타났죠.

그런데 불과 10년 후 3·1운동에서는 '대한민국'이 독립의 주체로 나타납니다. 대한제국은 사실 국가 노릇을 별로 잘하지 못하고 있었어요. 그래서 문을 닫자마자 사람들 마음속에서도 사라진 겁니다. 왕조가 제 노릇 잘못해서 문 닫는 것은 동아시아문명권에서 자주 있는 일은 아니라도 응당 있을 수 있는 일로 누구나 알고 있었습니다. 그러니 왕조의 멸망이란 당장 충격은 컸더라도 겉보기만큼 큰 의미를 가진 일은 아니었던 셈입니다.

왕조 멸망보다 후세의 우리 눈에 더 크게 보이는 것은 이민족 지배입니다. 민족국가 성립 이래 한민족은 이민족 지배를 받은 일이 거의 없어요. 임진왜란이나 병자호란 같은 큰 침략 때도 이민족 군대가 들어와 군사활동을 벌였을 뿐이지 지배체제를 만들지는 않았죠. 이민족 지배에 가장 가까운 경험이라면 13, 14세기의 몽골지배기인데, 간접 지배에 그친 것이기 때문에 '지배'가 아니라 '간섭'이란 말을 굳이 쓰기도 합니다.

그런데 일본의 조선 지배는 철저한 직접지배였습니다. 같은 시기에 인류의 절반이 식민 지배를 겪고 있었어도, 통치기구의 밑바닥까지 일본인 손에 장악하고 있던 조선처럼 철저한 직접지배는 유례가 드물었습니다.

조선은 일본이 아니더라도 누군가의 식민지가 되었을 것이라고 하는 말이 있는데, 저는 두 가지 의미에서 궤변이라고 합니다. 첫째, 일본처럼 조선을 먹고 싶어하는 나라가 없었어요. 가장 비근하게 지목하는 것이 러시아인데, 러시아도 만주의 이권 앞에서는 조선을 일본에게 선뜻 양보했습니다. 아관파천으로 얻은 유리한 입장을 활용하지 않았어요. 러일전쟁은 러시아가 조선을 넘봐서가 아니라 일본이 만주를 넘봐서 일어난 겁니다.

그리고 둘째, 설령 다른 나라 식민지가 됐더라도 일본 지배처럼 지독한 지배를 받지 않았을 겁니다. 대개의 지배국은 피지배국 사정을 잘 알지 못해서라도 웬만한 일은 현지인에게 맡깁니다. 조선처럼 통치기구의 과장급까지 현지인이 배제되는 식민통치는 문명수준이 훨씬 낮은 곳에서나 있었던 일입니다.

조선이 일본 통치 아래 근대화를 이뤘다고 하는 주장이 있는데, 근대화의 객체가 된 것이지 주체가 된 것이 아닙니다. 식민지배의 협력자 집단이 근년 중요한 연구대상이 되고 있는데, 조선의 친일파는 협력자라도 아주 수준 낮은 협력자였어요. 친일파 중의 친일파 박흥식이 천황 한 번 (단체로) 배알했다고 방방 뜨는 꼴을 봤다면 다른 곳 협력자들이 웃었을 겁니다. 해방 당시 근대적 제도의 운영 경험을 가진 사람이 적었다는 사실이 그 후의 발전에 큰 족쇄가 되었습니다.

이런 면을 살피다가 왕조의 멸망과 이민족 지배에 이어 망국의 세 번째 의미를 생각하게 됩니다. 문명 전통의 단절이라는 문제입니다.

어떤 문명이든지 나름의 질서를 갖고 있으며, 그 질서의 유지와 발전에 일차적 역할을 맡는 엘리트계층이 어떤 형태로든 존재합니다. 학식과 재산을 가진 엘리트계층은 자기 사회 안에서 특권을 누리기 때문에 그 특권을 지키기 위해서라도 질서의 유지와 발전에 공헌할 동기를 가집니다. 엘리트계층의 역할이 제도와 관습으로 안정되어 있는 사회는 어떤 변화 앞에서도 뛰어난 적응력을 발휘합니다.

우리 전통사회에서는 '선비' 또는 '양반'이란 이름의 엘리트계층이 있었습니다. '양반'이란 이름은 특권을 누리는 측면과 흔히 결부된 것이므로 '선비정신' 측면에 중점을 두고 보죠. 선비의 전통은 중국과 상당 부분 공유한 것인데, 송나라의 범중엄(范仲淹)이 선비정신을 잘 요약한 말이 있습니다. "선비는 천하의 걱정을 남보다 앞서서 하고 천하의 즐거움을 남보다 뒤에 누린다." 권리보다 책임을 먼저 생각하는 자세를 말한 것이죠.

선비의 일차적 기준은 학식입니다. 학식은 모든 경쟁에서 유리한 조건입니다. 그런데 학식이 많은 사람은 세상일을 넓고 깊게 보는 눈도 가졌습니다. 그래서 개인적 욕심을 채우는 데만 골몰하지 않고 세상이 잘 돌아가도록 하는 데도 힘을 쓰게 되죠. 크게 보면 그것이 자기 이익을 제대로 지키는 길이기도 합니다.

물론 현실 속에는 학식을 갖고도 자기 이익만 생각하려 드는 사람들이 있기 마련이지만, 그런 사람들이 부끄러움을 느끼게 하는 관습과 제도가 작동했습니다. 『예기』(禮記)에 "형벌은 대부에게 미치지 않고

(刑不上大夫) 예법은 서인에게까지 내려가지 않는다(禮不下庶人).”고 한 대목이 있죠. 피지배계층이 형벌에 대한 두려움으로 통제되는 반면 지배계층은 명예를 아끼는 마음에 따라 움직인다는 뜻입니다. 중국에서나 조선에서나 선비는 안보의 주체요, 공공성의 수호자였던 겁니다.

조선 후기의 정치 퇴화는 선비정신의 침체를 가져왔습니다. 정치투쟁이 목숨을 건 전쟁처럼 되면서 웬만큼 좋은 품성을 가진 사람들도 패거리 의식을 벗어나기 힘들게 되었어요. 생사 문제를 해결한 뒤에야 공공성을 챙길 여유를 가질 텐데 그런 여유가 자꾸 줄어들기만 했습니다. 19세기 들어서는 심지어 임금까지도 정치투쟁의 마당에서 선수로 뛰게 되었어요. 모든 국가권력이 사유화의 대상이 되어 공공성이 증발해버린 상태를 매관매직의 성행에서 확인할 수 있습니다.

이처럼 국가기능이 쇠퇴하면 왕조는 망하게 되고, 얼마 동안 혼란을 겪다가 선비계층의 풍토가 쇄신되면서 다음 왕조가 들어서는 것이 중국과 조선에서 반복해서 일어난 일입니다. 이것도 문명 전통의 일부로 볼 수 있는 것이죠. 그런데 이때 일본의 침략을 받으면서 정상적 경로를 벗어나 식민지로 전락해버리고 만 겁니다.

일본 식민지배가 일으킨 해악이 여러 가지 지적되어왔는데, 저는 선비정신의 억압이란 문제를 특히 중시합니다. 선비정신을 가진 사람들이 도태당하고 그런 것 안 가졌거나 버린 사람들이 혜택받는 상황이 수십 년간 펼쳐지는 가운데 우리가 '친일파'란 이름으로 떠올리는 유형의 집단이 재산과 고등교육을 집중적으로 향유하게 되었습니다.

선비정신이 한 차례 쇠퇴해도 혼란을 겪다보면 다시 되살아나는 것이 문명의 흐름입니다. 달이 기울었다가 다시 차는 것과 마찬가지죠. 그런데 조선 후기에 침체한 선비정신은 식민지시대를 겪으며 말살되고 말았습니다. 문명 전통의 단절은 소유의 상실을 넘어 존재의 상실이라는 의미를 가집니다. 그 사회의 생명의 원리를 잃어버리는 겁니다.

우리는 근대화의 주체였던가, 객체였던가?

'전통'의 의미에 생각을 모아보겠습니다. 전통을 근대화의 장애물로서 척결해야 할 대상으로 보는 생각이 많이 퍼져 있었습니다.

근대화를 무조건 좋은 것으로만 보는 관념은 한국인만 가졌던 것이 아닙니다. 산업혁명이 시작된 이래 부국강병에서 나타나는 그 놀라운 효과를 보며 그것을 따라가는 것을 유일한 활로로 여기는 근대화의 풍조가 유럽에서 일어나 전 세계로 퍼져나갔습니다.

근대화 진행과정의 각 단계에서 선발국과 후발국의 대비가 나타났습니다. 후발국은 열세 만회를 위해 서두를 필요를 느끼지 않을 수 없었죠. 그래서 근대화된 체제를 빨리 세우기 위해 기존 체제를 마구 때려부수는 현상이 일어났습니다. 도시재개발을 위해 옛 시가지를 뭉개버리는 것과 같은 일이죠.

근대화의 선발국 영국에서는 산업혁명이든 자본주의든 자기네 필요에 따라 자연스럽게 펼쳐진 현상이었습니다. 이웃에게 뒤지지 않으려고 이 악물고 억지로 한 일이 아니죠. 그래서 영국의 근대체제에는 전통의 연장이라는 측면이 크게 남아 있습니다. 의회제도만 보더라도 오늘날 기준으로는 불합리한 요소들이 많이 남아 있고 신분의식도 강합니다.

바로 그 뒤를 이은 프랑스나 네덜란드 같은 서유럽국가의 근대화 진행에는 영국에 뒤졌다는 조바심 때문에 다소 서두른 면이 있지만 그래도 전통의 연장이 꽤 이뤄졌습니다. 그보다 뒤진 독일, 그리고 더 뒤진 미국, 러시아, 일본 등 후발국으로 갈수록 전통의 연장이라는 측면이 더욱더 좁아지게 되었죠.

20세기로 넘어올 무렵까지 '열강'의 명단이 한 차례 작성되었습니다. 이 명단에 든 나라들은 선발국을 쳐다보며 열등감과 초조감에 쫓기면서도 한편으로는 자기 주변을 굽어보며 우월감을 느꼈습니다. 자존심을 지킬 여지가 있었던 거죠. 막차를 탄 일본의 메이지유신 과정에서 유행한 '탈아입구(脫亞入歐)' 구호가 전통 부정의 자세를 보여주기는 하지만, 몇 십 년 후 그 일본을 부러워한 중국 지식인들의 신문화운동에 나타난 극단적 유교 전통 부정과 달리 일본인은 전통을 옹호하는 고쿠가쿠(國學)를 한쪽으로 지켰습니다.

열강 대열에 들지 못한 나라들은 정복의 대상이 되었습니다. 피정복자들은 정복자들의 압도적 힘 앞에서 자기네 전통에 대한 자부심을 지키기 힘들었고, 정복자들은 지배를 쉽게 하기 위해 피정복사회의 전통을 열심히 파괴했습니다. 물질적 정복과 정신적 정복이 나란히 진행된 거죠. 식민지 조선이 겪은 일입니다.

일본의 세계대전 패전으로 일본인의 지배에서 벗어났지만 한국인이 이질적 문명의 지배로부터 완전히 벗어난 것이 아니었습니다. 남한을 점령한 미국은 자기네 영향력 확보를 위해 당시 한국인이 염원하던 민족주의-민주주의-사회주의 노선에서 벗어나는 정권을 세워주었고, 그 결과 한국인은 전쟁과 독재를 겪어야 했습니다.

독재정권은 지식인의 양심적 활동을 억압하는 일본 식민지배의 민족탄압 정책을 이어받았습니다. 독재정권 아래 특권을 누린 집단은 식민지시대의 친일파 집단과 거의 같은 속성을 갖게 되었죠. 전자의 집단이 후자 집단의 직계 후예라는 주장이 무성한 것은 그 동일한 속성 때문입니다. 정신적 후예라는 것은 틀림없는 사실입니다.

이 특권 집단은 독재정권 종식 이후 식민지배나 독재권력에 의지하지 않고도 자기 특권을 지키기 위해 사회 변화를 가로막는 역할을 계속해서 맡고 있습니다. 지금의 대한민국처럼 자기가 속한 사회를 보호하려는 유산계층과 유식계층의 노력이 미약한 사회는 인류 역사상 찾아보기 힘든 현상입니다. 이와 같은 엘리트계층의 타락은 패망을 피할 수 없는 조건입니다. 근로자와 사업가들이 아무리 생산에 힘을 써도 밑 빠진 독에 물 붓기와 같은 국부 유출이 지금도 진행되고 있고, 문화인들의 문화 활동도 민족문화의 성장과 발전으로 잘 이어지지 못하고 있습니다.

이런 위기상황에서 왜 전통의 의미를 돌아볼 필요가 있는지 생각을 돌려보죠. 우리 사회가 당해온 침략과 정복은 '개인의 파편화'를 통해 이뤄져왔습니다. 개항기 때 만국공법의 '만국평등' 원리를 내세워 동아시아 천하체제를 해체시킨 일을 생각해보세요. 일본 침략의 첫 번째 구호가 '조선 독립' 아니었습니까? 매국노 이완용이 독립문 현판을 쓴 사실이 그 사정을 단적으로 보여줍니다. 허구의 평등을 내세워 현실의 차등을 가려놓음으로써 천하체제의 결속력을 해체하고 손쉽게 각개격파에 나설 수 있었던 것입니다.

사회유동성 증가가 근대화의 기본 과제이기는 합니다. 그러나 해야 할 일이라 해서 꼭 한순간에 몽땅 해치워야 하는 것은 아니죠. 사회는 단순한 물질이 아니라 유기체의 속성을 가진 조직입니다. 유동성을 늘리더라도 적절한 속도로 적절한 수준까지 늘려야 건강을 유지할 수 있습니다.

유동성의 급격한 증가에는 부담이 따릅니다. 힘이 강한 사회는 이 부담을 힘이 약한 사회에 떠넘깁니다. 자기는 견딜 만한 정도로 완만하게 유동성을 늘리면서 다른 사회에는 주체성을 지킬 수 없는 급격한 유동화를 강요합니다. 그것이 바로 '정복'이죠. 정복당하는 사회에서도 근대화가 진행되는 것처럼 보이지만, 사실은 근대화를 '당하는' 겁니다. 근대화의 주체가 아니라 객체인 것입니다.

허구의 평등으로 현실의 차등을 감추는 것은 '만국평등'만이 아니라 '만인평등'의 구호를 놓고도 벌어진 일입니다. 피정복사회의 정복에 대한 저항력을 꺾기 위해 그 내부질서를 무너뜨리는 '이이제이(以夷制夷)'의 수법으로 평등의 이념이 이용된 것입니다. 오해 없기 바랍니다. 나는 평등한 사회를 바라는 사람입니다. 다만 그 평등이 사회구성원들의 꾸준한 노력을 통해 주체적으로 이뤄지기 바라며, 외부의 정복자가 던져준 평등이 내부질서 붕괴에 이용되는 것을 바라지 않는 것입니다.

20세기를 통해 우리 민족사회가 외부세력에게 당해온 침략의 중요한 본질이 강요된 유동성 증가에 있었다고 저는 봅니다. 파편화된 개인이 각자의 권리만을 주장하는 비생산적이고 불건강한 사회풍토, 안보의 주체와 공공성의 수호자로서 엘리트계층의 부재가 모두 성숙과정 없는 유동성 증가의 결과라고 생각합니다. 민족사회의 생명의 원리로서 전통이 꺾여버린 것입니다.

지금까지의 '근대'란 '가(假)근대'가 아니었을까?

산업혁명은 농업혁명에 이어 인류 역사상 두 번째 맞은 존재양식의 큰 변화입니다. 농업혁명 이전의 인류는 먹을 것을 자연에게서 '얻어먹는' 단계에 있었습니다. 주면 먹고, 안 주면 굶고. 농업혁명으로 '찾아먹는' 단계에 들어섰습니다. 자연이 던져주지 않아도 재주껏 먹이를 찾아 허기를 달래게 된 거죠. 그러다가 산업혁명은 '빼어먹는' 단계를 열어주었습니다. 자연을 변형 · 훼손시키면서 식량과 에너지를 뽑아내

욕심을 채우게 된 것입니다.

존재양식의 변화에 따라 사회의 조직 원리에도 변화의 필요가 일어납니다. 농업혁명 이전 인류의 개체수는 지구상에 1천만 이하로 추정됩니다. 몇 억이 되었을 때 산업혁명이 시작되어 지금은 70억에 이르렀습니다. 말 그대로 세계가 '좁아지는' 변화입니다. 좁아진 공간 안에서 어울려 살려면 사람들 사이에 관계를 맺는 방식도 달라져야 합니다.

중세 농업사회로, 그리고 근대 산업사회로 넘어오면서 유동성 증가가 필요하게 된 것은 이 까닭입니다. 농업혁명으로 채집 · 수렵사회에서 농업사회로 넘어올 때도 체제 변화가 필요했던 것은 물론입니다. 그런데 농업사회에 적합한 체제가 안정되는 데는 무척 긴 시간이 걸렸죠. 많은 시행착오를 거쳐 안정된 체제가 자리 잡은 것으로 이해됩니다.

농업사회에서 산업사회로의 전환에 따른 체제 변화에도 상당한 시간이 걸리는 것은 당연한 일입니다. 우리가 '근대체제'로 이해해온 자본주의-민주주의 체제가 사실은 산업사회에 가장 적합한 체제가 아니라 더 안정성 있는 체제를 모색하는 과정의 하나의 시행착오나 과도적 현상일 수도 있다는 생각이 듭니다.

1972년 로마클럽보고서 『성장의 한계』(*The Limits To Growth*)로 환경과 자원의 한계 문제가 부각된 이래 '지속가능성(sustainability)' 개념에 관심이 일어났습니다. 그 후 40년 동안 파국을 늦추기 위한 노력은 늘어나왔지만, 확실한 해결책은 나타나지 않았죠. 기존의 근대체제로는 해결이 불가능한 것이 아닌가 생각하는 이들이 늘어나고 있습니다.

'탈(脫)근대(postmodern)'란 말을 흔히 하는데, 저는 '본(本)근대'를 생각할 필요도 있다고 봅니다. '근대'가 '중세'처럼 상당기간 인류사회의 안정된 상태를 이루려면 지금까지 우리가 경험해온 근대보다 훨씬 지속성 있는 체제여야 할 것입니다. 그렇다면 지금까지의 근대를 '가(假)근대(pseudomodern)'로 볼 수도 있는 거죠. 꼭 이런 말을 쓴 논설을 아직까지 본 일이 없습니다만, 비슷한 맥락에서 '근대'의 개념을 재고하려는 시도는 꽤 보입니다. '가근대-본근대'를 하나의 가설로 내놓는 데는 별 문제가 없는 것 같습니다.

20세기 후반에 '탈근대'란 이름으로 시작된 변화를 '근대화'의 본단계로 볼 수 있지 않을까요? 지금까지 펼쳐진 근대를 완성된 근대로 보기 때문에 '탈근대'란 이름을 붙인 것인데, 돌이켜 생각하면 이 3백 년의 시기에는 인류사회가 안정된 체제를 구축한 것이라고 보기 힘듭니다. 농업문명 시작 때도 오랜 시간에 걸쳐 대형화된 전쟁이 세상을 휩쓸던 상황을 여러 문명권에서 확인할 수 있습니다. 농업사회 체제 정착에 그런 과도기가 필요했던 것처럼 산업사회 체제 정착에도 수백 년의 과도기가 필요했던 것 아닐까요?

과연 지금의 변화가 '탈근대'란 이름대로 전혀 새로운 방향으로 흘러가 또 한 차례 격변의 시대를 인류가 겪게 될지, 아니면 지금까지의 시행착오를 넘어선 진정한 '근대화'로 안정된 세계체제를 이룩하게 될지, 지금 바로 단정할 수 없는 문제입니다. 그러나 저는 생각을 '본근대' 쪽으로 한 차례 모아볼 필요가 있다고 생각합니다. 탈근대라면 '근대 이후'가 어떤 것이 될지 판단할 근거가 별로 없는 반면, '본근대'의 방향은 지금까지의 궤적에서 이어나가는 것으로 바라볼 수 있으니까요.

근대화의 본질은 사회유동성의 증가에 있습니다. 중세체제가 한계에 접근하며 유동성 대폭 증가의 필요가 느껴질 때 그 대책이 여러 방향으로 강구되었지요. 그중 유력한 대책으로 떠오른 것이 산업혁명을 앞세운 유럽식 근대화였습니다. 유동성을 일거에 급증시키는 극단적 대책인데, 어떤 변화든 변화 초기에는 극단적 대책이 흔히 통용되죠. 기존 체제 파괴라는 단기적 과제에 적합하기 때문입니다. 움직이는 시계추가 중간에 머물지 않고 반대편 끝까지 가는 것과 같은 원리입니다.

유동성의 급격한 증대는 많은 문제를 일으켰습니다. 유럽식 근대화가 궤도에 오르자마자 문제들이 인식되기 시작했기 때문에 공산주의, 사회주의, 제도주의 등 대응책이 나왔죠. 그러나 시계추가 관성을 가진 것처럼 기존 '근대화세력'이 반동력을 발휘했고, 그 결과 20세기 전반기 동안 두 차례 세계대전과 대공황을 겪었습니다.

20세기 후반 공산주의 확장은 유동성 억제 필요에 따른 현상이었는데, 이 역시 시계추가 지나치게 반대쪽으로 간 결과였습니다. 유동성을 너무 줄였던 거죠. 그에 비해 일부 유럽국에서 자본주의체제에 사회주의 원리를 가미하는 중도적 정책이 상당한 성과를 거뒀습니다. 환경보호와 자원 절약을 지표로 하는 중도적 정책이 유동성을 적정선에 조정함으로써 산업사회의 지속가능성을 늘려주는 효과적인 방향으로 인정받았습니다.

이 기본 방향에 거스르는 반동 노선이 신자유주의입니다. 신자유주의는 유동성의 극단적 증대를 제창합니다. 인간을 '이기적 존재'로 규정함으로써 파편화하는 데서 출발, 모든 인간적 가치를 자본의 가치에 종속시킴으로써 자본의 지배에 대한 일체의 저항을 없애는 데 목적을 둔 노선입니다. 소수 기득권 집단의 이익을 위해 세계가 움직여가는 자연스러운 방향의 반대쪽으로 매달리는 것이기 때문에 '반동 노선'이라고 하는 겁니다.

국내에서 '뉴라이트'의 이름으로 발표되어온 신자유주의 논설을 보면 해외의 신자유주의자들에 비해서도 표현이 무척 노골적입니다. 식민지시대를 겪은 사회에서 식민지 경험을 미화하는 주장이 이렇게 당당하게 횡행하는 것은 별난 일입니다. 타이완은 식민지로서 한국보다 훨씬 유리한 조건을 누렸지만, 그런 주장이 공론의 무대에 나서지 못합니다. 신자유주의 반동 노선에 대한 한국사회의 저항력이 매우 약하다는 사실을 알 수 있습니다.

저항력이 약한 문제는 문명 전통의 단절이 심한 데서 오는 것입니다. 단적인 문제가 엘리트계층의 부재현상입니다. 재산과 고등교육을 비교적 많이 누리는 계층이 한국사회처럼 바깥만 쳐다보고 있는 것은 정상적 현상이 아닙니다. 이 사회 안에서 문제를 해결하려는 노력이 너무 적습니다.

아인슈타인이 말한 '세계정부'의 실현을 바라본다

지금까지 우리가 생각해온 '근대화'가 산업사회 초입에서의 한 차례 방황이라고 본다면, 본단계의 근대화는 어떤 방향의 변화일지 무엇을 보고 판단할 수 있을까요? 저는 두 가지 지표를 생각합니다. 하나는 인간과 자연과의 관계이고 또 하나는 인간사회의 조직방법입니다. 물론 두 지표는 서로 얽힌 것입니다.

종래의 근대화에서는 자연과 인간의 관계에 아무런 절제나 균형을 생각지 않았습니다. 인간의 일방적 지배만 생각했지요. 인간의 권리만 생각하고 그 책임은 생각하지 않았습니다. 그래서 근대적 인간관에서는 인간의 책임보다 권리만 생각하게 되었고, 이에 입각한 근대사회 조직방법에서는 조화와 균형을 확보하는 메커니즘이 취약하게 된 것입니다.

"자연에 대한 인간의 지배라는 관념 자체가 인간에 대한 인간의 지배 때문에 성립되는 것"이라는 환경론자 머레이 북친(Murray Bookchin)의 말에 저는 공감하는데, 이 말을 뒤집어서 하면 더 중요한 뜻이 담길 수 있다고 봅니다. 자연과의 관계에서 균형감각을 잃은 것이 인간사회의 가치관 획일화와 극단적 분화현상을 불러온 것이라는 말씀입니다.

1945년 원폭 투하에 충격을 느낀 앨버트 아인슈타인(Albert Einstein)은 "인류와 문명을 구할 수 있는 유일한 길은 세계정부 창설에 달려 있다."고 했습니다. 현실성 없는 발언이란 비판에 이렇게 대꾸했다고 합니다. "세계정부라는 생각이 현실적이지 않다면 우리 미래에는 단 하나의 현실적 전망만 있을 뿐이다. 바로 인간에 의한 인간의 전면적 파괴다."

아인슈타인이 말한 '세계정부'란 국가정부가 국가 내의 질서에 책임을 가지는 것처럼 세계적 질서에 책임을 가지는 주체가 나타나는 '정치적 세계화'를 뜻하는 겁니다. 우리가 지난 20여 년간 이야기해온 '세계화'는 따져보면 '경제적 세계화'만을 뜻한 것입니다. 진정한 '세계주의(globalism)'를 바라본 것이 아니라 국가의 파괴를 통해 '개인주의(individualism)'를 확장하는 데 목적을 둔 것이었죠.

국가가 국민의 권리와 책임을 규정하고 보장하는 것처럼 구성원의 권리와 책임을 관리하는 세계정부의 존재가 인류문명의 지속을 위해 필요하다고 하는 아인슈타인의 주장은 지당한 것입니다. 그런데 그로부터 근 70년이 지난 지금까지 무정부상태가 계속되어온 가장 중요한 이유가 그동안 초강대국의 위치를 누려온 미국의 역할에 있다고 저는 생각합니다. 무정부상태 지속이 자국에 유리하다고 미국은 판단했고,

그러한 미국의 정책을 견제할 만한 힘이 지구상에 없었기 때문이라고 봅니다.

이 문제에 관한 미국의 입장을 보여주는 두드러진 특징 두 가지만 지적하겠습니다. 하나는 미국의 1인당 에너지 소비량(11.2킬로와트)이 세계 평균(2.1킬로와트)의 다섯 배가 넘는다는 사실이고(2011년 기준), 또 하나는 개인의 총기 보유가 허용된다는 사실입니다. 미국은 세계체제의 지속가능성을 위협하는 턱없이 높은 자원소비 수준을 계속해온 나라고, 문명국답지 않게 힘의 원리에 거의 아무런 절제를 가하지 않는 나라입니다.

2008년의 금융공황은 미국 패권주의 중심의 세계적 무정부상태가 한계점에 도달했다는 신호였습니다. 중국의 정책 선택이 미국의 정책 선택에 상당한 압박을 가하는 상황이 그 시점부터 시작되었죠. 그 압박의 수준은 냉전시대의 소련보다 훨씬 더 심대한 것이고, 지금도 계속 커지고 있습니다. 변화의 추세를 외면하는 미국의 정치적 관성 때문에 대안으로 떠오르는 중국의 입장이 반사적으로 강화되는 형국입니다.

중국 역시 힘을 키우면 패권주의 성향을 나타낼 걱정이 있다고도 합니다. 이미 패권주의 성향을 드러내고 있다는 지적도 있습니다. 그러나 미국의 패권주의와 비슷한 것이 될 염려는 없다고 봅니다. 미국이 전 세계를 상대로 '갑을관계'를 맺은 것 같은 압도적인 힘을 중국이 가지게 될 것 같지는 않고, 중국이 미국과 달리 문명의 전통을 가진 나라라는 점도 생각해야 합니다. 유럽식 근대화의 출발에 맞춰 만들어진 미국이라는 나라는 유동성 과잉 시대의 산물로서 절제의 메커니즘이 태생적으로 취약한 사회입니다. 중국이 설령 큰 힘을 갖게 되더라도 홉스봄이 말한 '극단의 시대'를 답습하려 하지는 않을 것입니다.

'세계정부'는 이미 만들어지기 시작한 것으로 볼 수도 있습니다. 근대국가처럼 꼭 확고한 체제를 가져야 하는 것이 아닙니다. 많은 조약과 협약의 집합체 형태가 될 수도 있습니다. 자원과 환경에 관한 협약의 확대와 강화를 위한 노력에 대해 지금까지 미국의 저항이 뚜렷했지요. 미국의 저항력은 그동안 약해져왔고, 앞으로도 계속 약해질 것입니다.

70년 전 아인슈타인이 말한 '당위'가 이제 '현실'이 되고 있습니다. 얼마나 뚜렷한 현실이 언제까지 이뤄질지 장담하지 못해도, 지금까지의 전 지구적 무정부상태와 다른 상황이 펼쳐질 것은 분명합니다. 무조건적 절대자유가 누구에게도 허용되지 않고, 자연과의 관계에서나 인간관계에서나 '절제'가 보편적으로 요구되는 상황을 내다봅니다.

산업사회가 지구의 한 모퉁이에 만들어지기 시작했을 때 산업화 선발주자들의 세계정복에는 아무런 거침이 없었습니다. 그들의 세계정복은 인간의 자연정복과 짝을 이루는 변화였습니다. 2중 구조의 이 정복사업은 균형과 조화를 고려할 필요 없이 일방적으로 3백 년간 진행되었습니다. 1980년대 중국의 개혁 · 개방에 뒤이은 급속한 산업화는 이 정복사업의 한 차례 완성을 가져오면서 세계가 그다음 단계에 직면하도록 만들었습니다.

미국 신자유주의자들은 온 세계를 향해 "억울하면 출세하라!"고 외쳐왔습니다. 자기네의 자원낭비 라이프스타일을 모든 인류에게 따라하라고 권해왔습니다. 그런데 막상 13억 중국인과 11억 인도인이 정말 그 라이프스타일을 그대로 따라 한다면? 걷잡을 수 없는 파국이 명약관화합니다.

자연의 제약을 무시하던 인류의 오만을 버릴 때가 되었습니다. 그 오만으로 빚어진 절대자유와 절대인권의 환상이 98퍼센트에 대한 2퍼센트의 지배를 뒷받침해왔다는 사실도 밝혀지고 있습니다. 자연의 제약을 순순히 받아들인다면 인간사회의 조직 원리도 자유와 인권에 대해 보다 겸손한 태도를 취하게 될 것입니다. 균형과 조화가 중시되는 새로운 세계체제의 필요성이 현실정치에 얽매이지 않은 아인슈타인의 눈에는 너무나 당연한 것이었습니다.

속박이란 거부할 것이 아니라 선택해야 하는 것이다

정치적 세계화를 바라보는 움직임은 '국제주의(internationalism)'란 이름으로 나타나왔습니다. 그 이념을 아인슈타인은 '세계정부'로 표현했지만 그보다 '세계연방'이란 말이 더 많이 쓰입니다. 국제주의는 민족주의와 맞서는 것도 아니고 기존 주권국가의 폐지를 주장하는 것도 아닙니다. 민족주의와 주권국가를 부정하는 것이라면 국제주의가 아니라 '사해동포주의(cosmopolitanism)'의 범주에 들어갈 것입니다.

앞으로 나타날 세계정부가 형태에서는 지금의 유엔보다 더 치밀한 조직을 당장 필요로 할 것 같지 않습니다. 국제주의가 한껏 고양된 시점에서 유엔이 탄생했기 때문에 세계정부의 전망이 유엔 조직에 많이 담겨 있었죠. 그 후 미국 패권의 부각에 따라 유엔의 세계정부 조직이 공동화(空洞化)하고 만 것입니다. 세계정부 형성은 유엔을 중심으로 국제적 조약과 협약이 확대·강화되는 과정을 통해 진행될 것으로 기대합니다.

형태가 어떠하든 세계정부 형성이란 전 지구적 차원의 공공성 확충을 의미합니다. 어떤 문명, 어떤 사회에서든 지속가능성은 공공성에 바탕을 둡니다. 주먹의 힘이든 돈의 힘이든 정보의 힘이든 힘의 작용에 절제를 가하는 것이 공공성입니다. 절제 없이 힘이 날뛰는 정글 상태에서는 어느 문명이나 사회도 오래갈 수 없습니다.

농업혁명이나 산업혁명처럼 거대한 변화에는 상당 기간의 과도기가 필요합니다. 새 체제의 건설보다 옛 체제의 파괴에 주력하는 기간입니다. 대형전쟁 등 낭비적이고 불합리한 현상이 많이 일어나지만 자원 공급의 급격한 증가 덕분에 당분간 계속됩니다. 이 단계에서는 공공성의 원리가 극도로 약화됩니다. 그러나 자원 공급 증가 추세는 시간이 지남에 따라 완화하게 되어 있고, 그에 따라 공공성이 회복된 안정적인 체제가 자리 잡게 됩니다.

근대적 현상의 핵심 요소로 꼽혀온 개인주의가 과도기의 특징입니다. 개인주의는 원자론적 세계관에 근거를 둔 것입니다. 공공성의 확충은 원자론적 세계관으로부터 유기론적 세계관으로의 전환을 뜻합니다. 원자론적 세계관이 뒷받침하는 절대적 자유와 절대적 인권의 관념이 유기론적 세계관으로는 상대화의 대상이 됩니다. 자유도 인권도 현실의 인간관계 속에서 제한된 의미를 갖게 되는 겁니다.

'멋진 신세계'의 꿈을 잃는 것이 고통스럽게 느껴집니까? 그렇다면 '인간'이 역사를 통해 실제 어떤 형태로 존재해왔는지 한 번 생각해보세요. 전제체제니 봉건체제니 속박 속에 살던 상태를 근대인은 미개한 것이었다고 깔보지만, 인간을 포함한 모든 생물종이 상당한 속박 속에서 살아갈 특성을 진화시켜왔습니다. 그런 특성 없이는 자연조건의 속박 속에 살아남을 수 없으니까요.

절대인권과 절대자유는 마치 인간이 자연조건의 속박에서 완전히 벗어난 것처럼 생각한 환상의 산물입니다. 사람들이 그 환상에 빠져 문명 발생 이래 사회를 보호해온 공공성의 원리를 잊어버렸을 때 힘을 가진 집단이 아무 견제 없이 힘을 휘두를 수 있었고 그로 인해 대형전쟁을 비롯한 온갖 '근대적' 참극이 일어났습니다.

환상을 버리고 속박을 받아들여야 합니다. 문제는 어떤 성격, 어떤 수준의 속박을 어떤 방법으로 받아들이느냐 하는 겁니다. 적합한 방법을 찾지 못하면 공공성이 확충된 새 체제가 지옥처럼 느껴질 수도 있을 것이고, 적합한 방법을 찾는다면 인간의 본성을 지키면서 나름대로 만족스러운 생존과 생활의 양식을 추구할 수 있을 것입니다. 일단, 환상에 대한 지나친 집착은 최악의 결과를 가져올 것이 분명합니다.

근대화 시작 이래 파기 대상이 되었던 '전통'의 재발견이 중요한 일입니다. 근대화 이전 긴 시간에 걸쳐 농업사회가 운영되어온 원리가 바로 전통입니다. 자연조건이 주는 제약과 그 제약에서 비롯되는 인간 사이의 억압을 가능한 한 가볍고 편안하게 받아들이려는 노력이 전통 속에 담겨 있습니다. 이제 산업사회의 정상상태를 바라보기 위해서는 농업사회의 정상상태를 참고로 할 필요가 있습니다. '정상상태'라는 공통점 위에서 '전환기'와의 차이점을 확인할 수 있으니까요.

세계정부 체제는 지금까지의 근대국가처럼 하나의 정부가 모든 국민을 개인으로 상대하는 체제가 아닐 겁니다. 봉건체제처럼 지지와 보호를 교환하는 계약관계가 중층적으로 맺어지는 유기적 관계가 될 것으로 생각됩니다. 그런 유기적 관계 속에서는 파편화된 개인으로 존재하는 구성원보다 안정된 공동체를 가진 구성원들이 유리한 조건을 누릴 것입니다.

공동체의 가치가 자본주의체제 안에서도 부각되기 시작하는 추세를 눈여겨볼 필요가 있습니다. 애덤 스미스(Adam Smith)는 『국부론』(*The Wealth of Nations*)에서 자본의 네 가지 형태로 토지, 건물, 기계와 함께 '인간 자본'을 꼽았지요. 이 인간 자본이 인간 자체가 아니라 생산에 공헌하는 인간의 능력, 즉 그 물질적 측면만을 가리키는 것으로 오랫동안 해석되어왔는데, 근년의 '사회적 자본' 탐구는 인간 자본의 의미를 점점 더 넓게 바라보고 있습니다.

로버트 퍼트넘(Robert David Putnam)의 『나 홀로 볼링』(*Bowling Alone*)은 사회적 자본으로서 '네트워크'의 중요성을 부각시킨 책입니다. 사회적 자본의 형태를 '본딩(bonding)'과 '브리징(bridging)'으로 구분한 점이 이 책에서 특히 주목을 끕니다. 본딩은 동질적 집단 내의 유대감이고, 브리징은 이질적 집단들 사이의 연대감입니다. 대표적인 본딩 조직은 조폭이고, 브리징 조직은 자원봉사나 취미활동 등 금전적 이익을 목적으로 하지 않는 단체에서 나타납니다.

두 가지 조직력의 적절한 배합이 사회적 자본의 확충을 위해 바람직한 것이라고 퍼트넘은 설명합니다. 각 집단 내에 적정 수준의 본딩 조직력을 가지면서 다른 집단들 사이에도 집단이기주의를 뛰어넘는 브리징 조직력을 가지는 것이 개인, 집단, 사회의 이해관계를 잘 조화시킬 수 있는 조건이며, 또한 경제발전을 순조롭게 해주는 조건이라는 거죠.

어느 집단이든 조직력을 가진다는 것은 구성원들이 조직의 목적을 위해 희생과 양보를 할 때 가능한 것입니다. 그 희생과 양보의 중요한 내용이 개인의 자유와 권리입니다. 유기론적 세계체제 안에서는 여러 층위에서 맺어지는 이런 관계가 네트워크를 이루게 될 텐데, 그 기본 원리의 한 모퉁이를 퍼트넘이 보여준 것입니다. 자본주의체제 자체도 이런 방향의 변화를 내다보지 않을 수 없는 상황입니다.

어떤 체제 안에서도 각 개인은 속박을 적게 받기 위해 노력합니다. 그러나 모든 속박을 거부할 수 있다는 환상은 오히려 불필요한 속박까지 가져올 수 있다는 사실을 현실은 보여주고 있습니다. 대다수 사람들이 환상을 벗어나, 자신의 인간성 발현을 근본적으로 가로막지 않는 적절한 형태와 적절한 수준의 속박을 선택할 때 아인슈타인의 세계정부가 실현될 것입니다.

'근교원공'의 시대는 어떤 변화를 가져올 것인가?

전국시대 후기까지도 이웃 나라보다 멀리 떨어져 있는 나라끼리 전쟁을 벌이는 일이 많았습니다. 생산력 발달에 따라 군대가 커지고 군량이 쌓여 전쟁 벌일 여력이 생기기는 했지만 전면전이 되기 쉬운 이웃 나라끼리의 전쟁은 꺼리는 경향이 있었던 거죠. 제한된 규모의 원정군을 보내 제한된 범위의 전쟁을 벌이는 이런 경향을 '근교원공(近交遠攻)'이라 했습니다.

그런데 어느 날 진(秦)나라가 '원교근공(遠交近攻)'으로 정책을 바꿨습니다. 소양왕(기원전 306~251년 재위)이 범수(范雎)의 헌책을 받아들인 것이라고 전해지는데, 먼 나라와의 전쟁을 삼가면서 이웃 나라 공략에 국력을 집중하는 정책이었죠. 소양왕이 이 정책을 채택한 후 50년이 안 되어 진나라가 천하를 통일하기에 이릅니다.

전쟁은 파괴적이고 소모적인 사업입니다. 아무리 적이 밉더라도 가용자원에 한계가 있으면 전쟁을 쉽게 벌일 수 없고, 벌여도 오래 계속할 수 없지요. 춘추시대의 '계절존망(繼絶存亡)'은 전쟁을 적게 하고 작게 하는 질서의 원리였습니다. 전국시대의 급격한 생산력 발전이 '전국(戰國)'시대를 가능하게 하고, 마침내 정복전쟁을 통한 천하통일에 이른 것입니다. 그 마지막 단계가 '원교근공', 즉 총체적 전면전의 시기였습니다.

진시황의 천하통일은 진나라의 강한 힘만이 아니라 당시 인민의 평화 염원 덕분에 가능했던 것이라고 저는 생각합니다. 그리고 그 염원의 바탕에는 자원의 한계에 대한 인식이 깔려 있었으리라고 생각합니다. 평화에 대한 염원이 충분히 크지 않았다면 진나라에 대항하는 각국의 전쟁 노력이 더 끈질기게 지속되었을 겁니다.

그런데 진시황의 통일로 안정된 평화가 바로 이뤄진 것이 아니죠. 1백 년 후 한무제(기원전 141~87년 재위) 때 흉노 정벌을 거쳐 어느 정도 안정된 천하체제가 자리 잡았다고 저는 봅니다. 전국시대를 벗어나고도 새로운 안정을 얻기까지 1백 년의 시간이 걸린 거죠.

중국의 전국시대 3백 년과 비슷한 것이 지금까지의 근대 3백 년입니다. 전쟁이 많아지고 커지다가 결국 총체적 전면전의 시기까지 겪었습니다. 산업혁명의 생산력 발전이 가능하게 해준 일입니다. 이 유추를 더 이어나간다면, 제2차 세계대전으로 미국의 패권이 세워진 것을 진시황의 통일과 비슷한 단계로 볼 수 있을까요? 그렇게 본다면 냉전시대 소련의 역할을 한나라 초기의 흉노와 비겨볼 수 있을지도 모르겠습니다.

다시 원교근공과 근교원공의 비교로 돌아가보죠. 원교근공은 지극히 소모적인 정책이었습니다. 패권 추구 세력이 방대한 자원을 동원할 수 있을 때 이 정책을 구사할 수 있었고, 그 결과는 문자 그대로 '우승열패', '적자생존'을 통한 패권 통합이었습니다.

세계대전은 자원공급의 한계 앞에서 원교근공의 양상으로 벌어졌습니다. 멀리 떨어진 나라들끼리 손잡고 이웃 나라들과 전면전을 벌였습니다. 세계대전이 끝난 후 냉전 단계에서도 이 양상은 계속되었습니다. 지구 반대쪽에 있는 나라와 '혈맹' 관계를 맺고 같은 민족과 이웃 나라를 원수처럼 대한 한국은 그 가장 대표적 사례의 하나였죠.

그러나 냉전체제 안에서도 근교원공의 양상으로 바뀌는 변화가 일어나기 시작했고, 냉전 종식을 계기로 그 흐름이 커지고 강해졌습니다. 유럽통합이 가장 두드러진 사례입니다. 냉전기의 동·서 대결만이 아니라 제국주의시대의 민족국가 대결까지 극복하고 초국가적 국제질서를 도입하는 노력이 꾸준히 진행되고 있습니다.

새뮤얼 헌팅턴(Samuel Huntington)이 『문명의 충돌』(*The Clash Clash of Civilizations and the Remaking of World Order*)에서 말한 문명권의 통합 추세가 바로 근교원공의 원리에 따라 일어나는 현상입니다. 유럽 기독교문명권만이 아니라 다른 문명권에서도 통합 추세는 분명히 나타나고 있죠. 그런 추세에서 유럽 통합이 가장 앞서 나가는 것은 근교원공의 실익(實益)을 가장 투철하게 인식하기 때문일 겁니다. 원교근공의 폐단을 가장 철저하게 겪은 지역이니까 인식이 투철하지 않을 수 없는 거죠.

문명권 통합의 추세는 한국을 둘러싸고도 진행되어왔습니다. 중국과의 교류 확대가 단적인 예죠. 한국사회는 냉전시대의 의식 상태를 벗어나는 데 뒤졌기 때문에 근교원공의 원리를 능동적으로 추구하지 않았습니다. 목전의 경제적 이익만을 보고 중국과의 교류를 늘려온 거죠. 지구 반대쪽과의 무역보다 이웃 나라와의 무역에 이로운 점이 많다는, 너무나 자명한 사실은 그 과정에서 스스로 드러나왔습니다.

이제 와서야 '인문(人文) 유대' 같은 이야기가 나오고 있습니다. 이웃과의 긴밀한 관계를 능동적으로 추구할 필요가 비로소 인식되기 시작한 거죠. 아직도 물적 교류가 늘어난 현실을 따라오지 못하는 미약한 인식으로 보이기는 하지만, 이 인식은 앞으로 자라날 수밖에 없습니다. 미사일방어망(MD) 참여를 비롯한 반동·수구적 정책이 얼마나 자해적인 것인지도 곧 깨닫게 되겠죠.

이런 상황에서 중국보다도 더 가까운 이웃, 북한과의 관계를 생각하지 않을 수 없습니다. 북한을 '이웃'이라고 부르는 데 반감을 느끼는 분들도 계시겠죠. 저는 세상에서 제일 가까운 부부간에도 '이웃'을 대하는 것 같은 조심성을 가지는 것이 바람직하다고 생각합니다. "부부간이니까" 아무렇게 대해도 된다는 방심이 관계를 해칠 위험이 있습니다. 조심할 일은 조심하면서 관용과 배려의 마음이 저절로 일어나기를 바라는 편이 좋지요.

북한인과 한국인은 같은 민족이지만 오랫동안 격리되어 서로 다른 방식으로 살아오면서 서로 다른 사고방식과 행동양식에 익숙해져 있습니다. 지금의 서로 다른 점을 비판하기보다 관용하면서 앞으로 관계를 키우며 더 많은 경험을 공유하다 보면 민족으로써 통하는 점들이 살아나게 될 겁니다. 그런 의미에서 저는 '통일'이란 말도 마음속에 묻어두고 싶습니다. 너무 큰 욕심을 담은 그 말보다 '통합' 정도에 노력을 모으며 통일의 씨앗이 스스로 자라나기를 기다리는 마음을 갖고 싶습니다.

닫네 마네 말이 많았지만, 저는 개성공단을 만들어낸 남과 북의 여러 관계자들에게 경의를 표합니다. 북한과의 관계에도 근교원공 원리의 적용이 바람직한 것이고 또 가능한 것이라는 사실을 개성공단이 분명히 보여줘왔습니다. 공단 폐쇄를 비롯해 남북관계를 경색시키고 싶어하는 세력이 여러 해 동안 정권을 끼고 획책해왔음에도 공단을 쉽게 없애지 못한 것은 그것이 자해행위라는 사실이 너무나 명백하기 때문입니다.

지금 단계에서는 남북관계의 특수성을 내세우기보다 근교원공 원리의 연장선 위에 우선 세워놓는 것이 중요한 일이라고 봅니다. 중국과의 긴밀한 관계도 굳이 목표로 내걸지 않은 채 경제적 득실만 따라오면서 오늘에 이르지 않았습니까? 북한과의 관계도 같은 기준으로 운영해가다 보면 근교원공 원리의 실익이 저절로 드러날 것이고, 그런 뒤에는 그 특수한 의미도 생각할 여유가 생길 겁니다.

맺는말: 우리 후손들은 우리보다 좋은 세상을 살았으면

앞으로의 세상에서는 속박을 어느 정도 감수하며 사는 자세가 필요할 것이라는 의견을 말씀드렸습니다. 한 번 제 블로그에 이런 의견을 적었을 때 독자 한 분이 댓글을 달아주셨습니다. 경제적 양보나 사회보장의 축소는 어느 정도 받아들일 수 있지만 '자유의 축소'는 양보도 안 되고 이해도 가지 않는다는 말씀이었습니다.

그분 마음을 이해할 수 있습니다. 사치를 좀 줄이는 것은 물론, 다소의 곤궁에 시달린다 해도 인간의 품격을 지키는 데 결정적인 문제는 없을 것 같습니다. 그러나 자유가 없는 인생이라면 인간다운 삶이 되지 못할 것 같습니다. 경제적 여유보다 정치적 자유가 더 본질적인 '인간의 조건'인 것처럼 생각됩니다.

그러나 저는 이렇게 대답했어요. "자유도 재정이나 마찬가지로 절약도 가능하고 긴축운영도 가능한 것"으로 생각한다고요. 자유가 조금도 없는 인생은 분명히 인간다운 삶이 못 됩니다. 그러나 무한한 자유, 완전한 자유를 누리는 사람도 없습니다. 형편에 따라 돈을 쓸 수 있는 것과 마찬가지로 형편에 따라 자유를 누리며 사는 것이 현실입니다.

자유에 대해 현대인이 신축성 있는 생각을 하기 힘든 것은 그것을 추상적 관념으로 받아들이기 때문입니다. "자유가 아니면 죽음을 달라!" 관념화를 부추기는 이런 극단론 때문에 많은 사람들이 응당 누릴 수준의 자유조차 누리지 못하는 일이 많습니다. 흥정을 거부하는 사람은 시장에서 손해를 피할 수가 없으니까요.

자유는 좋은 것, 속박은 나쁜 것이라는 우리의 통념을 한 번 뒤집어 봅시다. 자유의 의미를 넓게 해석하면서 모든 사람의 자유를 보장할 때, 약한 사람보다 강한 사람이 누리는 자유가 더 클 것은 당연한 일이죠. 지나친 자유가 평등의 이념을 해치는 겁니다. 그래서 자유의 가치를 정말 아끼는 사람들은 절대적 존중을 받을 자유의 '본질'을 좁혀보려 애씁니다. 환경과 자원을 아끼는 것과 마찬가지 자세입니다.

속박이라는 것도 차분히 생각하면 무조건 나쁜 것이 아니죠. 가족 사이, 친구 사이 등 모든 인간관계가 나름대로 가치를 갖는 것은 속박이 있기 때문입니다. 파편화된 현대세계에 진력이 난 사람들은 이런저런 의미의 '공동체'를 이야기하죠. 아무 속박 없는 공동체가 가능한가요? 구성원들의 속박은 모든 공동체의 필수 요소입니다.

'자발적 속박'은 자유를 부정하는 것이 아니라고 말할 수도 있지요. 그렇게 생각해도 좋습니다. 관계를 맺을 때는 그에 따르는 속박을 자발적으로 수용하고, 그 관계가 유지되는 동안에는 속박을 느낄 때가 있더라도 견뎌내려고 애쓰죠. 자유와 속박의 구분에 큰 의미가 없는 그런 상태가 인간관계의 자연스러운 모습이라고 볼 수도 있겠습니다. 자발적 속박에조차 거부감을 느끼기 쉬운 현대사회 분위기가 문제입니다.

자유와 평등의 관념은 '절대자유'와 '절대평등'의 환상을 부추김으로써 전근대 사회의 유기적 질서를 파괴하는 데 이용되어왔습니다. 이제 절대적 환상을 버리고 상대적 현실을 받아들여야 할 상황에 인류사회가 와 있다고 저는 봅니다. 지난 3백 년간 전개된 약육강식의 무정부상태를 벗어날 정치적 세계화가 필요한 상황입니다.

정치적 세계화의 구체적 경로를 저는 예측할 수 없습니다. 그러나 그 원리가 유기론적 세계관에 입각한 것이 되리라는 사실만은 분명히 말할 수 있습니다. 중세체제로 완전히 돌아가는 것은 물론 아니지만, 지난 3백 년간의 '근대체제'에서 말살되었던 중세체제의 많은 요소들이 회복될 것을 예상합니다.

'봉건적'이니 '전제적'이니 자유와 평등의 기준으로 무작정 폄하해 온 중세체제에 좋은 점이 어떤 것이 있었는지 새로운 시각에서 공부할 필요가 떠오를 것입니다. 세계 여러 곳에서 여러 형태로 펼쳐졌던 중세체제가 모두 학습 대상이 되겠지요. 그러나 그중에서 가장 공부거리를 많이 제공하는 것이 동아시아 중세체제일 것입니다. 가장 큰 규모로 가장 오랫동안 전개된 체제였고, '중세 이후'를 모색한 경험도 많았기 때문입니다.

그래서 저는 유교적 천하체제가 이제부터의 정치적 세계화에 중요한 모델이 될 것으로 생각합니다. 그렇다면 유교적 천하체제를 오랫동안 실행한 우리 민족의 '전통'이 큰 가치를 가진 경험으로 활용될 수 있겠죠.

전통의 여러 측면 중에서 저는 무엇보다 '화이부동(和而不同)'의 원리를 먼저 생각합니다. 우리 선조들은 질서에 순응하고 변화에 적응하기 위해 중국 중심 천하체제를 받아들였습니다. 그러면서도 천하체제와 갈등을 일으키지 않는 한도 내에서 정치적 주권과 문화적 독자성을 최대한 지켰습니다. 전면적 거부와 전면적 수용이 모두 멸망의 길임에 반해 화이부동은 민족사회의 생존을 기하면서 동시에 천하체제의 안정에도 공헌한 노선이었죠. 이 노선 덕분에 우리 선조들은 오랫동안 다른 어느 민족보다도 평화와 번영을 잘 누릴 수 있었습니다.

70년 전 해방 때 조선인에게는 전통의 회복을 바라는 마음이 있었습니다. 그들의 민족국가 수립 염원은 외국인의 배제에 그치는 것이 아니라, 선조들이 이 땅에서 살던 방식을 되살리고 싶었던 것입니다. 선조들은 오랜 세월에 걸쳐 잘사는 길을 열심히 닦았고, 그 길을 후손에게 남겨줬습니다. 일본 침략으로 끊겼던 그 길을 해방된 조선인은 아직 잊지 않고 있었고, 그 길을 다시 잇고자 했던 것입니다.

해방 1년 후 군정청 여론국에서 8,453명에게 지지하는 정책노선을 물었을 때 70퍼센트가 '사회주의'를 택했습니다. '자본주의' 14퍼센트, '공산주의' 7퍼센트와 비교가 되지 않는 압도적 지지였죠. 자본주의와 공산주의가 모두 외래의 극단노선이고, 그 중간에 우리에게 맞는 길이 '사회주의'일 것으로 많은 사람들이 생각한 겁니다.

그 후 70년 동안 전통에 대한 사람들의 기억이 흐려졌습니다. 한국사회에서 관념의 지배가 강한 것은 그 때문입니다. 존재의 가장 큰 측면의 하나인 '민족'을 똑바로 생각하고 말하지 못하는 상황 속에서 양심적 지식인들도 관념에 의지하지 않을 수 없었죠. 한국사회가 미국의 충실한 아류가 되는 까닭도 여기에 있습니다. 전통을 잃은 사회가 전통을 가지지 않은 사회를 모델로 삼은 것입니다.

대한민국 안에서 펼쳐지고 있는 상황만 본다면 이 사회는 전통을 완전히 잃어버렸습니다. 그러나 저는 분단 상태에서 역설적으로 민족사회 복원의 열쇠를 찾습니다. 극히 피상적인 이유로 극단적 단절 상태가 계속되어온 남북관계는 민족사회의 존재를 언제나 떠올려주는 거울입니다. 온갖 곡절이 이어지고 있는 남북관계를 바라봄에 있어서 놓치지 말아야 할 측면이라고 저는 생각합니다.

우리 민족에게 20세기는 괴롭고 부끄러운 시대였습니다. 어째서 그런 시대를 겪게 되었는지 살펴보기 위해 "망국의 역사"와 "해방일기" 작업을 했습니다. 그 결과 우리 민족의 대응이 잘못되었기보다 세계적 변화의 압력이 너무나 강했다고 하는, 외인론(外因論) 쪽으로 저는 기울게 되었습니다.

부끄러움을 감추기 위한 변명으로 빠지는 것이 아닌가, 늘 반성하지 않을 수 없었습니다. 그러나 한 차례 작업을 마무리하며, 이만하면 어느 정도 일관성을 가진 하나의 관점을 세웠다는 만족감을 느낍니다.

이 관점이 정말 타당한 것인지는 앞으로 펼쳐지는 상황에 의해 검증되겠지요. 과연 20세기의 불행한 역사가 21세기에도 이어질 것인지, 그렇지 않으면 우리 후손들은 우리보다 좋은 세상을 살게 될 것인지.

지나 봐야 알 일이죠. 하지만 사람 일이라는 게 어느 만큼은 사람 뜻에도 달린 것 아니겠습니까? 백여 년 전 망국 때, 70년 전 해방 때는 우리 선조, 선배들이 좋은 뜻을 많이 일으켜도 외세의 압력이 너무 강해서 좋은 결실을 바로 맺지 못했습니다. 그때보다는 우리 사회의 주체적 노력이 성과를 바라보기에 좋은 환경을 맞고 있다고 저는 생각합니다. 이 희망을 저와 함께하는 분들은 아이들에게 너희들이 우리보다 좋은 세상을 만들 수 있을 것이라고 격려해주시기 바랍니다.

찾아보기

ㄷ

ㄹ

ㅁ

ㅈ

ㅊ